中国战略性新兴产业发展报告

徐匡迪

2020

中国战略性新兴产业发展报告

中国工程科技发展战略研究院

科学出版社

北京

内 容 简 介

本书在前七个年度报告的基础上，对“十三五”后期我国战略性新兴产业的发展情况进行了总结，对2019年最新进展进行了介绍。报告分为综合篇、产业篇、政策篇三大部分，共计10章。综合篇对“十三五”战略性新兴产业发展进行中期回顾，介绍中国战略性新兴产业的阶段特征及未来发展态势。产业篇围绕战略性新兴产业六个领域若干重点方向，对产业发展国内外动态及趋势、存在的问题、研究的重点方向及对策进行介绍。政策篇对2010~2019年战略性新兴产业政策进行回顾分析，并以“推进我国智能制造的技术升级路线并行推进、融合发展”为题，介绍我国企业推进智能制造的经验与启示。附录介绍了战略性新兴产业知识分中心建设成就及未来发展重点。

本书有助于社会公众了解中国战略性新兴产业发展的总体情况以及各领域发展态势和改革走向，可供各级领导干部、有关决策部门和产业界及社会公众参考。

图书在版编目（CIP）数据

中国战略性新兴产业发展报告.2020 / 中国工程科技发展战略研究院编. —北京：科学出版社，2019.11

ISBN 978-7-03-062829-9

Ⅰ.① 2… Ⅱ.①中… Ⅲ.①新兴产业 – 产业发展 – 研究报告 – 中国 –2020 Ⅳ.① F279.244.4

中国版本图书馆 CIP 数据核字（2019）第 237525 号

责任编辑：马 跃 / 责任校对：王丹妮
责任印制：霍 兵 / 封面设计：蓝正设计

科学出版社 出版

北京东黄城根北街16号
邮政编码：100717

http://www.sciencep.com

三河市春园印刷有限公司 印刷

科学出版社发行 各地新华书店经销

*

2019年11月第 一 版 开本：787×1092 1/16
2019年11月第一次印刷 印张：21 1/2
字数：504 000

定价：198.00元

（如有印装质量问题，我社负责调换）

中国工程科技发展战略研究院简介

2008 年 6 月，胡锦涛同志在两院院士大会上指出，中国工程院是国家在科学技术和工程方面的最高咨询机构，是国家的科学技术思想库，要继续团结带领全国科技界更加积极主动地参与决策咨询，努力为解决经济社会发展中的战略问题提供咨询建议，为国家宏观决策提供科学依据（人民网，scitech.people.com.cn/GB/25509/7420995.htm）。2011 年 4 月，胡锦涛同志在庆祝清华大学百年校庆大会上讲话指出，要深入开展政策研究，积极发挥思想库和智囊团作用（www.gov.cn/ldhd/2011-04/24/content_1851436.htm）。为贯彻落实胡锦涛同志的指示精神，中国工程院与清华大学强强联合，创新体制机制，整合优势资源，于 2011 年 4 月联合成立了中国工程科技发展战略研究院。

中国工程科技发展战略研究院坚持高层次、开放式、前瞻性的发展导向，围绕工程科技发展中的全局性、综合性、战略性重大课题开展理论研究、应用研究与政策咨询。中国工程科技发展战略研究院积极推动自然科学与社会科学相结合，发挥中国工程院的院士和清华大学中青年学者的智力优势，努力建成全球一流的战略决策思想库，为我国工程科技发展提供战略咨询。

编 委 会

序 言

战略性新兴产业代表未来科技和产业发展新方向，对经济社会具有全局带动和重大引领作用。加快培育和发展以重大技术突破、重大发展需求为基础的战略性新兴产业，对推进产业结构升级和经济发展方式转变、提升我国自主发展能力和国际竞争力、促进经济社会可持续发展具有重要意义。必须坚持发挥市场基础性作用与政府引导推动作用相结合，推进科技创新与实现产业化相结合，深化体制机制改革，以企业为主体，推进产学研结合，把战略性新兴产业培育成为国民经济的先导产业和支柱产业。

党中央、国务院高度重视发展战略性新兴产业。十九大报告指出，我国经济已由高速增长阶段转向高质量发展阶段，正处在转变发展方式、优化经济结构、转换增长动能的攻关期。建设现代化经济体系是我国发展的战略目标①。习近平在 2019 年中央财经委员会第五次会议上强调打好产业基础高级化、产业链现代化的攻坚战②。产业基础高级化、产业链现代化离不开战略性新兴产业的引领。

当前，我国战略性新兴产业继续保持了较快增长态势，新业态、新模式不断涌现，创新能力稳定提升，国际合作研发、产品和商业模式的“引进来”和“走出去”战略取得了实质进展。战略性新兴产业占 GDP（gross domestic product，国内生产总值）的比重逐年提高。2018 年，规模以上工业战略性新兴产业增加值比 2017 年增长 8.9%，战略性新兴产业增速高于 GDP 增速，继续发挥了经济发展的引领作用。与此同时，战略性新兴产业对于推动地区经济结构优化转型、提高全要素生产率、实现经济高质量发展正发挥着越来越大的作用。

政府出台政策推动战略性新兴产业的发展需要相关的专家智库提供决策支持。受国家发展和改革委员会（以下简称国家发改委）委托，在国家开发银行的大力支持下，中国工程院和清华大学联合成立的中国工程科技发展战略研究院承担了一系列咨询研究工作，并连续发布 2013~2019 年七个年度的《中国战略性新兴产业发展报告》，受到了社会各方人士的高度认可。

2020 年是全面贯彻落实十九大精神的深化之年，是实施“十三五”规划的收官之年，也是承接“十四五”规划的关键之年。中国工程科技发展战略研究院组织各领域近百位院士、专家编纂形成了《2020 中国战略性新兴产业发展报告》，重点归纳

① 习近平. 决胜全面建成小康社会　夺取新时代中国特色社会主义伟大胜利——在中国共产党第十九次全国代表大会上的报告. 北京：人民出版社，2018.

② 习近平主持召开中央财经委员会第五次会议. http://www.xinhuanet.com//2019-08/26/c_1124923884 htm，2019-08-26.

了现阶段战略性新兴产业发展所取得的主要成绩，对产业发展中面临的主要问题提出了政策建议。衷心希望《2020中国战略性新兴产业发展报告》能够继续为广大关心、支持和参与战略性新兴产业发展的各界人士提供高质量、有价值的信息参考。

加快培育和发展战略性新兴产业，必须以习近平新时代中国特色社会主义思想为指引，坚持质量第一、效益优先，以供给侧结构性改革为主线，推动经济发展质量变革、效率变革、动力变革，提高全要素生产率，着力加快建设实体经济、科技创新、现代金融、人力资源协同发展的现代产业体系，不断增强我国经济创新力和竞争力。

我们相信，在以习近平同志为核心的党中央坚强领导下，在社会各方的齐心协力下，中国战略性新兴产业一定能够稳步成长，为促进中国经济社会持续健康发展，全面建成小康社会，实现中华民族伟大复兴做出更大贡献！

编委会

目　　录

综合篇

产业篇

政策篇

综合篇

第 1 章

“十三五”战略性新兴产业发展中期回顾

国家信息中心

【内容提要】“十三五”以来，在错综复杂的国内外形势下，我国战略性新兴产业依然保持了平稳较快发展，并取得了一系列亮眼成绩，不仅产业规模及发展质量实现“双丰收”，经济新支柱作用也愈发明显。同时，产业发展仍面临着一些新的问题和挑战，需要继续深入落实党中央、国务院战略部署，积极发挥各部门政策合力，引导更多社会资源投入，支持产业稳步壮大发展，力争顺利完成《“十三五”国家战略性新兴产业发展规划》的既定目标和任务。

“十三五”以来，在《“十三五”国家战略性新兴产业发展规划》的引领下，战略性新兴产业发展呈现出规模不断壮大、重点领域增长强劲、要素高效集聚、创新能力持续提升以及政策环境不断完善等鲜明特征，充分发挥了引领经济高质量发展的引擎作用。在产业发展取得显著成效的同时，也暴露出一些难以回避的问题与挑战，如产业核心技术能力不足、民营企业及中小企业融资难、新业态发展遇阻、创新人才缺口较大、国际环境复杂多变以及企业出现盲目扩张现象等。下一步，需要继续加大改革力度，加强各部门协同合作，并采取针对性应对措施，继续推动产业壮大发展，力争顺利实现既定发展目标。

1.1 战略性新兴产业发展取得积极进展

“十三五”以来战略性新兴产业发展质量不断提升，发展环境不断优化，产业层次不断提升，日益成为落实供给侧结构性改革的关键领域。

1.1.1 产业发展步入新轨道

1. 产业规模持续壮大

“十三五”以来，战略性新兴产业总体实现平稳较快发展，增速持续高于经济总体，稳步迈向高质量发展阶段。工业方面，2015~2018 年全国战略性新兴产业规模以上工业增加值年均增速达到 10.1%，高于同期规模以上全国总体工业增加值 3.8 个百分点。2019 年上半年，全国战略性新兴产业规模以上工业增加值年均增速达到 7.7%，高于同期规模以上全国工业总体 1.7 个百分点。服务业方面，2015~2018 年，全国战略性新兴产业规模以上服务业企业营业收入年均增速达 15.7%，高于同期全国规模以上服务业企业总体 3.7 个百分点。2019 年 1~7 月，全国战略性新兴产业规模以上服务业企业营业收入增速达到 12.2%，高于同期规模以上全国服务业企业总体 2.6 个百分点①。

2. 产业发展信心强劲

国家信息中心“千家战略性新兴产业重点企业景气调查”结果显示，“十三五”以来，战略性新兴产业重点企业景气指数始终维持在较为景气区间② 以上，企业普遍保持了较为强劲的发展信心，有效支撑了经济的平稳发展。2018 年末，在错综复杂的国内外环境下，战略性新兴产业企业家信心指数仍高达 146.6，处于“十三五”以来较高水平区间（图 1.1），而同期国家统计局调查的整体企业家信心指数仅为 121.3。

3. 企业营利能力突出

“十三五”以来，战略性新兴产业实现规模扩张的同时，产业营利能力也同步提升，实现持续健康发展。上市公司数据显示，2015~2018 年，战略性新兴产业上市公司平均利润率达到 7.7%，高于上市公司总体（非金融类）1 个百分点。2019 年以来，在总体经济利润状况不佳的背景下，一季度战略性新兴产业上市公司利润率达到 8.0%，高于历史平均值，也持续高于同期上市公司总体（非金融类）利润率水平。

---

① 资料来源于国家统计局，国家信息中心。

② 企业景气指数的景气区间划分标准：180 以上为“非常景气”区间，（150，180] 为“较强景气”区间，（120，150] 为“较为景气”区间，（110，120] 为“相对景气”区间，（100，110] 为“微景气”区间，100 为景气临界点，[90，100）为“微弱不景气”区间，[80，90）为“相对不景气”区间，[50，80）为“较为不景气”区间，[20，50）为“较重不景气”区间，20 以下为“严重不景气”区间。

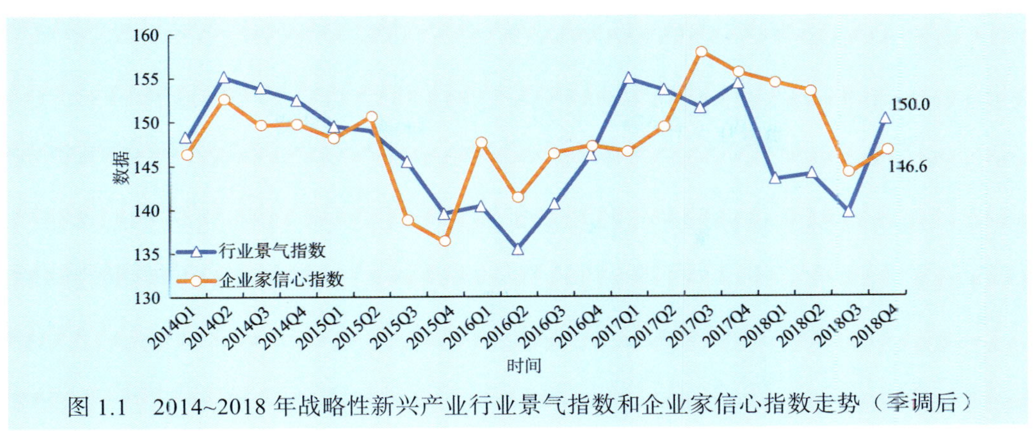

图 1.1 2014~2018 年战略性新兴产业行业景气指数和企业家信心指数走势（季调后）

4. 头部企业大量涌现

“十三五”以来，战略性新兴产业龙头企业规模及实力均实现质的提升，有效发挥了对重点产业领域的带动、示范、引领作用。2018 年中国战略性新兴产业企业在世界 500 强榜单中占有 27 个席位，数量较 2015 年增加 9 个。国家信息中心对上市公司数据分析的结果显示，截至 2018 年底，A 股上市公司中共有 1 515 家战略性新兴产业企业，占上市公司总体的 42.5%，较 2015 年底提升了 1.1 个百分点。其中，营收规模达到百亿元以上的战略性新兴产业上市企业达到 75 家，较 2015 年增加 135 家，占战略性新兴产业上市企业总数的比重由 2015 年的 6.5% 提升到 8.9%，头部企业规模及质量持续提升的同时，引领带动作用进一步凸显。

5. 产业成为投资热土

“十三五”以来，战略性新兴产业成为全社会资金关注及投入重点。2018 年，战略性新兴产业重点行业完成固定资产投资 4.8 万亿元，2015~2018 年，投资额年均增速为 9.3%，高于同期全社会固定资产投资年均增速 2.2 个百分点①。此外，2016~2018 年共有 359 家战略性新兴产业企业在 A 股融资上市，共募资 2 193 亿元，占同期 A 股 IPO（initial public offerings，首次公开募股）募资总额的 42.4%。同期，战略性新兴产业企业获得风险资本投资额超过 1 万亿元，约占风险资本总投资额的 9 成②。

6. 国际化发展成效显著

“十三五”以来，通过双向开放和融入全球创新体系，战略性新兴产业国际化取得显著成效。产品出口方面，2015~2018 年，高新技术产品出口金额年均增长 4.5%，高于同期总体 1.5 个百分点，2018 年高新技术产品出口金额占出口总额比重达 30%，较 2015 年提升 1.2 个百分点③。国际标准输出方面，中国已经成为 5G 标准

① 资料来源于国家统计局，国家信息中心。
② 资料来源于国家信息中心。
③ 资料来源于海关总署。

的主导国家，手机（移动终端）动漫标准成为中国引领世界标准的重要案例，地面数字电视广播传输标准也在走向世界。引入全球创新资源方面，2018 年，高技术制造业实际使用外资约为 900 亿元，占实际使用外资总额的 10.2%，较 2015 年提高 2.7 个百分点[①]。同时，通过收购海外创新型高技术企业，快速提升企业影响力和国际竞争力，如美的收购德国库卡，中国化工集团公司收购瑞士先正达，上海电气集团股份有限公司收购意大利 AEN（燃气轮机企业），中航工业收购奥地利未来先进复合材料股份公司以及美国西锐（全球领先小型飞机制造商），腾讯收购 Supercell、Riot 等具有知名产品的国际游戏公司。

1.1.2 重点领域激发新动能

1. 新一代信息技术产业引领发展

2015~2018 年，新一代信息技术产业重点行业主营业务收入年均增速达 12.2%，2018 年主营业务收入达 7.9 万亿元，占战略性新兴产业总体的半壁江山。2015~2018 年，电子信息制造业主营业务收入和软件业业务收入年均增速分别为 10.1% 和 13.6%。集成电路、平板显示生产能力取得突破性发展，2018 年两者生产规模较“十二五”期末分别提升 60.0% 和 91.1%。2018 年，中国手机、计算机、彩电产量分别达 18 亿部、3 亿台及 2 亿台，产量分别约占全球总产量的 90%、90% 和 70%，均稳居全球首位。产业发展普惠于民，2018 年，移动宽带用户普及率达 93.6%，规模较“十二五”期末提升 36.6 个百分点；4G 用户数达 11.7 亿户，较“十二五”期末增长 203.1%；光纤接入用户数达 3.68 亿户，较“十二五”期末增长 206.7%[②]。

2. 生物产业创新步伐加快

2015~2018 年生物产业年均增速为 11.5%。2018 年，生物产业重点行业主营业务收入达 2.78 万亿元[②]，其中，医药制造业主营业务收入达 2.4 万亿元。[③]创新型药物研发能力较“十二五”期间明显提升，2018 年国家药品监督管理局药品审评中心审评通过的新药达 106 个，包含关黄母颗粒、金蓉颗粒 2 个新中药复方制剂，以及 9 个 1 类创新药和 67 个进口原研药等。此外，PET-CT 等高端医疗器械领域国产化产品实现从无到有，干细胞治疗、基因测序等前沿领域与国际先进水平的差距不断缩小，目前我国自主基因测序能力已居世界第一。

3. 高端装备与新材料产业亮点纷呈

2018 年高端装备制造与新材料产业重点行业主营业务收入规模分别达 1.4 万亿元和 2 985 亿元，2015~2018 年年均增速分别为 7.0% 和 11.1%[②]。航空装备实现重大突破，自主研发制造的 C919 大飞机实现首飞，ARJ21 实现商业化运营。以工业机器人

① 资料来源于商务部。

② 资料来源于国家统计局，国家信息中心。

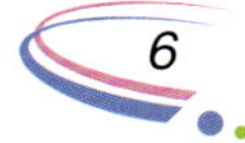

为代表的智能制造装备生产能力与水平快速提升。2018 年国内导航产业总体产值近 3 000 亿元，较“十二五”期末增加 70.9%，其中北斗导航产业总体产值已超 830 亿元。辽宁号航母、蛟龙号深潜器、“造岛神器”天鲸号挖泥船均已投入使用，中国海工装备接单量稳居世界第一。高铁装备制造能力和运营能力世界领先，截至 2018 年底，中国高铁营业里程达到 3 万千米，超过世界高铁总里程的三分之二，位居世界第一。同装备制造配套的新材料供应和创新能力得到稳步提升，特种轻质合金材料、高温合金材料、半导体材料、核电装备材料、动力电池材料、超导材料、金属 3D 打印材料等关键领域的技术均有所突破，一批新材料重点项目建成投产。

4. 绿色低碳产业成效显著

2018 年，绿色低碳产业重点行业主营业务收入规模达 1.8 万亿元，2015~2018 年年均增速超 7%。新能源方面，2018 年新能源重点行业主营业务收入达 9 215 亿元，较“十二五”期末增长 19.6%；新能源总装机容量达 7.7 亿千瓦，占全国总装机容量的 40.7%；光伏发电、风电、核电累计装机容量分别为 1.75 亿千瓦、1.84 亿千瓦和 0.47 亿千瓦，装机量较“十二五”期末分别增长 304.4%、40.3% 和 64.4%；核电机组数量自 2015 年底的 28 台增至 2018 年底的 44 台，增长 57.1%。太阳能、风能发电装机量稳居全球第一。节能环保方面，2018 年节能环保重点行业主营业务收入达 7 522 亿元，较“十二五”期末增长 11.0%；节能服务产业继续保持稳定发展，2018 年产业总产值达 4 774 亿元，同比增长 15.1%，较“十二五”期末增长 52.7%。新能源汽车方面，2018 年产销量达 125.6 万辆，较“十二五”期末增长 2.8 倍，占全球市场份额的一半以上[①]。

5. 数字创意产业生机勃勃

2018 年，数字创意产业重点行业主营业务收入达 7 152 亿元，虚拟现实（virtual reality，VR）、增强现实（augmented renlity，AR）、全息显示、高清显示等应用范围快速扩大，大幅提升了创意内容的表现力，催生了一批新的经济增长点。“十三五”以来，数字出版产业整体收入规模持续增长，2018 年收入规模为 8 330.78 亿元，较“十二五”期末增长 89.2%。2018 年网络游戏市场规模达 2 464 亿元，同比增长 4.6%，较“十二五”期末增长 71.6%。截至 2018 年底，网络文学用户规模达 4.32 亿人，占网民总体的 52.1%，较“十二五”期末增长近 1.4 亿人；手机网络文学用户规模达 4.1 亿人，占手机网民的 50.2%。2018 年中国电影票房突破 600 亿元，较“十二五”期末增长 38.4%[①]。

1.1.3 环境优化释放新红利

1. 顶层设计明确产业发展方向

“十三五”以来，国务院和相关部门先后出台近 20 个与战略性新兴产业细分领

① 资料来源于国家统计局，国家信息中心。

域密切相关的顶层政策文件，其中，新一代信息技术领域出台《“十三五”国家信息化规划》《新一代人工智能发展规划》等6个专项规划，生物领域出台《“十三五”生物产业发展规划》，高端装备与新材料领域出台《智能制造发展规划（2016-2020年）》《中国民用航空发展第十三个五年规划》《新材料产业发展指南》等6个细分领域规划，绿色低碳领域出台《“十三五”节能环保产业发展规划》等3个专项规划，数字创意领域出台《文化部关于推动数字文化产业创新发展的指导意见》等。这些规划为战略性新兴产业五大领域八大行业的发展提供了明确的宏观指引。

2. 积极营造创新发展环境

国务院印发了一系列支持产业创新发展的政策。一是推动双创发展。印发《国务院关于强化实施创新驱动发展战略进一步推进大众创业万众创新深入发展的意见》《国务院关于推动创新创业高质量发展打造“双创”升级版的意见》等，进一步系统性优化创新创业生态环境，强化政策供给、突破发展瓶颈、充分释放全社会创新创业潜能，在更大范围、更高层次、更深程度上推进大众创业、万众创新。二是深化体制机制创新改革。印发《完善促进消费体制机制实施方案（2018~2020年）》、第一批和第二批《国务院办公厅关于推广支持创新相关改革举措的通知》《关于支持中央单位深入参与所在区域全面创新改革试验的通知》，在部分领域及重点区域开展全面创新改革试验，推进相关改革举措先行先试，着力破除制约创新发展的体制机制障碍。三是支持新技术、新模式推广应用。印发《国务院办公厅关于促进“互联网+医疗健康”发展的意见》《关于促进分享经济发展的指导性意见》《国务院关于印发新一代人工智能发展规划的通知》等，进一步营造支持新技术发展的市场环境，促进“互联网+”、分享经济、人工智能（artificial intelligence，AI）等更好更快发展，充分发挥新技术在经济社会发展中的生力军作用。

3. 大力引导金融资源支持

发布《国务院办公厅转发证监会关于开展创新企业境内发行股票或存托凭证试点若干意见的通知》，引导互联网、大数据、云计算、AI、软件和集成电路、高端装备制造、生物医药等战略性新兴产业重点领域独角兽企业获得优先上市通道。国家发改委分别与国家开发银行和中国进出口银行签署合作协议，两家银行分别向战略性新兴产业提供不低于1.5万亿元和8 000亿元的融资支持，国家发改委还与中国建设银行共同发起设立目标规模约3 000亿元的战略性新兴产业发展基金。同时，各地在设立专项资金扶持战略性新兴产业发展方面也做了大量工作。2018年3月，国务院总理李克强主持召开国务院常务会议，决定设立国家融资担保基金，缓解包括战略性新兴产业企业在内的优质企业融资难局面。积极推进科创板上市，2019年6月5日，科创板股票上市委员会召开第1次审议会议，审议并通过首批3家战略性新兴产业企业发行上市申请，6月13日，科创板正式开板，为包括战略性新兴产业在内的科技创新型优质企业提供绿色上市通道。2019年7月22日，科创板首批25家公司挂牌上市，25 家企业平均募资在 12.44 亿元左右，合计募资约 310.89 亿元[①]。

4. 因地制宜完善区域政策体系

在加强顶层设计的同时，各省区市积极出台推动本地重点战略性新兴产业加快壮大发展的政策文件，形成上下协同推进战略性新兴产业发展的良好局面。例如，浙江省发布"科技新政 50 条"，助力打造"互联网 +"、生命健康世界科创高地；天津市发布新一代 AI、生物医药、新能源、新材料等领域三年行动计划，有望成为产业高端发展的突破口与新的经济增长点；深圳市启动 8 个新兴产业集聚区建设，涵盖 AI、生物与生命健康、石墨烯、集成电路等领域，成为深圳发展新兴产业的重要载体。同时，推动战略性新兴产业人才交流，引导行业协会、产业联盟、新型智库等公共服务机构提供各类创新服务；山东省将现代海洋产业列入战略性新兴产业；山西省将现代煤化工产业及煤层气产业作为战略性新兴产业。

1.1.4 高效集聚打造新格局

1. 区域产业格局正在重构

战略性新兴产业不仅在东部沿海地区和经济发达地区集中发展，在中西部地区近年来也实现快速崛起。各区域内特色产业集聚区不断涌现，成为区域经济重要增长极，并持续驱动经济转型升级。经过几年的发展，初步形成了《"十三五"国家战略性新兴产业发展规划》中设定的区域发展格局。东部区域，以广州、深圳为核心的珠三角地区，移动互联网、新能源汽车、生物、数字创意等产业蓬勃发展，大量新技术、新业态、新产业快速兴起；以上海为核心的长三角地区在新一代信息技术、高端装备与新材料、新能源等领域拥有一批实力较强的龙头企业，产业体系完备，产业基础雄厚；以北京为核心的京津冀地区依托大院大所集聚等优势，在互联网、生物医药、航空航天、节能环保等领域发展较快，涌现出若干影响力较大的产业集聚区，发挥了全国新兴产业创新策源地的作用。东北区域，形成了航空装备、智能制造以及生物医药等特色集群，成为拉动经济增长的重要引擎。中西部区域，形成了以武汉光谷为代表的信息产业集聚区以及以长株潭为代表的高端装备产业集聚区。与此同时，以成都、重庆为双核的成渝板块，正成为全国战略性新兴产业的新增长极，并有力支撑了中西部地区经济转型升级。

2. 重点产业跨区域全面布局

"十三五"以来，战略性新兴产业重点领域实现全面发展，集聚和分布特征并存。信息技术领域，形成珠三角、长三角、环渤海、部分中西部地区四大信息产业集聚区；高端装备制造领域，形成北京、河北、辽宁和山东等环渤海地区和以上海、江苏和浙江为核心的长三角地区两大集聚区，同时四川、陕西、湖南和

① 资料来源于同花顺金融研究中心。

山西等部分中西部地区的高端装备制造业也呈现快速发展态势；新材料领域，产业“东部沿海集聚，中西部特色发展”的空间布局框架拉开，其中，西部地区主要从事原材料生产，环渤海地区聚焦于研发，东部及中部地区主要承担原材料加工，长三角、珠三角主要承担下游应用与销售；生物领域，以长三角、环渤海地区为主导，珠三角、东北、成渝、长株潭、武汉城市圈等区域分布式发展的空间格局初步成型，重点集聚区内医药成果转化、疫苗生产、制剂研发等细分行业领域发展迅速；节能环保领域，主要集中在环渤海、长江经济带和珠三角三大区域，江苏、浙江、山东、广东、上海、北京、天津等省（直辖市）的节能环保产值占全国的 50% 以上；新能源领域，初步形成了以环渤海、长三角等为核心的东部沿海新能源产业集聚区，在中西部的一些区域，如江西、河南、四川、内蒙古、新疆等省（自治区），新能源产业发展态势良好，形成了中西部新能源产业集聚区；新能源汽车领域，初步形成了以深圳和广州为核心的珠三角集聚区，以江苏、上海、浙江为核心的长三角集聚区，以北京、河北等地为核心的环渤海集聚区，以及以陕西和四川为核心的中西部集聚区；数字创意领域，目前已初步形成六大数字文化创意产业聚集区，包括首都数字文化创意集聚区，以上海、杭州、苏州、南京为核心的长三角集聚区，以广州、深圳为代表的珠三角集聚区，以昆明、丽江和三亚为代表的南部集聚区，以重庆、成都、西安为代表的川陕集聚区，以武汉、长沙为代表的中部集聚区。

1.1.5 创新发展构筑新优势

1. 企业创新投入持续提升

“十三五”以来，在创新驱动发展战略引领下，战略性新兴产业重点行业、重点企业创新投入持续提升。2018 年，战略性新兴产业上市公司平均研发支出达到 2.2 亿元，同比提升 19.4%，同期研发强度达 6.88%，高出 A 股上市公司总体 1.82 个百分点（图 1.2），较“十二五”末提升 0.6 个百分点。其中，新一代信息技术、新能源汽车以及高端装备领域上市公司研发强度相对较高，2018 年研发强度分别达 9.07%、8.55% 和 7.32%（图 1.3）。

2. 重大创新成果不断涌现

龙头企业新技术、新产品不断涌现。华为推出自主研发的海思芯片和鸿蒙操作系统，助力我国在两大关键信息技术领域实现重要突破；由中国中车牵头组织攻关的我国首辆时速 600 千米高速磁浮试验样车下线，标志着我国在高速磁浮技术领域实现重大突破；东软医疗 256 层宽体能谱 CT 国内正式获批，标志着我国在超高端 CT 领域的自主研发水平已步入国际先进行列；上海联影智能数字 PET-CT 正式进驻美国得克萨斯州埃尔帕索 Southwest X-Ray 医院，这也是有史以来“中国智造”PET-CT 首次登陆美国市场。

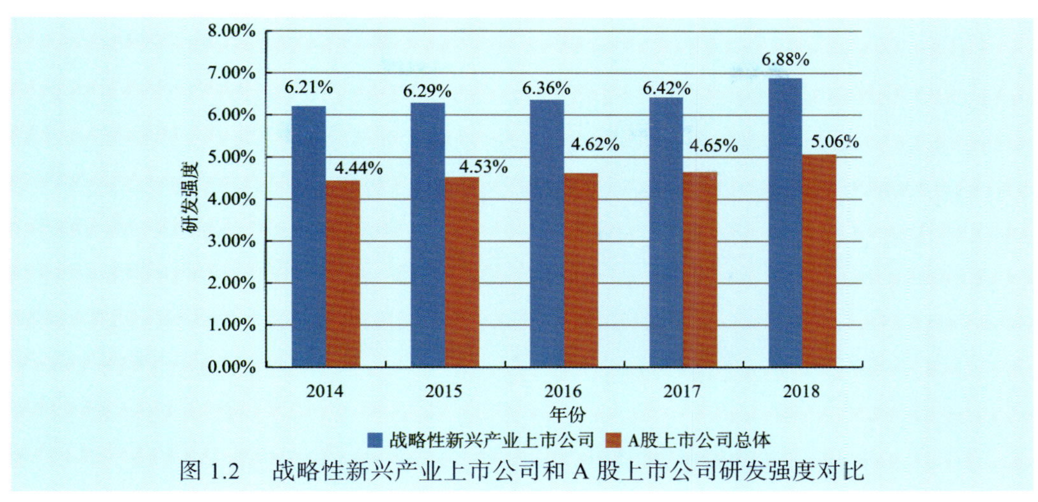

图 1.2　战略性新兴产业上市公司和 A 股上市公司研发强度对比

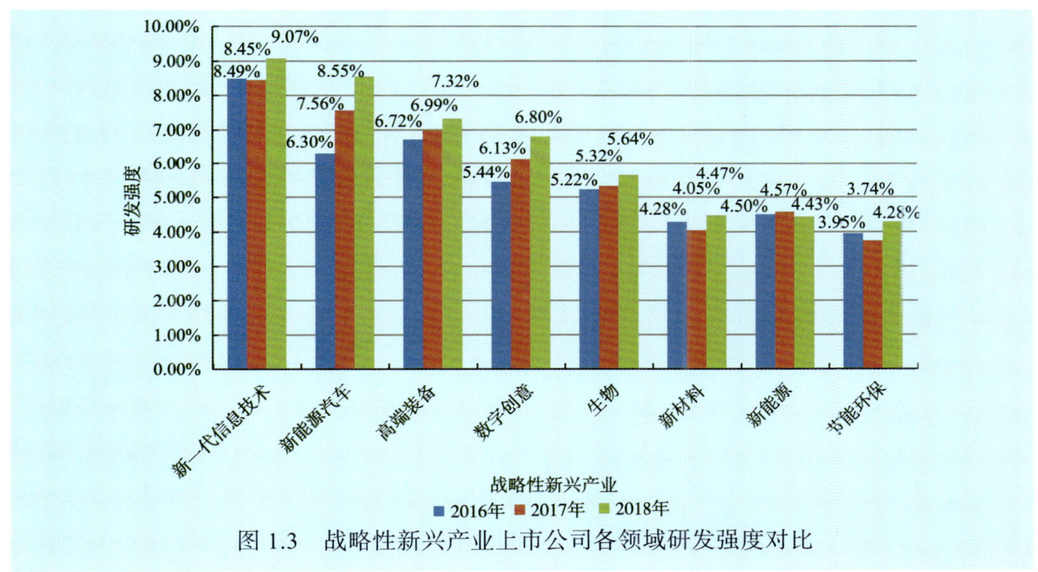

图 1.3　战略性新兴产业上市公司各领域研发强度对比

3. 科创平台建设不断完善

科研基础条件大为改善，新建了中国散裂中子源、500 米口径球面射电望远镜、“科学”号海洋科考船、JF12 激波风洞等一批重大科技基础设施，建立国家重点实验室和国家技术创新中心，规范管理国家科技资源共享服务平台。截至 2018 年底，正在运行的国家重点实验室达 501 个，累计建设国家工程研究中心 132 个，国家工程实验室 217 个[1]。

4. 科技中介服务体系加快发展

科技体制改革活跃了技术市场交易，极大促进了科技创新资源合理利用和成果转化。2018 年，全国技术市场成交合同 41.2 万项，涉及技术开发、技术转让、技术咨询和服务等方面，成交总金额达 17 697 亿元，是 1991 年的 186 倍，与 2015 年相比，增长 79.9%。在改革中应运而生的各类孵化器、加速器、众创空间等科技中介组织如雨后春笋。截至 2018 年底，经国家备案的众创空间达 1 952 家，各类科技孵化器、加速器逾 4 800 家，为各类创新主体提供融通合作的平台 [1]。

1.2 战略性新兴产业发展需要高度关注解决的问题

战略性新兴产业的发展并非一帆风顺，伴随着产业发展，各种新挑战不断出现，阻碍产业实现跨越式发展的各类问题亟待解决。

1.2.1 核心技术自主能力有待加强

许多领域存在关键核心技术受制于人的局面，同国际先进水平相比仍存在较大差距。一是产业尚有大量核心瓶颈环节有待突破，高性能航空发动机、高端芯片等重点产品长期依赖进口，尚不具备自主生产能力。二是核心基础零部件、先进基础工艺、关键基础材料等产业基础能力薄弱，产业升级发展能力距离自主可控尚有较大差距。三是自主创新能力有待进一步提高，在基础科学研究投入、科学基础设施建设、研究成果高效转化等方面均存在较多不足，距离形成以自主创新为主导的产业发展格局尚有较大差距。

1.2.2 结构性融资难阻碍产业发展

产业发展面临较为严重的结构性融资困境。一是民营企业融资难。在当前错综复杂的市场环境下，战略性新兴产业民营企业经营出现较大波动，2018 年战略性新兴产业民营上市企业营收及利润分别增长 16.6% 和 -49.6%，分别较 2017 年回落 12.6 个百分点和 61.8 个百分点，其中重要原因是遭遇了融资难问题。2018 年战略性新兴产业民营上市企业平均资产负债率为 38.6%，低于战略性新兴产业国有上市企业 6.5 个百分点，侧面反映金融机构更倾向于放贷给国有企业。一方面，民营企业本身规模相对较小，拥有的可支配资产、利润等更少，抵御风险和获取金融机构支持的能力较弱。2018 年战略性新兴产业民营上市企业平均资产规模为 62.9 亿元，仅为国有上市企业的 1/3。另一方面，民营企业经营风格相对激进，容易增加经营风险，影响融资。截至 2018 年底，战略性新兴产业民营上市企业中出现股权质押的企业占比高达 90.1%，高于国有上市企业 19.5 个百分点，同时，战略性新兴产业民营上市企业平均股权质押率为 22.6%，是国有企业的 3 倍有余①。在整体市场环境表现不佳的形势下，高股权质押率不仅增加了质押股东的资产风险，也影响了上市企业控制权的稳定性，给上市企业的信用带来负面影响，银行往往会停止对高质押率企业放贷，甚至回收已发放贷款。二是中小型企业融资难融资贵。战略性新兴产业中小企业面临较为严峻的融资难融资贵问题，即使

① 资料来源于国家信息中心。

是上市企业也遇到同样困境。从融资难来看，战略性新兴产业中小上市企业（营收规模小于 10 亿元）股权及债权融资难度均加大。股权融资方面，2018 年战略性新兴产业中小上市企业 IPO 融资额为 134.9 亿元，占同期战略性新兴产业上市企业 IPO 总融资额的 18.7%，占比较 2015 年下滑 13.1 个百分点；2018 年战略性新兴产业中小上市企业增发融资 203.4 亿元，占同期战略性新兴产业上市企业增发总融资额的 8.4%，较 2015 年回落 0.8 个百分点。债权融资方面，2018 年战略性新兴产业中小上市企业债权（债券及长短期借款）融资为 1 439.9 亿元，仅占同期战略性新兴产业上市企业债权融资总额的 5.4%。从融资贵来看，战略性新兴产业中小上市企业融资成本持续快速上涨，2018 年平均债权融资成本约为 4.3%，较 2015 年提升 13%。①

1.2.3 新业态发展面临一系列挑战

近两年来，共享经济、互联网金融、区块链等新业态发展遇到一系列挑战。例如，由于企业自身管理和行业监管存在疏漏，互联网打车行业时而出现安全事故，带来较大负面影响。共享单车领域企业大面积遭遇发展困境，多家企业破产倒闭，领头羊企业 ofo 陷入退押金困局。由于企业经营及对个人投资者资产保护等存在问题，互联网金融出现爆雷潮。截至 2018 年底，网贷行业交易规模首次出现负增长，2018 年成交额达 1.92 万亿元，环比下降 21.19%，打破成交额连续 5 年上涨势头[2]。由于大量投机资金涌入，区块链行业快速出现泡沫，加密货币风险集中涌现。

新业态发展之所以遭遇诸多挑战，其主要原因在于企业及行业管理层对新业态发展给经济社会带来的风险评估不足，对行业监管缺位或缺乏管理经验。例如，P2P（peer to peer，个人对个人）迎来爆雷潮、互联网打车行业接连出现安全事故，反映出的对个人投资者资产保护以及大众人身安全保护等方面的问题，亟待反思和改进。一方面，企业对产品运营的社会经济风险预估不足，对于参与主体的财产、人身安全重视程度不够；另一方面，行业管理缺乏与新技术、新业态相适应的监管模式与监管手段。

1.2.4 创新人才供给缺口日益明显

战略性新兴产业的竞争归根到底是人才的竞争，我国战略性新兴产业仍存在较为明显的人才缺口。一是高端领军人才数量有限。虽然我国涌现出了一批高端领军人才，但是在诸多产业的关键核心环节依然存在较大缺口，也是我们核心技术能力不足的主要原因。二是前沿技术领域人才准备不足。高盛发布的《全球人工智能产业分布》报告中称，2017 年全球新兴 AI 项目中，中国占 51%，数量上已经超越美国。但全球 AI 人才储备，中国却只有 5% 左右。这些数据表明中国市场对 AI 专业人才需求迫切。有关数据显示，我国 AI 行业存在 500 万的人才缺口[3]。三是复合型人才供给不足。高端复合型人才匮乏突出表现在 CG（computer animation，计算机动画）领域以及创意设计等领域。例如，近年来，我国数字创意产业迅猛发展的同时，面临着巨大的人才缺口，尤其是适合数字创意产业需求、兼通文化艺术和数字技术的复合型数字创意人才严重不足，并已日渐成为制约数字创意企业甚至产业发展的瓶颈。

1.2.5 国际环境波动影响产业发展

2018 年，我国战略性新兴产业发展面临着严峻的国际挑战，对出口形势及企业信心带来一定影响。一是中美贸易摩擦对产业发展造成直接影响。2018 年 3 月以来，美国开始对我国新一代信息技术、工业机器人、航空产品、高铁装备、高性能医疗器械、生物医药、新材料、新能源汽车等诸多新兴产业领域采取限制进口措施，对相应商品加征大幅关税，给我国战略性新兴产业企业国际市场开发造成明显阻力。二是我国新兴产业部分优势前沿领域受到国际市场打压。我国在 5G 领域具备全球领先技术优势，领域内企业和技术在国际布局上受到部分国家抵制，如美国先是禁止华为手机在美销售，之后又禁止华为 5G 技术在美国实施，澳大利亚、韩国、日本、加拿大、俄罗斯及印度等国也相继表示要禁止华为在其本土提供 5G 服务，对我国 5G 技术国际化发展形成巨大障碍。

1.2.6 盲目扩张导致出现短期波动

2018 年战略性新兴产业上市公司部分领域陷入一定困境，其中重要原因在于 2015 年前后市场出现的“盲目扩张潮”，大批战略性新兴产业上市公司通过并购交易实现规模快速增长，但是其中大量被并购企业并非真正优质企业，随着被并购企业三年业绩承诺期的结束，多数企业在 2018 年利润大幅下滑，并出现大幅商誉减值损失，给实施并购的上市公司带来业绩巨亏。2018 年战略性新兴产业上市公司商誉减值达到 1 197.8 亿元，远高于 2017 年 209.2 亿元的水平，同比增长 472.6%。例如，天神娱乐 2015 年就开始发起大规模激进的并购，仅上市公司直接并购的标的就高达 9 家，业务涉及手游、休闲游戏、数字营销等诸多领域，2018 年天神娱乐因为并购标的业绩恶化导致当年的商誉减值、并购基金的投资损失，以及联营合营企业的股权投资损失分别高达 49 亿元、23.2 亿元和 7.5 亿元，而其 2018 年营收总收入仅为 26 亿元[①]。

1.3 解决产业发展问题的应对措施建议

“十三五”过半，在国内外发展形势快速变化的背景下，战略性新兴产业发展的重要性正在进一步凸显，下一步仍需加大力度，落实好《“十三五”国家战略性新兴产业发展规划》，并对“十四五”时期相关工作进行提前谋划。

1.3.1 大力加强自主创新投入

一是做好重大科技项目和重大工程实施工作。聚焦前沿、颠覆性技术的研发和产业化，在国家重大科技专项、重大科技项目以及国家科技计划中，前瞻性部署有望催生未来变革性技术的基础及应用研究。二是大力培育创新型领军企业。

① 资料来源于国家信息中心。

加大对创新型、引领型新兴产业企业的支持和引导，鼓励企业加大研发投入，支持有条件的企业开展基础研究和前沿技术攻关，并在企业布局建设一批国家科研基地。三是建设产业技术创新战略联盟。围绕新兴产业发展重点领域，引导建设一批产业技术创新战略联盟，同时建立企业技术创新对话机制，吸收更多企业参与研究制定国家技术创新规划、计划、政策和标准。四是深入开展大众创业万众创新。构建低成本高效率的创新创业服务网络，厚植创新创业文化。加快建设专业化众创空间，依托互联网打造开放共享创新平台，降低创业创新成本，推动各类创新主体协同创新。五是构建普惠性创新支持政策体系，加大研发费用加计扣除、高新技术企业认定、固定资产加速折旧等重点政策落实力度。六是强化知识产权保护和运用。进一步完善知识产权保护相关法律法规，加大知识产权执法保护力度，培育一批专业化知识产权服务机构。

1.3.2 加大金融财税支持力度

一是加大金融机构信贷支持。积极鼓励银行等金融机构完善同新兴产业中小微、民营企业相配套的信贷管理和贷款评审制度，创新金融产品体系和服务模式，支持新兴产业领域具备良好发展前景的中小微、民营企业做大做强。推动建立中小微、民营企业重点企业及项目储备库，实施白名单管理，给予入库企业优先成为金融机构信贷及国家融资担保基金支持标的机会。二是加大股权投资支持。积极发挥国家级战略性新兴产业发展基金和创业投资引导基金的引领和示范作用，鼓励成立定向支持中小微、民营企业的子基金。大力推进多层次资本市场建设，探索在新三板、科创板等板块建立战略性新兴产业优质中小微、民营企业上市绿色通道。三是加大财政资金支持。完善中小微、民营企业新技术新产品政府采购和补贴支持政策。加大对前沿新技术领域中小微、民营企业政府采购力度，推进新技术应用示范应用。发挥中央财政资金引导作用，引导各地支持战略性新兴产业中小微、民营企业发展。

1.3.3 强化创新发展意识

加强企业合规管理意识，鼓励新业态企业加强自律管理，扎实做好经营合规管理工作。强化企业自身风险管控意识，建立完善的内部风险评估机制，建立应急事件分类管理系统，重视参与主体的财产、人身安全。加强行业风险管理意识，政府部门要兼顾产业培育发展和科学适度监管，加强对新兴行业风险把控能力，建立相适应的监督处罚机制，保障经济、社会安全。强化互联网金融创新业务监管，加强投资者教育及保护。继续营造创新创业的文化氛围，鼓励新业态领域各类人才创新创业，形成包容失败的商业文化，打造竞争有序的市场氛围。大力弘扬创新精神、企业家精神和工匠精神，鼓励解放思想、敢于担当、大胆创新。

1.3.4 加强创新人才培育激励

一是加大国际人才引进力度。实行更加积极开放、更加有效的对外开放人才政策，充分开发利用国际新兴产业人才资源。针对我国新兴产业发展关键、薄弱环节，适当降低国外相应高端人才引进门槛，解决国际人才在境内工作相关困难，系统修改制约国际人才引进的有关管理规定，解决入籍难问题。搭建国际高端人才引进平台，实施符合国际人才竞争趋势的特别政策、特色机制、特殊环境，增强对海外高端人才的吸引力。二是加快建立人才培育与产业发展联动机制。加强人才供求预测预警，建立学科专业设置、职工培训项目与产业发展需求变化联动调整机制，适时调整优化高校学科专业结构，加大教育资源投入，深化产教融合，优化人才培养培训结构。三是大力推进职工技能提升、岗位转型工作。把握新兴产业发展促进新旧动能转换趋势，推动发展数字职业培训，积极拓展 AI、信息技术等新兴产业教育和培训，引导更多劳动者有序向新兴产业领域转岗就业。完善传统动能改造提升过程中转岗就业制度，引导企业转产发展和延伸链条，加大职工技能提升培训和新技能开发培训，促进职工转岗提质就业。

1.3.5　继续深化国际开放合作

一是扩大开放程度。顺应全球贸易格局发展新态势，立足当前我国发展基础，加快推动新兴领域对外开放程度。加强国际创新合作，积极融入全球创新体系，探索创新成果共享化，破除新技术应用国际市场壁垒。二是积极拓宽国际市场。进一步加强“一带一路”建设，与欧盟、东南亚等国家建立互利共赢的长期合作关系。三是从加强贸易促进、强化公共信息服务、推动政府机制保障等方面继续支持企业实现贸易市场多元化。四是积极推进创新发展，加大自主品牌、自主知识产权产品研发投入力度，培育竞争新优势，创造新的贸易机会。

1.3.6　积极引导产业健康发展

一是优化区域布局。各地区要根据国家总体部署，从当地实际出发，突出发展重点，发挥基础优势，避免盲目发展和重复建设。二是加强扩张引导。引导战略性新兴产业企业在注重主业发展，在维持企业健康、稳定经营的基础上，保持合理资产扩张速度及多元化发展。加强上市公司并购监管，限制战略性新兴产业上市企业盲目扩张和概念炒作行为，引导企业有序扩张。防止过度杠杆，对企业并购行为中收购资金来源的正当性和杠杆率进行严格调查和监管，防范市场风险。三是深化体制机制改革。积极破除阻碍企业合理壮大发展的体制机制障碍，优化简化各类行政审批流程，激发各类主体融合发展活力。

审稿：程晓波

参考文献

[1] 国家统计局社科文司 . 科技发展大跨越 创新引领谱新篇——新中国成立 70 周年经济社会发展成就系列报告之七 [EB/OL]. http://www.gov.cn/xinwen/2019-07/23/content_5413524.htm，2019-07-23.

[2] 网贷天眼 .2018 互联网金融年报 [R].2018.

[3] AiChinaTech. 2019 全球 AI 人才报告发布 三大问题依然严峻 [EB/OL]. http://www.yidianzixun.com/article/OLsmixhs，2019-04-30.

第 2 章

中国战略性新兴产业发展阶段特征及发展态势

王礼恒　周志成　王崑声　王海南　唐　铭　崔　剑

【内容提要】战略性新兴产业代表新一轮科技革命和产业变革的方向，是培育发展新动能、获取未来竞争新优势的关键领域。自2010年国务院发布《国务院关于加快培育和发展战略性新兴产业的决定》以来，经过“十二五”“十三五”的快速发展，中国战略性新兴产业的产业规模持续壮大，创新能力和竞争力明显提高，产业结构进一步优化，形成了产业新体系。十九大报告指出，中国特色社会主义进入新时代，我国社会主要矛盾已经转化为人民日益增长的美好生活需要和不平衡不充分的发展之间的矛盾。高质量发展是新时代中国战略性新兴产业发展的重要特征，同时面对美国单方挑起的中美贸易战及其带来的国际环境变化，战略性新兴产业发展面临着很大的挑战，未来将呈现机遇与挑战并存的发展态势，需要进一步加强顶层设计、构筑产业安全体系，优化产业发展生态，确保高质量发展。

2.1 中国战略性新兴产业发展历程

2.1.1 战略性新兴产业内涵及重点发展方向

1. 战略性新兴产业的概念

2010 年国务院发布的《国务院关于加快培育和发展战略性新兴产业的决定》（国发〔2010〕32 号）中首次明确提出战略性新兴产业概念[1]，“战略性新兴产业是以重大技术突破和重大发展需求为基础，对经济社会全局和长远发展具有重大引领带动作用，知识技术密集、物质资源消耗少、成长潜力大、综合效益好的产业”。

战略性新兴产业本质上包含了两个层面的内涵，即战略性和新兴性。战略性强调国家整体利益，关乎国家经济命脉和国家安全；新兴性指产业发展代表新的市场需求、科技产业化的新水平、产业升级的新方向。总括而言，战略性新兴产业是一个动态的概念、相对的概念，既与特定的经济社会发展阶段相联系，又与一个国家的发展战略相联系。

2. 战略性新兴产业重点方向

2013 年 1 月，国家发改委发布《战略性新兴产业重点产品和服务指导目录》[2]，该指导目录依据《国务院关于加快培育和发展战略性新兴产业的决定》确定的七个产业、24 个发展方向，进一步细化到近 3 100 项细分的产品和服务（其中节能环保产业约 740 项，新一代信息技术产业约 950 项，生物产业约 500 项，高端装备制造产业约 270 项，新能源产业约 300 项，新材料产业约 280 项，新能源汽车产业约 60 项）。《战略性新兴产业重点产品和服务指导目录》的发布，进一步细化了战略性新兴产业的具体内涵，体现了战略性和前瞻性，更好地引导社会资源投向，利于各部门、各地区以此为依据开展培育发展战略性新兴产业工作。

为贯彻落实《“十三五”国家战略性新兴产业发展规划》，国家发改委会同科技部、工业和信息化部、财政部等有关部门根据战略性新兴产业发展新变化，通过咨询战略性新兴产业专家委员会、网上征求全社会意见等方式，对《战略性新兴产业重点产品和服务指导目录》2013 版做了修订完善，形成了《战略性新兴产业重点产品和服务指导目录》2016 版[3]，并于 2017 年 1 月发布。《战略性新兴产业重点产品和服务指导目录》2016 版依据《“十三五”国家战略性新兴产业发展规划》明确的 5 大领域 8 个产业，进一步细化到 40 个重点方向下的 174 个子方向，包括近 4 000 项细分的产品和服务。

为准确反映“十三五”国家战略性新兴产业发展规划情况，满足统计上测算战略性新兴产业发展规模、结构和速度的需要，国家统计局制定了《战略性新兴产业分类（2018）》（国家统计局令第23号）[4]，并于2018年11月发布。该分类规定的战略性新兴产业以重大技术突破和重大发展需求为基础，对经济社会全局和长远发展具有重大引领带动作用，知识技术密集、物质资源消耗少、成长潜力大、综合效益好的产业，包括新一代信息技术产业、高端装备制造产业、新材料产业、生物产业、新能源汽车产业、新能源产业、节能环保产业、数字创意产业、相关服务业等9大领域。该分类的发布，便于对"十三五"国家战略性新兴产业发展规划进行宏观监测和管理，各地区、各部门依据该分类开展战略性新兴产业统计监测。

2.1.2 "十二五"战略性新兴产业发展重点及成就

1. "十二五"发展重点

"十二五"时期是我国战略性新兴产业夯实发展基础、提升核心竞争力的关键时期，既面临难得的机遇，也存在严峻的挑战。

2012年7月，国务院发布《"十二五"国家战略性新兴产业发展规划》（国发〔2012〕28号）[5]，提出加快培育和发展节能环保、新一代信息技术、生物、高端装备制造、新能源、新材料、新能源汽车等战略性新兴产业。到2015年，战略性新兴产业增加值占GDP比重达到8%左右，对产业结构升级、节能减排、提高人民健康水平、增加就业等的带动作用明显提高。到2020年，力争使战略性新兴产业成为国民经济和社会发展的重要推动力量，增加值占GDP比重达到15%。

"十二五"期间，国家战略性新兴产业重点培育和发展7大领域24个方向（表2.1），并提出24个重大工程。

表2.1 "十二五"战略性新兴产业发展方向

产业领域	"十二五"产业发展方向
（一）节能环保产业	1. 高效节能产业；2. 先进环保产业；3. 资源循环利用产业
（二）新一代信息技术产业	4. 下一代信息网络产业；5. 电子核心基础产业；6. 高端软件和新兴信息服务产业
（三）生物产业	7. 生物医药产业；8. 生物医学工程产业；9. 生物农业产业；10. 生物制造产业
（四）高端装备制造产业	11. 航空装备产业；12. 卫星及应用产业；13. 轨道交通装备产业；14. 海洋工程装备产业；15. 智能制造装备产业
（五）新能源产业	16. 核电技术产业；17. 风能产业；18. 太阳能产业；19. 生物质能产业
（六）新材料产业	20. 新型功能材料产业；21. 先进结构材料产业；22. 高性能复合材料产业
（七）新能源汽车产业	23. 纯电动汽车；24. 插电式混合动力汽车

"十二五"战略性新兴产业重大工程（20 项）：①重大节能技术与装备产业化工程；②重大环保技术装备及产品产业化示范工程；③重要资源循环利用工程；④宽带中国工程；⑤高性能集成电路工程；⑥新型平板显示工程；⑦物联网（internet of things，IoT）和云计算工程；⑧信息惠民工程；⑨蛋白类等生物药物和疫苗工程；⑩高性能医学诊疗设备工程；⑪生物育种工程；⑫生物基材料工程；⑬航空装备工程；⑭空间基础设施工程；⑮先进轨道交通装备及关键部件工程；⑯海洋工程装备工程；⑰智能制造装备工程；⑱新能源集成应用工程；⑲关键材料升级换代工程；⑳新能源汽车工程。

2. "十二五"战略性新兴产业发展成就

"十二五"期间，国家发改委、财政部、科技部、工信部、国务院国有资产监督管理委员会等中央部委及地方政府发布了细分领域专题规划、产业发展指导意见、重点产品和服务目录、产业分类指导、产业结构调整、重大工程实施方案等宏观指导政策，以及服务战略性新兴产业发展的金融、财税等相关政策，发挥了规划及政策引领作用。"十二五"期间，国务院及各部委出台的政策多达 550 多条，30 多个省级政府以及计划单列市、省辖市也发布了培育与发展战略性新兴产业的政策，为战略性新兴产业的发展提供政策保障[6]。

"十二五"期间，战略性新兴产业持续快速增长，为调结构、稳增长以及提高国际竞争力发挥了重要作用。2015 年，战略性新兴产业涉及的 27 个重点行业规模以上企业收入达 16.9 万亿元，占工业总体收入的比重达 15.3%[7]。"十二五"期间，国家及各地区强调加快完善产业创新体系，部署了一批基础理论和前沿技术开发重大项目，战略性新兴产业的创新能力大幅提高，战略性新兴产业创新技术成果不断涌现。 2015 年，战略性新兴产业上市公司平均研发投入达到 1.53 亿元，较 2010 年提高 1.9 倍，平均研发强度（占公司营收的比重）达到 6.2%，较 2010 年提升 2.4 个百分点，明显高于上市公司平均 3.5% 的研发强度[7]。

"十二五"期间，我国战略性新兴产业各领域快速健康发展，取得了初步成效，规模持续稳定增长，产业技术水平不断提升，为"十三五"战略性新兴产业的进一步发展奠定了良好基础[7]。节能环保产业规模扩张明显，部分领域技术进展显著，产业布局呈"一带一轴"特征。节能环保服务业发展迅猛，为节约资源能源及保护生态环境提供了物质基础、技术保障和服务，对经济增长起到了明显的拉动作用。新一代信息技术产业呈现强劲发展势头，核心关键技术有所突破，我国已成为全球最大的信息技术和产品市场。新一代信息技术产业作为信息技术领域的制高点，成为引领科技创新实力、国家整体竞争以及经济社会的发展的动力引擎。生物产业作为全球各国竞相争夺的热点，处于技术创新的最前沿。生物医药产业总体规模增大，医疗器械行业增长迅速，生物农业产业培育取得重要进展。高端装备制造产业依靠高新技术的竞争优势推动工业化向高级阶段发展，航空重点产品、卫星应用、轨道交通、海洋工程装备快速发展，智能制造装备取得初步成果。新能源产业的快速发展，有力地推动了我国的能源生产和消费革命，煤炭清洁高效转化与利用取得重要突破，非常规油气成为新亮点，智能电网处于起步阶段，核能、可再生能源产业发展迅速。新材料产业规模不断扩大、研究水平进一步提高，产业区域集聚态势明显。新材料支撑重大应用示范工程的作用日益显现。新能源汽车与节能技术及关键零部件取得了阶段性突破，市场推广、商业模式创新初显成效，基础设施建设快速发展，新能源汽车产业成为我国汽车工业发展的必然方向，将为缓解能源危机、缓解环境污染危机及减少温室气体的排放做出贡献。

3. “十二五”战略性新兴产业发展存在的问题

“十二五”期间，我国战略性新兴产业取得了显著成就，但统筹协调和产业布局的优化还不够、企业自主创新能力有待提高、产业政策环境有待完善、产业基础支撑有待加强、企业国际竞争力亟待提高等[6]。

统筹协调和产业布局的优化还不够。“十二五”期间，大多数地区都把新能源、新材料、生物医药、节能环保、新一代信息技术等产业作为战略性新兴产业的重点，战略性新兴产业的区域布局还没有立足于各地区自身条件和优势，未实现差异化分工，存在产业趋同现象。太阳能、风能等新兴产业已出现各地争相上马、重复建设、投资过热、局部产业链环节产能过剩的现象。

企业自主创新能力有待提高。企业自主研发创新少、生产跟踪仿制多，缺乏自主的核心技术、知识产权和品牌，仍然处于价值链的低端，一些新兴产业的专利和核心技术仍由发达国家掌握，高端产品依赖进口的现象仍旧存在。部分领域产业结构不合理，产业链接不顺畅。“高端产业、低端环节、重复建设、低层次竞争”的产业发展矛盾突出。

产业政策环境有待完善。有关部门在确定重点扶持产业时对市场需求审查不足，市场准入制度不完善，一些行业存在创新产品进入市场困难的问题，形成不了最低规模的有效市场需求。国家尚未出台比较完整具体的投融资政策，投资体制还没有形成，融资渠道单一。税收优惠和出口优惠政策远不及发达国家，产学研用紧密结合的创新机制没有形成，技术创新成果转化机制亟待完善。

产业基础支撑有待加强。产业共性技术的服务能力欠缺，相关基地和平台处于发散状态，无法集中力量满足重大产业技术创新的需要。国家建设的创新平台与区域发展脱节，没有有效支撑地方战略性新兴产业发展。行业检测体系不完善和基础设施配套不完善也严重影响战略性新兴产业技术和市场的衔接。

企业国际竞争力亟待提高。我国战略性新兴产业数量多而分散，生产规模与产业集中度低，小企业、弱势企业多，具有国际竞争力的大型企业集团和骨干企业数量少，行业规模效益水平低，企业整体竞争力不强，国际市场话语权有待提高。

2.1.3 “十三五”以来战略性新兴产业发展重点及成就

1. “十三五”发展重点

战略性新兴产业代表新一轮科技革命和产业变革的方向，是培育发展新动能、获取未来竞争新优势的关键领域。“十三五”时期，是我国全面建成小康社会的决胜阶段，也是战略性新兴产业大有可为的战略机遇期，国家把战略性新兴产业摆在经济社会发展更加突出的位置，大力构建现代产业新体系，推动经济社会持续健康发展。国务院2016年12月发布《“十三五”国家战略性新兴产业发展规划》（国发〔2016〕67号）[8]，提出到2020年，战略性新兴产业增加值占GDP比重达到15%，形成新一代信息技术、高端制造、生物、绿色低碳、数字创意等5个产值规模10万亿元级的新支柱。到2030年，战略性新兴产业发展成为推动我国经济持续健康发展的主导力量，我国成为世界战略性新兴产业重要的制造中心和创新中心，形成一批具有全球影响力和主导地位的创新型领军企业。

“十三五”期间，国家加快发展壮大网络经济、高端制造、生物经济、绿色低碳和数字创意等五大领域，超前布局了空天海洋、信息网络、生物技术和核技术领域一批战略性新兴产业，打造了一批战略性新兴产业发展策源地、集聚区和特色产业集群，形成区域增长新格局。表2.2为“十三五”战略性新兴产业发展重点。

表2.2 “十三五”战略性新兴产业发展重点

领域	“十三五”重点发展方向
（一）网络经济	1. 网络强国基础设施；2. “互联网+”；3. 大数据战略；4. 信息技术核心产业；5. 人工智能
（二）高端制造	6. 智能制造；7. 航空产业；8. 卫星及应用产业；9. 轨道交通装备；10. 海洋工程装备；11. 新材料
（三）生物经济	12. 生物医药；13. 生物医学工程；14. 生物农业；15. 生物制造；16. 生物服务；17. 生物能源
（四）绿色低碳	18. 新能源汽车；19. 新能源产业；20. 高效节能产业；21. 先进环保产业；22. 资源循环利用
（五）数字创意	23. 数字文化创意技术和装备；24. 数字文化创意内容和形式；25. 创新设计

“十三五”战略性新兴产业重大工程（21项）：①宽带乡村示范工程；②“互联网+”工程；③大数据发展工程；④集成电路发展工程；⑤人工智能创新工程；⑥重点领域智能工厂应用示范工程；⑦新一代民用飞机创新工程；⑧空间信息智能感知工程；⑨海洋工程装备创新发展工程；⑩新材料提质和协同应用工程；⑪新药创制与产业化工程；⑫生物技术惠民工程；⑬生物产业创新发展平台建设工程；⑭新能源汽车动力电池提升工程；⑮新能源高比例发展工程；⑯节能技术装备发展工程；⑰绿色低碳技术综合创新示范工程；⑱资源循环替代体系示范工程；⑲数字文化创意技术装备创新提升工程；⑳数字内容创新发展工程；

㉑创新设计发展工程。

2. “十三五”以来战略性新兴产业发展成就

“十三五”以来，在我国经济增速放缓的大背景下，战略性新兴产业仍实现了持续快速增长，总体发展势头强劲，重点产业全面发展。2016年及2017年，全国战略性新兴产业工业增加值同比分别增长10.5%和11.0%，高于同期规模以上全国工业增加值增速40%以上。2018年上半年，战略性新兴产业延续快速增长态势，其工业增加值同比增长8.7%，比同期规模以上工业高2.0个百分点[9]。

下一代通信网络关键技术取得突破，物联网产业规模快速增长，新型显示部分领域实现领先，集成电路产业高速增长，云计算市场需求爆发，大数据产业规模不断扩大，AI技术创新日益活跃。下一代通信网络产业逐步成为支撑和引领社会经济发展的重要驱动力，特别是在信息通信领域取得了多项重大突破。芯片、传感器、智能终端、中间件、架构、标准制定等领域取得一大批研究成果，应用领域逐渐深化。在数据采集、数据存储、数据分析、数据安全与数据可视化等领域均成长起了一批有一定实力与特色的大数据企业代表。阿里巴巴、华为、百度、腾讯等企业的平台处理能力跻身世界前列，华为、联想等公司在数据存储、处理等软硬件设备市场的优势逐渐显著。我国计算机视觉、智能语音语义处理、智能机器人、智能驾驶、消费级无人机处于国际先进行列。

生物经济加速发展，生物医药、生物农业和生物制造产业关键技术不断取得突破，形成了一批具有较强竞争力的优势企业。生物经济正加速成为继信息经济后新的经济形态，随着代谢工程、合成生物学、基因组工程、酶分子工程等技术的不断发展，生物医药、生物农业和生物制造产业的关键核心技术也不断取得突破。生物产业相关企业布局已由中小企业为主体转变为大企业、大集团占主导地位的格局，形成了一批跨地区、跨行业且具有较强竞争力的优势企业。

在一些重要领域，高端装备产业产品产量、技术水平、关键技术的掌握和创新以及产业集中度、管理水平、国际竞争力都获得了长足进步。航天装备和航天工程发展日新月异，长征系列运载火箭、新一代重型运载火箭、商用火箭、载人空间站、探月工程——嫦娥四号探测器实现人类首次月球背面软着陆等取得显著成效。具备了独立建设空间基础设施的能力，卫星制造实现系列化、平台化发展；“北斗”卫星导航产业正进入快速发展的新时期；航天遥感应用领域商业化、产业化发展迈出新步伐。卫星应用迈入“快车道”，空间信息产业链快速形成。我国航空飞机自主研制正迈入爬坡过坎阶段，处于新型号密集立项、批产型号加速状态。C919客机和AG600水陆两栖飞机试飞成功，先进无人机“蜂群”自主编队取得快速发展，民用无人机实现服务农业生产等，机载设备系统领域具备产业基础条件。在航空发动机技术方面取得了突破，在气动设计、零部件、材料及工艺等领域都取得了长足进步。我国已进入世界海洋装备总装建造第一梯队，标志性成果为首艘国产航母001A型航母，“深海勇士号”载人潜水器，“天鲸号”绞吸式挖泥船，“蛟龙号”深海载人潜水器，10万吨级“新光华”号半潜船，“海洋石油201”

深水铺管起重船，“海洋石油 981”深水半潜式钻井平台。“高档数控机床与基础制造装备”计划实施十年多以来，行业实现了由普通机床为主向数控机床为主的转变，实现了高档机床从无到有的转变。我国先后攻克了五轴联动、高速、精密的高档数控系统，实现了一批五轴联动、高速、精密数控机床的生产，并在航空、航天、汽车等领域进行了组线示范应用。我国已初步建立了高档数控机床装备的完整产业链。我国航空航天等战略性需求基本可以实现自主可控。我国农业装备产业进入转型升级时期，产品逐步由中低端向高端发展，产业国际化稳步推进。

新材料产业通过一系列的规划，从基础前沿、重大共性关键技术到应用示范进行全链条设计，规模、应用都取得了一定的成绩。围绕信息、能源、节能环保、生物、航空航天以及产业革新等方面的战略需求，我国新材料产业通过一系列的规划实施途径的设计和落实，着力提高新材料产业的自主创新能力，通过优化组织实施方式，支持量大面广和国家重大工程亟须的新材料产业化建设，着力促进一批关键新材料实现产业化和规模应用。在基础材料技术提升与产业升级方面，钢铁、有色、石化、轻工、纺织、建材等基础性原材料重点产业均通过布局重点项目，实现了新型材料技术上的突破。部分新型材料产品质量进入国际先进行列。在部分关键战略材料、前沿新材料等领域，我国还实现了与国际先进水平“并跑”甚至“领跑”。

新能源汽车产业规模全球领先，高质量发展初露端倪，产业链环节基本完备，龙头骨干企业加速形成，燃料电池汽车开启规模化示范运营，基于共享经济理念的分时租赁等商业模式不断涌现。2018 年，新能源汽车全年产销分别达到了 127 万辆和 125.6 万辆，同比增长分别为 59.9% 和 61.7%。新能源汽车销量增速远超汽车产业总增速，占比稳步上升。截至 2018 年底，我国电动汽车保有量近 300 万辆，已成为新能源汽车发展最快、产量最高、保有量最多的国家。乘用车产品在高续航里程化方面的技术实现了突破，到 2018 年第四季度，乘用车 A 级电动车续航里程在 400 千米以上的产品达到了 50% 左右[①]。新能源汽车新增的动力电池、电力驱动、电子控制、自动驾驶、车联网（internet of vehicles，IoV）和电池回收利用等产业链环节不断完备，电池、电机、控制器等关键零部件完全实现国产化。

“十三五”期间，得益于国家对数字创意产业的大力推动，数字创意产业在全国范围内取得了较快发展。2018 年 7 月，国家统计局发布了 2018 年上半年规模以上文化及相关产业生产经营季度报告。2018 年上半年，上述企业营业收入达 42 227 亿元，比上年同期增长 9.9%，数字创意产业继续保持较快增长。分区域看，东部地区数字创意产业市场规模 32 443 亿元，占全国 76.8%；中部、西部和东北地区分别为 5 828 亿元、3 509 亿元和 447 亿元，占全国比重分别为 13.8%、8.3% 和 1.1%。从增长速度看，西部地区增长 13.4%，东部地区增长 9.7%，中部地区增长 9.6%；东北地区增长 2.4%，与上年同期下降 2.5% 相比，实现了正增长。创意内容产业继续保持较高的市场规模和增长速度，其中新闻信息服务营业收入为 3 744 亿元，增长 29.4%；内容创作生产营业收入为 8 820 亿元，增长 11.9%；创新设计服务领域逐

① 资料来源于中国汽车工业协会（内部）。

步崛起，市场规模 5 143 亿元，保持了 15.1% 的较快增长速度①。

3. “十三五”战略性新兴产业发展存在的问题

“十三五”以来，我国战略性新兴产业的培育与发展取得了显著成效，但是仍存在关键核心环节受制于人、金融支持体系急需完善、人才培育引进问题突出、国际化发展能力有待提高等问题[9]。当前我国战略性新兴产业部分领域关键核心技术受制于人，战略性新兴产业企业长期面临融资难、融资贵的问题，尚未形成全球人才吸引体系，教育与培训体系不能满足战略性新兴产业发展需要，人才培养和教育还存在突出问题，对国际市场准入的技术壁垒和政治干扰因素准备不足。各领域战略性新兴产业发展也存在各自一些问题和不足。

新一代信息技术的核心技术水平有待提升，商业化程度有待提升，新一代信息技术的发展对个人数据隐私造成了一定程度的威胁。我国新一代信息技术水平实现全方位提升，但是仍存在关键核心技术受制于人的情况，数模 / 模数转换芯片、功率放大器、高速光芯片等的国内市场占有率较低，关键装备、原材料、操作系统及软件与国外也有着较大差距。目前，新一代信息技术的众多核心领域还处于实验室研究阶段，尽管具有非常丰富的应用场景，但商业化并不明显。此外，在新一代信息技术的发展给人们带来更加丰富灵活的应用场景的同时，网络空间的虚拟性使得个人数据更易于被收集与分享，极大地便利了对身份信息编号、健康状态、信用记录、位置活动踪迹等信息的存储、分析和交易，对个人数据隐私造成了一定程度的威胁。此外，开放的产业生态使得监管机构难以确定监管对象，也令法律的边界变得越来越模糊。使用 AI 技术进行学习与模拟，生成包括图像、视频、音频、生物特征在内的信息，将有可能突破安防屏障。从潜在风险来看，无人机、无人车、智能机器人等都存在遭到非法侵入与控制的可能，造成财产损失或被用于犯罪目的。

生物产业发展成果还不能满足人民群众对健康、生态等方面的迫切需要，产业生态系统依然存在制约行业创新发展的政策短板。经过“十二五”的全面补缺和“十三五”初期的高端攻关，我国医疗器械领域技术研发和产业能力大幅提升，大多数整机产品都能实现自主供给，部分核心部件也实现了自主制造。但在基础元器件和原材料等方面对外技术依存度高。在国家和各地方部门等科技计划的持续支持下，我国大宗化学品和基础原材料的制造已经具备了一定的技术与产业基础，长链二元酸、丙烯酰胺等一批重要化学品走出化工路线，实现生物制造，部分产品技术水平进入国际先进行列。但是受限于原料匮乏和核心技术缺失，我国化工新材料领域仍面临结构失调、低价值高污染产品产能过剩、高端产品高度依赖进口的重大缺陷，产业链中“卡脖子”的短板问题突出。同时，产业发展层次低、创新能力不足、知识产权（专利）意识淡薄、企业竞争力弱等问题依然存在。创新资金匮乏、风投畏惧风险、产业化各环节人才匮乏等是制约我国生物产业创

① 资料来源于国家统计局。

新的主要问题。体制创新滞后于技术创新，科研创新、医药卫生、投融资、生物制品审评、产品定价、转基因市场准入、政府采购、企业评价等体制机制改革滞后，难以适应大规模产业化需求。

高端装备制造产业要素投入粗放、基础不牢成为我国高端装备产业发展的瓶颈。我国高端装备产业要素投入粗放、经济效率偏低。统筹协调和产业布局的优化不够，创新能力亟待提升。现代制造服务业发展不良，价值链高端缺位。我国高端装备制造产业核心技术缺失，核心元器件、芯片、高档工业软件依赖进口，产品存在可靠性、维修性、保障性的“短板”问题。产业规模化程度低，产业供应链对外依存度仍然较高；行业标准体系与人才培养体系亟待建立和健全；对新趋势、颠覆性新技术认识不足。在专项支持下，国产高档数控系统首次大规模进入航空、航天、兵器、船舶等十大军工集团重点企业示范应用。但我国机床的可靠性和稳定性与国际先进水平尚有差距，机床自身的基础不牢。

节能环保产业技术创新能力整体偏弱，政策和机制不健全，市场竞争秩序不规范。目前，中国环保产业企业中仅有 11% 左右的企业有研发活动，有研发活动的环保企业研发资金占销售收入的比重约为 3.33%，远低于欧美节能环保企业的研发投入（欧美节能环保企业的研发资金一般占销售收入的 15%~20%）。没有形成创新驱动的发展模式，企业的整体科研实力特别是在基础研究领域长期滞后，一些核心技术尚未完全掌握，部分关键设备仍需进口，部分已能自主生产的节能环保设备性能和效率有待提高。节能环保法规和标准体系不健全，相关立法空白，机动车污染防治条例等法规尚未出台，相关细分领域的行业准入制度尚未建立。相关技术、产品标准缺失，重点用能产品能效标准、重点行业能耗限额标准和污染物排放标准等滞后。在信贷、税收、技术创新、市场培育等方面没有一套有力的鼓励扶持政策，现有财政和税收政策零散、不系统，优惠范围和力度明显不够，而且有些政策反而对环保产业起到了抑制作用。由于缺乏有效的管理和规范，市场竞争秩序混乱，低价低质恶性竞争的现象比较严重，一些国家明令淘汰的高耗能、高污染设备仍在使用，污染治理设施重建设、轻管理，运行效率低。我国环境服务业中小型环境服务运营商的技术及环境管理水平参差不齐，部分企业以降低环境治理标准为代价，刻意压低环境服务价格以抢占市场，污染企业选取委托合作方时缺乏有效的判断依据，低质低价中标屡见不鲜，扰乱和破坏了行业秩序，不利于国内环境服务市场的健康发展。

新能源汽车产能过剩与高端产品产能不足的问题并存，高性能乘用车正向开发技术与国际先进水平存在差距，基础元器件设计与制造技术基础薄弱，充电难题依然没有得到彻底解决，动力电池回收体系不完善。新能源汽车行业仍以政策驱动为主，市场发展不均衡，产能过剩与高端产品产能不足的问题并存，随着补贴的持续退坡，行业亟须由补贴与政策驱动向政策与市场驱动转换。我国大部分企业不具备正向设计高端纯电动乘用车全新平台的能力，整车开发多以逆向开发或燃油平台改型方式为主，品牌影响力不足，与国际水平差距较大。新能源汽车技术基础薄弱、原始创新能力低、核心技术欠缺的问题仍然存在，基础元器件严重依赖进口，影响我国新能源汽车产业安全发展。充电基础设施的建设依然落后，国家提出的电价优惠政策、电网配套接线工程政策、充电设施进小区和停车场的要求得不到有效落地执行，互联互通水平差。动力电池回收体系不完善，第一批新能源汽车运行已经超过 20 万千米，进入报废期，动力电池回收及梯次利用问题亟待解决。

新材料产业存在低水平重复建设现象，高端产品自给率不高，基础支撑体系不健全，产业链不够完整，相关政策及保障机制难以适应发展要求。相关产业的区域布局没有立足于各地区自身条件和优势，未实现科学合理定位、形成差异化分工，存在严重的趋同现象。一些产业已经出现了产业链上游的产品无法在下游使用的现象，导致上游市场产能过剩、下游市场有效供应不足。企业作为创新的主体，在产品研发方面重视不够，参与创新研发少、生产跟踪仿制多，普遍存在关键技术自给率低、发明专利少、核心技术受制于人等问题，大多数企业仍在“引进—加工生产—再引进—再加工生产”的怪圈里挣扎。我国新材料基础支撑体系缺位，没有形成大批具有自主知识产权的材料牌号与体系和通用基础原材料的国家及行业标准，统一的设计规范和材料工艺质量控制规范尚不完善，缺乏符合行业标准的新材料结构设计 / 制造 / 评价共享数据库。作为发展主体的新材料企业普遍规模较小，产业发展缺乏统筹规划，投资分散，规模化生产程度低，产业链不够完整。有些产业的企业大多集中在中下游环节，产业配套能力不强。新材料产业的关键环节和重点领域存在“老办法管新事物”的现象，创新产品进入市场困难。

数字创意产业发展面临技术装备创新支撑不足、数字内容创新整体质量不高、创新设计能力仍需进一步提高等问题。数字创意产业涉及众多新一代信息技术，是典型的高新技术产业。技术与装备创新是推动数字创意产业发展的重要基础力量。然而，目前我国在 AI 和大数据基础理论与核心芯片、超高清视频核心器件、VR 设备、内容平台等数字创意技术与装备领域的创新支撑不足，与美国、英国、日本、韩国等发达国家还有一定的差距。在 AI 和大数据技术领域，我国在基础理论、核心算法、基础芯片的研发能力上较国际先进水平还有一定的差距。在超高清视频领域，我国核心器件的研发与创新能力有待提高。在 VR 领域，Oculus、微软、三星、HTC 推出的 VR 终端设备是市场上的主流产品。在数字内容平台领域，我国目前仍存在较大不足。近年来，我国数字内容产业持续稳定发展，产业实力不断增强，社会影响力不断提高。不少企业加大研发投入，着力打造精品，努力实现网络技术和优质内容的有机统一，高质量发展方向逐渐明晰；业界更加重视社会效益，积极回应社会关切，加强内容自审把关，社会责任意识有所提升。与此同时，当前数字内容产业仍存在创新能力不够、内容质量不高、文化内涵不足、精品力作不多、社会责任感不强等突出问题，需要持续发力加以解决。我国急需加强数字文化内容领域设计创作的共性关键技术研究，推动数字内容智能设计技术的工程化和产业化。同时，需要加快发展建设跨部门、跨区域、跨行业的文化资源大数据平台和共享平台，开展文化资源分类与标识、数字化采集与管理、多媒体内容知识化加工处理，以促进数字内容智能设计的成果和产业转化。我国创新设计总体水平大而不强，跨学科协同和系统集成创新不够，无法有效支撑起数字创意产业的快速发展。需要投入各方力量，进行协同创新，大力提升创新设计水平，从而服务于数字创意产业的高质量发展。此外，数字创意产业具有跨领域和交叉性的特点，为创新设计人才培养提出了新的挑战，创新设计人才需要具备艺术、文化、科技、商业等方面的综合能力。当前，数字创意产业还存在较大的人才缺口。

2.2 新时代中国战略性新兴产业发展要求和特征

2.2.1 建设现代经济体系的战略要求

党的十九大报告指出，我国经济已由高速增长阶段转向高质量发展阶段，正处在转变发展方式、优化经济结构、转换增长动力的攻关期，建设现代化经济体系是跨越关口的迫切要求和我国发展的战略目标。必须坚持质量第一、效益优先，以供给侧结构性改革为主线，推动经济发展质量变革、效率变革、动力变革，提高全要素生产率，着力加快建设实体经济、科技创新、现代金融、人力资源协同发展的产业体系，着力构建市场机制有效、微观主体有活力、宏观调控有度的经济体制，不断增强我国经济创新力和竞争力[10]。

2018 年 1 月 30 日，中共中央政治局就建设现代化经济体系进行第三次集体学习，中共中央总书记习近平在主持学习时强调[11]，建设现代化经济体系是我国发展的战略目标，也是转变经济发展方式、优化经济结构、转换经济增长动力的迫切要求。建设现代化经济体系，这是党中央从党和国家事业全局出发，着眼于实现“两个一百年”奋斗目标、顺应中国特色社会主义进入新时代的新要求作出的重大决策部署。现代化经济体系，是由社会经济活动各个环节、各个层面、各个领域的相互关系和内在联系构成的一个有机整体。习近平指出，建设现代化经济体系，需要扎实管用的政策举措和行动。要突出抓好以下几方面工作[11]。

一是要大力发展实体经济，筑牢现代化经济体系的坚实基础。实体经济是一国经济的立身之本，是财富创造的根本源泉，是国家强盛的重要支柱。要深化供给侧结构性改革，加快发展先进制造业，推动互联网、大数据、AI 同实体经济深度融合，推动资源要素向实体经济集聚、政策措施向实体经济倾斜、工作力量向实体经济加强，营造脚踏实地、勤劳创业、实业致富的发展环境和社会氛围。

二是要加快实施创新驱动发展战略，强化现代化经济体系的战略支撑，加强国家创新体系建设，强化战略科技力量，推动科技创新和经济社会发展深度融合，塑造更多依靠创新驱动、更多发挥先发优势的引领型发展。

三是要积极推动城乡区域协调发展，优化现代化经济体系的空间布局，实施好区域协调发展战略，推动京津冀协同发展和长江经济带发展，同时协调推进粤港澳大湾区发展。乡村振兴是一盘大棋，要把这盘大棋走好。

四是要着力发展开放型经济，提高现代化经济体系的国际竞争力，更好利用全球资源和市场，继续积极推进“一带一路”框架下的国际交流合作。

五是要深化经济体制改革，完善现代化经济体系的制度保障，加快完善社会主义市场经济体制，坚决破除各方面体制机制弊端，激发全社会创新创业活力。

2.2.2 战略性新兴产业发展特征

1. 加快提升产业创新能力是战略性新兴产业发展的核心

2018 年，习近平总书记在中共中央政治局就建设现代化经济体系进行第三次集体学习中强调，要加快实施创新驱动发展战略，强化现代化经济体系的战略支撑，加强国家创新体系建设，强化战略科技力量，推动科技创新和经济社会发展深度融合，塑造更多依靠创新驱动、更多发挥先发优势的引领型发展[11]。《“十三五”国家战略性新兴产业发展规划》提出创新是战略性新兴产业发展的核心。要深入实施创新驱动发展战略，大力推进大众创业、万众创新，突出企业主体地位，全面提升技术、人才、资金的供给水平，营造创新要素互动融合的生态环境。聚焦突破核心关键技术，进一步提高自主创新能力，全面提升产品和服务的附加价值和国际竞争力。推进简政放权、放管结合、优化服务改革，破除旧管理方式对新兴产业发展的束缚，降低企业成本，激发企业活力，加快新兴企业成长壮大。向产业价值链中高端进军，必须借助科技创新对社会经济的巨大开拓作用，以科技创新为源头，加快打造战略性新兴产业发展策源地。

2. 推动供给侧结构性改革、提高发展质量是新兴产业主攻方向

十九大报告提出，中国特色社会主义进入新时代，我国社会主要矛盾已经转化为人民日益增长的美好生活需要和不平衡不充分的发展之间的矛盾。我国战略性新兴产业的发展还不平衡，还不能有效满足经济社会的发展需求。现有战略性新兴产业中的很多行业产业价值链尚属于中低端行业，关键技术、材料、零部件、加工装备等严重依赖进口，受制于人，部分行业的盲目重复建设和产能过剩现象严重，无效供给增加[12]。提高产业发展质量、提高供给质量，迈向产业链中高端是新时代战略性新兴产业发展的主攻方向，需要积极推动战略性新兴产业供给侧结构性改革，坚持去产能、去库存、去杠杆、降成本、补短板，优化存量资源配置，扩大优质增量供给，在减少低端和无效供给的同时，更加注重新增长点，在中高端消费、创新引领、绿色低碳、共享经济、现代供应链、人力资本服务等领域培育新增长点、形成新动能和新供给。大力培育新兴产业，加快发展现代服务业，加快推进新产品、新服务的应用示范，将潜在需求转化为现实供给，以消费升级带动产业升级。

3. 新型产业集群将加快引领战略性新兴产业的发展

2018 年 5 月 28 日，在两院院士大会上，习近平总书记指出[13]：“现在，我们

迎来了世界新一轮科技革命和产业变革同我国转变发展方式的历史性交汇期，既面临着千载难逢的历史机遇，又面临着差距拉大的严峻挑战。”面临这一发展大势，习近平总书记强调：“要突出先导性和支柱性，优先培育和大力发展一批战略性新兴产业集群，构建产业体系新支柱。要推进互联网、大数据、AI同实体经济深度融合，做大做强数字经济。”[13]提升产业集群持续发展能力和国际竞争力，以产业链和创新链协同发展为途径，培育新业态、新模式，发展特色产业集群，带动区域经济转型，形成创新经济集聚发展新格局。“十三五”期间，各地政府加快推进发展集聚区建设，新型战略性新兴产业集群迅速发展，如广东加快打造电子信息、汽车、智能家电、机器人、绿色石化五个世界级先进制造业产业集群，贵州的大数据产业、吉林的生物医药产业等。

4. 坚持开放融合发展是战略性新兴产业的客观要求

习近平主席在庆祝改革开放40周年大会上强调，改革开放40年的实践启示我们：开放带来进步，封闭必然落后。中国的发展离不开世界，世界的繁荣也需要中国[14]。中国将继续坚定不移走和平发展道路，奉行互利共赢开放战略，推动建设相互尊重、公平正义、合作共赢的新型国际关系；将继续推动“一带一路”建设，坚持共商共建共享，打造国际合作新平台，增添共同发展新动力，使“一带一路”惠及更多国家和人民。新时代战略性新兴产业发展，要以更开放的理念、更包容的方式，搭建国际化创新合作平台，高效利用全球创新资源，大力推动我国优势技术和标准的国际化应用，加快推进产业链、创新链、价值链全球配置，全面提升战略性新兴产业发展能力。

2.3 新兴产业未来发展态势及发展建议

2.3.1 世界新兴产业发展趋势

1. 新一代信息技术产业发展趋势

新一代信息技术成为国际竞争制胜利器，不断深化与传统产业的融合。云计算、大数据、新一代网络通信、AI等新一代信息技术快速演进，引领产业发展产生新变革。单点技术和单一产品的创新正加速向多技术融合互动的系统化、集成化创新转变，信息技术、生物技术、新能源技术、新材料技术等交叉融合正在引发新一轮科技革命和产业变革，AI、VR、区块链等前沿技术正加速与制造、生物、能源、金融等融合。新一代信息技术驱动社会形态加速向智慧社会升级演进，智慧社会服务有望破解发展不平衡难题。智慧社会将是人类社会发展历程中的一次全方位、系统性变革，将彻底改变人们的生产生活方式，重构个人、企业、政府、社会之间的互动关系，变革社会治理模式和国际竞争格局。5G 迎来新一轮发展浪潮，网络基础设施向高速率、全覆盖、智能化方向发展。根据高通对 5G 产业的预测，到 2035 年 5G 将在全球新增 12.3 万亿美元经济产出，全球 5G 价值链将创造 3.5 万亿美元 GDP[①]。世界各国积极出台高速宽带支持政策，加快空间网络探索和布局，加大普遍服务支持力度，推动网络设施不断向新一代信息技术基础设施演进。

2. 生物产业发展趋势

从世界生物产业发展趋势来看，目前正处于生物技术大规模产业化的开始阶段，预计 2020 年将进入快速发展期，并逐步成为世界经济的主导产业。肿瘤免疫治疗已在多种肿瘤如黑色素瘤，非小细胞肺癌、肾癌和前列腺癌等实体瘤的治疗中展示出了强大的抗肿瘤活性，多个肿瘤免疫治疗药物已经获得美国 FDA（Food and Drug Administration，食品药品监督管理局）批准临床应用。此外，全球已有超过 2 500 个基因治疗临床试验正在进行，基因疗法也已成为全球医药研发企业的必争之地，基因治疗正式进入高速发展阶段。AI 技术的下一个超级应用市场是医疗领域。据预测，到 2025 年，世界 AI 市场总值将达到 1 270 亿美元，其中在医疗行业的应用将占市场总规模的 1/5[②]。在 2018 年，出现了一些基于 DNA 信息的新兴技术，如智商遗传检测、DNA 刑侦、新药预测，并在这些领域取得了革命性进展。尤其是基于基因成像和测序方法的液体活检，可以识别和监控较早期阶段出现的肿瘤，AI 技术以及基因大数据的应用，结合未来液体活检为多数癌症提供了一种有效的早期筛查方法，并为精准确定癌症类型和预测癌症扩散提供了线索。

3. 高端装备制造产业发展趋势

科技革命和产业变革正形成历史性的交汇期，以智能制造培育新动能，已经成为世界产业变革的一个重要方向，主要发达国家在高端制造装备和高技术装备领域竞争将日趋激烈，美国和德国仍为智能制造的全球领军者。自中美贸易战以来，全球高端装备产业竞争格局深度调整。美国发射 GPS Ⅲ 首星、“先进极高频”（AEHF）通信卫星等，俄罗斯、日本、印度、欧盟等开展空天装备竞争。产业政策成为大国竞争战略工具，如 2019 年初德国发布的《国家工业战略 2030》，美国发布的美国未来工业发展规划、《美国主导未来产业》等，后者将 AI、先进制造业、量子信息科学和 5G 视为决定美国高端产业未来命运的四大领域。高端装备制造产业国家之间为确保产业链安全，布局全产业链竞争优势。美国产业链价值判断标准：必须确保美国控制和引领全球产业链，对全球产业链实现垂直掌控，尤其是在技术密集型产业方面保持绝对优势。

---

① 新华网．高通：2035 年 5G 将创造逾 12 万亿美元产值 [EB/OL]. http:www.xinhuanet.com/tech/2017-03/01/c_1120547279.htm，2017-03-01.

② 资料来源于“2018 世界人工智能产业发展深度分析报告”。

4. 新材料产业发展趋势

信息技术是当前世界经济复苏和推动未来产业革命的重要引擎，对于信息基础材料的需求不断攀升。信息化的水平取决于光电信息功能材料，光电信息功能材料主流仍然是半导体材料，硅材料需求在2020年和2025年分别可能达到150亿平方英寸（1平方英寸=6.4516平方厘米）和210亿平方英寸。到2035年，以金刚石为代表的超宽禁带半导体材料也可能得到很大的发展并趋于实用。新能源革命推动产业发展，绿色消费逐步被公众接受，绿色生产和制造被广泛重视。未来10~20年，晶体硅太阳能电池的主导地位不会发生根本性变化，未来10年锂离子动力电池市场将呈现，快速增长趋势，在新能源汽车和储能领域占据主导地位。健康产业进入加速发展的新时期，生物技术和其他技术的交叉融合成为创新热点。生物医用材料是高技术材料市场中技术附加值最高（知识成本可高达总成本的50%~70%）的材料，具有巨大的潜在市场和发展空间，心血管系统介/植入器械成为生物医用材料第二大市场。先进制造技术正在向智能化的方向发展，高端装备制造支撑材料已经成为新材料产业发展的核心关键。具有感知、分析、推理、决策、控制功能，实现高效、高品质、节能环保和安全可靠生产的下一代制造装备的支撑材料是未来材料产业发展的急需。关键材料产品日新月异，产业升级换代步伐加快。国际社会正在努力研发性能更好的碳纤维，如新型碳纳米管纤维和石墨烯纤维。

5. 绿色低碳产业发展趋势

全球能源新技术产业发展动态与趋势。由于价格实惠、储量丰富和便于运输等优点，煤炭依然是很多国家的主体能源，是当前全球能源系统的核心。在页岩气产业发展进程中，以美国公司为主，逐渐形成了一批关键勘探开发技术，并通过利用大数据技术、立体开发、水平井分段压裂技术体系持续攻关，成功实现单井产量不断提升，单井成本持续下降。作为资源潜力巨大的能源类型，天然气水合物未来将持续受到关注，未来如能实现高效、安全、可控开发，天然气水合物有望改写全球能源供应格局。德国、美国和丹麦等发达国家在能源系统转型中已经开展了较多关于“能源互联网”的研究，积累了较为丰富的经验。世界核电技术已经从二代核电为主进入三代核电的升级转型，以及四代核电技术的研究开发与部分堆型的示范验证阶段。全球范围内，亚洲、欧洲、北美仍然是风电新增装机容量最多的地区，以德国、英国、西班牙、法国和意大利为首的欧洲风电市场出现明显下滑，亚洲和北美风电表现相对抢眼；拉丁美洲、非洲、中东、大洋洲风电发展仍然较为缓慢。随着光伏制造成本的下降，太阳能光伏有望于2022年前后达到用户侧平价上网，这将大幅刺激太阳能光伏装机的发展。据国际能源署（International Energy Agency，IEA）推测，2018~2023年生物质发电量所占比重会因太阳能、风能等其他可再生能源的发电规模扩大而下降。全球地热资源潜力大、利用量小，地热能直接利用规模逐年增加，地热能发电增长稳健。

国际节能环保产业已经步入技术成熟期，产业发展重点由最初的末端治理转为源头削减。发达国家的节能环保技术正向深度化、尖端化方面发展，产品不断向普及化、标准化、成套化、系列化方向发展。新材料技术、新能源技术、生物工程技术正源源不断地被引进节能环保产业，尤其是随着物联网、云计算、大数据、AI等新一代信息技术的迅猛发展，在节能环保领域的应用范围不断扩大，创新出以智慧城市为代表的新型节能环保产业的雏形脉络框架，行业呈现智能化、综合化的发展趋势。

新能源汽车实现逆势增长，“电动化、智能化、网联化、共享化”加速融合发展，全球新能源汽车技术研发高度活跃、配套基础设施及服务平台快速发展，新型充电技术成为研究热点。在车市整体低迷的情况下，新能源汽车实现逆势增长。汽车电动化的趋势已不可逆转。自印度宣布到2030年全面实现电动化后，美国、日本、欧盟等发达国家和地区跨国集团向电动化发力，制定发布了禁售传统燃油车时间表。2018年，国际主要汽车企业发布了全新的新能源汽车发展规划。国外大众、沃尔沃、奔驰、通用、宝马、奥迪、福特及国内比亚迪、北汽新能源、长安等汽车企业在新能源汽车领域持续布局、谋求转型，不断加大研发生产力度，推动新能源汽车相关技术不断进步。国际整车企业也纷纷推出了“电动化+智能化+网联化+共享化”新技术和新产品。智能网联汽车已成为汽车工业发展的战略方向，美国、德国、日本等世界汽车强国通过产业顶层设计并结合自身产业优势，在智能网联汽车领域已经形成一定优势。动力电池产业竞争逐步进入核心技术竞争阶段，对发展高能量密度、高安全动力电池的要求愈加迫切。电驱动系统向高速、高密度化、集成化方向持续发展。轻量化及整车高效节能成为新能源汽车发展的必然趋势。氢燃料电池汽车技术蓬勃发展。2018年，国际燃料电池汽车技术不断进步，商业化工作取得重大突破。

6. 数字创意产业发展趋势

移动互联网与数字技术的快速发展驱动数字创意产业爆发式增长，AI、大数据、云计算、VR、超级感知等新一代科技革命不断将数字创意产业推升至全新的高度。世界发达国家和发展中国家都在加紧培育和支持数字创意产业发展，努力打造具有国际竞争力的数字创意产业，以创造新的经济增长点并输出文化影响力。英国以轻量的创意产业为主，凭借深厚的文化底蕴驱动产业发展，突出“大文化”综合管理理念，能较快适应创意与数字等要素的融合发展趋势。美国在市场机制主导下，由资本和技术双轮驱动创意产业发展，通过版权来连接整个数字创意产业，使数字内容与技术得到协同发展。不论在内容环节还是在技术环节都有一大批企业占据着数字创意产业链的高地，内容创意环节有如华特迪士尼、21世纪福克斯、康卡斯特及时代华纳（被AT&T收购）等世界500强企业，产业技术环节的谷歌、微软、苹果、高通等世界500强企业亦引领着全球数字技术的发展方向。法国政府对文化创意产业涉入较深，采取“公共投入为主、国家扶持、多方合作”的政策，强调文化与国家形象相结合，使得法国文化创意产业具有鲜明特色。德国文化创意产业在标准主义、秩序主义、厚实精神、完美主义、精确主义、专注精神六大国民文化引领下，形成以建筑、艺术、设计、时尚四大领域为核心，涵盖工业设计、艺术品市场、音乐、图书、广告、建筑等 11 大细分领域的稳定产业结构。日本是数字内容产业强国，具备成熟的产业链，超高清技术装备以及数字动漫制作技术世界先进。韩国文化内容产业在经济增长、出口贡献、创造就业等方面对国民经济有着积极贡献，韩国的超高清技术与数字游戏技术处于世界领先地位，拥有先进的游戏引擎技术，积累了丰富的游戏人才，已推出文化内容产业与新技术融合增长引领生态系统建设的方案。

2.3.2 新兴产业发展国际环境变化

1. 战略性新兴产业将长期面临中美贸易战的挑战

2017 年新一届美国政府，奉行“美国优先”政策，对外采取一系列单边主义和保护主义措施，以加征关税等手段相威胁，启用尘封多年的“201 调查”“232 调查”等手段，对各主要贸易伙伴频频出手，频频挑起与主要贸易伙伴之间的经贸摩擦，搅乱全球经贸格局。美国 2017 年 8 月启动单边色彩浓厚的“301 调查”，无视中国多年来在加强知识产权保护、改善外资营商环境等方面的不懈努力和取得的巨大成绩，对中国作出诸多不客观的负面评价，采取加征关税、限制投资等经贸限制措施，挑起中美经贸摩擦[15]。

2018 年 3 月以来，中美之间的贸易摩擦不断升级，2018 年 3 月 23 日，美国总统特朗普在白宫正式签署对华贸易备忘录。特朗普当场宣布，将有可能对从中国进口的 600 亿美元商品加征关税。2018 年 4 月 3 日，基于“301 调查”，美国贸易代表办公室公布对华征税建议清单，对涉及航空航天、信息和通信技术、机器人和机械、医药等行业约 500 亿美元的中国出口商品，征收 25% 关税。2019 年 8 月 24 日，美方宣布将提高对约 5 500 亿美元中国输美商品加征关税的税率。

美国妄图对中国新兴产业发展进行战略遏制。美国要求中国对产业政策，乃至经济结构进行调整，维护美国经济竞争优势。美国对中国加征关税的措施聚焦“中国制造 2025”，宣布征税 25% 的中国产品基本上就是中国七大战略性新兴产业的高科技产品。如《纽约时报》所说，美国的真正目的是要遏制中国制造业升级，拖慢“中国制造 2025”这一强国战略[16]。根据《纽约时报》2018 年 10 月 10 日刊发的报道，特朗普政府正在通过美国外国投资委员会（Committee on Foreign Investment in the United States，CFIUS），收紧外国企业和资本进入 27 个美国敏感技术领域，其中就包括生物医药行业。与此前只专注于并购和多数股权收购的审查不同，新的 CFIUS 的审查范围将进一步扩大，少数股权的投资以及成立合资公司，也都将面临更为严格的审查[17]。

争夺技术主导权，打压中国高科技企业。2018 年 4 月 16 日，美国商务部发布对中兴通讯的出口禁令，直到 2025 年 3 月 13 日，美国公司将被禁止向中兴通讯销售零部件、商品、软件和技术[16]。2018 年 8 月，特朗普签署《外国投资风险审查现代化法案》，赋予 CFIUS 更大权力，收紧外资安全审查，主要目标针对中国，阻碍中国企业对美国企业并购投资获得关键技术、新兴技术和基础设施等[18]。2019 年 5 月 15 日特朗普签署行政命令，宣布进入国家紧急状态，不允许被“外国对手”拥有或掌控的公司向美国提供电信设备和服务。2019 年 5 月 16 日，美国商务部产业与安全局（Bureau of Industry and Security，BIS）将华为及其他非美国附属的 68 家公司纳入“实体清单”。

2. “一带一路”倡议带来新的发展机遇

2015 年 3 月，中国政府制定并发布《推动共建丝绸之路经济带和 21 世纪海上丝绸之路的愿景与行动》[19]。提出“推动新兴产业合作，按照优势互补、互利共赢的原则，促进沿线国家加强在新一代信息技术、生物、新能源、新材料等新兴产业领域的深入合作，推动建立创业投资合作机制”，是“一带一路”的合作重点之一。

2017 年 5 月 14~15 日，第一届“一带一路”国际合作高峰论坛在北京召开，论坛圆桌峰会联合公报提出[20]，重点推动政策沟通、设施联通、贸易畅通、资金融通、民心相通，促进各国发展战略对接，加强创新合作，支持电子商务、数字经济、智慧城市、科技园区等领域的创新行动计划，推动全球价值链发展和供应链连接，增加双向投资，加强新兴产业、贸易、工业园区、跨境经济园区等领域合作。

2019 年 4 月 25~27 日，第二届“一带一路”国际合作高峰论坛在北京成功举行，推进“一带一路”建设工作领导小组办公室 4 月 22 日发表《共建“一带一路”倡议：进展、贡献与展望》报告[21]。报告指出，2013 年以来，共建“一带一路”倡议以政策沟通、设施联通、贸易畅通、资金融通和民心相通为主要内容扎实推进，取得明显成效。共建“一带一路”支持开展多元化投资，鼓励进行第三方市场合作，推动形成普惠发展、共享发展的产业链、供应链、服务链、价值链，为沿线国家加快发展提供新的动能。中国对沿线国家的直接投资平稳增长，2013~2018 年，中国企业对沿线国家直接投资超过 900 亿美元，在沿线国家完成对外承包工程营业额超过 4 000 亿美元。沿线国家加快发展产生了国际产能合作的巨大市场需求，国际产能合作和第三方市场合作稳步推进。中国各类企业遵循市场化、法治化原则自主赴沿线国家共建合作园区，促进当地经济发展，为沿线国家创造了新的税收来源和就业渠道。

2.3.3 新兴产业高质量发展的建议

“十四五”是我国战略性新兴产业迈向中高端、经济高质量发展的关键时期，机遇与挑战将长期并存。为保障“到 2035 年，我国经济实力、科技实力大幅跃升，跻身创新型国家前列”这一战略目标的实现，战略性新兴产业需要以筑牢产业安全体系、破解产业发展“卡脖子”问题为核心任务，集中优势资源实施重大攻关、打造世界级产业集群，坚持提升产业创新能力、坚持开放发展，构建新兴产业创新发展体系。

1. 聚焦重点领域，夯实产业发展基础，破解发展“卡脖子”问题

中共中央总书记、国家主席、中央军委主席、中央财经委员会主任习近平2019年8月26日下午主持召开中央财经委员会第五次会议，研究推动形成优势互补高质量发展的区域经济布局问题、提升产业基础能力和产业链水平问题。习近平在会上发表重要讲话强调，要充分发挥集中力量办大事的制度优势和超大规模的市场优势，打好产业基础高级化、产业链现代化的攻坚战[22]。面对中美贸易战的长期挑战，战略性新兴产业高质量发展需要发挥科技创新的强大推动作用，聚焦关键核心技术，加强资源整合，加大人才集聚，聚焦集成电路、AI、生物医药等重点领域，以重大工程为抓手，加强基础研究、应用基础研究，瞄准关键核心技术和重点产业进行突破，从根本上解决战略性新兴产业发展受制于人的局面。

2. 瞄准前沿领域，加快完善产业创新体系，提升产业创新能力

不断完善产业创新体系，提升自主创新能力，加快形成以企业为主体的产学研一体化创新机制，加快推动关键共性技术、前沿引领技术、现代工程技术和颠覆性技术取得新的突破。围绕产业链部署创新链，完善以企业为主体、市场为导向、政产学研用相结合的新兴技术创新体系，实施国家级重大产业科技攻关项目，突破制约新兴产业发展的核心技术瓶颈，加强产业和科技对接，促进科技成果产业化，提升新兴产业的全球竞争能力。加快发展无人驾驶汽车、3D打印、生物技术、新材料、量子计算与通信等前沿技术与产品；加强高铁、5G、电力等装备创新发展，保持领先优势；推动能源新技术、新能源汽车、海洋工程装备、机器人等领域向技术领先迈进；加快发展大飞机及航空发动机、高档数控机床、高性能医疗器械等，不断缩小与强国的差距。

3. 完善政策环境，坚持开放融合发展，打造世界级的产业集群

在国务院、各部委及各地政府一系列政策的指导下，我国战略性新兴产业规模快速增大、结构不断优化，但仍面临投资力度不够，区域发展不平衡，国际竞争力不强等问题。需要进一步优化资源配置，营造产业集群创新发展良好环境，不断提升我国产业集群竞争力。培育一批世界级新兴产业集群，促进我国产业迈向全球价值链中高端。把握我国产业集群发展的阶段性特征，形成创新网络，推动产业集群发展动力变革。继续扩大开放，加强与全球科技和产业的合作交流与协同发展，深度融入全球价值链分工体系：一方面要深入推动实施“走出去”战略，加强“一带一路”倡议的新兴产业发展合作；另一方面要积极引进国外先进技术、人才和管理经验，实现合作共赢。

审稿：王礼恒　周志成

参考文献

[1] 国务院．国务院关于加快培育和发展战略性新兴产业的决定（国发〔2010〕32 号）[EB/OL]. http://www.gov.cn/zhengce/content/2010-10/18/content_1274.htm，2010-10-18.

[2] 国家发展改革委．战略性新兴产业重点产品和服务指导目录（2013 年第 16 号）[EB/OL]. http://www.gov.cn/zwgk/2013-03/08/content_2349476.htm，2013-03-08.

[3] 国家发展改革委．战略性新兴产业重点产品和服务指导目录（2017 年第 1 号）. [EB/OL].http://www.ndrc.gov.cn/gzdt/201702/t20170204_837246.html，2017-01-25.

[4] 国家统计局．战略性新兴产业分类（2018）（国家统计局令第 23 号）[EB/OL]. http://www.stats.gov.cn/tjgz/tzgb/201811/t20181126_1635848.html，2018-11-26.

[5] 国务院．国务院关于印发“十二五”国家战略性新兴产业发展规划的通知（国发〔2012〕28 号）[EB/OL]. http://www.gov.cn/zhengce/content/2012-07/20/content_3623.htm，2012-07-20.

[6] 王礼恒，钟志华，邬贺铨，等．战略性新兴产业发展重大行动计划综合研究 [M]. 北京：科学出版社，2019.

[7] 国家信息中心．“十二五”战略性新兴产业发展总结和“十三五”展望 [C]// 中国工程科技发展战略研究院．2017 中国战略性新兴产业发展报告．北京：科学出版社，2016:3-16.

[8] 国务院．国务院关于印发“十三五”国家战略性新兴产业发展规划的通知（国发〔2016〕67 号）[EB/OL]. http://www.gov.cn/zhengce/content/2016-12/19/content_5150090.htm，2016-12-19.

[9] 国家信息中心．“十三五”以来战略性新兴产业发展形势分析 [C]// 中国工程科技发展战略研究院．2019 中国战略性新兴产业发展报告．北京：科学出版社，2018:6-12.

[10] 习近平．决胜全面建成小康社会　夺取新时代中国特色社会主义伟大胜利——在中国共产党第十九次全国代表大会上的报告（2017 年 10 月 18 日）[M]. 北京：人民出版社，2017.

[11] 新华网．习近平在中共中央政治局第三次集体学习时强调 深刻认识建设现代化经济体系重要性 推动我国经济发展焕发新活力迈上新台阶 [EB/OL]. http://www.xinhuanet.com/video/2018-01/31/c_129803076.htm，2018-01-31.

[12] 汪文祥．多角度推动战略性新兴产业高质量发展 [EB/OL]. http://www.360doc.com/content/18/1116/21/33989007_795366911.shtml，2018-11-16.

[13] 白宛松．习近平：在中国科学院第十九次院士大会、中国工程院第十四次院士大会上的讲话 [EB/OL]. http://www.gov.cn/xinwen/2018-05/28/content_5294322.htm，2018-05-28.

[14] 郝多．习近平：在庆祝改革开放 40 周年大会上的讲话 [EB/OL]. http://www.xinhuanet.com/politics/leaders/2018-12/18/c_1123872025.htm，2018-12-18.

[15] 中华人民共和国国务院新闻办公室．关于中美经贸磋商的中方立场（2019 年 6 月）[EB/OL]. http://www.gov.cn/zhengce/2019-06/02/content_5396858.htm，2019-06-02.

[16] 张希臣．人民日报评中兴事件：切肤之痛激发理性自强 [EB/OL]. http://news.sina.com.cn/o/2018-04-19/doc-ifzfkmth6957886.shtml，2018-04-19.

[17] 王真 . 中美贸易摩擦终于烧到生物医药行业！ [EB/OL]. https://med.sina.com/article_detail_103_2_54062.html，2018-10-15.

[18] 孙立鹏 . 中美经贸格局历程、前景与重塑 [EB/OL]. http://www.sohu.com/a/310023954_522914，2019-04-24.

[19] 国家发展改革委，外交部，商务部 . 授权发布：推动共建丝绸之路经济带和 21 世纪海上丝绸之路的愿景与行动 [EB/OL]. http://world.people.com.cn/n/2015/0328/c1002-26764633.html，2015-03-28.

[20]“一带一路”国际合作高峰论坛 .“一带一路”国际合作高峰论坛圆桌峰会联合公报（全文）[EB/OL].http://www.beltandroadforum.org/n100/2017/0514/c24-414.html，2017-05-15.

[21] 推进“一带一路”建设工作领导小组办公室 . 共建“一带一路”倡议：进展、贡献与展望 [EB/OL].http://www.xinhuanet.com/world/2019-04/22/c_1124400071.htm，2019-04-22.

[22] 田甜 . 习近平主持召开中央财经委员会第五次会议强调 推动形成优势互补高质量发展的区域经济布局 发挥优势提升产业基础能力和产业链水平 [EB/OL]. http://news.cnr.cn/native/gd/20190826/t20190826_524748780.shtml，2019-08-26.

产业篇

第 3 章

新一代信息技术产业

陶　利　许守任　龚振炜　孟　柳　安　达

【内容提要】以 AI、新一代网络与通信、大数据、云计算等为代表的新一代信息技术迅猛发展，在生产生活领域广泛应用和全面渗透，极大拓展了人类认识世界和改造世界的能力。本章综合分析了 2018~2019 年新一代信息技术产业的国内外发展现状及趋势以及我国新一代信息技术产业存在的问题。指出在政策支持的持续利好下，我国新一代信息技术产业发展环境不断优化，已经成为新旧动能转换的强劲引擎。我国新一代信息技术产业聚焦数字化、网络化、智能化发展，带动新一代信息基础设施建设，引领智能制造高速发展，但也存在核心技术落后于发达国家、部分技术应用场景丰富而商业化水平低等问题，本章最后对新一代信息技术产业的发展提供对策措施及建议。

3.1　全球新一代信息技术产业发展动态及趋势

3.1.1　国际环境复杂多变，贸易保护主义对新一代信息技术产业产生重要影响

近年来，随着一些国家“逆全球化”思潮涌动，贸易保护主义抬头，对外贸易保护政策更加保守，贸易限制措施增多。世界贸易组织发布的《国际贸易发展环境

报告》显示，在 2018 年 10 月中旬至 2019 年 5 月中旬，世界贸易组织成员共实施了 38 项新的贸易限制措施，主要有提高关税、实施进口禁令、增加进口环节税收、加严海关监管等特别保障措施等，这些限制措施所涉及的贸易金额为 3 395 亿美元，仅次于上一个报告期（2017 年 10 月中旬至 2018 年 5 月中旬）的 5 883 亿美元，位居历史第二高位，比 2012 年起的历史平均值高 44%（图 3.1）。同期，世界贸易组织成员实施的贸易促进措施为 47 项，为 2012 年有记录以来最低，主要包括降低或取消进口关税、简化海关手续等，所涉及的贸易额为 3 982 亿美元。世界贸易组织预计，受全球贸易摩擦加剧等因素影响，2019 年全球贸易量增速将由 2018 年的 3.9% 回落至 3.7%，连续两年下滑（图 3.2）。在主要经济体中，美国的贸易保护主义行为最为突出。全球贸易预警（Global Trade Alert，GTA）统计数据显示，2018 年 1~7 月，美国出台的保护主义措施占全球比重达到 33%。其他一些经济体贸易保护主义也趋于上升，全球贸易面临的政策环境出现不利变化，保持稳定增长难度较大。

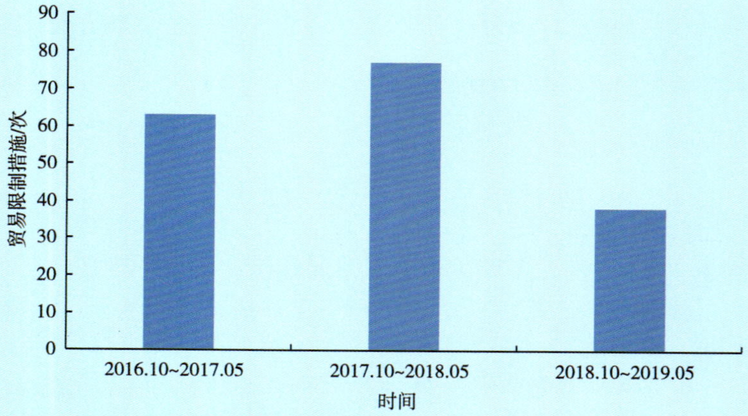

图 3.1　世界贸易组织成员贸易限制措施次数

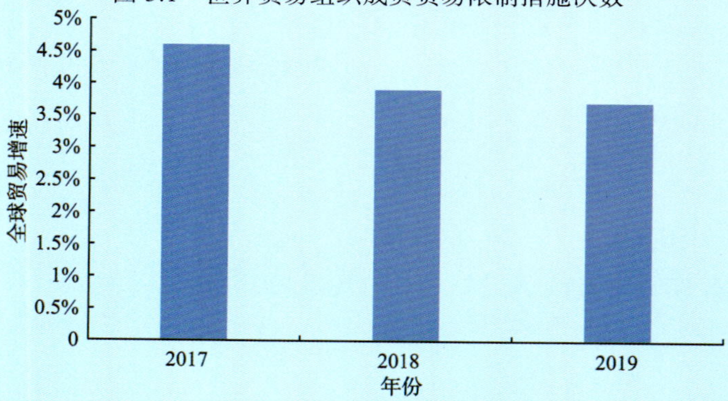

图 3.2　全球贸易增速

世界经济持续低迷，贸易摩擦频发，信息产业成为全球竞争焦点，国际政治不

稳定因素增加，对新一代信息技术产业产生重要影响。经济全球化是社会生产力发展的客观要求和科技进步的必然结果，为世界经济增长提供了强劲动力，促进了商品和资本流动、科技和文明进步、各国人民交往。过去几十年，全球形成了较好的电子信息产业全球产业链分工合作。美国向中国出口高技术含量、高附加值的关键芯片及器件（重点包括光电、射频、通信、通用处理器、存储等）和技术专利（3G/4G）授权，中国利用高效率、相对低成本的信息设备制造能力生产信息产品，出口全球，然而，2008 年金融危机以来，国际贸易保护主义逐渐抬头，逆全球化思潮暗流涌动。新一代信息技术领域成为贸易摩擦事故高发地，美国通过对中国高科技产品加征关税及对信息领域企业禁运等，打压中国高科技产品的崛起，对我国新一代信息技术产业造成冲击。2019 年 7 月，日韩之间因“劳工案”矛盾升级，7 月 4 日起，日本限制了向韩国出口氟聚酰亚胺、光刻胶、高纯度半导体用氟化氢。日本氟聚酰胺和光刻胶产量占全球总产量的 90%，全球半导体企业 70% 氟化氢需要从日本进口 [1]。日本对韩国实施出口管制后，韩国半导体企业和面板企业很难找到替代厂家。

3.1.2　各国围绕新一代信息技术加强构筑竞争优势

当前，全球信息技术进入深度融合、变革创新、开放包容的新阶段，呈现创新融合、智能绿色、开放共享的新特征。互联网不断激发技术与商业模式创新的活力，开启以融合创新、系统创新、迭代创新、大众创新、微创新为突出特征的创新时代。数据驱动型创新成为国家创新发展的重要形式和方向。信息经济创新融合、智能绿色、开放共享的经济发展新模式加快形成，跨领域、协同化、网络化的国家创新平台正在兴起，工业互联网、能源互联网等新业态加速突破，大规模个性化定制、网络化协同制造、线上线下聚合、共享经济等信息经济新业态新模式不断涌现。全球来看，促进信息产业创新融合发展，全面发展数字经济，已成为全球竞争的新焦点。世界各国高度重视，纷纷出台各类政策框架和行动计划，从国家层面做出一系列相关战略部署，积极培育新一代信息技术的创新优势（表 3.1）。

表 3.1　新一代信息技术相关政策

序号	国家或地区	战略或政策文件	重点方向
1	欧盟	欧洲人工智能战略，面向 21 世纪欧洲产业政策宣言	AI、数字技术、生产突破性/尖端技术
2	德国	高技术战略 2025，国家工业战略 2030	智能医疗、数字化经营模式、移动网络产业、AI
3	西班牙	西班牙人工智能研究、发展与创新战略	AI
4	英国	英国工业 2050 战略	
5	加拿大	探索、想象、创新——加拿大的新空间战略	AI、深孔机器人系统
6	法国	新工业计划	

续表

序号	国家或地区	战略或政策文件	重点方向
7	日本	新机器人战略，科学技术创新综合战略，再兴战略	超智能社会、AI、物联网、自动驾驶
8	美国	国家人工智能研究与发展策略规划，美国机器智能国家战略报告，政府技术现代化法案，美国主导未来产业，美国先进制造业领导战略，量子信息科学国家战略概述，国家人工智能战略，引领 5G 的国家频谱战略	AI、5G、先进机器人
9	韩国	第四期科学技术基本计划（2018-2022），人工智能发展战略，五大新产业战略	自动驾驶汽车，智能家居、智能保健 4.0、半导体和显示屏技术
10	巴西	国家科学技术和创新战略，巴西数字革命战略（E-Digital）， 信息技术和通信总体规划， 战略信息技术规划， 数字治理战略	
11	印度	新电信法，国家通用电子化辅助政策，新产业政策	计算机软件，电子设备，机器人技术，AI 技术
12	南非	南非产业政策行动计划， 国家工业政策框架， 南非先进制造业技术战略	电子设备本地生产及组装，卫星通信套件，技术和软件模块，3D 打印
13	越南	工业发展战略——2035 愿景， 发展信息技术项目 2020-2025	
14	孟加拉国	国家产业政策，数字孟加拉战略，孟加拉国信息和通信科技现状、问题和未来发展规划	

2018 年以来，美国陆续发布了多项关于先进制造、AI、5G 等产业的计划。2018 年 8 月 31 日，美国能源部（Department of Energy，DOE）与劳伦斯利弗莫尔国家实验室合作，宣布启动 13 个项目以刺激使用高性能计算机推进美国制造业科技应用。2018 年 10 月美国发布《美国先进制造业领导战略》，旨在实现“维持美国先进制造业的领先地位”；2019 年 2 月，白宫发布《美国主导未来产业》，提出 AI、先进制造业、量子信息科学和 5G 等关键技术；欧盟为重建欧洲在 ICT（Information and Communication Technology，信息和通信技术）领域的国际竞争优势，积极布局信息技术创新发展。“地平线 2020”（Horizon 2020）科研计划，实施时间为 2014~2020 年，强化信息技术的创新与应用，关注重点包括下一代计算技术、未来互联网技术和服务、内容的技术和信息管理、先进机器人以及机器人智能空间、信息与传播技术和关键使能技术。2018 年，基于最新的发展目标，欧盟委员会发布了《面向 2018-2020 年的 H2020 ICT 工作计划》，提出欧洲将在工业数字化技术、数据基础设施、5G、下一代互联网等技术领域进行重点研究。2018 年初，英国发布了《数字宪章》，旨在推动数字经济领域，特别是电子信息工程科技领域的技术创新，重点聚焦 AI、网络安全等领域；德国政府于 2018 年 9 月出台了《高技术战略 2025》，确定未来 7 年高科技创新重点领域，将数字辅助系统、自动驾驶、量子信息、AI 等作为重点研究对象。2019 年 2 月，德国发布《国家工业战略 2030》，提出重点发展互联网、智

能化等新兴领域，维持德国在欧洲乃至全球的竞争力。日本积极推进《i-Japan战略2015》，发布《科学技术创新综合战略》，聚焦超智能社会建设，综合部署AI技术、设备系统应用的研发与产业化。2018年7月，日本政府公布了2018~2019年科学技术政策基本方针《综合创新战略》，将AI、数据共享基础设施、自动传感系统等列入了近期发展重点。韩国在2018年宣布推出“五大新产业战略”，拟重点发展大数据、AI、半导体、新型显示、自动驾驶汽车、智慧医疗等技术及领域。印度商业和工业部正在制定全新的产业政策，准备利用包括AI、机器人、物联网、区块链等在内的现代技术来推动制造业的发展，增加其在GDP中的份额。

3.1.3　新一代信息技术产业成为数字经济主导产业，5G+AI将开启重大产业周期

2018~2019年，信息技术产业对经济社会转型发展的基础性驱动作用持续释放，美国、日本、欧盟、中国等主要经济体均出台一系列促进政策，进一步加快布局新兴技术研发和产业化，抢占技术变革先机，推动产业发展。在AI、物联网、大数据等革新技术推动下，智能化应用场景迅速拓展，新兴市场需求持续增长，带动产业与技术创新不断涌现。在发达经济体普遍复苏、新兴经济体快速增长的双重带动下，2017年世界电子信息产品产销额均保持较快增长态势，新兴市场国家电子信息产品产销额的高速增长表明其仍是世界电子信息产业增长的重要推动力。2017年，全球经济继续保持低速增长态势，增速略有提升，经济增长依然受不确定性因素的影响，复苏尚不明朗。美、日、欧等发达经济体总体回暖，发展中经济体保持较快增长速度，是推动全球增长的重要力量。2017年，世界电子信息产品制造业持续复苏，在2016年略有增长的基础上，增速提升2.95个百分点，产销值均保持较快增长态势。2017年，世界电子产品产值达到17 911.37亿美元，同比增长4.02%，销售额达到17 561.39亿美元，同比增长3.03%，与2014年相比，产销值恢复较快增速，销售摆脱衰退态势，复苏形势整体向好[2]。

数字经济在全世界范围内的发展速度令人瞩目，不同国家和地区探索出多种发展路径和模式。随着云计算、大数据、物联网、AI、下一代移动网络技术的逐步成熟和广泛应用，以数据的深度挖掘和融合应用为主要特征的智慧化将成为未来数字化的主要标志。新一代信息技术在经济社会领域的渗透日益深入，未来经济发展的技术延展性不断增强，商业、产业、企业活动的边界不断拓展。根植于新技术群落的全新经济系统——数字经济跃上历史舞台。

数字经济基于新一代信息技术，孕育全新的商业模式和经济范式，不仅是对原有经济体系的补充和融合，更是从底层进行深刻变革，重塑全球经济图景，如图3.3所示。

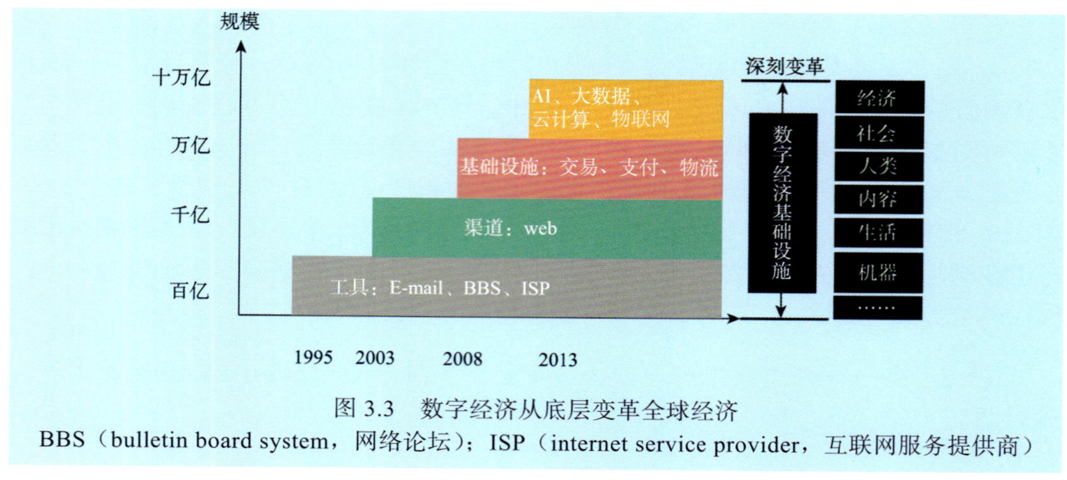

图 3.3　数字经济从底层变革全球经济

BBS（bulletin board system，网络论坛）；ISP（internet service provider，互联网服务提供商）

AI 和 5G 这两场革命将分别建立起各自的庞大产业圈，并带来巨大的经济和社会效应。数据驱动的未来，AI、自动驾驶、5G 等都是最具颠覆性的机遇，正在加速突破与落地，解决人类社会面临的诸多重大挑战，并铺就通向智能世界的道路。科技正在用更快的速度改变我们的生活，随着 5G 和 AI 技术的发展，更大的变化也即将到来。单独看 5G 或 AI 技术，它们的发展都面临重重挑战，但当 5G 与 AI 这两大颠覆性技术深度融合，将开启产业巨变。5G 作为基础设施，从为人服务转变为同时为人和物服务，出现重大技术突破。AI 是基本使能技术，几乎在每一个领域都可以找到 AI 的应用，在 5G 领域同样如此。AI 与 5G 结合之后，机器将产生类似于群体智慧的能力，给整个社会带来价值，也将催生网络本身自适应能力的要求，这是一个互促式、螺旋式发展的新机会。5G 是万物互联的基石，AI 是万物互联网的助推器。二者作为新时代的生产力，将带来整个社会生产方式的改变和生产力的提升。两者相加，互相作用，AI 将使能于 5G，优化 5G 网络，推动 5G 落地。具备 AI 属性的 5G 网络，是自能的网络。5G 同样是使能技术，改变生产方式、改变社会生活，让 AI 无处不在。5G 作为新的基础网络设施，不单为人服务，还为物服务，为社会服务。5G 的连接能力，将推动万物智能互联。

3.1.4　网络安全威胁与传统安全威胁融合日益成为影响国家整体安全的关键要素

没有网络安全就没有国家安全，没有信息化就没有现代化。网络安全就好比国家安全体系的“神经系统”，在整个安全体系链路中处于牵一发而动全身的战略地位。一旦网络安全出现问题，与网络技术高度融合渗透的政治安全、国土安全、军事安全、经济安全和社会安全等方方面面都会产生系统性重大风险。世界经济论坛发布的《2018 年全球风险报告》中首次将网络攻击纳入全球风险前五名，网络攻击成为 2018 年全球第三大风险因素。一是软硬件设备安全漏洞频出给生产生活带来严重威胁。2018 年 1 月，英特尔公司被曝出“幽灵”“熔断”两个处理器漏洞，导致恶意程序可获取敏感信息。英国皇家战略研究所公布报告指出，当前核武器系统存在大量明显安全漏洞，网络攻击破坏核武器控制装置的风险极大。2018 年 3 月，英国政府通信总部发现家用新型智能电表存在安全漏洞，威胁数百万物联网设备安全，甚至可能影响国家电网的正常运转。2018 年 4 月，黑客利用思科高危漏洞发起攻击，20 余万台思科设备受到影响。二是多行业关键信息基础设施遭受攻击。2018 年 1 月，荷兰三大银行网络系统在一周内不断遭受分布式拒绝服务攻击。2018 年 6 月，美国赛门铁克公司发现黑客组织针对美国和东南亚国家卫星通信、电信、地理太空拍摄成像服务和军事系统的网络攻击。2018 年 9 月，西班牙巴塞罗那港与美国圣迭戈港相继遭受网络攻击。2018 年 11 月，美国国土安全部称黑客多次试图破坏美选举系统。三是个人信息与商业数据遭遇大规模泄露与违规利用。2018 年 4 月，美媒报道特朗普大选期间聘用的“剑桥分析”从 2014 年起违法收集脸谱网上 5 000 多万名美国用户的数据，用于预测和影响选民的大选投票取向。2018 年 9 月，脸谱网称遭受黑客攻击，5 000 多万名用户的个人隐私信息面临风险。网络空间已成为各国争夺的重要战略空间，各国采取多种措施不断谋求增强网络防御和对抗能力，网络空间对抗态势不断加剧。美国 2018 年内发布两项重要国防战略，均显示出明显网络对抗战略意图。2018 年 7 月，发布《2019 财年国防授权法案》，明确将中国、俄罗斯等国列为“战略竞争者”[3]。

3.2 我国新一代信息技术产业发展动态及趋势

3.2.1 新一代信息技术政策环境持续利好

2018~2019 年，我国持续优化新一代信息技术产业领域的战略布局（表 3.2）。在《数字乡村发展战略纲要》《“十三五”国家信息化规划》《国家信息化发展战略纲要》《国家创新驱动发展战略纲要》《新一代人工智能发展规划》等顶层战略纲要的引领下，包括国家发改委、工信部等部委单位坚持创新引领，推动出台《超高清视频产业发展行动计划（2019-2022 年）》《车联网（智能网联汽车）产业发展行动计划》《扩大和升级信息消费三年行动计划（2018-2020 年）》《工业互联网发展行动计划（2018-2020 年）》《智能光伏产业发展行动计划（2018-2020 年）》等一系列针对性措施。在国家战略框架布局下，各地方持续加大发展推进力度，已结合本地技术产业基础和未来发展需求制定出台落地性政策。整体而言，我国新一代信息技术产业已形成从顶层规划到落地实施、从专项规划到全局发展、从试点示范到全面推广的创新政策环境体系，为加速我国新一代信息技术产业健康快速发展，推动我国成为网络强国、科技强国提供了强大的支撑和保障。

表 3.2　国家发布的新一代信息技术领域相关政策文件（2018~2019 年）

文件名称	发布机构	时间
数字乡村发展战略纲要	中共中央办公厅、国务院办公厅	2019 年 5 月
国务院办公厅关于抓好赋予科研机构和人员更大自主权有关文件贯彻落实工作的通知	国务院办公厅	2019 年 1 月
国务院办公厅关于保持基础设施领域补短板力度的指导意见	国务院办公厅	2018 年 10 月
完善促进消费体制机制实施方案（2018—2020 年）	国务院办公厅	2018 年 10 月
国务院关于推动创新创业高质量发展打造“双创”升级版的意见	国务院	2018 年 9 月
进一步深化“互联网＋政务服务”推进政务服务“一网、一门、一次”改革	国务院办公厅	2018 年 6 月
关于进一步加强科研诚信建设的若干意见	中共中央办公厅 国务院办公厅	2018 年 5 月
国务院办公厅关于促进“互联网＋医疗健康”发展的意见	国务院办公厅	2018 年 4 月
国务院关于全面加强基础科学研究的若干意见	国务院	2018 年 1 月

3.2.2　我国新一代信息技术的发展已与其他国家站在同一赛道

新一代信息技术是新技术革命支柱，在为我国 GDP 做出巨大贡献的同时，也为其他各产业的发展提供技术支撑，加速各产业创新发展。更重要的是，未来它将对我国现代经济体系建设、政治建设、社会建设、生态文明建设等方面产生重大影响。十九大报告中提出要加快建设创新型国家。创新是引领发展的第一动力，是建设现代化经济体系的战略支撑。要瞄准世界科技前沿，强化基础研究，实现前瞻性基础研究、引领性原创成果重大突破。加强应用基础研究，拓展实施国家重大科技项目，突出关键共性技术、前沿引领技术、现代工程技术、颠覆性技术创新，为建设科技强国、质量强国、航天强国、网络强国、交通强国、数字中国、智慧社会提供有力支撑。加强国家创新体系建设，强化战略科技力量。深化科技体制改革，建立以企业为主体、市场为导向、产学研深度融合的技术创新体系，加强对中小企业创新的支持，促进科技成果转化。倡导创新文化，强化知识产权创造、保护、运用。培养造就一大批具有国际水平的战略科技人才、科技领军人才、青年科技人才和高水平创新团队。①新一代信息技术属于全球研发投入最集中、创新最活跃、应用最广泛、辐射带动作用最大的技术创新领域，它在第四次科技革命中所占的比重很大，而且很年轻，发达国家领先优势远不如在传统领域那么明显，因此相对说来，中国比较容易在这一领域取得突破。新一代信息技术应用范围广泛，涉及众多产业。无论是需要创新技术支撑的传统产业还是由新一代信息技术衍生的新兴行业，都为新一代信息技术的研发提供了巨大的需求动力。例如，我国的华为、阿里巴巴、百度等企

① 习近平．决胜全面建成小康社会夺取新时代中国特色主义伟大胜利——在中国共产党第十九次全国代表大会上的报告（2017 年 10 月 18 日）[M]. 北京：人民出版社，2017.

业在 5G、云计算、无人驾驶等领域的研发成就显著，可以说在新一轮的信息技术革命中，我国在一定程度上已经与其他国家站在了同一赛道。在“十四五”时期，抢抓新一代信息技术发展新机遇，大力推进新一代信息技术与各产业深度融合发展，将成为我国未来发展的重大突破口。

3.2.3 新一代信息技术已经成为新旧动能转换的强劲引擎

随着新一轮信息技术的出现和深化应用，影响当代经济活动的生产要素和生产关系发生了变化。物联网、互联网、云计算、大数据和 AI 等成为新的生产要素，而以共享经济、众包、网络协同为代表的生产活动重构了生产关系，这些因素的变化催生了数字经济的诞生，新一轮技术革命及其带来的产业变革正在全球蓬勃发展。十九大报告提出，建设现代化经济体系，必须把发展经济的着力点放在实体经济上，把提高供给体系质量作为主攻方向，显著增强我国经济质量优势。加快建设制造强国，加快发展先进制造业，推动互联网、大数据、AI 和实体经济深度融合，在中高端消费、创新引领、绿色低碳、共享经济、现代供应链、人力资本服务等领域培育新增长点、形成新动能。支持传统产业优化升级，加快发展现代服务业，瞄准国际标准提高水平。促进我国产业迈向全球价值链中高端，培育若干世界级先进制造业集群。①在供给侧结构性改革背景下，我国经济正逐渐从要素驱动向创新驱动转变，而技术创新是产业转型升级的重要驱动力。目前，我国已经正式进入由信息技术驱动的数字化经济转型阶段。以大数据、云计算、物联网、AI 为代表的新一代信息技术对数字经济的发展起到了重要的推动作用，其中 AI 技术作为最前沿的数字技术，有望为数字经济的发展带来新的技术红利。从数据上来看，我国数字经济规模保持快速增长，占 GDP 比重持续上升。2017 年我国数字经济总量达到 27.2 万亿元，同比名义增长超过 20.3%，显著高于当年 GDP 增速，占 GDP 比重达到 32.9%，同比提升 2.6 个百分点，数字经济对 GDP 的贡献为 55%，接近甚至超越了某些发达国家水平，数字经济在国民经济中的地位不断提升。与此同时，随着数字经济蓬勃发展，我国数字经济领域就业人数加速增长，新就业形态不断涌现。2017 年，我国数字经济领域就业人数达到 1.71 亿人，占当年总就业人数的 22.1%[4]。2018 年 9 月，国家发改委、教育部、科技部、工信部等 19 部门近日联合印发《关于发展数字经济稳定并扩大就业的指导意见》，提出到 2025 年，伴随数字经济不断壮大，国民数字素养达到发达国家平均水平，数字人才规模稳步扩大，数字经济领域成为吸纳就业人员的重要渠道。适应数字经济领域就业要求的法律制度框架基本完善，数字化公共就业创业服务能力大幅提升，人力资源市场配置效率明显提高，就业规模不断扩大，就业质量持续改善。显然，由新一代信息技术驱动的数字经济已经成为我国经济新旧动能转换的强劲引擎。在大力推动发展数字经济的浪潮中，政府应利用政策引导和扶持，在资金、人才和税收等方面营造能帮助各产业更好地应用信息技术以及大数据的大环境。

① 习近平．决胜全面建成小康社会夺取新时代中国特色社会主义伟大胜利——在中国共产党第十九次全国代表大会上的报告（2017 年 10 月 18 日）[M]. 北京：人民出版社，2017.

“十四五”时期，以大数据为核心的信息技术将成为我国新的核心竞争力。

3.2.4 我国新一代信息技术产业发展聚焦数字化、网络化、智能化

数字化、网络化、智能化是新一轮科技革命的突出特征，也是新一代信息技术的聚焦点。大数据技术是统计学方法、计算机技术、AI 技术的延伸与发展，是正在发展中的技术，当前的热点方向包括区块链技术、互操作技术、存算一体化存储与管理技术、大数据操作系统、大数据编程语言与执行环境、大数据基础与核心算法、大数据机器学习技术、大数据智能技术、可视化与人机交互分析技术、真伪判定与安全技术等。大数据技术的发展依赖一些重大基础问题的解决，这些重大基础问题包括大数据的统计学基础与计算理论基础、大数据计算的软硬件基础与计算方法、大数据推断的真伪性判定等。实施国家大数据战略是推进数据化革命的重要途径。自 2015 年我国提出实施国家大数据战略以来，我国大数据快速发展的格局已初步形成，但也存在一些亟待解决的问题：数据开放共享滞后，数据资源红利仍未得到充分释放；企业盈利模式不稳定，产业链完整性不足；核心技术尚未取得重大突破，相关应用的技术水平不高；安全管理与隐私保护还存在漏洞，相关制度建设仍不够完善；等等。因此，在“十四五”时期，我国大数据产业将重点聚焦产业安全、完善产业链布局以及相关制度的建立。

物联网是互联网的自然延伸和拓展，它通过信息技术将各种物体与网络相连，帮助人们获取所需物体的相关信息。物联网通过使用射频识别、传感器、红外感应器、视频监控、全球定位系统（global positioning system，GPS）、激光扫描器等信息采集设备，通过无线传感网络、无线通信网络把物体与互联网连接起来，实现物与物、人与物之间实时的信息交换和通信，以达到智能化识别、定位、跟踪、监控和管理的目的。物联网的核心技术包括传感器技术、无线传输技术、海量数据分析处理技术、上层业务解决方案、安全技术等。从我国物联网产业链中各层级发展成熟度来看，设备层当前已进入成熟期。其中 M2M（Machine to Machine，机器对机器）服务、中高频 RFID（radio frequency identification，无线射频识别）、二维码等产业环节具有一定优势，但基础芯片设计、高端传感器制造及智能信息处理等产品环节仍依赖进口。连接层（包括通信芯片模块及网络传输）在国内发展较为成熟，竞争度较为集中。其中华为海思、中兴物联等开发的面向物联网的通信模块，在国际市场竞争力突出。平台层分为网络运营和平台运营。其中，网络运营主要是三大电信运营商，平台运营相对于国外 IBM、PTC、Jasper 等巨头，我国仍处于起步阶段，尚未出现平台层巨头。随着上述基础设施的不断完善，物联网对工业、交通、安防等各行业应用渗透不断提高，应用市场将成为物联网最大细分市场。在“十四五”时期，我国物联网产业将加速发展已经形成一定市场规模的智能制造、物联网、消费智能终端等领域，与此同时，也会继续投入核心技术研发，不断完善物联网各层级基础设施建设，提高各行业物联网的渗透率，拓展物联网下游应用场景。“十四五”期间，与提供信息交互与应用的公用基础设施不同，信息物理系统发展的聚焦点在

于研发深度融合感知、计算、通信和控制能力的网络化物理设备系统。从产业角度看，信息物理系统的涵盖范围小到智能家庭网络、大到工业控制系统乃至智能交通系统等国家级甚至世界级的应用。更为重要的是，这种涵盖并不仅仅是将现有的设备简单地连在一起，而是会催生出众多具有计算、通信、控制、协同和自治性能的设备。智能化是信息技术发展的永恒追求，实现这一追求的主要途径是发展 AI 技术。深度学习是新一代 AI 技术的卓越代表。目前，我国 AI 领域核心基础技术持续突破，边缘智能加速应用布局；产业链条正在形成，集聚效应初具规模；融合应用水平大幅拓展，智能经济形态雏形初现；国内产业政策加速落地，国际产业博弈更加激烈。与此同时，我国面临 AI 技术发展能力不均衡，基础层存在短板弱项；技术产品创新快于应用创新，技术创新的商业应用模式不明朗；产业生态体系尚不完善，协同发展势头尚未形成；环境建设尚不健全，产业安全风险加剧等问题与挑战。因此，在“十四五”期间，我国 AI 产业应以推动核心技术攻关为目标，加大对重点技术产品研发的资金支持；以深化与实体经济融合发展为目标，加强场景化应用推广和辐射引导；以构建有机协同的产业生态为目标，提升服务支撑能力；以营造发展环境为目标，培育多元化发展格局。有数据表明，2018 年 AI 行业总产值为 1.2 万亿美元，同比增长 70% 以上，到 2022 年全球人工智能市场规模有望达到 3.9 万亿美元。到 2030 年，AI 将推动全球 GDP 增长 14%，对世界经济贡献达 15.7 万亿美元，中国和北美有望成为 AI 技术的最大受益者。2030 年，我国 AI 核心产业规模超过 1 万亿元，带动相关产业规模超过 10 万亿元[5]。由此可见，“十四五”时期，随着智能经济在制造、教育、环境保护、交通、商业、健康医疗、网络安全、社会治理等领域的应用程度的不断深入，智能经济和高端装备制造、航空航天、卫星及应用、轨道交通、海洋工程装备、高端新材料等新兴产业融合程度不断加深，智能经济相关产业规模庞大，对经济社会发展的带动作用也将逐步提升。

3.2.5　新一代信息技术发展带动新一代信息基础设施建设

在“十四五”期间，新一代信息技术重点发展的一个方向就是新型基础设施建设。新型基础设施建设本质是通过 AI、5G 等前沿技术对传统产业进行改造。目前国内物联网、AI 等技术非常先进，从自身半导体产业出发，可以推动整个行业打破旧有平衡、重新组合资源。2018 年 12 月举行的中央经济工作会议上，特别明确了 5G、AI、工业互联网、物联网等“新型基础设施建设”的定位。一方面大力推进信息基础设施建设，推动高速光纤宽带网络跨越发展，推进超高速、大容量光传输技术应用，升级骨干传输网，提升高速传送、灵活调度和智能适配能力。加快 5G 和 IPv6 的全面商用部署，加速产业链成熟，加快应用创新。有效推动宽带网络提速降费，特别是大幅降低中小企业互联网专线接入资费水平。另一方面，促进云计算创新发展，鼓励工业云、金融云、政务云、医疗云、教育云、交通云等各类云平台加快发展，打造具有国际水准的产业互联网平台，促进实体经济数字化转型，掌握未来发展主动权。

3.2.6 新一代信息技术将引领智能制造高速发展

在新一代信息技术的引领下，出现了人机交互、混合现实（mixed reality，MR）、大数据、AI 等新兴技术领域及新兴信息产业，这些产业给制造业的发展带来了巨大的改变。我国机械装备制造业正从机械化向电气化、信息化和智能化方向发展。我国制造业的优势在于具有很强的加工能力，劣势是产品自主设计能力薄弱，自主品牌较少，而产品创新往往需要技术加持。例如，美国提出了新型制造业国家战略计划，强调三大优先突破技术，包括先进制造的感知控制技术、智能制造的技术平台和先进材料制造，德国也提出了“工业 4.0”，强调智能工厂、智能生产和智能物流。在这样的背景下，我国开始实施“中国制造 2025”，强调数字化制造、网络化制造和智能化制造这三个核心问题。无论是美国的新型制造业国家战略计划、德国的“工业 4.0”还是中国的“中国制造 2025”，都聚焦到了智能制造，都把智能制造作为一个重点。目前，我国新一代信息技术在某些领域已经处于世界领先水平，因此，新一代信息技术的崛起对我国制造业创新产品研发具有极大的推动作用。在 2018 年中美贸易摩擦事件中也可以看出，我国在核心技术的研发及应用上与其他国家相比，依然有较大的差距。在“十四五”时期，我国企业要把发挥重点放在掌握核心技术上，加速推进新一代信息技术的渗透作用，加强企业自身的自主创新能力，对产品全生命周期中设计、加工、装配等环节的制造活动进行知识表达与学习、信息感知分析、智能决策与执行，实现制造过程、制造系统与制造装备的知识推理、动态传感和自主决策。把 AI 技术和设计制造技术有机结合起来，推动产品向高端化、定制化、智能化等方向转型。

3.3 我国新一代信息技术产业发展存在的问题

我国新一代信息技术实现全方位提升，但是关键技术距离国际先进水平仍然存在较大差距。芯片设计方面，我国移动芯片设计技术接近全球先进水平，5G 低频及毫米波频段芯片实现量产，AI 芯片实现从云端到终端的布局。制造方面，14 纳米工艺实现量产，化合物半导体、存储器等重要方向的布局也逐渐产出成果，5 纳米离子体刻蚀机等关键设备、12 英寸硅片等重要原材料的产业化应用也已铺开。但整体而言，高端芯片、核心元器件受制于人的情况仍然存在，数模 / 模数转换芯片方面，全球市场由美国主导；功率放大器方面，恩智浦、英飞凌等欧美企业引领市场，国内市场占有率较低；高速光器件方面，高端市场基本空白。操作系统方面，微软 Windows 在桌面操作系统领域长期处于垄断地位，安卓和苹果在手机操作系统领域占据绝大部分市场份额。关键装备、原材料、EDA（Electronics Design Automation，电子设计自动化）设计工具等领域与国外也有较大的差距。

从发展情况来看，中国新一代信息技术的发展需要加强产学研合作，促进知识应用和转化。目前，新一代信息技术的众多核心领域还处于实验室研究阶段，像5G、AI等核心技术水平有待提升，尽管具有非常丰富的应用场景，但商业化并不明显。从企业角度来看，我国新一代信息技术相关企业发展马太效应明显，互联网巨头企业在技术研发及商业化发展方面具有较强的竞争力，部分领域甚至领先全球水平，但大部分中小企业还处于初创阶段。

此外，在新一代信息技术的发展给人们带来更加丰富灵活的应用场景的同时，随着语音识别、人脸识别、机器学习算法的发展和日趋成熟，企业可以通过分析客户画像真正理解客户，精准、差异化的服务使得客户的被重视、被满足感进一步增强。但由于网络空间的虚拟性，个人数据更易于被收集与分享，极大地便利了身份信息编号、健康状态、信用记录、位置活动踪迹等信息的存储、分析和交易过程，对个人数据隐私产生了一定程度的威胁。此外，开放的产业生态使得监管机构难以确定监管对象，也令法律的边界变得越来越模糊。使用AI技术进行学习与模拟，生成包括图像、视频、音频、生物特征在内的信息，可以突破安防屏障。从潜在风险来看，无人机、无人车、智能机器人等都存在遭到非法侵入与控制，造成财产损失或被用于犯罪目的的可能。

3.4　我国新一代信息技术产业发展重点方向研究

3.4.1　新一代信息产业发展指导思想

以习近平新时代中国特色社会主义思想为指导，全面贯彻党的十九大和十九届二中、三中全会精神，统筹推进“五位一体”总体布局，协调推进“四个全面”战略布局，深入贯彻国家推进《中国制造2025》以及“一带一路”倡议要求，紧紧抓住新一轮科技革命和产业变革的重要机遇，以增强自主创新能力、打造具有核心竞争力的产业生态体系为主线，加强新一代信息技术产业核心基础软硬件研发和产业化，促进生产方式和经济发展模式转变，推进产业转型升级，提升产业整体效率和效益，持续推动信息资源开放共享，保障网络和信息安全，加快推进信息技术与制造技术以及社会各行业、各领域的深度融合，为我国开创新时代现代化社会建设新局面提供有力支撑。

3.4.2　新一代信息产业发展主要原则

创新驱动。坚持把创新摆在新一代信息技术产业发展全局的核心位置，完善有利于创新的制度环境。以技术创新、产品创新、服务创新、模式创新等多种形式，提升新一代信息技术产业质量和效益，增强核心基础元器件、先进基础工艺、关键基础材料和产业技术基础等基础软硬件技术产品的自主创新能力。推动跨领域跨行业协同创新，突破一批重点领域关键共性技术，促进新一代信息技术数字化、网络化、智能化，走创新驱动的发展道路。建设一批高水平创新主体，坚持发挥企业作为创新主体的积极作用，加强对创新型中小企业的支持。

开放合作。坚持以开放的姿态与相关行业深度融合发展，主动适应新技术、新业务、新业态发展需求，充分利用民资和外资等资源，加强国际合作，开拓国际市场，积极拓展行业服务空间。结合“一带一路”倡议，进一步提高对外开放水平，加强与沿线国家信息产业合作和面向沿线的产能输出，提升产业国际化布局和运营能力。

协调推进。坚持产业集聚、统筹规划、区域协调。集约集聚是新一代信息技术产业发展的基本模式。要以科技创新为源头，加快打造新一代信息技术产业发展策源地，提升产业集群持续发展能力和国际竞争力。以产业链和创新链协同发展为途径，培育新业态、新模式，发展特色产业集群，带动区域经济转型，形成产业集聚发展新格局。各区域产业布局合理，形成差异布局、协同共进、分工合作的良性局面，杜绝新一代信息技术产业园区的盲目建设和恶性竞争。坚持产学研用协调发展，结合上下游产业链的发展和需求进行整体定位，加强产业链条之间以及区域间各类创新资源要素的共享和能力配套。

融合发展。深入推进 AI、大数据、云计算与实体经济深度融合，大力发展新业态、新模式，激发传统产业新活力，促进新旧动能转换，打造创新产业生态链、生态圈，实现经济发展质量变革、效率变革、动力变革。坚持信息技术产业与传统行业的融合发展，促进传统行业提质增效。坚持信息产业与高端制造等其他战略性新兴产业的融合发展，推动跨界融合和集成创新。

安全可控。着眼网络强国战略，坚持发展自主可控的软硬件产品，推进自主可控产品示范应用。完善信息通信基础设施，大力提升网络与信息安全保障能力，统筹建立安全可控的保障体系。统筹协调好发展和安全之间的关系，以安全保发展、以发展促安全，推进行业自律和社会监督，加快健全关键信息基础设施安全保障体系，在发展中提升信息安全保障能力。坚持正确的网络安全观，安全是发展的前提，发展是安全的保障，安全与发展要同步推进，大力提升网络与信息安全保障能力，突破网络与信息安全核心技术并加强安全管理，全天候全方位感知网络安全态势，为维护国家安全与社会稳定提供强有力的保障。

绿色低碳。在电子信息产品设计、产品生产制造及重大工艺等方面，坚持绿色发展、循环发展和低碳发展。加快信息技术在经济社会各领域应用，助力传统产业绿色化转型。加强行业生态文明制度建设，深入推进基础设施共建共享，支持采用绿色节能技术和设备。贯彻执行电子产品能效标准，加强软件开发与硬件设计，不断提高电子产品能效。强化以信息技术改造提升传统产业，促进传统产业绿色发展。

3.4.3 新一代信息产业发展总体部署

“十四五”时期，以创新、引领、突破为核心，紧密结合“中国制造 2025”战略实施，创新发展新一代信息技术产业，在云计算、AI、大数据、智能网联汽车、工

业互联网等领域实现国际领先水平，持续引领产业中高端发展和经济社会高质量发展。着眼全球新一轮科技革命和产业变革的新趋势、新方向，突破关键核心技术，以应用为导向，以企业为主体，集中力量补短板、强弱项，推动我国新一代信息技术产业可持续健康发展。遵循新一代信息技术产业发展的基本规律，打造一批新一代信息技术产业发展策源地、集聚区和特色产业集群，形成区域增长新格局。加快基础设施建设。持续推进“宽带中国”建设，加快 IPv6 规模部署，组织 5G 规模组网建设。实施工业互联网创新发展工程，加快数字产业化和产业数字化进程，推动数字经济发展。大力发展信息产业，实施产业基础工程，大力推进新一代信息技术在研发设计、生产制造、经营管理、市场营销、售后服务等产品全生命周期、产业链全流程各环节的应用，不断发展壮大信息产业。努力营造良好环境。进一步深化“放管服”改革，开放民营资本进入基础电信领域竞争性业务。鼓励支持相关企业在资本市场融资。支持高校设置新一代信息技术相关专业，大力弘扬企业家精神和工匠精神，培养一批创新型优秀企业家、领军人才和技能人才。深化国际交流与合作，把握推进“一带一路”倡议契机，以更开放的视野高效利用全球创新资源，提升新一代信息技术产业的国际化水平。鼓励跨国公司、国外机构等在中国设立技术研发机构、示范工厂。支持国内企业与国际优势企业加强合作。深化与国际组织、相关国家在标准制定、知识产权等方面的交流与合作。

3.5 发展建议

3.5.1 加速融合发展

工业化是现代化的前提和基础，信息化是现代化的引领和支撑。推进信息化和工业化深度融合，运用信息技术特别是新一代信息技术改造传统产业、发展新兴产业，加快产业转型升级，是坚持走中国特色新型工业化道路的内在要求，也是以信息化驱动现代化的必然选择。

1. 加速向制造业渗透融合

信息技术与制造技术的融合发展是新一轮产业变革的重要特征。回顾历史不难发现，每一次工业革命和产业变革总是与重大技术突破及其广泛应用相伴而生。二十多年来，以互联网为代表的信息技术对人类的生活、生产、生产力发展产生了持续而巨大的推动作用。当前，信息技术创新与迭代速度不断加快，并与制造技术、生物技术、新材料技术、新能源技术呈现出加速交叉融合趋势，带动了以绿色、智能、泛在为特征的群体性重大技术革新，正在催生新一轮科技革命和产业变革。在本轮科技革命与产业变革中，信息技术向其他产业特别是制造业快速渗透融合的特征尤为突出。信息技术与制造技术的融合不仅直接或间接地促进了生产效率的大幅提升，还催生出数据这一新的生产要素和生产资源，引发了包括研发、设计、生产、管理、营销、服务等在内的制造业全产业链的系统性变革。

2008 年国际金融危机之后，发展实体经济、振兴制造业再次成为全球主要国家的发展共识。发达国家纷纷实施“再工业化”战略，推动信息技术与制造业加快融合，积极抢占新一轮产业变革的制高点。总的来看，不论是德国的“工业 4.0”还是美国的“工业互联网”，其本质都是在现有工业体系基础上，顺应制造业数字化、网络化、智能化发展趋势，围绕推进信息技术与制造技术深度融合做出的战略部署。

2. 紧抓制造业与互联网融合发展的历史机遇

18 世纪中晚期以来，不论是蒸汽时代、电气时代还是自动化时代，我国始终处于后知后觉、跟随追赶状态，在文明转型的国际竞争中逐渐掉队落伍。当前，以信息技术与制造技术深度融合为重要特征的新一轮科技革命和产业变革为我国实现换道超车、由大变强提供了难得的历史机遇。综合分析看来，我国具备抢抓这一重大历史机遇的基础和条件。

从制造业角度看，我国是制造业大国。改革开放以来，我国制造业取得了长足发展，建成了门类齐全、独立完整的产业体系。根据国际商业机器公司的统计，我国是世界上工业门类最为齐全的国家，拥有 39 个工业大类、191 个中类、525 个小类，具有全球最为完备的工业体系和产业配套能力。就产量而言，在联合国公布的 500 余种主要工业产品中，我国有 220 多种产量位居世界第一[6]。

从互联网角度看，我国是互联网大国。截至 2018 年 12 月，我国网民数量达 8.29 亿人，网民规模全球第一，互联网普及率达到 59.6%[7]。信息基础设施建设发展迅速，建成了全球规模最大的宽带网络。涌现出一批进入世界行列的信息技术企业和互联网企业。从总体看，我国在互联网应用方面走在了世界前列，是名副其实的互联网大国。

当前，我国互联网在消费端的应用日渐成熟，正加速向供给端、制造端迈进。把握并发挥好制造大国和网络大国的双重优势，推动制造业与互联网融合发展，充分释放和激发“制造业 + 互联网”的叠加效应、聚合效应和倍增效应，将有助于促进制造业向产业链高端延伸，增强制造企业核心竞争力，催生经济发展新动能，实现制造大国向制造强国转变。

3. 推动大企业搭建基于互联网的“双创”平台

推动大企业双创平台建设是深化制造业与互联网融合发展的重要抓手。大众创业、万众创新是我国经济保持中高速增长、迈向中高端水平的基本依托，是培育发展新动能、改造提升传统动能的重要举措。“双创”既是小微企业生存之路，又是大企业繁荣兴盛之道。制造业是“双创”的主战场，大型企业是“双创”的重要主体，大企业“双创”平台是制造业与互联网深度融合的重要载体。

推动大企业搭建基于互联网的“双创”平台，既有助于发挥我国工业体系完备、人才资源丰富、市场空间广阔的基础优势，也有助于发挥互联网广域开放共享、突破地域界限、高效配置资源等特点，对激发创业创新活力、提升传统制造业发展潜力、加速先进制造业发展步伐、促进制造业向生产服务型转型具有重要意义。

推动大企业搭建基于互联网的“双创”平台，是当前推进信息化和工业化深度融合的关键举措。“双创”平台建设对引导企业自主转型、打造信息化背景下的新型能力具有重要牵引作用，有助于企业实现发展理念、战略、组织、流程、管理和商业模式的创新，其内涵和价值与两化融合一脉相承。具体体现在四个方面：一是“双创”平台建设过程是企业综合集成水平不断提升的过程；二是“双创”平台建设过程是管理模式持续创新的过程；三是“双创”平台建设过程是产业生态逐步完善的过程；四是“双创”平台建设过程是新型能力培育的过程。

当前，基于互联网的大企业开放式“双创”平台不断涌现，有力促进了大众创业、万众创新。一方面，海尔、中国航空工业、中信重工、荣事达等制造企业通过打造“双创”平台，开放各类资源，构建新型研发、生产、管理和服务模式，有效提升了企业内部整体创新能力和水平，对于推动制造业转型升级发挥了重要作用。另一方面，中国移动、中国电信、阿里巴巴、腾讯、百度等基础电信运营商和互联网企业充分发挥自身优势，努力构建为中小制造企业服务的第三方“双创”平台，并积极营造大中小企业合作共赢的“双创”新环境，通过“大手拉小手”开创了大中小企业联合创新创业的新局面。

3.5.2　新一代信息产业重视人才发展

历史上曾有过的三次科技革命，中国都错失了机遇。争取在第四次科技革命中抓住机遇、取得突破、走在前头，是中国科技人的理想。必须承认，由于历史原因，目前中国还做不到在新一轮科技革命中“领跑”，但也肯定不是“跟跑”，而是努力实现“并跑”。以专利为例，我国专利的数量虽然增加很快，但往往偏重于应用方面，缺少基础性的专利。从整体看，由于我国在过去几百年落后的历史，不能指望这一局面在短时间内得以彻底改变。现在许多评论认为，新一轮科技革命有可能在新一代信息技术、生命科学、新能源、量子计算等方面取得突破，而就中国的实际情况而言，新一代信息技术可能属于最有希望取得突破之列。

首先，网络信息技术是全球研发投入最集中、创新最活跃、应用最广泛、辐射带动作用最大的技术创新领域[8]，它在第四次科技革命中所占的比重很大，而且很年轻，发达国家在此方面的领先优势远不如在传统领域那么明显，因此相对说来，中国比较容易在这一领域取得突破。

其次，中国市场大也是我们发展新一代信息技术的一大优势，这一点已经被中国在互联网行业的地位所证明。信息技术的边际成本极低，相比传统领域而言，市场大的好处在信息产品或服务身上体现得更加明显。所以，中国市场大的优势在新一代信息技术领域将发挥比在一般传统技术领域更加强大的作用。

最后，应该充分认识中国的人才资源优势。众所周知，人才是第一资源，而在信息技术领域，人才资源的作用往往比在传统技术领域更为突出，特别是主要依赖软件的技术，人才不仅是第一资源，有时几乎是“唯一”资源。人们公认，中国的人才资源不但数量领先，在质量上也极为优秀。可以说，中国人的聪明才智与创新能力是很突出的。至于中国人的勤奋，在世界上几乎无出其右。根据这些理由，我们认为，中国在新一代信息技术领域中有较大的竞争优势，能够在很大程度上弥补基础差的问题。当然，我们也要冷静地看到，中国过去几百年的落后所造成的一些问题不可能在几十年内全部解决，对此，我们应该有足够的思想准备。俗话说：“取法乎上，得乎其中，取法乎中，得乎其下”。我们要努力争取在新一代信息技术领域从跟跑到并跑，再到领跑，即使这个目标不能全部达到，也至少能做到并跑，如果能在某些方面做到领跑，那就更好了。当前在指导思想上，我们应当明确“发展是第一要务、人才是第一资源、创新是第一动力”的指导思想。相应地，在支持创新的一些具体政策、措施上，也要积极跟进。

要充分发挥科技人员的积极性。科技人才留不住，经费使用没能发挥出作用，这是科研领域的“老大难”问题。这方面，要学习发达国家的经验，给科技人员更多地放权。现阶段外部势力对我国科技企业以及科技人才的封锁和打压，是不以我们意志为转移的。我们应该更加坚定地立足于自己，同时依然要坚持开放，在有条件的情况下，尽可能地学习先进技术。另外，要高度重视人才培养，中国的未来，中国的希望，在年轻人的身上。应当指出，人才培养要跟上科技革命的步伐，不能一成不变。例如，古代需要教学生以珠算技能，而现代则需要教学生以计算机技能。有人认为，要不了多久，AI 技术就可以使一般的多语言互译、交流等技能变成随手可得，在这种情况下，对培养一般的工程技术人员而言，外语教学有可能予以简化。总之，在新的科技革命方兴未艾之时，我们要抓住机遇，充分发挥第一资源——人才的作用，为实现“两个一百年”的伟大目标，完成中华民族伟大复兴的中国梦而努力奋斗。

3.5.3 创新驱动发展

党的十八大以来，习近平总书记从中国特色社会主义现代化建设的全局出发，高度重视依靠创新推动我国经济社会持续健康发展问题。习近平总书记在参加上海代表团审议时强调：“创新是引领发展的第一动力，适应和引领中国经济发展新常态，关键是要依靠科技创新转换发展动力[9]。”目前，全社会对创新的关注前所未有，企业对创新的需求前所未有，创新成为积极应对、适应和引领经济发展新常态的第一推动力，创新驱动发展必将加快“两个一百年”奋斗目标的实现。

创新是一个民族进步的灵魂，是一个国家兴旺发达的不竭动力，也是一个地区持续健康发展的引擎。人类社会历史发展的实践证明，创新是引领发展的重要动力。未来社会发展的大趋势也要求，必须把创新作为引领新一代信息技术发展的第一推动力。

创新是推动一个国家和民族向前发展的重要力量，也是推动整个人类社会持续发展的重要力量。在人类社会发展的漫长历史上，世界各国的经济增长速度在较长的历史时期内都处于很低的水平。直到18世纪60年代，由蒸汽机发明所带来的第一次工业革命，才推动生产效率实现了质的飞越，为世界市场扩张和人类文明进步奠定了雄厚的物质基础和先进的技术基础。以电动机发明为标志的第二次工业革命，更是极大地提高了人类的生产效率和生活质量。进入20世纪60年代之后，在信息技术、新能源技术、生物技术、空间技术和海洋技术等领域掀起的技术革命，再一次极大地推动了社会生产力的发展，促进了社会经济结构和社会生活结构的变化。人类社会发展历史充分证明，创新是经济社会发展的重要动力。

以创新引领发展是顺应科技与经济社会全面融合发展趋势的应有之义。随着物联网、云计算、大数据等新一代信息技术的发展和推广应用，科学技术与经济社会的关系日益紧密，科技活动显现出更多的社会功能，经济社会出现科技高度社会化、社会高度科技化的趋向。现代经济社会的发展已经离不开科技创新的推动，尤其是面对全球新一轮科技革命与产业变革的重大机遇和挑战，把创新作为引领新一代信息技术发展的第一动力成为必然趋势。

3.5.4　加强开放合作

“一带一路”建设已经成为推动构建人类命运共同体的重要实践平台。以信息技术为核心的新一轮科技革命和产业变革孕育兴起，共建信息丝绸之路、促进沿线国家在新一代信息技术领域深度合作已成为“一带一路”建设重点。我国坚持遵循共商共建共享原则，与沿线国家建立合作机制，推动行业标准体系互认，开展跨境电子商务合作，提高通关、物流等数字便利化水平，发掘合作潜力，加强沿线经贸往来。充分发挥我国在“互联网+”领域的技术先发优势和产业实力，加强我国与“一带一路”沿线国家信息通信领域标准化合作，支持我国通信运营企业与制造企业、互联网企业以及相关标准化机构推动信息通信领域重要标准在沿线国家的应用，更好地服务于“一带一路”沿线国家信息和数据基础设施互联互通建设。

在新一代信息技术领域，紧跟5G、物联网、云计算、信息技术服务、大数据、AI、VR/AR、超高清视频等技术发展，加强与“一带一路”沿线国家合作，与国际标准化组织（International Organization for Standardization，ISO）、国际电工委员会（International Electrotechnical Commission，IEC）、国际电信联盟（International Telecommunication Union，ITU）等国际标准化组织共同开展相关国际标准制定；加快智能可穿戴设备等智能硬件标准的国际化进程；推动共建信息通信设备及产品的检测实验室，促进信息通信技术和服务、网络设备、智能硬件等标准应用。

在智慧城市领域，在逐步完善我国智慧城市相关顶层设计及智慧成熟度分级分类评价标准体系的基础上，推动建立面向“一带一路”沿线国家的智慧城市建设标准对接合作沟通机制；加强与东盟、中亚、海湾等沿线重点国家和地区的标准化合作，推进智慧城市建设标准互认；加强基于云计算、大数据的电子商务领域标准化合作，推动电子数据交换协议标准研制与互认，加快电子商务领域追溯体系标准建设，实现追溯数据共享交换。

在通信工程建设领域，鼓励我国通信运营企业和建设工程企业协助“一带一路”沿线国家建立涉及跨境陆缆和国际海缆、通信管道、光纤到户、宽带网络、新一代移动通信基站、数据中心和室内分布系统等通信工程建设标准体系以及配套设施与产品标准体系；积极推动我国通信工程设计、施工、验收、监理、设施及产品等标准海外应用。

在网络互联互通领域，加强下一代移动通信、车联网、物联网、工业互联网等领域频率资源规划和使用标准的协调和统一；加强与各国开展长期演进语音承载（Voice over Long-Term Evolution, VoLTE）、嵌入式用户身份识别卡（embedded-SIM, eSIM）等新技术、新业务网间互联和业务互通标准的协商；加强与相关国际标准化组织、“一带一路”沿线重点国家合作，推动跨国陆地光缆转接电路结算等国际标准研制，加快推进构建陆上信息大通道。

在电信业务服务领域，鼓励我国通信运营企业积极参与“一带一路”沿线国家信息通信网络建设与运营，共同开展“互联网+”环境下电信新兴业务开发和应用规范、电信业务能力开放技术标准等研究；加强电信监管机构合作，逐步推广我国电信业务服务标准和质量标准。

3.5.5 实现自主可控

没有网络安全，就没有国家安全。无论是重大基础设施还是智慧城市，无论是实体经济的数字化转型还是关系国计民生的关键行业和部门，它们都面临着包括运行安全和数据安全等一系列挑战。保卫网络安全就是保障国家主权，而自主可控就是保障网络安全、信息安全的基本前提。

自主可控技术，就是依靠自身研发设计，全面掌握产品核心技术，实现信息系统从硬件到软件的自主研发、生产、升级、维护的全程可控。简单地说就是核心技术、关键零部件、各类软件全部国产化，自己开发、自己制造，避免受制于人。自主可控是国家信息化建设的关键环节，是保护信息安全的重要目标之一，在信息安全方面意义重大。

建立自主可控的信息产业保障体系。加大人力、物力和财力投入力度，组织网络科研力量集中攻关，开发网络空间安全防护模型等系统，创新网络空间安全技术，抢占网络空间安全制高点；进一步夯实基础研究，加大对国产信息安全产品的支持力度，制定自主可控的高端信息安全产品整体解决方案，从源头提升我国网络安全保障能力。

随着我国自主可控技术不断提升和产业链上下游逐渐打通，自主可控设备新品层出不穷，应用也在全面铺开。自主可控筑起信息技术新的长城，同时也创造出新的产业发展空间。

审稿：吴曼青

参考文献

[1] 同花顺财经．日本限制三类材料向韩国供应 面板及半导体或业受影响 [EB/OL]. http://stock.lojq.ka.com.cn/20190702/c612261652.shtml，2019-07-02.

[2] 尹丽波．世界信息技术产业发展报告（2017~2018）[M]. 北京：社会科学文献出版社，2018.

[3] 张博卿，孙舒扬．国内外网络安全发展现状和趋势、对策建议 [EB/OL]. https://www.xianjichina.com/special/detail_405737.html，2019-06-13.

[4] 中国网络空间研究院．中国互联网发展报告 2018[M]. 北京：中国工信出版社集团，电子工业出版社，2018.

[5] 张霖．Gartner：2018 年全球人工智能市场规模将高达 1.2 万亿美元 [EB/OL]. https://www.ctocio.com/ccnews/26473.html，2018-04-26.

[6] 佰链荟．联合国认证！中国是唯一拥有所有工业门类的国家，其作用远超你的想象 ![EB/OL] http://www.sohu.com/a/226129873_100091897，2018-03-12.

[7] 中国互联网络信息中心．中国互联网络发展状况统计报告 [R]. 2019.

[8] 习近平：加快推进网络信息技术自主创新 朝着建设网络强国目标不懈努力 [EB/OL]. http://www.xinhuanet.com/politics/2016-10/09/c_1119682204.htm，2016-10-09.

[9] 中共中央文献研究室．习近平关于科技创新论述摘编 [M]. 北京：中央文献出版社，2016.

第 4 章

生物产业

崔子恒　王　萌　田纪祥　张会丽　王　梦　陈士林　张伯礼　谭天伟

【内容提要】生物制造可改变化工、医药、能源、轻工等传统制造业依赖化石原料和“高污染、高排放”的不可持续的加工模式，是推动工业制造向绿色、低碳、可持续发展模式转型的重大方向，已成为未来产业竞争的焦点。中医药在世界传统医药体系中因理论体系完整、诊疗效果卓越而一枝独秀，屠呦呦研究员因发现青蒿素获得 2015 年诺贝尔生理学或医学奖后，中医药更加受到国内外的关注和重视。2018 年，世界卫生组织（World Health Organization，WHO）将以中医药为主的传统医药列入国际疾病分类系统，意味着中医药学被世界主流卫生保健体系认可。

本章选取生物产业中发展迅速的生物制造产业和中医药产业为代表，在界定其概念和范畴的基础上，阐述、分析并提出了其发展趋势、存在问题与政策建议，为新形势下考察我国生物产业的发展提供支持。

生物技术是未来技术更新换代中最有发展前景的技术领域，对国家未来新兴产业的形成和发展具有引领作用，是实现新兴产业创新与跨越发展的重要基础，也是国际上科技与产业领域的竞争高地。

2017 年，全球在生物技术和生命科学领域的研发投入约达 1 776 亿美元[1]，其中美国 746 亿美元，占 42%，对比航空航天 / 国防、汽车、生物技术（含制药）、软件、IT（information technology，信息技术）硬件等 5 个最大细分产业，生物技术的研发投入强度明显高于其他产业[2, 3]。在生物技术领域，国家需要超前部署一批前沿技术项目和重点发展对象，发挥科技引领未来发展的先导作用，提高我国高技术的研究开发能力和产业的国际竞争力。

本章分别选取生物制造产业与中医药产业两个产业，介绍各自产业的国内外发展现状与趋势，分析两个产业在未来发展中所存在的主要问题，最终给出促进产业长远稳定发展的政策建议与措施。

4.1　生物制造产业

4.1.1　生物制造产业的概念和范畴

生物制造是以可再生资源为原料，以酶蛋白或微生物细胞为催化剂进行化学品合成，涵盖生产化工、能源、材料等产品的新型制造模式，或将生物催化剂应用到纺织、造纸、制药等行业，实现生物工艺对传统化学加工工艺替代的过程，具有绿色、低碳、可再生等特征。生物制造可从源头上降低对化石资源的依赖和污染物的排放，实现绿色制造。其核心是三大绿色化，即原料绿色化、过程绿色化、产品绿色化。

生物制造可辐射到化工、能源、新材料、农林、轻工、环保、医药、食品等多个行业，是一个带动性、渗透性很强的综合技术产业体系，对我国产业升级、新经济形态构建、保障国家经济与国防安全、保护环境、提升人民生活水平具有重要战略意义。

4.1.2　生物制造产业发展国际动态及趋势分析

生物制造是推动工业制造向绿色、低碳、可持续发展模式转型的重大方向，已成为未来产业竞争的焦点。据经济合作与发展组织（Corganisation Economic Co-operation and Development，CECD）预计[4]，至 2030 年，35% 的化学品和其他工业品将出自生物制造。

目前生物技术发展迅速，特别是合成生物学、微生物菌种育种、工业微生物高通量筛选和分离提纯、生物催化剂的快速改造技术、生物转化的过程耦合技术、产业化技术等，使得生物质原料路线的工艺成本不断下降，从而使生物基产品的市场竞争力不断上升。利用现代生物技术，构建人工细胞工厂，突破自然生物体合成功能与范围的局限，打通传统石油化工产品的生物合成通道，是发展先进的生物制造技术、催生新的生物产业革命、促进可持续经济体系形成与发展的重大机遇。近年来，基因组学、系统生物学和合成生物学及相关技术的发展，为设计、合成人工细胞工厂奠定了重要的科技基础。重组生物体不仅有可能高效利用生物质资源转化为基础化学品，还可能合成原来不能自然合成的石油化工产品。由此，塑料、橡胶、纤维以及许多大宗的传统石油化工产品，将逐渐被来自可再生原料的生物制造产品所替代，生物制造将彻底改变自工业革命以来以化石资源为基础的原料路线，实现从以不可再生的“碳氢化合物”为基础的经济结构向以可再生的“碳水化合物”为基础的经济结构的转变。

生物制造技术以生物学、化学、工程学及信息学等学科的交叉为手段，以高质量合成为目标，以快速、高效、高选择性和绿色为特征，以蛋白结构分析、分子生物学、合成生物学、化学合成和反应工程学及系统工程理论等为技术手段，为化合物的清洁、高效、经济和快速生产提供创造性设计思想和新型科学方法。

近年来，生物制造技术发展方向主要体现在以下几个方面。

（1）合成生物技术，具体包括低成本DNA合成技术和基因片段高效组装技术，蛋白质结构功能的分析、定向设计与合成技术，标准化生物元件与功能模块的构建技术等。

（2）组学研究技术，具体包括生物调控元件的计算、设计、组装与应用等关键技术，如基因组技术、转录组技术、蛋白质组技术、代谢组技术、表观遗传组技术、结构基因组技术等。

（3）生物催化工程技术，具体包括酶资源开发技术、基于蛋白质结构生物学的酶分子定向改造技术、酶高效表达技术、酶不对称及对映选择性生物转化技术，多酶催化体系构建等。

（4）生物过程工程技术，具体包括在线检测技术，生物过程优化和控制技术，发酵过程与分离耦合技术，产物分离、提取和精制技术等。

因此，生物制造领域技术的发展方向倾向于精细化（精确控制、强化催化和合成过程）、集成化（理性组装、优化催化和合成过程）、系统化（系统重构、优化整个催化和合成过程），在此基础上，实现传统化工催化与合成向绿色生物化工过程的跨越，建立低能耗、零排放、无污染的生物绿色过程技术产业体系。

1. 美国生物产业发展现状

能源方面，美国是世界上较早发展燃料乙醇的国家，且已经成为世界上主要的燃料乙醇生产国和消费国。2018年，美国以161亿加仑［1加仑（US）=3.785升］的产量占据全球62.2%的燃料乙醇产量份额[5, 6]，超过其他所有国家的产量之和。美国玉米种植业规模化程度高、技术先进，因此美国燃料乙醇的主要原材料40%来自于玉米①；产品方面，美国生物基产品部门（不包括能源、牲畜、食品、饲料和制药行业）生产至少40 000种生物基产品，如化学品、酶、生物塑料瓶和包装以及纺织品②。

截至2017年，美国共有198家商业燃料乙醇工厂，其中19个以木质纤维素为原料，产能为155亿加仑；生物柴油行业有124个商业生产设施，每年总产能为25亿加仑；美国市场销售的汽油99%为E10乙醇汽油，燃料乙醇行业产生了近460亿

① 全球生物质能源区域市场现状及发展趋势分析[EB/OL]. http://gd.sina.com.cn/energy/bg/2019-02-25/nypd-ihqfskcp8284173.shtml，2019-02-25.

② The Bioeconomy Initiative: Implementation Framework[EB/OL]. https://biomassboard.gov/pdfs/Bioeconomy_Initiative_Implementation_Framework_FINAL.pdf. 2018-10.

美元的 GDP[①]。

美国在国家整体层面及针对局部技术的发展面，均持续出台了一系列政策。2015 年美国启动了《2015 年工程生物学研究与发展法案》立法议程，2016 年美国发布《联邦政府机构生物经济活动报告》，描述了截至 2015 年 10 月联邦政府 8 个部门为发展生物经济所采取的政策行动，将美国生物经济的主要领域定位在生态环境、农业发展、能源安全、医学健康 4 个方面。2018 年，美国政府发布《国家生物防御战略》，通过多部门协作和跨学科方法完善生物防御体系，建立分层的风险管理方法来应对生物威胁和事件，成立一个新的内阁级生物防御指导委员会，负责通过监督和协调 15 个联邦政府机构和情报界的工作，来评估和打击针对美国的生物威胁。2019 年 2 月，美国生物质研发理事会（Biomass Research and Development Board，BR&D Board）正式发布了《生物经济计划：实施框架》（*The Bioeconomy Initiative：Implementation Framework*）报告，通过最大限度促进生物质资源在生物燃料、生物基产品和生物能源方面的持续利用，促进经济增长、能源安全和环境改善。

2. 欧洲生物产业发展现状

欧盟委员会 2014 年启动“地平线 2020”，将健康、生物经济等纳入战略优先领域；在此基础上，2018 年 10 月欧盟委员会发布了可持续、可循环的生物经济发展新战略，应对气候变化和可持续发展等全球性和区域性挑战，改善可再生资源的持续利用。欧盟委员会拟投入 100 亿欧元，加快并做大做强生物产业。欧盟主要依托第七框架计划（7th Framework Programme，FP7）和“地平线 2020”计划，在生物技术研发领域持续加大资金投入。欧盟和欧洲生物基产业联盟（Bio-based Iudustries Consortium，BIC）发起生物基产业联合企业计划（Bio-Based Iudustries Joint Undertaking，BBIJU），在 2014~2020 年投入 36.75 亿欧元，其中的 9.75 亿欧元来自欧盟委员会，27 亿欧元来自 BIC，旨在弥补从技术开发到市场的创新空白，实现生物基产业的可持续发展。

英国在 2016 年发布《英国合成生物学战略计划 2016》，提出在 2030 年实现英国合成生物学 100 亿欧元产值，积极抢占合成生物学制高点。2018 年 9 月英国生物技术与生物科学研究理事会（Biotechnology and Biological Sciences Research Council，BBSRC）发布《英国生物科学前瞻》（*Forward Look for UK Bioscience*）报告，旨在加强英国生物科学的创新，积极推动农业、可再生资源、健康三大领域的产业转型，以推动生物经济发展；2018 年 12 月，发布《2030 年国家生物经济战略》（*A National Bioeconomy Strategy to 2030*），希望在 2030 年英国成为全球领先的开发、制造、使用和出口生物科技及产品的国家，以支撑英国的科技创新和刺激经济的增长；2019 年 6 月，BBSRC 进一步提出《生物技术与生物科学研究理事会战略执行计划》，围绕如何推进生物技术前沿发展以及可持续发展与清洁增长等方面的任务及目标。

① U.S. ethanol production capacity continues to increase[EB/OL]. https://www.eia.gov/todayinenergy/detail.php?id=31832，2017-06-28.

2016 年 12 月德国生物经济委员会就继续发展“生物经济研究战略 2030”，提出新一轮资助计划；2018 年 9 月，德国政府发布《高技术战略 2025》，明确了未来 7 年研究和创新政策的标志性目标和重点领域，其中与生物制造相关的包括大幅减少环境中的塑料垃圾（生产易于销售的生物塑料并完善塑料循环经济）、大规模中和工业温室气体（资助开发低碳工业流程和二氧化碳循环经济）等。

4.1.3 生物制造产业发展国内动态及趋势分析

1. 生物能源

在我国，生物能源主要包括生物乙醇、生物柴油及生物天然气。我国燃料乙醇当前以粮食乙醇为主，截至 2018 年底，年生产能力达到 401 万吨，产量约 300 万吨[7, 8]，预计到 2020 年可实现 800 万 ~1 000 万吨的产能。以木质纤维素类生物质为原料的二代燃料乙醇，目前处于中试规模阶段，预计 2020 年可实现万吨产业化示范。我国在生物燃料乙醇试点推广期间，创造了直接就业机会 5 万个，间接惠及 500 万农业人口，调和汽油近 2 亿吨，间接减少原油进口超过 3 亿吨，累计减排二氧化碳当量 2 520 万吨。

根据《可再生能源中长期发展规划》，我国 2020 年生物柴油市场规模将达到 200 万吨，我国生物柴油行业市场空间巨大。2017 年 1 月，国家发改委发布了《“十三五”生物产业发展规划》，其中提到“到 2020 年，生物能源年替代化石能源量超过 5 600 万吨标准煤，在发电、供气、供热、燃油等领域实现全面规模化应用……”生物柴油等生物能源燃料凭借环保和成本的优势，将成为工业锅炉领域的重要选择。2017 年，我国生物柴油产量约为 110 万吨，年产 5 000 吨以上的厂家超过 40 家，并向大规模化趋势发展[9]。虽然我国生物柴油实际产能已经达到 300 万 ~350 万吨，但我国十分缺乏作为生物柴油原料的油料作物，每年需进口大量大豆和食用植物油。所以我国生物柴油的油原料中地沟油和植物油占到 90%。由于受到原料供应的限制，生产装置开工率不足，产量远远达不到预期，无法满足巨大的市场需求。为此，生物柴油企业正在积极寻求木本油料作物和藻类等替代原料，开发和推广生物柴油新技术，加快建设工业装置。

我国生物天然气工程规模较小，暂未形成完善的产业体系、技术支撑体系及政策体系，产业处于发展起步阶段。从 2014 年开始，农业部和国家发改委推动大型沼气转型升级工作，尝试推进一批大型沼气工程和生物天然气工程开发建设。2015~2017 年，国家连续三年以投资补贴方式支持规模化生物天然气工程建设，相关支持工程数量累计达到 63 个。截至 2017 年底，有 5 个项目实现商业化运营，年产气量约为 5 760 万立方米。大力发展生物天然气有助于实现“聚力精准施策，决战决胜脱贫攻坚”策略，是实施污染防治攻坚战的重要措施，可以增加天然气供应的新途径，也是发展农业生态循环经济的新举措。加快推进生物天然气发展，可以有效消纳有机废弃物，增加可再生能源和有机肥供给，形成生态循环经济新产业，增加绿色生态能源供应，是推动供给侧结构性改革与农村能源改革的重要方向。

2. 化工与材料的生物制造

当前我国大宗发酵产品产量稳居世界第一，主要生物基材料品种产量和技术水平处于世界领先地位，多种传统石油化工产品和精细化学品实现生物质路线生产，在京津冀、长三角、珠三角等地形成了一批高水平、有特色的生物产业集群，自主创新能力显著增强，生产技术水平大幅提高。生物基大宗化学品领域：近年来我国完成了乙烯、化工醇等传统石油化工产品的生物质合成路线的开发，实现了生物法 DL- 丙氨酸、L- 氨基丁酸、琥珀酸、苹果酸、戊二胺 / 尼龙 5X 盐等产品的中试或小规模商业化，取得了显著的品质提升和节能降耗、减少污染排放的效果。生物基材料领域：我国生物基材料产业处于实验室研发向工业化生产和规模应用的重要过渡阶段，主要生物基材料及其单体的生产技术在近年取得了长足发展，已形成以可再生资源为原料的生物材料单体制备、生物基树脂合成、生物基树脂改性与复合、生物基材料应用为主的生物基材料产业链，成为产业投资的热点，显示了强劲的发展势头。

我国生物基化学品和材料产业发展尽管前景乐观，但依旧面临产业利润率偏低、特种及高端化学品与材料开发欠缺、自主创新的数量较少、产业国际市场竞争力不够、实验室技术的产业转化进程相对较慢、人才与核心技术储备不足等诸多问题，亟须进行转型升级，向更高性能、精细化及多元化的下游衍生品进行拓展。

4.1.4 我国生物制造产业发展存在的问题

1. 在核心菌种和关键酶上受制于人

工业菌种和工业酶是生物制造的核心，加强核心工业菌种和工业酶的创制是保障生物产业创新发展和具备市场核心竞争力的关键。我国工业菌种和工业酶的知识产权受制于人，对国内生物制造产业发展和国内企业参与国际市场竞争造成了巨大的障碍，对我国生物产业安全发展造成极大威胁。我国工业菌种相关技术与国际先进水平差距加大，据中国生物发酵产业协会统计，在我国 3 000 亿元产值规模的发酵产业背后，我国生物制药、燃料乙醇、粮食深加工、现代发酵等行业的核心菌种几乎都笼罩在国外菌种专利的“阴影”之下。国外对我工业菌种的封杀从未放松，只要我国企业成长到一定规模或试图产品出口，诉讼就会随之而来。同时，我国核心工业酶被诺维信、杜邦和帝斯曼所垄断，这三家酶制剂占到全球酶制剂市场的 74%。虽然中国企业在低端的饲用酶制剂领域实现了重要突破，已经占到全球饲用酶制剂市场的 14%，但关系到整个生物制造产业的酶制剂市场依旧被欧美公司垄断。工业菌种与催化剂牢牢卡住了我国生物制造产业的咽喉，严重制约了我国生物工业的发展。

2. 木质纤维素、二氧化碳等新型原料利用率低

目前木质纤维素（秸秆）、甲醇、二氧化碳等新兴大宗原料储量巨大，是优良的候选原料，但现阶段利用效率低，与石化炼制产品相比竞争力不够，技术上需要取

得突破。

我国在纤维原料预处理、酶和发酵菌种选育、发酵过程强化、高效产物分离及技术集成方面取得一系列进展，纤维乙醇生产成本显著降低。但迄今为止，相关技术总体上与国际先进水平仍有差距：纤维预处理工艺污染大，纤维素酶活性低、成本高，发酵菌株活性和底物利用效率低，醇类化合物分离效率差，核心技术仍处于研发、验证、工业化示范阶段，缺乏竞争力和抗风险能力。上述因素制约了纤维乙醇类燃料的大规模推广应用。

与二氧化碳、甲烷等一碳温室气体积累有关的全球气候变化引起了人们的广泛重视，同时，人们对使用化石燃料作为主要能源产生了一定的担忧。因此近年来世界各国大力投入发展一碳生物化工。这一领域主要面临的问题包括：①高效一碳气体生物转化的催化剂的设计开发；②发酵平台建设；③低品质一碳气体的富集技术；④一碳气体生物转化过程中的能量供给与辅因子平衡；⑤碳素高效固定和转化的代谢工程以及反应器型式与反应介质；⑥建立可放大的反应体系；⑦过程工艺及产品分离提取技术等。由于世界各主要国家起步时间相近，目前我国在该领域与国外差距较小，处于同步发展阶段。

3. 生物路线与传统石化路线的经济竞争性有待提高

我国的基础产业布局完善，使得化工产品与材料生物制造的长足发展有了坚实保障。从基本国情来看，我国有人口和市场优势，对化工产品与材料的需求量大，且石油、煤炭等不可再生资源的储量不足，迫使我国必须尽快走出一条绿色可持续的发展之路。

但我国缺少像杜邦、陶氏、巴斯夫等国外极具创新指数的大公司，一些重大产品（如己二胺）的核心生产技术依然被垄断，我国处于被动地位。相比国外，我国依然缺乏颠覆性的原始创新，如基因组编辑工具 CRISPR/Cas9、酶的定向进化等重大技术，具有国际影响力的原创性研究工作还有待提升，发明专利的国际知识产权保护力度有待加强。

4. 生物制造产业的核心装备与先进国家差距巨大

经过上一阶段中长期规划的实施，我国在大宗产品微生物发酵领域的进步显而易见，在许多发酵产品的规模和生产技术上都处于国际前列，而且对应的生物反应器和分离纯化装备技术也都与国际接轨，但是在高端生物制造领域其产业化水平仍与先进国家的差距较大，技术滞后的一个重要原因就是缺乏以生物反应器、分离纯化、过程传感检测为核心的装备支撑系统。分析其主要原因包括：①我国在高端装备制造产业链基础积淀不够，在原材料、规范化加工、辅助配件、在线检测等多个细分技术领域相对落后；②高端生物制造产生的高附加值使得生产企业可以承受较高的设备成本，因此不愿意冒险尝试国产装备；③高端装备研发成本高、技术积淀要求高、生物学验证时间和操作成本巨大，使得制造企业的投入回报风险高，同时国家政策导向，尤其是新药审批政策［GMP（Good Manufacturing Practice）认证等］使得制药企业无法承受审批环节中的任何风险。

5. 面向未来的前瞻技术储备不足

生物制造已成为国际竞争日趋激烈的新赛场，欧美发达国家正在该领域加强未来前瞻布局、发力推进，其中美国“生命铸造厂”计划最具代表性，被视为“引领改变游戏规则的技术转型”。该计划预期产生 1 000 个自然界不存在的、独特的分子及复杂化学结构，致力于材料、制造领域的转化应用，为美国创造世界领先的战略与经济优势。近期信息显示，全球已经或即将上市的合成生物技术产品有 116 种，绝大部分的开发者是美国企业[5]，其合成生物技术产品涵盖了农业种植、石油化工、有机化工等领域，将创造千亿美元的市场。生物制造技术和产业的推进已打出生物合成领域即将全球发力的信号弹，谁能抢滩占位，谁就能制定规则、主导变革，谁落后于人，谁就将受制于人。我国在未来产业发展技术方面虽然有一定布局，但与欧美发达国家相比，在战略架构、底层核心技术、关键装备方面还存在差距。迄今为止我国尚未在该领域领衔组织国家层面的大科学计划，自主知识产权的基因编辑等技术尚未突破。我国虽然有庞大的研究队伍，在本领域创新优势总体不落后于发达国家，还有世界最大的生物制造产业，但与发达国家的差距在于：对新技术的发展不敏感。企业不愿意尝试新的技术，不愿意投入研发。对于知识产权的保护和尊重不够。高校的研发集中于赶热点发论文，对解决具体的产业化问题没有兴趣，而企业也无能力解决。

4.1.5 对策措施及建议

1. 构建前沿生物学技术发展战略智库，整合优质创新资源，构建高效创新体系，政产学研用协同促进产业发展

以促进前沿生物学技术发展，增强我国在该战略领域的产品与产业竞争力为宗旨，遴选前沿生物学技术领域的战略科学家，为国家生物科技与产业发展提供智库支持；加强有利于前沿生物学技术创新发展与产业化的科学决策与政策保障体系建设，科学制定前沿生物学技术战略布局、产业发展规划和管理制度；整合优质研发资源，构建前沿生物学技术领域的大科学、大技术和大产品的高水平的组织体系与创新团队，提升我国生物科技的核心竞争力；加强前沿生物技术的基础研究、技术研发与产业化开发的协同创新网络体系构建，促进技术成果的转化与应用，实现对生物经济的大贡献。

2. 建立促进前沿生物学技术研发与创新产业体系发展的扶持政策体系

加强创新企业在前沿生物学技术产品开发领域的主体定位，制定鼓励企业创新产品研发与产业化的资金支持与优惠税收政策；前沿生物技术创新产业的新产品有

较大的前期研发投入，有探索性和公益性，应该实行产品研发的补贴制，鼓励自主创新发展；如技术产品安全可靠，建立生物技术成果转化的推动机制，通过政府采购的事业途径，启动和促进产业化发展。

3. 建设与完善有利于前沿生物技术等高科技产品合理进入市场的法规制度

由于大众对前沿生物技术的不了解以及大量错误观点的广泛传播，形成了不利于前沿生物技术及产品发展的舆论环境，也影响了相关政府部门对经过科学验证的生物技术产品是否市场化的判断。建议由国务院协调，国家市场监督管理总局牵头，协调农业农村部、国家卫生建设委员会，加快制定和颁布医用工业用转基因植物的生物安全评价法规和药物及保健品相关法规，制定生物技术产品依法入市机制，促进我国生物高科技产品的研发与产业的良性发展。

4. 加大对生物反应器的前沿技术支持，促进相关产业创新发展

将植物和动物生物反应器技术研究和产业化纳入国家重点研发计划，加大支持技术创新，使我国植物动物生物反应器技术研究与应用保持国际领先地位。取消一些不符合和阻碍创新发展的政策，制定促进优势创新企业发展的政策。建立植物生物反应器产业天使专项基金和无息贷款，为早期产品研发提供资金支持，促进产业快速创新发展。

4.2 中医药产业

4.2.1 中医药产业的概念和范畴

中医药是我们伟大的民族瑰宝，已有数千年的发展历史，在亚洲广泛传播。中医药与西方医学和其他民族医药共同满足世界人民对抗疾病、追求健康的需求。中医药学理论体系完整、诊疗效果卓越，在世界最早形成的三大传统医学体系（中医药学、印度阿育吠陀医学、阿拉伯医学）中独树一帜。2018 年，世界卫生组织首次将以中医药为主的传统医药列入国际疾病分类系统，意味着中医药学被世界主流卫生保健体系认可。

4.2.2 中医药产业发展国际动态及趋势分析

中药产品出口及中医服务的消费人群主要是华人和亚裔群体，原有的中医药市场被日韩抢先占领，日韩在传统中医药理论的基础上衍生发展了自己的医药文化，中医药在韩国被称为汉医韩药，日本谓之汉方，其在亚洲国家的认可度与接受度都高于我国。我国传统古方古药的专利和商标被抢先在国际市场注册，目前全球中药

市场中，日本拥有一批大型中药企业，产业集中度高，生产机械化和自动化，以及先进的工艺技术和科学管理，使得日本汉方药制剂在国际市场的占有率已经高达80% 以上，而我国对中药资源的可持续发展重视不够，投入严重不足，并成为国外势力攫取的对象，日本汉方药物生产 85% 依赖于中国的优质药材供应。此外，西方大型医药公司的生产研发能力，利用我国出口的中药材及提取物，经过改良以新剂型或新工艺抢占市场，甚至再度出口到中国。

4.2.3 中医药产业发展国内动态及趋势分析

伴随着全球疾病谱的改变及老龄化现象的加剧，中医药健康产业迎来巨大市场需求和发展机遇。2017 年我国中药工业产值达到 9 000 亿元。屠呦呦研究员因发现青蒿素获得 2015 年诺贝尔生理学或医学奖后，中医药更加受到国内外的关注和重视。世界对中医药的需求也不断增长，全球最大的 15 家跨国药业公司在植物药领域的科研支出年均增幅达 22.5%，并先后在中国建立研发中心，筹划进军中医药产业。

中医药具有先天的医疗资源优势，从古今临床产生的大量中医药诊疗数据中提取关键信息，是中医药研究的一个重要突破点。同时，我国中药资源种类丰富，有 12 807 种，具有显著的自然资源优势。随着国际交流的扩大，越来越多的国家开始接触并学习中医药知识，掀起了学习中医药文化的热潮。我们要抓住这样的机会，充分发挥中医药产业的优势和特色，努力开拓中医药健康产业的国际化市场。

中医药制造产业尚处于起步阶段，研发投入少、复合型人才短缺、学科交叉融合不足，缺乏自主知识产权技术平台。难以实现关键装备的自主可控，无法满足临床诊疗及新药创制等关键环节装备的国产化需求，尤其是在临床中医特色诊疗、候选药物快速筛选、药品质量控制中所需的大型、高端检测分析仪器方面，其核心技术、材料或核心部件多数被国外公司垄断，高度依赖进口，受制于人。中药资源的保护、科研、产业化，是重要的生物遗传学基础资源和新药研发的化学物质基础资源。

在中药制造领域中，中药提取、浓缩、干燥、制剂等工艺过程及生产设备呈现出分散式分布，使得在中药生产全程质量控制及保证质量的连续性等方面存在较大的难度。此外，中医药制造产业缺乏统一规划，存在盲目无序发展风险，低水平重复建设成为突出问题。

4.2.4 我国中医药产业发展存在的问题

1. 中药科研投入不足，技术创新能力有待提高

从美国的制药科研数据上可以看出，美国在 21 世纪初期研发出一个新兴药品需要 8.02 亿美元，在药品的投入上占整个医药体系的 15% 以上。相比之下，我国目前医药资金投入不足 5%，与美国相差甚远①。

① 中国医药，磨一剑还看这十年 [EB/OL]. http://www.ebiotrade.com/newsf/2010-3/201031285759330.htm, 2010-03-15.

2. 医药企业规模和产业规模较小，医药仿改制品种泛滥

我国中药目前已经发展到了 35 大类和 43 种制剂类型，可以生产中成药 4 000 多种，总产量在 50 万吨左右。我国的中药企业 80% 以上是经过 GMP 认证的①。但是，在这些制药企业中，很多企业的生产规模较小，各自为战，对市场风险的抵御能力较低，几百家企业中都竞相申报药物和制剂，最终对医药市场是一个较大扰乱。

3. 缺乏产权保护意识

目前，我国很多中药企业对于医药用品都缺乏足够的品牌意识，使得国内科研成果成就国外专利的现象屡见不鲜，给我国的医药产业发展带来了巨大的经济损失，也给我国医药市场带来巨大的冲击。

4. 国内传统中药材生物基因数据库尚未建立

建立传统中药材的生物基因数据库对提高中药材的鉴定水平，保证中药材的质量，促进中药的现代化是非常有益的一种尝试。随着生物科学技术的进步和我国中药研究的进行，传统中草药生物基因资料越来越多，建立一个传统中草药生物基因数据库的条件也越来越成熟。建立传统中草药生物基因数据库对我国中药材鉴定是非常有益的，可以极大地提高我国中药材的鉴定水平，使中药的现代化进入快车道。同时，传统中草药生物基因数据库的建立可以解决过于依赖国外数据库的现象，也可避免我国的“尖”“新”资源流向 NCBI（National Center for Biotechnology Information，美国国家生物技术信息中心）。

5. 中医药国际化面临各种壁垒，标准化建设尚处起步阶段

中医药学兼具自然科学和社会科学双重属性，基于中国古代文明的中医药理论很多还不被西方医学所认可。文化壁垒、绿色贸易壁垒以及国际统一的质量标准及检测标准缺乏、注册申报程序复杂及法律保护缺乏等问题，是制约我国中医药国际化的重要障碍。我国很多中药在海外以健康食品身份注册，疗效也未得到国际标准认可。我国在中医药标准化的工作上存在不足，中医药标准的国际化也刚起步，缺少完整的中医药国际化教学的课程体系，中医药标准评价、实施、推广和反馈机制尚未形成，符合国际医药主流市场的现代中医药技术和方法认证与认可也未全面展开。

4.2.5 对策措施及建议

1. 保障中药新药创制与转化良性发展

1）构建符合中药特色的疗效评价体系，由国家市场监督管理总局联合国家中医

① 我国中药产业发展需要国家战略 [EB/OL]. http://www.huifengshouyao.com/article-show-id-100153.html，2012-08-17.

药管理局共同负责中药新药审批

新药审评标准与中药特点不符、基础性研究薄弱和质量管控不足等是束缚中药新药研发活力的关键因素，亟待破除部分体制性藩篱并补齐短板。中药新药的疗效评价标准总体上“西化”，建议深入推进中药新药审评、审批制度改革，由国家市场监督管理总局协同国家中医药管理局共同开展审评工作，构建符合中医药特色的新药审评体系。

2）建立中药组学与大数据信息应用技术体系

开展中药基因组学、代谢组学和蛋白组学研究，建立其信息数据库，并将组学信息数据进行分析，评估其应用与研发规律，揭示中药生物学本质。选择心脑血管、代谢、慢性肾功能不全、过敏性疾病等中药治疗方面具有优势的疾病，进行系统整理、文献挖掘，并根据临床用药经验等数据，构筑中药数据信息平台，推动中药创新药物研发。

3）完善中药科技成果评价体系，增强中医药应用基础研究

发挥创新主体优势，促进协同创新，就必须优化资源配置，建立和完善符合中医药特点的科学评价体系。建议建立以科研能力、创新成果和应用发展为导向的科技人才评价标准，健全基于岗位职责和科技绩效评估的收入分配制度，完善科技成果转化激励机制，加大科研人员股权激励力度，健全科研人才双向流动机制。

全球技术竞争正倒逼我国加快中药新药研发步伐，而我国的中药现代化尚处于起步阶段。建议增强中医药应用基础研究，如加强优质道地药材基地建设；建立智能化物联网监督平台和中药材生产销售全过程质量追溯体系，实现中药的标准化和精准化生产，保证其稳定性；加大中医药基础性研究投入，揭开“黑箱”，明确优势，为中药复方新药研发奠定基础。同时，依托大数据等现代技术，建立中药临床疗效评价体系，提供有说服力的案例支撑。国家可分专业建立全国统一、互联互通的中药临床效果分析的数据库，实现各地区、各医院间的数据联网共享。

4）健全机制激发创制和转化活力，深化制药企业创新税收返还制度

进一步健全中医药管理体制，建立临床实验激励和评价机制，充分重视中药资源开发和保护，鼓励中成药实施优质优价的采购制度等。促进产学研结合机制，利用完善的税收返还制度刺激企业自主创新是制药发达国家主要采用的鼓励创新手段。目前国外对企业研发的财税激励方式包括：税前扣除及税收抵免，税收优惠的结转或追溯，加速折旧，提取技术准备金，等等。

2. 全力打造“我主人随”的中医药制造产业体系

抢抓健康领域新一轮科技革命契机，按照中医药制造产业全链条顶层设计、一体化实施原则，以中医药特色诊疗、中药新药筛选、中药资源保护、中药质量控制、中药生产制造为方向，以中医药四诊仪、全自动高通量筛选机器人、中药基因数据库、精密化学分析仪器、中药生产智能装备等战略性产品为重点，系统加强核心部件和关键技术攻关，重点突破一批引领性前沿技术，加快推进我国中医药领域创新

链与产业链整合，促进我国中医药制造产业装备整体进入国际先进行列。

加强我国中医药领域种质资源保护、知识产权保护，确立中医药作为我国独特资源的国家战略地位，构建基于 AI 技术的世界传统草药基因数据库、中医临床医案本底数据库。同时，吸取芯片产业教训，实现 NCBI 数据库的国内可替代数据库建设，避免因突然封锁给医药行业带来严重影响。

3. 夯实中医药制造产业发展

当前我国面临的外部环境正在发生深刻变化，国产核心装备迎来了新的发展机遇。对于上述受制于人的关键设备，考虑目前我国发展阶段，建议有所为，有所不为，抓住突破点，充分发挥中医药在我国的先天优势，迅速在全球占领制高点，形成垄断，继而达到在危机中不受制于人，也可制约他人的主动态势。

在具体措施上，可加大对国产中医药制造设备企业及相关科研机构的支持力度，从专利的审批到资金的调配，开启绿色通道；对现有分散的企业进行摸底，并鼓励兼并整合；对于确可生产替代国外同类设备的企业，制定特殊的扶持政策。国产中医药制造装备任重道远，严峻的国际态势“倒逼”其质量快速提升发展，挑战即机遇，可以此为契机大力发展国产品牌，使得国产装备能够在最短时间内迎头赶上，不受制于人。

4. 中医药产业可持续发展

1）加速中医药产业行业标准化的建设以及健全中医药产业管理体制

我国要实现中医药产业的可持续发展，首先要根据中医药行业规律和特点，制定出满足中医药行业自身发展的标准，并且此标准能够得到国际上的认可。以“技术专利化，专利标准化，标准许可化”这一全球技术许可战略为目标，制定出有中国特色和优势的标准，进而加速中医药产业行业标准化的建设。完善的中医药产业管理体制，是实现中医药产业可持续发展的主要因素。统一的、整体的管理制度体系有利于中医药产业的可持续发展。

2）加强中医药产业专利保护

加大中医药知识产权宣传和保护力度，加强中医药知识产权保护意识，从而促进中医药产业可持续发展。

3）实施中药资源的可持续发展

中药的发展在我国已有几千年的历史，中药资源更是十分丰富。当然，在充分利用中药资源的同时，更要注意保护资源和生态环境，保护自然环境的多样性和生态平衡性。防止中药资源的流失、退化和灭绝，保护中药资源的可持续利用是中药资源可持续发展的必然之路。

参考文献

[1] 王莹，李萍萍，张一平，等 . 全球生物技术投入产出现状分析及对策研究 [J]. 中国科技资源导刊，2018，50（6）：30-34，100.

[2] Absher J R. Evidence-based medicine[J]. British Medical Journal，1996，7（7046）：1611.

[3] Rej R. Centre for Evidence-Based Medicine[M]. Heidelberg：Springer，2008.

[4] OECD. The Bioeconomy to 2030：Designing a Policy agenda[R]. 2009.

[5] Garside M. Total fuel ethanol production in the United States from 1980 to 2018 (in million gallons)[EB/OL]. https://www.statista.com/statistics/281494/us-fuel-ethanol-production/，2019-02-15.

[6] 吴小燕 . 2018 全球生物质能源行业市场现状及发展趋势分析 全球乙醇产量增长贡献超 60%【组图】[EB/OL]. https://www.qianzhan.com/analyst/detail/220/190124-52dc9f86.html，2019-01-24.

[7] CY315. 2018 年燃料乙醇行业总体发展情况回顾及未来行业发展趋势分析：燃料乙醇有望迎来井喷放量，国内缺口巨大【图】[EB/OL]. https://www.chyxx.com/industry/201901/710869.html，20196-01-29.

[8] Tang. Chinese Fuel Ethanol Production 2018 Outlook[EB/OL]. http://www.decision-innovation.com/blog/disinsights/chinese-fuel-ethanol-production-2018-outlook/，2018-03-13.

[9] 中报告大厅. 生物柴油行业现状 [EB/OL]. http://m.chinabgao.com/k/shengwuchaiyou/42104.html，2018-11-20.

[10] 陈大明，刘晓，毛开云，等 . 合成生物学应用产品开发现状与趋势 [J]. 中国生物工程杂志，2016，36（7）：117-126.

第 5 章

高端装备产业[1]

【内容提要】本章围绕空天海装备（航天、航空、海工）、智能制造装备（高档数控机床、增材及复合制造装备），以及民生领域重大装备（农业、食品、纺织、医疗）等高端装备制造业 3 个重点专题方向，分析了高端装备产业国际和国内的发展动态及趋势，以及我国高端装备产业发展存在的问题，提出“十四五”及后续 5~10 年的我国高端装备产业发展的重点方向和政策措施及建议。

5.1 全球高端装备产业发展动态及趋势

当前，以中美关系变化为代表的全球国际关系重构影响了全球制造产业竞争进入新的阶段。产业政策逐渐成为大国竞争战略工具，如 2019 年初，德国发布了《国家工业战略 2030》，美国发布《美国主导未来产业》等将 AI、先进制造业、量子信息科学和 5G 视为决定美国高端产业未来命运的四大领域。高端装备制造产业领先国家高度重视产业链安全，积极布局全产业链竞争优势。美国产业链价值判断标准：必须确保美国控制和引领全球产业链，对全球产业链实现垂直掌控，尤其是在技术密集型产业保持绝对优势。

① 本章统稿：王磊、卢秉恒、古依莎娜；空天海装备产业：苏向东、郭宏伟、张海鹏、王亚琼、邵珠峰、杨艳明；智能制造装备产业：王磊、卢秉恒、陈祯；民生装备产业：古依莎娜、吴海华、周海燕、朱晓光、蔡娥娥、丛政、杨海鹏、王晓庆、秦永清。

在智能制造技术应用、贸易争端变化、全球制造业综合成本变化等因素影响下，全球制造业面临大迁移和局部调整的趋势，进而影响全球产业链、供应链和价值链发生变化。美国、日本和欧盟等工业发达国家在技术创新衍生的成本红利影响下，跨国公司制造业生产呈现向发达国家加速回流的趋势，在强化对产业链高端控制的同时，全球低端制造业正在加快向东南亚、南亚、非洲等成本更为低廉的地区转移。俄罗斯、巴西、印度和南非等新兴经济体正在加快谋划和布局新技术开发和新兴产业发展，积极参与全球产业再分工，承接产业及资本转移，拓展国际市场空间。中国制造业处于上述两者中间，谋求由高速增长阶段转向高质量发展阶段，在技术创新和产业升级方面需求迫切。

5.1.1　全球空天海装备产业发展动态及趋势

1. 全球航空装备产业发展动态及趋势

据不完全统计，2017 年全球航空制造业市场规模超过 5 000 亿美元，增速达到了 10% 以上。其中美国仍是航空产业的主导，约占全球的 49%，其次是英国，约占 8%。中国得益于近年来政府的高度支持，超越德国和英国，成为全球前 3，市场份额约为 7%。俄罗斯航空产业同中国一样，高度依赖进口，排在德国之后，位列全球第 6 位，日本、西班牙、印度分别为全球第 7、8、9 位。

在产业规模中，飞机制造业占比最高，约为 54%，其次是关于航空产业维修升级服务，约占比 27%，无人机占比约为 5%。航空武器装备表现出明显的多元化发展趋势，其中无人作战飞机成热点。全球航空装备产业呈现以下鲜明特点。

（1）各国在航空领域的竞争日趋激烈。航空装备尽管存在大量民用航空，但军事航空的应用仍然占有很大比例，各国在航空领域的竞争多以军事航空为主，民用航空更多表现为合作态势。为了尽可能提高军事航空的占位与抢占战略制高点，各国在机载设备、元器件、控制逻辑、结构平台等领域争相发展，呈现出竞争白热化的态势。

（2）航空装备多样化。用途的多样性导致的航空装备多样性是航空产业与其他产业的显著区别。预警机、歼击机、大型民机、大型运输机、无人机、直升机等各类飞机装备层出不穷，型号升级与性能跨代特征明显。

当前，现代战场环境发生了明显的变化，隐身与反隐身、强机动、干扰与抗干扰、高杂波和低检测概率等，使多目标跟踪技术、多传感器数据融合技术和射频集成技术遇到空前的挑战。航空武器装备将呈现如下发展趋势。

一是学科融合推动的技术集成将是主要发展方向。随着信息化发展及飞机物理平台的日趋成熟，信息对抗逐渐成为航空装备研制的主流。特别是在作战体系框架下，强调信息融合的整体功能实现。在未来，信息化将是航空装备先进程度的标志，并将逐步向智能化发展。

二是信息化与智能化发展是航空装备的重要发展方向。随着战争形态的转变与战争模式的革新，世界范围内的各类战争正在从物理对抗向信息对抗转变。航电综合、传感器系统及电子战等在新型战争中表现得越来越重要，并正在成为主流战争模块。

三是无人机将成为未来航空装备发展的重点和热点。最近几年，无人机的发展异军突起，人们对无人机行业发展的关注度空前强烈，从旋翼无人机到固定翼无人机，从民用小型无人机到军用大型无人机，显示出无人机发展正在成为全球范围内的热点，也正在成为各国竞相发展的重要方向。

2. 全球航天装备产业发展动态及趋势

全球空间基础设施迎来新一轮创新发展和升级换代高潮。2010 年以来，美国军事骨干卫星系统基本完成更新换代，卫星侦察监视、导弹预警、通信中继、导航定位、空间监视等性能大幅提升，初步具备空间机器人在轨服务能力；俄罗斯军事卫星系统开始全面更新换代，军事卫星体系进一步完善，设计寿命等性能出现较大提升，卫星在轨机动技术更加成熟；欧洲成像侦察卫星系统与军用通信卫星系统进入新一轮更新换代期，已实现导航卫星全球覆盖，已完成电子侦察卫星技术和空间监视卫星技术验证，初步验证多种空间碎片清除技术；日本成像侦察卫星系统已完成四星导航增强系统部署，有望完成首个军用通信卫星三星组网；印度军民两用成像卫星已完成区域导航系统部署，已发射两颗军事通信卫星，下一代军用光学成像侦察卫星有望入轨。

对地观测进入“精致为用”时期。随着系统规模和能力的稳步发展，卫星遥感的应用越来越“精致”，其广度和深度不断延伸，服务能力和产业化水平显著提高。应用从定性向定量发展，构建产品生产流水线，形成面向多源海量遥感数据的规模化处理和产品生产模式，遥感应用直接面向大众，空间信息服务开始步入千家万户，促进了空间信息产业链的形成与发展。

通信卫星朝宽带大容量、功能综合、天地融合等方向发展。全球互联网通信星座加速构建，下一代全球通信卫星系统如第二代铱星（Iridium NEXT）系统、O3b 网络卫星系统、OneWeb 低轨卫星系统以及 SpaceX 系统等正在加速研制推进；通信应用服务多样化，美国、欧盟等技术先进国家以市场为牵引，近年来大力发展高通量卫星系统。通信频率资源不断向高频段甚至激光拓展。通信容量可达数百 Gbps 甚至 Tbps 量级。

卫星导航从单一 GPS 时代迈向美国、俄罗斯、中国、欧盟四大全球系统和日本、印度两大区域系统竞相发展的新时代。美、俄正在重点推进卫星导航系统现代化，其目的是不断提高系统精度、可用性、可靠性及长寿命能力。卫星自主运行能力不断增强，GPS 系列卫星自 Block IIR 开始建立起星间链路，通过自主导航提高战时生存能力。在 Glonass-K 卫星增加星间链路功能以实现自主导航，新一代导航卫星 Glonass-M 也通过建立星间导航链路来提高自主导航能力。

商业航天成为构建空间基础设施的新兴力量。各国制定、完善政策鼓励商业航天发展，促进航天领域的创业和新商业机会。传统航天企业不断介入商业航天，如空中客车集团（Airbus Group）收购了萨瑞卫星技术有限公司（SSTL），布局小卫星研制市场。新兴航天公司聚焦微小卫星及其应用，如 SpaceX、一网公司（OneWeb）

布局太空互联网，Planet公司在3U立方体卫星平台上构建全球迄今为止规模最大的“鸽群”（Flock）遥感卫星星座。

全球卫星产业整体上一直处于增长，增长率呈周期性变化。从近10年产业整体变化周期可预测，卫星产业增长有逐步回升趋势，甚至是大周期攀升。此外，目前整个国际宇航企业纷纷布局下游服务，上游制造与下游服务收入占比目前已分别是4%和96%，且此差距仍在持续拉大。抢占空间领域的科技竞争制高点、发展新兴产业、维护安全利益，必然将带动空间基础设施发展。

3. 全球海洋装备产业发展动态及趋势

当前，世界海洋工程装备产业基本形成了欧美垄断核心设计、关键配套和总承包，韩国和新加坡占据高端装备总装建造市场，中国和巴西等国主要建造中低端产品的总体竞争格局。从全球海洋工程装备产业产业链角度看，我国处在产业链的中低端地位，虽然制造能力显著提升，但更为核心的研发、设计、配套、总包等方面，与国外先进水平还有较大差距。

欧美国家是世界海洋油气资源开发的先行者，也是海洋工程装备技术发展的引领者。随着世界制造业向亚洲国家的转移，欧美企业逐渐退出了中低端海洋工程装备制造领域，但仍旧基本垄断了海洋工程装备的研发、前期设计、海上施工、工程项目总包以及核心关键设备的供应，主要产品有立柱式平台、大型综合性一体化模块及海底管道、钻采设备、水下设备、动力、电气、控制系统等。主要领军企业包括J.R.McDermott 、KBR 、SBM、MODEC、Technipfmc、Aker Solution 、BWOffshore、Heerema、NOV、ABB、西门子、GE等。此外，部分欧美企业仍在从事深水高技术装备的设计建造。

韩国和新加坡等国的技术实力略逊于欧美国家，主要承担全球海洋工程装备总装建造，具备一定的总承包能力，主要从事半潜式钻井平台、钻井船、浮式生产储油船新造、浮式液化天然气生产储卸装置、浮式液化天然气存储再气化装置、风电安装船等大型海洋工程装备的总装建造、大型模块建造以及核心关键设备的安装调试，韩国三星重工、大宇造船海洋、现代重工和新加坡吉宝集团、胜科海事在总装集成领域占据了较大的国际市场份额，并且初步具备了深水高技术装备的研发设计能力，正在向大型深水工程项目的总承包领域拓展。

以中国、巴西为代表的其他国家主要从事浅水装备的设计建造和部分深水工程项目的分包，主要产品包括导管架平台、自升式平台、半潜式平台、浮式生产储油船建造及改装、风车安装船、海上居住船、海洋工程船，开始进入深水高技术装备的设计建造领域，但自主研发和工程设计能力、总装集成和总承包能力、关键设备配套能力还相对薄弱。中国的主要制造商包括中远船务、中集来福士、中船集团、中船重工、海油工程、招商局重工、振华重工等，巴西的主要建造商包括EST、Constructora 、SaoRoque do Paraguacu、RioGrande、南大西洋船厂、Inhauma等。

5.1.2 全球智能制造装备产业发展动态及趋势

1. 高档数控机床等智能制造装备呈现全产业链竞争

以高档数控机床产业为代表的智能制造装备产业融合了新一代 AI 技术、工业大数据、云计算等创新技术及网络制造、新材料和新工艺等新兴技术，是全球各主要工业强国为重塑制造业竞争优势、抢占新竞争制高点的重要方向。高档数控机床装备作为“工业母机”，具有基础性、通用性和战略性的特征，应用在航空航天、船舶、机械制造、高精密仪器、军工、医疗器械产业等众多国民经济领域，对整个制造业实现振兴并迈向价值链高端起到了关键支撑作用，处于制造业价值链和产业链的核心环节。

高档数控机床产业发展大国包括美国、中国、日本和以德国为代表的欧洲国家。在高档数控机床前沿技术开发、关键技术创新和标准制定方面，美国、德国与日本等传统工业强国仍然处于绝对优势地位，并影响整个数控产业的发展趋势。在数控系统方面，日本发那科公司和德国西门子公司占据了全球高档数控系统的主要市场份额，其他代表性高档智能化系统有德马吉森精机（DMG MORI）公司的 CELOS 系统、海德汉公司的 TNC 640、大隈（OKUMA）公司的 OSPsuite 和马扎克（MAZAK）第七代数控系统等。在高档数控机床整机方面，以日本山崎马扎克公司、德马吉森精机公司为代表的跨国机床企业占据优势地位。日本突出发展数控系统产业，精密轴承、导轨等关键功能部件产业，高档数控机床核心机电、液气光元器件和整机产品，包括先进刀具、测量等，形成了具有全球竞争力的完整产业链；欧洲机床制造商在专业知识、高技能以及定制解决方案方面占优，其中德国和瑞士重视数控机床整机和关键功能部件以及高端配套件的先进性和实用性，其整机产品和各种功能部件在质量、性能上位居世界前列；美国在整机设计、制造、数控系统和航空、航天、军工等下游高端应用方面保持了持续创新能力，仍处于世界领先地位。中国仍然是世界最大的机床产销国和世界最大的进口机床消费市场。

为谋求未来竞争先发优势，主要工业大国普遍制定了先进制造业发展战略，扶持和发展本国高端装备产业。欧洲机床工业合作委员会（CECIMO）提出将先进的生产技术、高研发投入、快速的创新周期及高技能的劳动力等因素，作为保持未来欧洲机床产业竞争的基础，并推出一系列措施以提高市场竞争力。美国国防部将“先进机床与数控系统”定位为潜在的技术发展领域，积极布局下一代高档机床。为确保美国在全工业领域先进制造的领先地位，2018 年 10 月，美国国家科学技术委员会更新《美国先进制造领导战略》（*Strategy for American Leadership in Advanced Manufacturing*），明确了发展和转化新的制造技术，教育、培训和匹配制造业劳动力，提升国内制造业供应链等 3 大战略方向的若干战略目标，其中包括开发世界领先的材料和加工技术、鼓励完善制造业创新的生态系统、加强国防制造业基础等。日本、德国等国也一贯重视机床工业的重要战略地位，在多方面大力扶植。同时，受各国政策导向影响，全球高端装备制造业竞争格局正在发生重大调整，世界主要跨国装备企业纷纷通过兼并收购、服务增值等方式，提升企业核心竞争力。

2. 全球高档数控机床装备产业发展趋势

当前，高档数控机床技术正朝着高速、高精、高可靠性、功能复合、极端制造、绿色制造、网络化和智能化等方向发展。提高数控机床装备的智能水平，发展智能数控机床，已逐渐成为各主要机床发达国家重点发展的方向。美国、德国、日本等高档数控机床装备产业强国经过多年的发展积累了巨大的技术优势，正加大投入力度提升装备的智能化和竞争水平。而瑞典、瑞士、意大利、西班牙和法国等国的机床制造竞争力受到削弱，中小机床行业（80% 的欧洲机床工业是由中小企业组成的）正在经历数字化转型，寻求数字化和智能化的解决方案。融合减材制造、增材制造和激光加工等多功能为一体的复合加工机床已成为全球机床产业发展的重要方向，如德马吉森精机机床和日本大隈机床发展的多轴增减材复合一体机。数控机床与新一代 AI 技术等结合形成的智能机床，智能机床与机器人技术深度融合形成的智能制造单元以及结合其他因素组合分别形成智能生产线、智能制造车间、智能制造工厂和智能制造生态系统等，将成为工业技术领域创新发展的主线。

3. 全球增材制造装备产业发展趋势

随着航空航天、汽车、航海、核工业及医疗器械等领域对增材制造技术与装备的需求日益旺盛，工业领域增材制件进入批量化生产阶段，增材制造产业未来有望形成万亿美元级别的市场规模，其技术和产业发展空间巨大。根据全球增材制造文献、专利以及装机量统计数据，全球增材制造产业已基本形成了美欧等发达国家和地区主导，亚洲国家和地区后起追赶的发展态势。美国率先将增材制造产业上升到国家战略发展高度，引领技术创新和产业化。欧盟及成员国注重发展金属增材制造技术，产业发展和技术应用走在世界前列。据国际数据公司 IDC（Internet Data Center，互联网数据中心）的预测，2018~2023 年，全球 3D 打印市场将以 22.3% 的年复合增长率扩大，至 2020 年，全球增材制造产值将达 289 亿美元。麦肯锡预测，到 2025 年全球增材制造产业可能产生高达 2 000 亿 ~5 000 亿美元的经济效益。

中国增材制造装备的技术应用发展速度较快，据国家统计局的数据，2019 年上半年增材制造装备增长 271.4%。中国在增材制造专利、论文数量方面已经领先，但在原始创新和重大技术创新方面有所缺乏。

5.1.3　全球民生领域高端装备产业发展动态及趋势

1. 农业装备发展动态及趋势

全球农机产业进入多元化竞争阶段，国际贸易日趋活跃。2018 年，产业规模达到 1 100 亿美元左右，其中，欧洲、中国、北美分别占全球的 27.3%、21.2% 及 19.3%；约翰迪尔、凯斯纽荷兰、爱科、克拉斯等欧美企业占据全球农机销售额的

50%以上。全球农机装备产业国际化发展进程加快，企业向集中化和专业化方向发展，通过跨国兼并收购、直接建立国外研究与开发机构等形式。发达国家凭借技术领先优势和成熟发展经验，从输出产品到对外直接投资，在更大的范围内配置资源，占领国际市场和全球分工价值链的前端，美国三大跨国农机企业约翰迪尔、凯斯纽荷兰和爱科建立了全球化的销售网络和生产基地，拖拉机市场占有率达66%，联合收割机市场占有率80%以上，日本则形成了以久保田株式会社为首的全球化农机产业格局。技术及产品方面，新一代AI技术广泛渗透及深入应用，农业装备进一步融合生物、农艺、工程技术，集成先进制造、信息、生物、新材料、新能源等高新技术，深入拓展微生物、养殖、加工等产业领域，向高效化、智能化、网联化、绿色化方向发展，并向提供全链条的农业装备与信息技术解决方案延伸发展。

2. 食品装备发展动态及趋势

全球食品装备产业发展日益工业化、自动化。近20年，美国、日本、欧盟等发达国家和地区食品装备每年以5%~6%的速度增长，技术水平居世界前列，形成了全球化核心技术和国际知名品牌，实现了食品装备柔性化、系统化、数字化和智能化。技术标准成为技术壁垒重要手段，安全卫生已成为国际基本通则。德国食品装备综合技术居世界领先地位，占欧洲食品装备市场份额的70%。美国食品装备高度信息化，实现机电一体化控制。日本食品装备以中小型单机为主，体积小、精度高、易安装、操作方便、自动化程度高。上述国家的成功经验就是不断加大科技投入，通过科技投入开展技术研究和自主创新，创造别人难以模仿的技术含量，形成全球食品装备技术水平的引领地位。具体表现为以下两个方面。

一是科研投入占比大。发达国家食品装备科研投入普遍比重较大，科研资金占企业营业额的8%~12%，其中，美国12%，德国11%，英国、法国、意大利10%，日本9%，瑞典、丹麦、荷兰8%，每年都有不同程度的增长。科技投入以企业投入为主体，政府投入为补充。

二是技术专利质量高。发达国家高度重视食品装备专利知识产权，通过专利知识产权形成技术壁垒，在国际竞争中获得垄断地位。这些国家创新能力强，且有着丰富的专利知识产权经验。高新技术领域成果几乎被专利技术所覆盖。

中国为食品装备与食品生产和消费的第一大国，但食品安全成为国内市场进一步扩大以及进军国际市场的制约因素。

3. 纺织装备发展动态及趋势

随着全球纺织工业生产格局的不断变化，行业产品也越来越多地体现出智能、短流程与绿色环保的特性。大数据、物联网的应用展示了未来纺织工业的发展前景。当前大数据、物联网被应用到纺织机械设备不同的场景中。例如，国外主要纺纱装备企业推出的单锭监测及粗纱停喂系统，配合大数据集中采集、分析处理，使纺纱厂实现夜间无人值守成为可能；瑞士欧瑞康公司用于工艺监控的工厂操作中心（plant

operation center，POC）能够对工厂生产数据进行核对分析，结合辅助系统，支持系统预测性维护；瑞士乌斯特公司的多种仪器可实现无缝对接，将数据进行组合分析，持续优化生产工艺。

新技术的应用改进缩短了工艺流程。例如，迈耶西公司推出的纺纱针织一体机（圆纬机），将细纱、清纱和针织三种功能集合在一台机器上；卡尔•迈耶推出的新型浆纱机，通过改变浆槽设计，采用喷淋上浆等技术，达到节约浆料、提高质量的效果。

随着现代绿色生产理念的深入，国外的纺机制造商更注重产品的节能环保和可持续发展。意大利纺机制造商设置了绿色标签，可识别纺织机械产品的能源和环境性能。德国纺织机械制造商推出“蓝色能效”技术，将其贯穿于纺织生产供应链的全过程。法国纺织机械制造商也重点关注产品的节能及废物的循环利用，以推动纺织行业未来的可持续发展。中国在以筒子纱数字化自动染色成套技术与装备为代表的纺织印染行业数字化、高品质制造方面已获得重大突破，正在朝着提升纺织品智能化制造水平、绿色化生产方向发展。

4. 医疗装备发展动态及趋势

全球跨国公司都在布局新一轮竞争格局，围绕新材料、新技术、智能技术、3D打印技术、大数据、AI、健康监护与智能化辅助诊疗及产品一体化的解决方案等方面加大研发投入。一些互联网、新材料公司纷纷拓展健康或医疗业务领域，因此未来医疗装备技术发展呈现以下趋势：前沿技术交叉融合和技术集成催生新型诊疗方法；医疗设备趋向小型化和便携化；设备向数字化、网络化、智能化方向发展；诊疗设备寻求微创/无创化；家用医疗器械快速发展；向全生命周期健康管理大数据、基于医疗信息化的智能诊疗技术和智能医用机器人方向发展；基于基因测试与治疗的精准医学；感知器官与植入式数字芯片；基于脑科学技术的认知技术在临床上应用等方向成为趋势。达芬奇手术机器人等高端装备的智能化；3D打印进入精准手术、植入物及康复器械领域。

中国是高端医疗设备的进口大国，X光、CT、核磁共振装备近几年进口趋势开始好转，国产血管支架等市场比例已达60%~70%。3D打印进入精准医疗领域，在工程、医疗人员的共同努力下迅速发展。

5.2 我国高端装备产业发展动态及趋势

5.2.1 我国空天海装备产业发展动态及趋势

1. 我国航空装备产业发展动态及趋势

从国家战略层面，航空装备是国家重大工程装备发展建设的重点领域之一。在当今世界综合国力激烈较量的大背景下，航空工业的崛起对国家经济和科技发展具有特殊的重要性，同时也将大力牵引新材料、工艺装备、电子信息等产业发展。近年来随着政府对航空产业的高度重视和国内快速增长的市场需求，我国航空工业面临着前所未有的发展机遇和良好环境。《民用航空工业中长期发展规划（2013-2020年）》《中国制造 2025》等规划为我国航空产业发展指明方向，将推动我国航空工业实现快速发展。预计到 2020 年，我国民用飞机营业收入将超过 1 000 亿元；2025 年，我国民用飞机营业收入将超过 2 000 亿元；其复合增长速度超过 14%。保守估计，2018~2023 年，我国航空装备产业规模复合增长速度为 15%。到 2023 年，我国航空装备产业营业收入有望达到万亿元。

相比美国、欧盟国家等航空产业强国，我国航空产业差距明显。但我国长期以来一直渴望成为世界航空大国，无论从政策上还是资金上，都在向发展自主创新的航空产业不断努力。近些年，我国的国产大飞机、歼 -10、歼 -20、歼 -15 等飞机的试飞和服役，表明我国的航空业一直在稳扎稳打地向前推进。

自从 2018 年美国挑起并不断升级中美贸易战规模，让包括航空产业在内的我国高端装备制造事业出现了一定的变数。我国开始意识到必须加强国产化进程，在薄弱的工业基础上不断发力，加大自主创新能力。AR-21 在 2020 年将进入量产，C919 已进入试飞，C929 开始研发。C919 将争取到 2025 年达到适航标准，其国产化带来的需求也将有效倒逼我国民用航空领域的国产化进程。尤其是民用航空发动机、航电、机电系统的国产化进程也将再次加速。我国的航空装备制造产业也将迎来高速发展的进程。

2. 我国航天装备产业发展动态及趋势

目前，我国空间基础设施基本框架基本形成，卫星研制与发射能力步入世界先进行列。资源、海洋、气象、环境减灾等遥感卫星已具备一定的业务化服务能力，陆地观测卫星性能基本达到国际主流产品水平，星上实时成像及特定目标检测能力稳步提升。海洋卫星能够满足基本的业务应用需求。气象卫星初步实现从跟跑、并跑到局部领跑的超越。气象卫星技术能力整体上与国际先进水平相当。实现了成像观测和红外高光谱大气垂直探测相结合的综合观测能力。

固定通信广播、数据中继等卫星通信基本保障体系已建成，2017 年 4 月，我国首颗高通量通信卫星中星 16 号成功发射，系统容量超过 20Gbps，填补了高通量通信卫星的空白。2018 年 5 月发射的亚太 6C 卫星不仅能够实现广播电视节目转播，还能实现视频会议等网络通信业务。

北斗三号全球系统正在建设之中，2018 年 11 月发射北斗三号系统第十七、十八颗组网卫星后，北斗三号工程基本系统空间段建设完成，卫星系统具备向“一带一路”沿线国家和地区提供导航服务的能力。2020 年，将完成全球系统建设。

目前，我国民用空间基础设施正处于转型发展关键期，技术能力上从追赶世界先进技术为主向自主创新为主转变，服务模式上从试验应用型为主向业务服务型为主转变，行业应用上从主要依靠国外数据和手段向主要依靠自主数据转变，发展机制上从政府投资为主向多元化、商业化发展转变。

3. 我国海洋装备产业发展动态及趋势

我国海工装备主要集中在自升式钻井平台和中小型海工辅助船领域。大型工程设计及总包、装备研发设计、核心配套等，多数还是依赖其他发达国家的高技术企业，海工装备整体本土化的配套率不高。全球海洋工程装备市场处于“欧美设计、亚洲制造”格局，国内企业需要向自主研发、设计等关键领域和海工装备产业链的上游位置跃升，补齐在海洋平台、系统研发和核心技术方面的关键短板。

5.2.2 我国智能制造装备产业发展动态及趋势

1. 高档数控机床装备

1）新时代我国高档数控机床装备产业链发展现状

“高档数控机床与基础制造装备”国家科技重大专项（简称04专项）实施十多年以来，行业实现了由普通机床为主向数控机床为主的转变，实现了高档机床从无到有的转变。我国先后攻克了五轴联动、高速、精密的高档数控系统，实现了一批五轴联动、高速、精密数控机床的生产，并在航空、航天、汽车等领域进行了组线示范应用。我国已初步建立了高档数控机床装备的完整产业链。我国航空航天等战略性需求，基本可以实现自主可控。

但面向市场需求，机床自身的基础不牢，整体产业结构仍然失衡。按照04专项实施方案基本完成进行判断，我国机床行业与国际先进水平仍有15年差距。在高档数控系统方面，我国市场急需的高档数控与伺服驱动系统90%依靠进口，主要被发那科、西门子等国外巨头占据，高端基础部件仍是“卡脖子”问题。2012年至今，04专项支持研发的高档型数控系统已累计销售2 000多台（套），标准型数控系统已累计销售10万多台（套）。由于数控与伺服系统的核心元件具有高技术和高附加值的行业特性，我国高档数控与伺服驱动系统的发展仍然受到严重制约。

在主要功能部件和关键零部件方面，包括高性能主轴单元、精密空间转摆单元、精密回转工作台、测量反馈元件、换刀机构（ATC）、滚动导轨、精密丝杠单元、高精度轴承、液气润滑装置等水平有了较大提升。但从产业链来看，在关键环节和核心零部件方面，高端部件仍然滞后于高档数控机床主机的发展需求。截至目前，滚动功能部件在中高端的数控机床市场占有率为20%，品种满足度达到了80%，但国产高档数控机床所需的主要功能单元和关键零部件90%以上仍然依赖进口。

在整机方面，我国精密卧式加工中心等30多类重点产品达到了国际先进水平，也对国家装备制造业持续发展能力的提升起到保障作用。其中，25米立柱移动立式铣车床是国家重大工程项目建设的急需，其技术参数、技术等级均处于世界领先水平，机床规格世界最大，代表了国家高档数控重型机床最高水平。在04专项支持下，国产高档数控系统首次大规模进入航空、航天、兵器、船舶等十大军工集团重点企业示范应用。但我国机床的可靠性和稳定性与国际先进水平尚有差距，机床自身的基础不牢。

在下游高档数控机床应用方面，受益于我国经济发展和汽车、航空航天、船舶、电力设备、工程机械等行业快速发展，我国对数控机床产生了巨大需求。通过 04 专项的引领和带动，我国形成了涵盖航空航天、汽车、核电、船舶等重点应用领域的典型装备，先后为核电、大飞机等国家重大专项和新型战机、运载火箭等一批国家重点工程提供了关键制造装备，解决了各领域所需关键装备的“有无问题”，在多项关键技术和装备方面实现了突破，有力支撑和保障了国家安全。在航天领域建立了多条采用国产数控装备的示范生产线，已应用于新一代运载火箭、探月工程等 100 余种 10 000 余件关键复杂零部件的加工，取得了显著的经济效益和社会效益。数控锻压成形装备的产业化成效显著，其中汽车大型覆盖件高效自动冲压生产线达到了国际领先水平，国内市场占有率超过 80%，全球市场占有率超过 40%。然而，国内的汽车动力总成制造装备的产业化配套能力仍然差距较大，80% 以上依赖进口设备。根据前瞻产业研究院整理的我国 2018 年数控机床行业下游消费数据，汽车作为第一大消费市场占比约为 42%，航空航天消费占比为 18%，模具和工程机械消费占比分别在 15% 和 10% 左右。面对新能源汽车带来的市场需求，我国数控机床企业除了加码动力总成零部件、轴齿类工件等传统汽车零部件制造装备外，正聚焦新能源汽车等当前热门行业的多样高效解决方案。

随着国内数控机床产品替代进口能力的不断提升，同时受政策、市场、成本、竞争四大因素影响，纯进口设备的优势正在减弱。面对中国巨大的市场需求，本土化成为外资企业占领中国市场的重要利器。大批跨国机床企业进入中国，它们一方面通过价格调整，一方面加快实施制造和营销的本土化，在中国设立的独资企业或合资企业积极参与中国市场布局和竞争，甚至建设了全球最大工厂，如德马吉森精机、山崎马扎克、大隈、斗山、天田、阿奇夏米尔、埃马克机床等企业在中国建立工厂，以高技术为先导，通过品牌、技术优势和本地化价格和服务，迅速占领中国市场并取得一定的市场份额。2018 年，埃马克机床金坛工厂共生产了 600 多台机床产品，供应范围覆盖中国、欧洲、美国、日本等全球市场。

2）我国高档数控机床装备产业集群发展现状

中国数控机床产业依凭全球最大的市场、研发、制造和供应体系，已形成了从材料、功能部件、整机、现代服务体系到应用于汽车、航空航天等各个领域的完整产业生态链系统，正在形成珠三角地区、环渤海地区、长三角地区及西北地区四大产业集群，其中以辽宁、山东、北京、上海、江苏、广东、浙江、陕西较为集中。面对经济发展和生态环境治理要求，我国数控机床产业正在改变过去简单追求规模、数量和增长速度的模式，向高质量发展模式转变。

然而，我国数控机床产业集群发展水平和发展质量不平衡仍然较为突出，在产业集聚区内，我国机床产业格局正在深度调整。一方面，受 2018 年和 2019 年中美贸易争端、汽车产销下滑等影响，我国数控机床产业延续了低增长趋势。我国部分机床企业如沈阳机床、大连机床和昆明机床等，因经营模式不当或盲目扩张等原因导致债务危机，出现经营困局，有的甚至破产重组。而秦川机床、北京精雕、大连光洋、海天机床等通过技术创新、深耕市场、优化产品开发和营销模式等，抓住细分市场发展机会快速成长壮大。另一方面，部分外资企业扩大在华投资。2018 年，印度迈克罗迈帝克机床公司在上海自贸试验区开设“技术体验中心”，瑞士 TORNOS 集团在上海自贸试验区开设上海客户服务中心，日本发那科机器人重庆基地项目在两江新区开工建设，德国埃马克太仓工厂搬迁到新厂房，较之前的面积增加了近一倍，西门子数控在南京投资建设数字化工厂。与此同时，在我国四大机床产业集群内，机床企业竞争态势形成了以技术实力雄厚的跨国企业组成的第一阵营，以大型国有企业或国有控股企业和少数技术实力较强的民营企业组成的第二阵营，以及以大量技术含量较低、规模较小的民营企业组成的第三阵营。由于国内机床工具产业是处于完全市场竞争的行业，我国机床企业多数是中小企业，主要提供面大量广的技术附加值较低的通用产品，缺乏对用户工艺的深入研究，为用户提供有价值的成套解决方案的能力普遍薄弱，面临同行业公司低端产品相互的激烈竞争，迫切需要转型升级，开发高端细分市场。在当前经济增长速度放缓的形势下，第二和第三梯队面临行业洗牌的风险，我国机床工具行业的产业集中度将进一步提高。

但是，在国家政策、各地政策红利影响下，面临国内加快产业转型升级的机遇，我国数控机床产业正迈向全球价值链中高端，并有望在珠三角地区、环渤海地区、长三角地区及西北地区培育若干世界级先进制造业集群。

3）我国高档数控机床装备产业发展趋势

从近几年发展情况和未来需求趋势看，我国数控机床产业将始终维持稳步增长的态势。当前，我国高档数控机床产业链上下游初步建立了政产学研用的协同创新机制，重点攻克共性技术研究和航空航天、汽车重点领域工艺验证，聚焦关键功能部件研发与产业化发展并行，着力解决高档数控机床系统与功能部件、整机可靠性和精度保持性、加工效率与工艺水平提升等三方面问题，实现专项成果在重点领域规模化、成套化的示范应用。

针对航空航天、汽车、能源、军工等重点用户领域需求，我国高档数控机床企业除了开发满足机床本身基本功能外，逐步转向为用户提供定制化、成套化、自动化的整体解决方案，其产品广泛采用了自动化上下料装置、多工艺集约功能、机器人与机床组成的柔性生产线等，部分装备集成在线工艺优化、在线检测、智能防撞、智能减振等功能，将使机床的加工效率、自动化程度和智能化水平大大提高。在这些方面，大连光洋做出表率。

2. 增材制造装备

在增材制造装备领域，增材制造技术已成为我国飞机、火箭、舰艇、潜艇、核能等战略领域必需的制造手段。目前我国已初步建立了涵盖 3D 打印金属材料、元器件、制造工艺、装备技术到重大工程型号应用的全链条增材制造的技术创新体系，整体技术居于国际先进水平，并在部分领域达到了国际领先水平。2018 年 11 月，美国将增材制造技术列为对我国禁售领域，发布了《出口管制改革法案》(*Export Control Reform Act*)，企图遏制和影响我国增材制造产业发展。中美贸易战折射出我国增材制造产业在原始创新、关键元器件等方面还比较薄弱。国家增材制造创新中心等研发机构正在瞄准关键共性技术、破解产业发展的“卡脖子”问题上下大功夫，努力实现关键核心技术自主可控，牢牢把握创新主动权。

目前，我国增材制造产业已初步形成了以环渤海地区、长三角地区、珠三角地区为核心，中西部地区为纽带的产业空间发展格局。其中，环渤海地区是我国增材制造人才培养中心、技术研发中心和成果转化基地。长三角地区具备良好经济发展优势、区位条件和较强的工业基础，已初步形成了包括增材制造材料制备、装备生产、软件开发、应用服务及相关配套服务的增材制造产业链。珠三角地区，随着粤港澳大湾区建设的推进，增材制造产业将得到进一步集聚。中西部地区，陕西、湖北、湖南等省份是我国增材制造技术和产业化重镇。其中，陕西全省增材制造研发、生产和服务企业已超过 70 家，结合区域内航天、航空、汽车等领域进行示范配套，产业生态集群初具规模。我国增材制造领域总体应用领先，专利和论文数量全球领先，但核心元器件、关键技术有短板，原创技术缺乏。

5.2.3 我国民生领域高端装备产业发展动态及趋势

1. 农业装备

经过多年发展，我国逐步建成了从研发、制造、质量监督、流通销售到应用推广较为齐全的农业装备产业体系，形成了上中下游、大中小企业、高中低端协同发展的产业格局，基本上解决了农业生产“无机可用”难题，进入了以机械化为主导的新阶段。2018 年，农业装备企业总数 8 000 多家，其中规模以上企业 2 225 家，主营业收入 2 600 多亿元，主要农作物耕种收综合机械化率达到 68%，农机总动力超过 10 亿千瓦。

我国农业装备技术已经进入以信息技术为核心的智能化发展阶段。自动化、信息化、智能化等前沿及关键核心技术紧跟国际前沿，正从实验室阶段向中试、产业化阶段发展，部分已实现产业应用。耕种管收田间作业装备向大型化、多功能、智能化发展，农产品产地加工及储运、设施园艺及养殖装备等向成套化、集约化、绿色化发展，具备了 4 000 多种产品研发生产能力，主要农机产品年产量 500 万台左右，其中中小型拖拉机年产 40 多万台、收获机械 70 多万台、收获后处理机械约 97 万台、饲料生产专用设备约 48 万台、农产品初加工机械 270 多万台，满足了国内 90% 以上的市场需求，走出了一条大中小结合、农机农艺融合、装备与信息融合的特色研发创新之路。

2. 食品装备

我国食品工业已经迈入自动化、信息化、智能化生产模式，产业发展进入以技

术创新、高性价比、资本密集投入为导向的行业竞争态势，加速推动产业升级，从以数量增长向质量效益提升转变，从跟踪模仿为主向自主创新为主转变，从注重单项技术向注重技术集成转变。食品装备领域增速较快，智能化改造和产业转型升级步伐加快，表现为以下几个方面。

一是装备自主创新能力明显增强。重点领域成果丰硕，突破了一批共性关键技术；食品非热加工、可降解食品包装材料、在线品质监控等方面研究取得重大突破；掌握和开发了一批具有自主知识产权的核心技术和先进装备。

二是传统产线数字化、智能化改造。乳制品、饮料、酒类、肉类等产业加快产线改造升级和数字化转型。低温乳制品需求旺盛推动低温立体库、安全追溯等装备发展；大包装、家庭装、商务用水等增速很快推动大容量灌装包装设备高速增长；白酒类小曲清香等产品自动化、智能化酿造装备的装备改造已开展工作；调味品企业加快建设智能立体仓储。

三是装备制造业转型升级趋势明显。食品制造自动化、智能化装备高速发展。酒类、乳制品、饮料、肉类加工、后端包装等装备领域出现龙头企业和标杆产品，并左右市场定价和行业标准。精酿啤酒装备出口至美洲、欧洲及东南亚等地，技术标准与产品质量稳步推进；饮料装备初具国际竞争力；乳制品装备已形成酸奶制品、液态乳无菌灌装、乳酸菌饮料等全面装备供应体系；食品安全技术装备、在线检测、安全追溯发展较快，信息技术、传感器技术、控制系统、大数据等技术快速应用。

3. 纺织装备

2018年以来，我国纺织工业在纺织装备领域取得了一系列创新成果，实现了行业关键、共性技术的突破，全行业整体技术及装备水平得到有效提升。

一是纺织装备技术和制造水平取得新提升。国产纺织机械在研发、创新和运用电子技术、先进制造技术、可靠性以及人性化设计上有了大幅度的提高，国产装备在发展高端纺织机械和优质专用基础件，高性能纤维成套技术工艺装备、功能性差别化纤维成套工艺技术装备等方面取得了可喜成果。

二是纺织装备两化深度融合呈现新亮点。国产纺织装备的数字化和智能化工作进一步推进，如纺纱全流程在线监控系统、织机监控系统、染化料自动配送系统及工艺控制系统等基本成熟，技术成果已在企业产业化推广应用。适应纺织行业管理特点的企业管理信息系统功能日趋完善，在棉纺、毛纺、针织、印染、服装等行业已进入全面推广应用阶段。

三是节能减排与资源循环利用技术取得新成效。国产纺织机械设备的研发更加注重节能环保效果。例如，印染机械方面小浴比染色、高效短流程前处理设备、数码印花、平幅式连续水洗机等先进工艺技术与装备推广应用比例进一步提高；冷凝水及冷却水回用、废水余热回收、中水回用、丝光淡碱回收等技术得到广泛应用。此外，一批清洁生产技术的突破，从源头上减少了污染物的产生，如替代聚乙烯醇（PVA）的新型可降解改性淀粉浆料及半糊化节能环保上浆技术的开发及推广应用，从源头上减少了印染退浆产生的污染。

4. 医疗装备

我国有 16 000 多家医疗器械生产企业，95% 为中小型企业。2018 年我国医疗器械市场规模约 4 700 亿元，占全球市场份额 14% 左右，虽然我国市场销售占全球份额超过日本，但在产业基础配套能力和产品市场竞争能力与日本公司有较大差距。

我国医疗器械在全球产业链中处于中低端，产业集中度低。高端占有很小部分，产业配套基础较弱。2018 年我国诊疗设备进口额约为 151 亿美元，出口额约为 100 亿美元，呈逆差。县级以上医院配置的医学影像设备中，90% 以上还是进口品牌。

我国医疗器械高端产品技术近 8 年取得较大突破，改变了高端产品市场上无国产产品的现状，涌现了一批高精尖研发成果。从高端医学影像设备的 3T 超导磁共振、128 排 CT 机、PET-CT 机、PET-MRI、196 通道高端彩超、血管介入数字减影血管造影机、超声内镜等高端设备实现国产化，在关键核心部件上也取得较大突破，如高端超声波探头、CT 球管、CT 探测器、PET 探测器等。在植（介）入产品领域有心血管冠脉支架、脑起搏器、人工耳蜗、骨关节、人工心脏瓣膜、人工晶体等实现国产化，先进治疗设备方面有手术机器人、骨科和脑神经外科手术定位机器人、康复辅助机器人、重离子肿瘤治疗设备等实现国产化。

总体上，我国医疗器械呈现快速发展态势，新技术应用吸引软件、互联网、新材料、机器人等领域的一批企业加入医疗器械行业。同时该行业也是资本近 5 年来追逐投资的热点领域。在工程研发和医疗队伍合作推动下，3D 打印开始应用于精准医疗临床，取得了良好的效果。国家药监局医疗器械技术审评中心于 2018 年发布了《定制式增材制造医疗器械注册技术审查指导原则（征求意见稿）》。之后《定制式医疗器械监督管理规定（试行）》发布，对该指导原则的名称和使用范围进行了修订，更名为《无源植入性骨、关节及口腔硬组织个性化增材制造医疗器械注册技术审查指导原则》，为 3D 打印进入医疗行业打开了大门。但定价原则及未纳入医保仍是制约医疗大规模应用和技术产业化的原因。

5.3 我国高端装备产业发展存在的问题

5.3.1 我国空天海装备产业发展存在的问题

1. 我国航空装备产业发展存在的问题

通用航空是我国航空装备产业的重要支柱，我国通用航空在起步阶段就得到良好的发展。2015 年 10 月，我国通用航空企业有 268 家。与 2009 年相比，我国通用航空企业的增长率达到了160%。根据专家的估算，截至2020年，我国通用航空的数量要比2010年增长16%。虽然我国通用航空在规模和数量上取得了一定的进步，但是和发达国家相比，仍然存在着很大的差距。

通用航空发展存在的问题基本代表了我国航空装备产业发展存在的问题。多年来尽管国家从政策层面进行大力扶植，但仍难见明显效果。主要表现为以下几个方面。

1）资金瓶颈的困扰

航空产业是集众多先进技术的高科技密集型产业，需要大量资金的常态支持。除了国家资金支持，航空产业的大规模发展还需要大量民营资本的助力。然而目前我国的经济政策尚难以完全支持民营资本的常态化投资，使得民营航空资金吃紧成为主流特征。

2）低成本运营难以实现

对于航空公司来说，其成本结构一般由两部分组成：一是可控制成本，大约占30%，包括工资、福利及管理成本等；二是不可控制成本，大概占70%，包括航油、飞机关税、机场起降费、民航基建基金、市场准入费、机票销售和机务维修等。以油价为例，航空公司只能在中航油加油，被动接受垄断价格，所谓的降低成本只能考虑人力资本和管理费用，然而这两项加在一起不超过30%，而国外的平均水平为40%~50%。由此可见，国内航空公司所能控制的成本空间非常小。

3）高铁等新兴行业对800千米以下航空运输业冲击严重

根据英国综合运输委员会（Commission for Integrated Transpcrt，CFIT）的一项调查分析：旅程在150千米以内，由于高速铁路车站一般较偏远，高速列车与普通列车相比并不具备特别的优势。旅程在150~370千米，普通列车有可能比飞机还要便捷，高速列车显露出优势。旅程在370~800千米，高速列车具有绝对的优势。只有旅程超过了800千米，飞机才可显露出快速、便捷的优越性。因此在800千米以内，高铁的发展将对航空运输业形成严重冲击。

4）我国空域开放范围小、程度低，民用航空发展范围狭小

由于我国空中管制相关制度非常严厉，民用空域开放程度非常低，给民用航空的发展带来较大阻碍。近年来，国家开始决定发展民用航空事业，建造小机场和小型飞行器，空域限制正在大规模开放，民用航空装备也因此呈现加速发展态势。

5）通用航空准入门槛太高

我国航空产业脱胎于军用航空，因此我国航空产业领域的思维模式也多以军用航空为主导致航空产业对民用航空的适应性差。近几年，我国开始引入西方国家的民用航空评价机制。除此之外，我国民用航空申报流程较为复杂，使得大部分民营资本难以进入航空领域，现在主流民用航空研制企业仍为国有企业，导致民用航空工业发展活力不足。我国应根据国内航空产业发展特点，制定适合我国基本国情的民营资本准入机制，鼓励民营资本多样化进入航空装备产业。

2. 我国航天装备产业发展存在的问题

目前，我国空间基础设施建设与经济社会发展的迫切需求还不相适应，不仅存

在顶层规划缺乏、系统整体能力不足、部分核心关键技术受制于人、应用滞后和投入机制不完善、各部门重复规划建设等问题，同时还面临着世界航天强国对我国实行技术封锁和政策挤压的严峻挑战。

在遥感卫星领域，卫星整体规划居于世界前列，但各系统发展不均衡；卫星轨道单一，难以满足对全球和重点地区高频次覆盖要求；在一些核心指标如分辨率、定位精度、定量化水平等方面还存在差距，卫星系统还存在高分辨率连续观测能力欠缺、多维度信息获取能力不足等问题。

在通信广播卫星领域，卫星功能体系逐步健全，但是在整体规模上仍然不足，难以满足近年来呈现爆发式增长的境内外通信需求，单星性能也存在明显差距。

在导航卫星领域，北斗系统覆球高度设计为 1 000 千米，相对 GPS 实现 3 000 千米的覆球高度还有一定差距。目前正在建设中的北斗系统全球定位精度约为水平 4 米，高程 6 米，与 GPS Ⅲ卫星将近 2 米的定位精度仍有较大差距；北斗系统全球授时精度约为 20 纳秒，与 GPS Ⅲ卫星的 5.7 纳秒仍有较大差距；北斗系统增强设计为区域任意一个范围，功率增强 15 分次，GPS Ⅲ卫星设计为全球任意两个范围，功率 20 分次，存在较大差距。

在空间科学卫星方面，我国整体发展水平落后较为明显，空间科学系列卫星数量仅为美国的 6%，少于日本；载人航天工程空间科学与应用任务数量较美国、俄罗斯存在数量级差距；空间科学领域的科学发现成果数量也存在显著差距。

3. 我国海洋装备产业发展存在的问题

尽管我国海洋装备产业取得了举世瞩目的成就，但与欧美和日韩等海洋装备强国相比，我国海洋装备产业创新还存在一些薄弱环节和深层次问题，有些问题甚至久攻不破，长期困扰海洋装备产业发展。主要表现为：原始创新能力薄弱，共性技术研究积累不足，概念设计、关键核心技术受制于人的局面未根本改变；信息、新材料、新能源等新兴技术应用相对滞后，产品创新缺乏新思维；高技术船舶和高端海洋工程装备配套能力较弱，制约船舶工业整体发展；海洋装备可靠性和市场认可度低问题一直未得到根本性解决，海工设备测试基础和验证条件创新能力建设投入严重不足；生产效率和建造质量存在薄弱环节，先进制造技术应用水平不高；对海洋工程、航运领域新兴市场、技术发展前瞻性研究和技术储备，以及产品设计的解决方案（经验、政策、技术等）能力积累不足；海工高端人才培养、培训、薪酬激励等配套尚不健全。上述这些问题严重制约了我国海洋装备产业国际竞争力的进一步提升，亟须加强统筹协调，加大创新投入，实现新的突破。

5.3.2 我国智能制造装备产业发展存在的问题

尽管我国高档数控机床在战略需求领域已经形成了自主保障能力，并取得了显著的经济效益和社会效益，但高端数控机床整体产业竞争能力不强，产业规模化程度低，产业供应链对外依存度仍然较高。我国中档数控机床国产化率为 60%，国产高档数控系统的市场占有率不到15%。在下游汽车行业应用领域，大部分高端数控机床依赖于日本和德国进口设备。尽管我国不断加大对高端机床的研发投入，我国机床产业整体上与先进国家的差距大大缩小，但国产机床加工效率、可靠性、精度和使用寿命等距离世界先进水平还有一定差距，我国机床工业整体上仍然处于全球产业价值链的中低端。我国机床行业缺乏具有国际竞争力的企业及国际品牌产品。

随着国际机床产业的充分竞争，由于我国机床自身基础不牢等问题，在基础共性技术、产业前沿技术研究方面，我国与先进国家的差距非但没有缩小，反而呈现进一步扩大的趋势。面向先进航空、航天、航海等装备的大尺寸整体结构件、高复杂气动、高复材用量等设计特点以及与之匹配的新工艺、新装备的需求，为满足高质量、高可靠性、低成本的制造目标，对于核心数控装备的依赖程度将越来越高。目前相关核心元器件、关键工业软件、数控系统、功能部件和整机装备都依赖进口，严重制约了国产高性能装备的设计和制造水平，并对于重点型号安全带来了潜在风险。我国高档数控机床产业发展差距表现在以下几个方面。

（1）超精密机床基础研究和关键技术存在差距。发那科超精密机床分辨率可达0.1纳，定位精度可达1纳米；蔡司公司一直是ASML公司光刻机超精密镜头的加工机床供应者，光学镜的面型误差在纳米级，高频粗糙度达到0.1纳米左右。我国超精密加工领域采用的机床普遍于二十多年前引进，加工精度仅能达到亚微米，精度差1~2个数量级，还存在性能下降等问题，难以满足产品研制的需求，同时，美国、日本等对高端机床实行严格禁运和技术封锁，导致我国国防用高精度惯性器件等核心产品的性能相对先进技术存在较大代差，制约了相关技术的持续发展，成为我国高端制造发展面临的重大瓶颈。

（2）大型机床加工精度和加工效率存在差距。德国瓦德里希·科堡公司“金牛座”龙门铣床长达20米，精度可达4微米，效率普遍是传统机床的3倍。我国机床加工的利用率仅在15%~30%，而国外达到60%~90%，效率差3倍。我国机床的加速度一般在0.8g以下，同规格国外机床基本达到1~1.5g。加速度决定了多轴联动机床的轨迹完成、加工效率。

（3）先进增材制造工艺与复合制造工艺装备的产业共性技术研发滞后。增材制造技术经过30多年高速发展，颠覆性、新技术层出不穷。在全面更新了产品开发模式的基础上，又逐渐进入复杂产品的批量化中，引发制造向个性化定制模式发展。这方面的研究，我国有了一个良好起步，装备持有量世界第二，专利及论文数量世界第一。但缺少原始创新，高端装备基本是跟随，电子束增材制造等大型高效装备又受到进口限制。同时产业规模小，产业分散。复合工艺制造——车铣、镗铣等工序复合、增减材工艺复合、冷热加工工艺复合、多能源驱动等工艺装备，消除了再安装的定位误差，减少了零件工序间的等待时间和对订单的响应时间，具有较大的技术优势和制造成本优势，创新能力较强，但我国基本上还处于单工序设备阶段。

（4）高端制造装备智能化水平较低。国外发那科、西门子、通快、德马吉森精机等公司在新产品开发过程中已经引入或初步实现了机床的智能功能。例如，根据优化目标是保证质量、高效率还是二者的综合，可以智能制定加工工艺参数，操作者可以通过手机控制加工过程的安全，热处理设备全智能地控制淬火、退火的时间，保证需要的性能，如日本的“工业价值链IVI”，将72家企业的300多台机器一周全部联网。在04专项的支持下，我国的智能数控系统华中智能、沈阳机床的i5系统也已着手开发，但刚刚起步。

（5）我国高端制造装备创新能力和产业生态亟待提升。在产业集群内，我国高档数控机床产业价值链的高端缺位，企业的现代服务能力发展不良，行业发展缺少专精特配套企业，产业共性技术投入缺位，产业发展陷入中低端。业内企业之间缺乏优势互补、资源整合，部分企业在当地低水平投资，行业内企业低价位竞争，整体技术趋同，无开发资金导致企业低层次恶性循环。上下游企业之间未形成良好的合作关系，这都对产业整体升级发展产生不利影响。军民装备共享机制也有待完善，目前面临着中高档制造装备企业装备承制能力闲置而加工装备紧缺导致型号保障能力不够的矛盾。同时，行业标准体系与高质量研发人才培养体系、高技能技工人才培养和稳定就业体系也有待建立和健全。考虑到高校基础研究成果到产业化水平之间的滞后，我国高端数控加工装备与世界先进水平有10~15年的差距。我国高档数控机床产业面临追赶这一差距，走向并跑的重任。

5.3.3 我国民生领域高端装备产业发展存在的问题

1. 关键技术和零部件受制于人，严重依赖进口

农业装备方面，200马力（1马力≈735.50瓦）以上拖拉机、喂入量10千克/秒以上谷物收割机、6行采棉机、大型甘蔗联合收获机等高端产品进口比重仍旧较大；电液控制系统、打捆机打结器、采棉机采棉指等关键零部件还主要依赖进口。

高端纺织装备在核心零部件、装备集成、信息化管理软件等方面大多还没有完全掌握相关核心技术，关键功能部件依靠进口。

食品装备关键原材料、关键零配件、高精度伺服系统等依赖进口；食品安全技术装备精度和稳定性较国际先进水平差距较大，实验室用高端精密检测仪器需从国外进口。

医疗装备在超导磁体、CT滑环和CT球管、换能器、探测器、光学部件、高性能血管支架、骨关节等方面严重依赖进口。

2. 产品质量和可靠度亟待提高

我国农机装备质量水平较低，农机产品可靠性指标仅为国外的50%左右，作业效率、水肥种药利用率仅为国外的70%左右，能耗水平高于国外先进水平的30%以上，生产过程损失率高于国外先进水平的20%左右。

食品装备自动化程度低、单机产品多、成套设备少，高技术、高附加值、高生产率产品少，初加工设备多，深加工设备少，通用机型多，特殊要求、特殊物料加工机型少，产品性能与国外同类产品比，生产能力低、能耗高，尤其是大型成套设

备性能差距更大。

纺织装备行业当前的发展瓶颈在于机械制造工业技术和生产方式。国产纺织装备制造、装配、热处理及表面处理等工艺技术及质量管理水平有待改进，导致一些机械运行稳定性不高。部分零配件质量差，降低了国产主机的可靠性。

医疗装备方面，超导磁共振系统、CT 机、超声诊断、放疗设备等国产高端医疗影像设备、肿瘤治疗设备与国外产品品质相比有一定差距；消化电子内镜、呼吸麻醉机、血液透析机等国产高端治疗设备的品质与国外产品相比差距较大。目前由于国产医疗器械品质参差不齐，临床医师认可度低。

3. 原始创新不足，以消化吸收引进为主

民生装备的科技创新与先进国家依然存在较大差距，自主创新及集成创新能力不足，对基础性研究和共性关键技术研究不够重视，影响了行业整体技术水平的提升。缺乏装备专用先进设计、测试、验证技术及平台，无法运用建模 / 仿真技术开发系统化成套化技术装备以及高效可靠智能装备，整线工艺设计集成差距较大。

4. 研发投入严重不足

农业装备企业规模小、研发投入少，只有不到 5% 的农机企业建立了研发部门，不到 1% 的农机企业建立了较为完善的企业技术体系，研发投入比例不到 2%。食品装备方面，国外食品装备企业研发投入比例为 5% 时才有竞争力。我国食品装备企业研发投入平均不足 1%，全国研发经费仅占企业销售收入的 0.3%~0.4%，研发人员占从业人员的 3.4%~4.0%，科研院所和高校实验条件相对落后。

5.4 我国高端装备产业发展重点方向研究

5.4.1 我国空天海装备产业发展重点方向研究

1. 航空装备产业发展重点方向研究

以市场需求为航空装备发展的指挥棒，以重点装备发展为主线，重点发展军用战斗机、大型运输机、大型客机、军用无人机等主流装备，兼顾小型低成本航空装备，同时航空材料、先进制造、机电航电等配套产业也将作为航空领域的支柱产业，支撑航空装备产业的发展，逐步建立具有可持续发展能力的航空产业体系。

1）大型客机

根据我国城市布局特点，研制航程 4 000 千米以上，150 座级的枢纽飞机，并在舒适性、经济性、环保性等方面深入挖掘潜力，提供具有国际竞争力的干线飞机，并逐步形成系列化和规模化生产能力，将成为大型客机的发展重点。

2）军用战斗机

为满足我国空军维护主权及领土完整的需求，我国对军用战斗机的需求特别是高品质战斗机的需求将逐渐增加，随着第四代战斗机的逐渐服役，无人机、第五代战斗机等新型战机将逐渐成为发展主流，将对相关的支撑产业形成强有力的牵引。

3）军用大型运输机

我国大飞机技术正在逐渐突破，将带动军用大型运输机的发展，使我国在军用大型运输机的研制方面储备深厚，从而催生出性能卓越的军用大型运输机。可以预料，在未来一段时间内，军用大型运输机的研制将成为我国航空装备产业的重点之一。

4）支线飞机

加快涡扇支线飞机的研制，逐渐形成产业化能力，实现批量交付将是最近一段时间支线飞机研发的主要任务。同时，根据不同的用户需求进行差异化经营，改进标准型飞机，提供定制化服务，开发加长型、豪华型、货运型、公务型等飞机研制，实现系列化并适时启动新型支线飞机研制将是支线飞机产业的发展重点。

5）通用飞机和直升机

与大型民机相比，通用飞机和直升机具有部署灵活、成本低廉、起降方便等特点，将是航空装备领域具有重大竞争力的产品。我国应在民用领域大力发展通用飞机和直升机，鼓励民营资本进入6座以下轻型通用飞机和2吨以下直升机的研制。充分利用民间资本，撬动我国航空装备的升级换代，将是我国航空装备产业发展的又一重点方向。

6）航空发动机

航空发动机是航空工业的明珠，发动机的水平高低直接决定了航空装备整体水平的优劣。体系化布局航空发动机关键技术群，激发原始创新能力，加快亚燃冲压发动机、超燃冲压发动机等新型发动机研制，为我国新型战机和大型民机提供强劲动力，实时带动发动机周边产业发展，是航空发动机的重点发展方向。

7）航空设备

航空产业具有典型的多领域集成特征。航空机载系统、飞行控制、结构/材料/制造、性能测试与验证装备、元器件、计算机辅助分析系统和计算机辅助设计系统软件、通信导航、燃油/液压、电源系统等大量产业集群的综合优化是提高航空产业水平的重要因素。大力发展上述航空设备产业，促进军民融合发展将成为航空设备的主流发展方向。

2. 航天装备产业发展重点方向研究

从满足用户需求出发，综合考虑研制技术能力、系统条件以及应用基础等因素，统筹空间系统、地面系统，一体化构建卫星遥感、通信广播和导航定位系统。

（1）建设全域感知、全球覆盖的卫星遥感系统，采用一星多用、多星组网、多网协同的发展思路，建设陆地、海洋、大气系列卫星，逐步形成高中低空间分辨率合理配置、多种观测手段优化组合的综合高效全球观测能力，实现陆地、海洋和大气观测多星座协同运行，观测手段持续创新，全天候、全天时、定量化、综合观测能力大幅提升，形成全球陆地、海洋和大气多尺度、近实时观测能力，实现以优于0.5米为主的高分辨率观测能力。高分辨率遥感数据自给率达到90%以上。

（2）建设随遇接入、高速互联的卫星通信系统，面向市场与行业应用，积极开发利用轨位和频率资源，逐步建设固定通信广播、移动通信广播及数据中继卫星系列，建成覆盖全球主要地区、与地面通信网络融合的卫星通信广播系统，服务宽带中国和全球化战略，推进国际传播能力建设。宽带通信系列具备500~800Gbps带宽的传输能力，覆盖陆地及沿海、东南亚和印度洋地区，满足南极站数据传输服务。移动通信基本实现全球覆盖，提供不低于8万路基本信道，可支持数百万移动通信用户；移动多媒体广播系列具备32Mbps传输能力。低轨移动支持全球300万用户的接入，同时接入的用户数超过5万，低轨宽带支持全球同时超过1Tbps的宽带互联网接入服务。

（3）建设全球连接、按需服务的卫星导航授时系统，完成北斗全球卫星导航系统组网建设，实现区域向全球系统平稳过渡，我国卫星导航系统整体性能达到世界一流水平，定位精度达米级，并具备短报文通信、星间增强等特色服务。完成下一代卫星导航系统，服务范围覆盖中高轨，建成性能先进、功能全面、安全可靠的时空基准网络和导航信息服务网络，实现由单一的定位授时服务向按需提供导航信息服务转变。

（4）促进空间科学取得原创性成果，研究发生在地球、日地空间、太阳系乃至整个宇宙的物理、化学和生命等自然现象及其规律的科学[1]。针对极端宇宙环境，开展引力波爆发源的电磁对应体、黑洞、中子星等致密天体的普查及超高精细结构成像观测，针对宇宙早期活动，开展原初引力波、宇宙微波背景等探测，研究宇宙天体的高能过程，认识黑洞、暗物质、暗能量以及宇宙大爆炸遗留的原初引力波的物理性质。对太阳进行高分辨率、多视角、多波段的高精度观测。对日地系统整体过程的研究，包括空间天气事件大尺度扰动能量的形成、释放、传输、转换和耗散的全过程及基本物理过程。开展太阳系外类地行星与小行星成分科学探测。认识地球三大循环系统中的水循环、能量循环以及生物化学循环的特征和科学规律。以返回式航天器等为研究平台，在微重力条件下开展空间基础物理、湍流燃烧及生命科学研究。

太空原位制造可以支持宇航器、空间站及卫星的在轨制造和维修，月基及太空制造可以大幅度降低大规模宇航发射的费用，支撑民用航天的经济发展，同时开辟新的制造理论与人类新的制造基地。应该及早开展顶层规划，加强基础研究，提供关键共性技术解决方案。

（5）着力发展卫星应用产业，建立军民商衔接的空间信息服务体系。扩大基于空间技术的数字化综合应用，带动空间生物、空间医药、材料制造等产业发展，促进空间技术、空间信息与各行业应用深度融合，积极打造“航天+”产业形态[2]。

3. 海洋装备产业发展重点方向研究

1）提升海洋装备产业信息化、智能化水平

面向产品研发和设计制造，以数字化为基础，加强物联网建设，推动产业智能化

发展；以智能船舶先期研究构建的全船网络和信息平台为基础，开发以自主驾驶为基本特征的具有世界领先水平的智能船舶；开发支持远航能力的核动力装置；推进传统配套设备智能化升级，加快动态感知、远程操控等智能技术和新型智能装备在船舶领域的应用；进一步加强船舶制造的数字化普及和智能化示范，切实提高船舶产品质量和生产效率。

2）提高海洋油气开发装备和高技术船舶研发能力

重点掌握主力钻井装备、生产装备及海工辅助船舶设计建造技术，提升具有较好基础的海工装备自主化、系列化和品牌化水平；高端深海装备自主研制取得突破，形成勘探、开采、加工、储运等关键装备较为完善的研发、设计、建造技术体系；推动新能源、新材料技术应用，丰富高技术船舶的产品种类，形成大型邮轮、清洁能源船舶、极地船舶、特种液货运输船、特种工程船等一批技术指标先进、竞争力强的特色产品和品牌船型，推动产品结构向中高端转变。

3）布局前瞻性新型海洋资源开发装备

开发可燃冰、海洋矿产资源的钻探与试开采装备，支撑海洋新型能源与矿产资源的商业化试开采；研制深远海工业化养殖平台（船）、海洋牧场工程智能装备；开发一批高效、稳定、可靠的海洋能技术装备，形成海上能源多能互补一体化解决方案。加快构建涵盖基础研究储备、关键技术突破、核心产品示范应用的新型海洋资源开发创新格局，形成在海洋资源开发方面的全球竞争能力。

4）加快推进配套产品的技术升级

构建船用减速机自主创新能力，大幅提升船用中高速柴油机品质和品牌效应，推动电力推进系统、节能环保设备等关键动力装置的研发与应用；面向甲板机械、舱室机械、水下生产系统等船舶机电设备和海洋工程装备关键系统研发设计，加快虚拟设计与试验技术研究，提高关键设备的可靠性。提升海工配套装备产品性能、可靠性试验验证能力，突破制约产品工程化应用的瓶颈技术。开展航载3D打印设备的研发，形成配套能力，支持远海在线维修能力。

5）夯实共性技术基础

通过重大工程与专项的实施，加强共性技术和研究成果的共享，建设一批重点产品基础研发平台；深化数值水池技术及其应用，形成船舶智能设计能力，提高船舶与海洋工程装备综合试验水平；围绕智能化、绿色化、安全化等发展方向开展相关研究，提升国际公约、规范、标准的主导能力，显著提升我国船舶基础共性技术水平。

6）加快推进“冰区”战略新领域体系化布局

以适应极地航行和作业的船型与海洋装备需求为牵引，将冰区航道开辟、运输航行、资源勘探与开采、冰下环境条件探测等技术作为重点发展方向，突破共性关键技术，发展相关试验技术及理论和方法，形成中高冰级装备设计评估方法、试验方法、标准和规范；围绕提升破冰能力、极地资源开发和环境探测装备，开展典型装备的系统性研究，牵引共性技术的研究和应用，基本形成我国中高冰级装备自主研发能力，为我国“冰区”战略提供强大的技术和装备支撑。

7）完善海洋环境立体观测装备与技术体系

围绕我国海洋自然（生态与灾害）环境、资源开发与维权保障等国家重大海洋安全需求，重点突破海洋耐腐蚀材料、异质模块组集和传感集成、海洋大数据应用等瓶颈问题，重点研制自主传感器、深远海和海底观测平台、立体观测组网等智能海洋环境观（监）测装备，构建综合性的海洋环境和服务于资源勘查的立体观（监）测与预警预报系统，提高核心装备的国产化水平。开展海洋环境一体化组网观测顶层设计，发展军民兼用海洋立体观测网络构建和集成关键技术，建立“天空岸海”一体化立体观测示范运行网，推动我国在海洋环境监测与装备领域进入先进国家行列。

5.4.2 我国智能制造装备产业发展重点方向研究

智能制造正在全球范围内快速发展，以智能制造为引领的全球制造业竞争格局加剧。围绕我国经济社会发展和国家安全的重大战略需求，抓住新一轮科技革命和产业变革的机遇，解决关键领域的“卡脖子”问题，提高我国智能制造装备行业整体竞争力，在高端机床装备领域部分引领国际发展前沿，塑造新的产业竞争优势，实现制造强国战略目标。

1. 发展目标

（1）“十四五”发展目标。以高档数控机床为代表的智能制造装备系列产品国际竞争力明显提高，解决一批高档数控机床的数控系统、关键功能部件制造的“卡脖子”问题，研发一批我国航空航天海工以及国防军工领域急需的重要装备。高度重视各工业领域的工作母机、生产线的智能化改造，开展规模化验证和提升工作母机的智能化水平，促进行业的市场开拓及行业的高速发展。到2025年，核心元器件和材料基本国内供应，国产高档数控机床基本满足航空航天海工、国防军工以及新能源汽车领域的主要需求，形成完善的产业发展链。国产新一代信息电子制造装备，包括用于芯片制造的光刻机等设备，基本实现产业化应用。增材制造在飞机、航空发动机、导弹、卫星、船舶、轨道交通等重大设备中实现工程应用，成为航空航天等领域装备高性能大型复杂关键构件重要制造手段。

（2）2035年发展目标。步入智能制造装备先进国家行列。由国产高档数控机床为主的成套成组装备组成的智能工厂具备了行业级解决方案，有力支撑我国航空、航天、海工舰船、汽车等各领域的创新发展和制造强国目标，广泛支持制造业各领域的换代升级。

2. 发展方向

1）航空航天以及航空发动机制造工艺装备

在宇航及深空探测制造装备方面，解决新一代中型、大型运载火箭量产对总装成套装备的急需和重大技术问题，突破航天/飞航武器大型构件和复杂构件大批量精密制造技术瓶颈，满足探月、探火等深空探测对复杂构件轻量化、结构功能一体化的重大需求，支撑我国航天发展战略。

在大型飞机及新一代战机制造装备方面，突破大尺寸钛合金、碳纤维复合材料以及异性材料叠层的航空结构件高速切削、增减材复合以及大部件高精度互换性制造等技术问题，实现高性能、高精度、高效率、低成本制造。支撑我国航空飞行器发展战略。

在航空发动制造装备方面，发动机短舱、机匣、叶片、涡轮轴、叶盘等典型部件的国产化装备获得产业化推广，突破航空发动机关键零部件高温合金、高强度合金、复合材料的集成设计制造、高效和高精制造技术瓶颈，解决进口依赖问题，支撑我国航空发动机发展战略。

2）新型舰船及深海探测等海工关键制造工艺装备

在舰艇及深海探测等海工制造装备方面，继续完善我国船舶及海工大型柴油机缸体、曲轴、齿轮以及船用燃气轮机叶片、涡轮轴、叶盘等先进成套技术装备。突破大型舰船关键部件制造技术、大型船用螺旋桨推进器整机加工装备、深海焊接、探测及深海工作站制造装备等，推进舰船 3D 打印现场维修成套装备发展，实现关键装备自主可控。支撑国家海工装备发展战略。

3）新能源汽车变速箱关键零部件加工成套装备及生产线

重点开发新能源汽车变速箱高效加工 / 近净成形装备及成组工艺生产线，开发齿轮、壳体加工采用的强力珩齿、高效车齿、干式磨削、近净成形、高刚度三轴加工等高效加工与成形、在线检测与装配成套装备及生产线。

4）国家重点领域急需的超精密加工装备

超精密加工技术是军民领域高端装备制造的核心技术，是衡量一个国家先进制造水平的重要标志。超精密机床是实现超精密加工的基础与核心，在军民高端制造领域均发挥着至关重要的作用。尤其在国防领域，导弹的命中精度主要由惯性仪表制造精度决定，而惯性仪表核心器件的加工需要亚微米和纳米精度的机床来保证。面向新一代惯性仪表制造、多目标红外探测及高精度智能制导等领域，亟须重点支持超精密加工机床自主发展，集中优势力量快速突破技术瓶颈，在超精密加工需求相对集中的领域进行应用验证，并推动超精密制造领域相关基础理论、测量技术、超精密机床制造技术、在线测量与智能控制技术的发展，形成超精密加工及高端机床自主研发的高效创新模式，全面支撑我国惯性器件等产品及高端武器装备的发展。

5.4.3 我国民生领域高端装备产业发展重点方向研究

1. 农业装备

立足“智能、绿色、高效、安全”，统筹“补短板、攻核心、强智能”，精细生产、装备智能、高效绿色机械化等重大科技需求，以关键核心技术、重大装备及系统为突破口和主攻方向，推进新一代智能农业装备科技创新，加快推进农机化和农机装备产业转型升级，提升自主创新能力和产业核心竞争力，发展自主可控装备产业。

一是加强土壤、动植物及环境感知和调控基础理论与关键共性技术研究，提升自主创新能力和水平。研究动植物生理、生长、环境信息感知技术、材料、元器件，研究种、水、肥、药、光、热等精准精量调控及精细饲喂技术及系统，研究构建动植物全生命周期智能调控技术体系，推进实现农业生产由群体向个体、总量向变量调控的智能精细生产转变。

二是深度融合新一代AI技术，发展高水平的智能农业装备。推进农艺、农机、制造、信息深度融合，研究智能设计、验证、制造、检测、试验技术，提升产品制造和质量水平，发展耕种管收智能田间作业装备、智能养殖装备与设施、农产品加工智能装备与设施等，开发农业装备智能控制系统、农机自主作业系统、农业机器人系统、无人机系统等，形成新一代智能农业装备技术、产品、服务体系。

三是以高效绿色发展为核心，推进薄弱环节、薄弱区域、特色农业等机械化生产技术装备集成，促进现代农业全程全面机械化发展。研发集成适合不同种植制度、种植规模的机械化生产技术及装备，形成可推广、可复制的高效生产模式；针对山地丘陵、深泥脚水田等需求，研究轻简化机械化生产技术装备，形成区域适应性的全程机械化生产模式；针对发展循环农业、种养加一体化与适度规模经营的需求，研发集成工程化技术及装备，支撑新业态农业、养殖业、渔业发展。

2. 食品装备

食品装备向柔性自动化、集成化、综合化、系统化、敏捷化和智能化方向发展。当前，我国食品装备部分领域较国际先进水平仍存在较大差距，细分领域高端装备及产线对欧盟国家依存度较高，成套智能化装备自主创新能力不足，缺乏安全标准及检测监控体系。重点发展方向如下。

（1）食品关键技术领域，重点发展农产品深加工技术、食品装备先进设计技术及平台、食品柔性智能制造技术、食品成型3D打印技术、食品加工工艺品质调控技术、液体食品无菌灌装关键技术、新型蛋白加工关键技术、全产业链质量安全控制技术、特殊膳食营养创制关键技术、功能原料生物修饰关键技术等。加强食品卫生标准研究制定，发展便民监督的质量检测监控体系。

（2）关键材料及元器件领域，重点发展高性能聚合物空心膜、食品级特种钢材、橡胶材料、特种塑料等食物直接接触材料和可循环利用包装材料；重点发展可编程逻辑控制器（programmable logic controller，PLC）、料（液）位传感器、微型流量传感器等控制系统、超高压阀门及筒体、高效伺服机、减速机、封盖机等。

（3）食品专用装备制造领域，重点发展粮油副产品深加工装备、食品挤压加工技术与装备、全谷物磨粉专用高品质装备、油脂加工膨化浸出设备、大型玉米深加工综合利用成套设备、果蔬精深加工装备、大中小型牲畜屠宰加工设备、肉及肉制品加工配套设备、方便食品加工设备、冷饮与速冻食品设备、过滤分离装备、均质粉碎装备、食品杀菌沸热装备、高速无菌灌装设备、大型固态发酵蒸馏设备、大型多功能酿造一体机、食品原料纯净化处理系统、食品安全技术装备及高端精密检测仪器等。

3. 纺织装备

我国纺织装备应着力突破新材料与产业用纺织品领域生产装备瓶颈，聚焦纺织工业未来智能制造与绿色制造等发展方向，重点研究如下领域。

1）纺织新材料及应用技术与装备

优先发展用于应急与公共安全、基础设施建设工程、海洋工程、健康工程等方面用纺织新材料和高端纺织品的生产技术与装备；重点研发包括 T1200、M60J 等高规格碳纤维产品，强度 40cN/dtex 以上高强高模聚乙烯，K129、K149、KM-2 等高规格芳纶 1414，飞机主结构件等结构设计难度大、加工要求高的高性能纤维应用产品及生产装备。

2）智能纺织技术与装备

重点研发短流程智能制造装备与生产线；研发纺织生产关键工艺环节的专用机器人、在线智能检测器件、专用传感器及关键基础件，智能化连续纺纱生产装备、数控机织装备、数控非织造布生产装备、智能化针织装备、智能化服装生产线等。加强对纺织装备专用基础件精度控制、表面强化、新材料的应用等技术的研发。研发量大面广的纺织专用基础件的高效复合加工专用数控装备和自动化生产线。

3）纺织绿色技术与装备

重点研发绿色制造产业化主机装备和配套的关键装置，包括二氧化碳超临界无水染色设备、全幅宽喷头数码喷墨印花机、针织物连续染色生产线、化纤织物少水连续染色生产线，以及数码印花喷头、专用传感器、印花导带等；研发单线规模 2 万吨以上的生物基纤维生产成套装备，开发生物基纤维生产所用的单体原料、专用浆粕及溶剂；加快再生循环纤维的先进技术突破，发展废旧纤维及纺织品的高水平再循环回收利用技术及装备。

4. 医疗装备

我国在高端医疗装备方面正处于追赶先进的阶段，发展模式在整体上仍以跟踪模仿为主，在品牌、品质上仍与先进国家的产品有差距，未来在提升国产品竞争力和新技术应用开发等方面提前布局，重点发展的方向有以下几个方面。

1）强化医疗装备的基础研究与应用开发

针对医学影像、临床检验、先进治疗等设备的关键核心部件、元器件、软件系统等方面加强基础研究；针对生物医用材料产品的基础材料、工艺、加工设备等方面加强应用开发。

2）加强高端国产医疗装备产业化

重点开发超高场磁共振，能谱 CT、新型超声、各种抗凝全血检测项目为一体的全自动智能化流水线检测装备、基因测序仪、外科手术 PET 荧光引导设备，智能化重症治疗呼吸机及无创呼吸、PET 引导的放疗加速器设备、磁共振实时引导加速器放疗设备、先进治疗设备等高端设备，加强 1.5T 无液氦超导磁体、超宽带单晶超声换能器、高频线阵探头、大功率 CT 球管等关键核心部件的开发与产业化。

3）面对未来，培育和布局新产品开发

对液态金属应用，3D 打印全降解冠脉药物洗脱支架系统，3D 打印医疗器械与技术，治疗阿尔茨海默病的神经调控、智能化医用机器人，VR 手术模拟等新技术产品进行重点开发。

推进基于 5G 传输的健康大数据、AI 智能诊断系统、设备运行质量保障与临床大数据融合等系统开发与平台的建设。推进康复与保健装备的智能化技术，人体功能辅助设备及训练设备等的开发。

4）促进成果转化，加强国产医疗装备的示范应用和推广力度

重点推进已上市的国产创新医疗装备在国内临床机构示范应用推广，加强国产创新医疗装备企业与国内临床之间的学术交流，推进国内临床机构对国产医疗装备产业发展的支撑。

5.5 对策措施及建议

5.5.1 空天海装备产业发展对策措施及建议

1. 航空装备产业发展对策措施及建议

航空装备产业是知识密集型产业，需要多个领域协同攻关，才能产生较好的效果。同时航空产业的发展也会对其相关产业形成强有力的牵引和带动作用，进而促进国民经济的快速健康发展。但目前我国航空装备产业较发达国家还有相当部分差距，主要表现在以下几个方面。

（1）我国航空材料、制造等基础产业的发展时间尚短，还不能完全支撑我国先进航空装备的发展，受此影响，我国大推力航空发动机的研制尚面临较多技术瓶颈，有待突破，建议国家层面统筹技术领域，资源倾斜，补齐短板，助力我国航空装备产业均衡发展。

（2）设计软件、仿真手段等软科学长期依赖国外产品，我国在相关领域的产品呈现出散、乱、小等特点，尽管中国航空研究院等国内一些研究所先行先试，在仿真软件领域开拓创新，但作为个体行为，其研究成果尚难以从体系上支撑我国航空装备产业。此类软科学的技术现状严重制约了我国航空武器装备的转型升级，也存在“卡脖子”隐患，建议政策倾斜，体系布局，构建我国自主可控的计算机辅助分析系统和计算机辅助设计系统等仿真软件体系，支撑我国高端航空装备产业发展。

（3）人才建设短板日益显现。虽然我国航空院校众多，专业门类也相对齐全，培养了大批高端航空装备产业人才，但随着科技的进步，航空装备性能要求越来越高，从最初的飞行性能要求逐渐向功能实现转型。这使得一些新兴专业人才极为紧

缺，如智能制造、AI、信息化、高端精密加工等专业人才缺口较大，现有人才配置远不能满足航空装备产业所需。建议针对航空产业快速发展所涌现出的急需新兴专业，加快人才培养，支撑我国航空装备产业的快速发展。

2. 航天装备产业发展对策措施及建议

紧紧围绕十八大、十九大以来国家经济、社会发展、外交战略和国防建设等方面新的战略需求，按照“需求牵引、突破瓶颈、强化实用、创新驱动”的原则，围绕创新体制、领跑技术、完善手段、促进应用等要求，推动航天装备产业的快速发展，技术水平全面达到国际先进，部分领域和方向水平达到国际领跑。

1）加强顶层设计

深入贯彻军民融合发展战略，加强顶层设计，以用户需求为起点，瞄准推进业务化应用，统筹需求和能力、统筹卫星研制和应用、统筹当前和长远，最大限度发挥卫星作用和效能，以给用户带来更多便利，提升用户体验，支撑用户产出更多产品和服务。

建立长期稳定的空间系统建设投入机制，优化和完善科研经费投入机制，保障科研任务的落实。建立落实空间基础设施规划各部门分工责任机制，组织协调规划实施中的重大问题。组建具有权威性的科学委员会和专家咨询队伍，适时公布空间系统实施计划，通过定期评估指导领域发展方向，保证我国空间技术协调发展。

2）强化创新驱动

加强技术创新，加快建立和完善技术创新体系，支持一批重点实验室、工程中心等创新平台建设，提高原始创新、集成创新和引进消化吸收再创新能力。加强天地一体化的卫星技术和应用模式创新[3]，根据技术及需求变化，推动卫星研制时序提前，通过国家科技计划超前部署共性技术攻关，重点突破瓶颈技术，加快航天科技跨越发展、强化核心能力自主可控，加强关键性、基础性、战略性技术研发，构建灵活高效的航天技术创新体系，提升自主发展能力，促进卫星与业务应用的深度融合，开展高水平服务。

3）加强国际交流

借鉴世界主要航天国家的成功经验，积极组织开展系统级、分系统级、部组件级等不同层次空间技术的国际交流与合作，拓展合作的深度和广度，形成我国空间技术内聚外联的健康发展格局。积极参与相关国际组织和重要国际规则及标准制定。多举措、全方位支持国际合作，在人员、经费、渠道等方面给予专项保障，增强与航天强国、其他发展中国家的技术交流与合作，走公平、开放、全面、创新的发展之路，努力成为全球发展的参与者、贡献者、受益者，提升航天国际影响力，服务国家国防和经济建设。

4）营造发展环境

建立科学合理的项目遴选机制，科学论证，持续滚动支持相关关键技术发展，推动具有科学原创性和技术牵引性的空间技术项目立项实施。支持新一代卫星系统从项目预研、技术攻关、工程研制到应用服务、条件保障的全过程科研活动，促进产学研结合、做好技术创新与成果转化的对接，形成一种良性的互动机制，使新一代卫星系统技术研究、卫星研制与在轨应用发展链路清晰高效，构建先进、完整、科学、可持续的空间技术发展体系。

3. 海洋装备产业发展对策措施及建议

党的十九大明确提出“坚持陆海统筹，加快建设海洋强国”。为增强海洋工程装备产业的创新能力和国际竞争力，我们需要从以下五点着手。

1）强化顶层设计与统筹部署

强化顶层设计和统筹部署有机结合，引导各研发主体在技术研发、成果转化、示范推广、检测标准认证等不同环节进行全链条技术创新。在海洋装备产业重点领域部署重大工程与专项，提出一揽子系统化解决方案，通过工程与专项的实施，牵引海洋装备共性技术、配套设备、总体设计与建造协同发展。

2）加大海洋短板装备（技术）的投入支持力度

加大深海油气、可燃冰及矿产资源开发装备，深远海渔业养殖和捕捞装备，海洋可再生能源综合开发装备等新兴海工技术装备研制和示范推广力度。围绕深海资源探采与开发、深海空间站、智能船舶等具有战略意义的项目实施重大创新工程，整合国内优势科研力量，突破核心关键技术，培育自主设计制造能力，推广基础共性技术在其他海洋工程装备领域的应用，实现重大创新工程成果的溢出。实施国家资金投入引导机制，鼓励企业加大科研资金投入力度，对提高国产化率的科研项目以及已有成果工程化、产业化项目，原则上以后补助方式进行支持。鼓励企业以收购国外技术研发中心方式，加快短板技术的转移转化的进程。加快海洋工程装备用新材料的应用推广。

3）加快推进海洋装备创新能力建设

海工设备的可靠性验证试验条件是解决海工设备短板问题的核心环节，但其投入大、见效慢的公益属性，导致基础条件和经费等资源难以落实。建议国家和地方政府层面加强顶层沟通，加大对海工设备测试验证试验场所需土地和海域以及资金和政策方面给予特殊支持力度。

4）深化海洋装备国际和地区科技合作与交流

充分利用我国不断对外开放的有利政策和良好环境，鼓励开展多元化国际和地区科技创新合作与交流。一方面，鼓励国内各级创新主体与国际先进海洋科技单位进行互补性交流合作，以创新任务为合作载体，以创新平台为合作机制，务实开展国际创新合作。另一方面，深入贯彻落实“一带一路”倡议，深入洞悉国际海洋装备市场发展需求，加强与海上丝绸之路沿线国家在科技与产业领域的合作，精准实施“引进来，走出去”，促进技术双向转移转化。

5）加强知识产权保护和共享机制

引导各级创新主体将技术创新、知识产权保护、标准制定相结合，不断提升产业竞争优势。促进企业提高创新、保护、运用和管理知识产权的水平。瞄准国际先进水平，立足自主技术，健全船舶工业标准体系、技术规范、检测方法和认证机制，打造标准公共服务平台。探索将知识产权保护和成果共享纳入绩效考核范畴[4]。

5.5.2 智能制造装备产业发展对策措施及建议

高端装备产业发展壮大特别是工作母机的发展直接影响到我国制造强国战略的实施，必须实行全社会资源的协同，包括科技计划、科研平台及产学研用政金企的协同。针对我国进入全面建设社会主义现代化强国的新时代特点和2035年建成科技强国的目标，建议围绕我国战略新兴产业发展如新一代重型运载火箭、大飞机及海洋工程制造能力提升对高档数控机床装备的急需，发挥我国社会主义制度能够集中力量办大事的制度优势，继续汇集各种创新资源进行重大专项的前沿布局和应用示范。同时，打破行业壁垒，引进市场竞争，根植国家大工业基础，以产品配套能力、价值链和创新链为中心重构军民深入融合的产业安全体系，逐步实现社会化配套。

1. 国家各类科技计划有效衔接

建议完善政府对基础性、战略性、前沿科学研究和共性技术的支持机制，对国家各类科技计划进行有效衔接。国家自然科学基金发挥其基础研究和原始创新的作用，倡导多学科交叉的先进工艺、装备的原始创新研究及相关AI、大数据的基础研究。自然科学基金的原始创新应该接续有重点研发计划、重大专项接续支持，基础研究成果应该结合专项相关的攻关任务，贯彻、扩散及融入。重点研发计划的优秀成果，如样机、工艺的初步成果，应该在重大专项持续放大开发、应用验证、推广示范。国家重大科技计划应实行领域重要用户即业主牵头的产学研用机制，总体目标应该从跟踪走向并跑，应该重点放在提升装备的精度、效率、可靠性等指标及复合、网络化尤其是智能化。以上成果在国家政策支持下，进入产业和企业应用，进一步巩固成果，产生经济效益。要坚决避免各类国家计划信息隔离，以邻为壑，为部门争利，产生不衔接或者重复立项的现象。

2. 高端制造装备共性技术创新体系的组建与协同

我国高端制造装备产业的创新模式由“跟踪引进吸收”逐步向“并行自主创新”以及进一步“原始创新领跑”的模式转变。在这关键时期，企业对产业基础研究和产业共性技术的需求越来越迫切。然而，长期以来，我们的产学研合作实质上是课题资金牵引的临时性松散合作。建议国家进一步深化科技体制改革，以正在建设的制造业创新中心为基础，对现有分散高校和科研院所的协同创新中心、国家重点实验室、国家工程实验室、工程研究中心等进行优化重组，绑定互相合作关系，形成分布式、网络化的新型科研机构，建立产学研用长效合作的利益机制。该机构定位于为全国制造业企业特别是中小企业提供技术支持的非营利研究机构，主要功能是填补以高校和科研院所为主体的基础研究与以企业为主体的产品和产业化技术创新之间的鸿沟。

建设工作母机国家实验室，着力于正向设计、关键元器件、制造大数据及智能技术使能软件的研发，形成基础研究、竞争前高技术研究和社会公益研究的强大聚

的转换。以 TbDyFe 为主要代表，低场下应变值高达 $1\ 500\times10^{-6}$~$2\ 000\times10^{-6}$，比传统压电陶瓷大 5~8 倍，比镍基合金大 40~50 倍，具有磁致伸缩系数大、响应速度快和功率密度高等特点，目前多用于海洋勘探、空间站与卫星控制、激光定位等国防军工领域。

（3）稀土磁制冷材料：以无环境污染的稀土磁制冷材料为制冷工质，借助其磁热效应的制冷技术，与传统制冷技术相比，不但可消除氟利昂类制冷剂造成的臭氧层破坏和温室效应，而且具有工作效率高、功耗低、噪声小、体积小等优势，代表性材料包括 LaFeSi、GdSiGe 等。

除上述材料外，部分高性能永磁铁氧体产品需少量添加稀土 La，因此，添加 La 的永磁铁氧体广义上也可归类为稀土磁性材料。而且，由于永磁铁氧体产量大、应用面广，添加 La 的永磁铁氧体总量远大于稀土磁致伸缩材料和稀土磁制冷材料。但由于 La 不是永磁铁氧体内禀磁性的必备元素，本章对该类材料不作进一步阐述。

6.1.2 全球稀土磁性材料产业发展动态及趋势

稀土永磁是稀土应用领域发展最快、规模最大的产业。2018 年全球稀土永磁成品产量近 14 万吨，其中烧结钕铁硼占 91.4%，粘结钕铁硼占 6.7%，烧结钐钴占 1.3%，热压 / 热变形钕铁硼占 0.6%（图 6.1）。稀土磁致伸缩材料和稀土磁制冷材料在产业化和应用开发方面还较少。

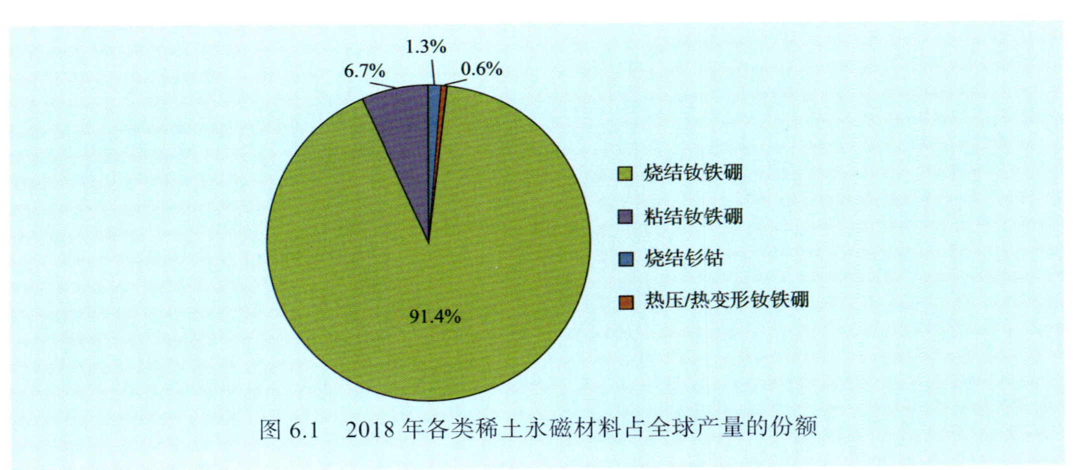

图 6.1 2018 年各类稀土永磁材料占全球产量的份额

1. 烧结钕铁硼产业

21 世纪以来，以烧结钕铁硼为代表的全球稀土永磁产业进入高速增长期，已发展成为稀土永磁材料中产能最高、应用最广的产业。如图 6.2 所示，日本、美国、欧盟等发达国家和地区的发展有所减缓，而中国烧结钕铁硼产业保持快速增长，产业规模持续扩大，带动全球烧结钕铁硼产业持续放量增长。2000~2018 年，烧结钕铁硼产量增长近 10 倍，全球 2018 年成品产量达 12.7 万吨，其中中国产量达 10.97 万吨，占全球份额的 86%[3]。中国成为全球最大的稀土永磁材料生产基地。

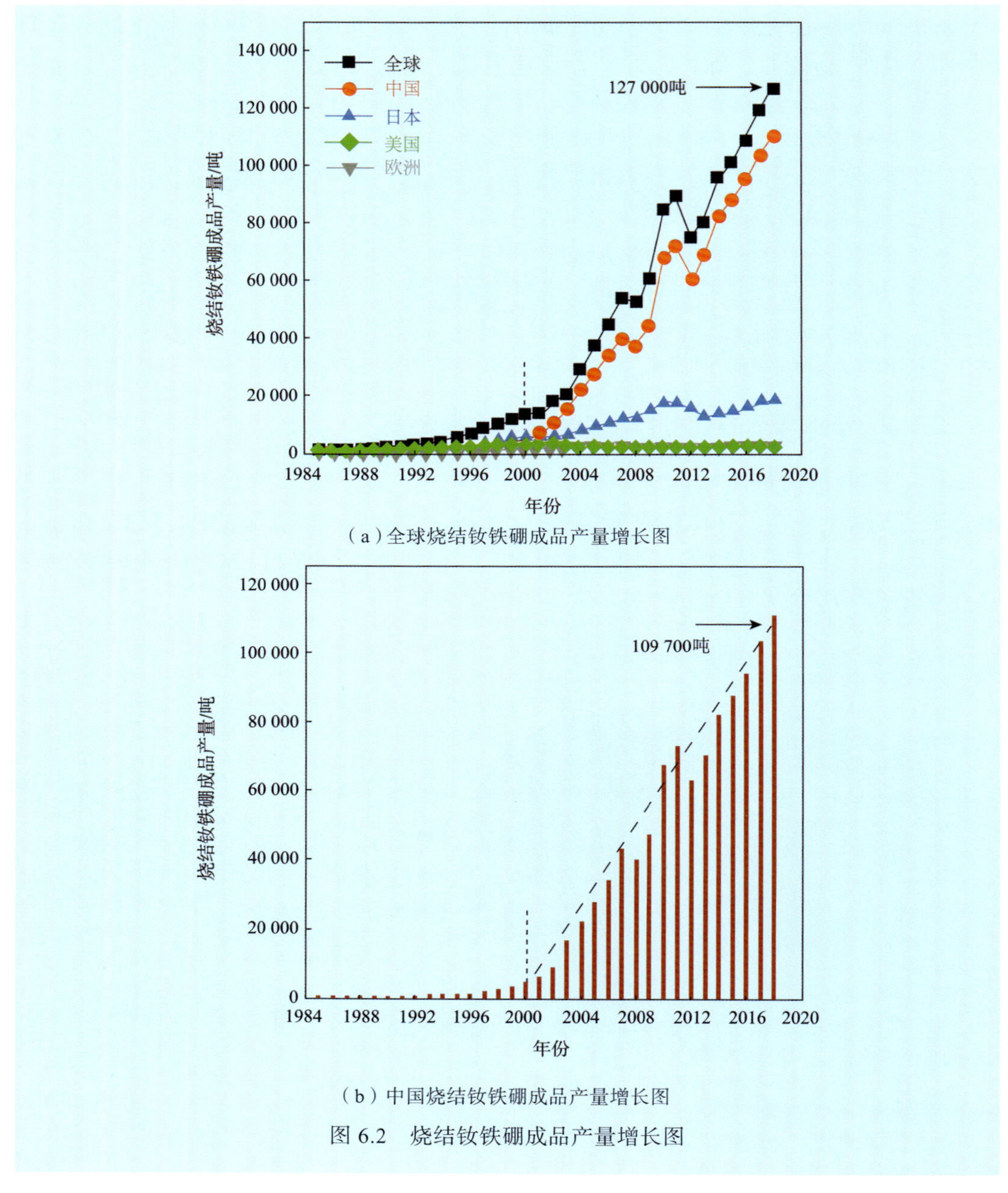

（a）全球烧结钕铁硼成品产量增长图

（b）中国烧结钕铁硼成品产量增长图

图 6.2　烧结钕铁硼成品产量增长图

目前国外仅 4 家较大的烧结钕铁硼企业，包括日本的日立金属、信越化工、TDK，以及德国的 VAC 公司。日本日立金属是全球最大的高性能烧结钕铁硼供应商，德国 VAC 公司也主要致力于高性能烧结钕铁硼的生产。国外公司占据了全球高性能烧结钕铁硼近一半市场份额。磁能积 50 兆高奥以上的高性能烧结钕铁硼主要应用领域包括计算机驱动器电机、汽车电动助力转向系统（electric power steering，EPS）、混合动力电动汽车（hybrid electric vehicle，HEV）、核磁共振成像仪（magnetic resonance imaging，MRI）、风力发电和高性能微特电机等。由于中国稀土储量居世界第一，加之新能源、绿色环保产业快速发展，国外公司逐步向中国转移。日立金属和北京中科三环高技术股份有限公司成立合资公司——日立金属三环磁材（南通）有限公司。此外，通过收购日本三德株式会社，控股五矿三德（赣州）稀土材料有限公司，在中国本土已形成稀土金属及烧结钕铁硼磁性产品的综合生产能力。

中国是全球主要的烧结钕铁硼生产基地，现有企业近 200 家，年产能力超过 30 万吨，产地主要分布在浙沪、京津、山西、山东、赣州和包头等地区。2018 年烧结钕铁硼产业统计表明，浙江发展最快，技术水平高，产品性能好，产量占全国总量的 44%，已成为全国磁性材料产业中心。京津地区占 10%，山西占 10%，山东占 9%，江西占 8%，内蒙古占 7%。按磁体产量计，年产量 3 000 吨以上企业占 10%，年产量 1 500~3 000 吨企业占 20%，年产量 1 500 吨以下企业占 70%。代表性企业包括北京中科三环高技术股份有限公司、京磁材料科技股份有限公司、宁波韵升股份有限公司、浙江英洛华磁业有限公司、浙江中元磁业股份有限公司、烟台正海磁材股份有限公司、安徽大地熊新材料股份有限公司、江西金力永磁科技股份有限公司等。

2. 粘结钕铁硼产业

粘结钕铁硼以快淬法制备的各向同性麦格昆磁（Magnequench，MQ）磁粉和粘结剂构成的复合体系为主，具有尺寸精度高、形状自由度高、性能一致性好等优点，适用于微特电机等领域。相对于烧结钕铁硼产业，粘结钕铁硼产业发展较慢[3]（图 6.3），目前全球粘结钕铁硼总量不足烧结钕铁硼产量的 1/10。2018 年全球粘结钕铁硼产量近 9 000 吨，主要集中在东南亚，其中中国产量约为 7 000 吨，占全球份额近 80%。代表性企业包括中国的成都银河磁体股份有限公司、上海三环磁性材料有限公司、海美格磁石技术（深圳）有限公司、浙江英洛华磁业有限公司、乔智开发股份有限公司、领益科技（深圳）有限公司，以及日本的大同电子、美培亚开发股份有限公司。成都银河磁体股份有限公司是全球最大的粘结钕铁硼制造商，产品进入主轴电机等高端领域，90% 产品销往日韩、美国等发达国家。

粘结钕铁硼根据成型方式可分为压缩、注射、挤出和压延四种，上述成型技术国内北京中科三环高技术股份有限公司等公司均已掌握，欧美以自动化程度较高的注射成型为主。麦格昆磁长期垄断粘结磁粉市场，年产量 6 000 吨左右（图 6.4）。2014 年 7 月麦格昆磁持有专利到期后，中国企业进入市场，目前国内近 20 家企业从事粘结磁粉生产，2018 年国内快淬粘结钕铁硼磁粉产量约为 4 000 吨。

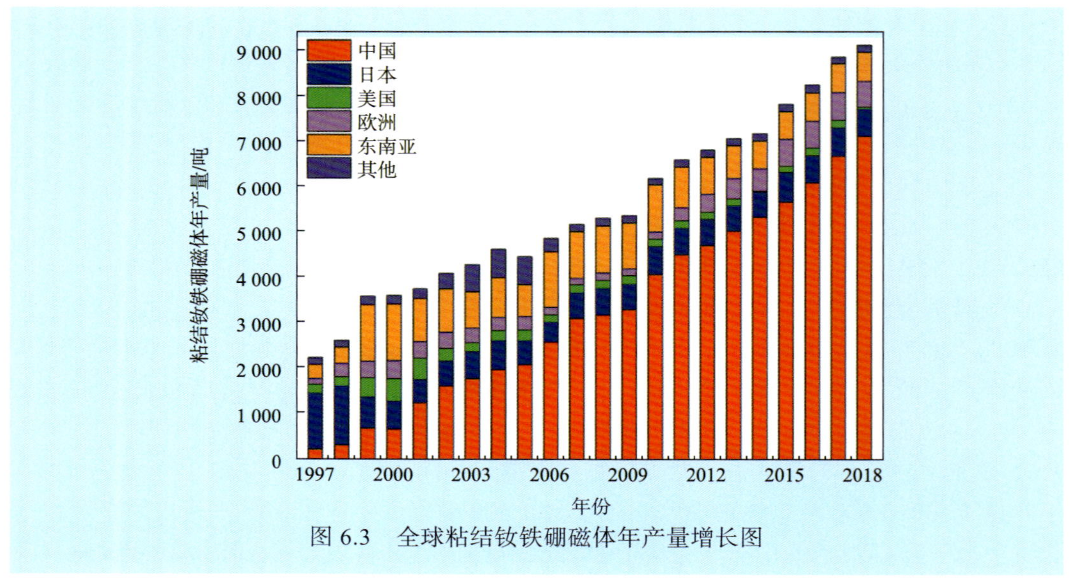

图 6.3 全球粘结钕铁硼磁体年产量增长图

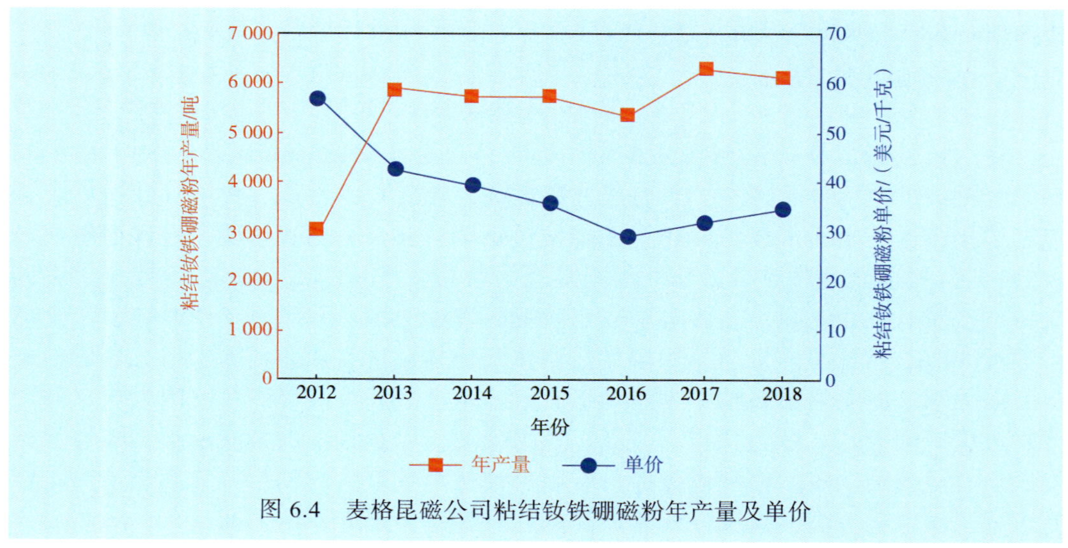

图 6.4 麦格昆磁公司粘结钕铁硼磁粉年产量及单价

3. 热压/热变形钕铁硼产业

由麦格昆磁和日本大同电子共同开发的热压工艺制备的各向同性 MQ-Ⅱ磁体和热压 / 热变形工艺制备的各向异性 MQ-Ⅲ磁体，是烧结钕铁硼的重要补充。通过对快淬磁粉热压变形诱导晶粒取向，制成全密度各向异性磁体，尤其适合制造辐射取向薄壁磁环。目前，全球范围内仅有少数公司掌握了热压 / 热变形钕铁硼的制备及装备技术，总产量较小，产业化进程缓慢。日本大同电子是全球最大的 MQ-Ⅲ磁体生产企业，年产量近 800 吨，产品以辐射取向环为主，主要应用于汽车 EPS 电机。成都银河磁体股份有限公司已建成年产量近 300 吨的 MQ-Ⅱ 和 MQ-Ⅲ 磁体生产线，目前供应（BH）$_{max}$ 在 30~45 兆高奥的小批量产品。

4. 烧结钐钴产业

以 2∶17 型为主的烧结钐钴永磁材料因其独特的耐高温特性，服役温度高达 500°C 以上，是军工、航空航天等高温应用领域的优先选择。目前国外生产企业主要包括日本 TDK、美国 EEC、美国 Arnold、德国 VAC 和俄罗斯 Tony 等；中国代表性企业包括宁波宁港永磁材料有限公司、杭州永磁集团有限公司、成都航磁科技有限公司和绵阳西磁科技有限公司等。2018 年中国烧结钐钴磁体年产量达 1 700 吨，超过全球产量的 80%。由于钐钴永磁磁能积低于钕铁硼，而且以储量稀少的稀土元素 Sm 和战略金属元素 Co 为主，应用面显著小于钕铁硼。

5. 稀土磁致伸缩和磁制冷产业

稀土磁致伸缩材料和稀土磁制冷材料尚处于基础研究和应用探索阶段，仅小范围产业化。以（TbDy）Fe_2 为基体的 Terfenol-D 应变大，是目前主要的商用稀土磁致伸缩材料。美国 ETREMA 是主要的 Terfenol-D 供应商，至今已研制近千种器件，应用面涉及国防军工、航空航天、海洋工程、医疗等多个领域。美国在稀土磁致伸缩材料领域拥有大量原创专利，在军工方面实力尤其突出，早期研制的低频大功率水声换能器和水下声纳换能器已用于美国海军装备，系列制动器已用于天文望远镜。由于 Terfenol-D 体系中 $REFe_2$ 基体相易室温脆断，Tb/Dy 重稀土元素价格昂贵，定向凝固耗时长、设备要求高，限制了稀土磁致伸缩材料的发展及应用。中国对稀土磁致伸缩材料的研究起步较晚，近年来在声纳、精密机械等方面应用已取得一定进展，但产业化仍在起步阶段。

稀土磁制冷方面，美国航空航天局与能源部 Ames 实验室于 2001 年 12 月成功研制全球首台永磁式室温磁制冷样机，以无环境污染的稀土磁制冷材料为制冷工质，其功效为传统气体压缩制冷机的 10 倍。迄今为止，20 开尔文以下的低温磁制冷装置已应用于低温物理、磁共振成像仪、粒子加速器、空间技术等领域，而室温磁制冷技术还在继续攻关阶段。国内也在开发低场大磁熵变的廉价稀土磁制冷材料。包头稀土研究院研发的永磁室温磁制冷机已初步具备实用性。

6. 全球稀土磁性材料发展方向

随着高新技术产业的蓬勃发展，稀土磁性材料的应用日益广泛，全球稀土需求量快速增长。然而，稀土资源分布很不均衡，集中在中国、美国、印度、澳大利亚等少数国家。全球超过 90% 的稀土供应来自中国，2009 年中国政府开始推进稀土行业改革，稀土价格剧烈波动，2010 年钕氧化物价格从 17 美元 / 千克飙升至 85 美元 / 千克。面对这种稀土供不应求的局面，尤其是对于 Nd/Pr/Dy/Tb 这些广泛应用于稀土永磁、电动汽车和风力发电等必不可少的稀土元素，全球稀土磁性材料的发展方向迎来了大变局。美国、日本、欧盟等相继推出稀土替代计划，研发不含稀土的新型永磁材料。美国提出“Rare Earth Alternatives in Critical Technologies for Energy”（REACT）计划，从 2009 年至 2019 年 3 月已投入 20 亿美元资助逾 800 个项目，研发关键领域的稀土替代物，同时增加美国稀土产量，实现稀土生产和供应多元化。日本文部科学省制定“Elements Strategy Initiative Center for Magnetic Materials”（ESICMM）计划，建立元素战略磁性材料研究中心，旨在开发低 / 无重稀土耐高温钕铁硼，探索无稀土新型永磁材料，已取得重要进展。通过 Ga 合金化，无须使用 Dy/Tb 等昂贵重稀土，矫顽力高达 2 特斯拉，基于此开发的新型永磁体，有望用于电动汽车、电动助力转向、机器人和家用电器等产品的高输出电机，减少对稀土元素的依赖；研发了 1 : 12 型稀土永磁 Sm($Fe_{1-x}Co_x$)$_{12}$，内禀磁性强且热稳定性优异（图 6.5），稀土含量减小，原材料成本降至 12~13 美元 / 千克，是有发展潜力的新型稀土永磁材料。欧盟发布 *Critical Raw Materials* 报告，将稀土列为关键战略资源，因稀土在现代国防制导、定位、通信等领域具有不可替代性，提出要开展稀土高效利用，加强新型稀土磁性材料研究。澳大利亚最新发布的 *Australias' Critical Minerals Strategy* 2019 报告中也将稀土列为关键矿产资源。

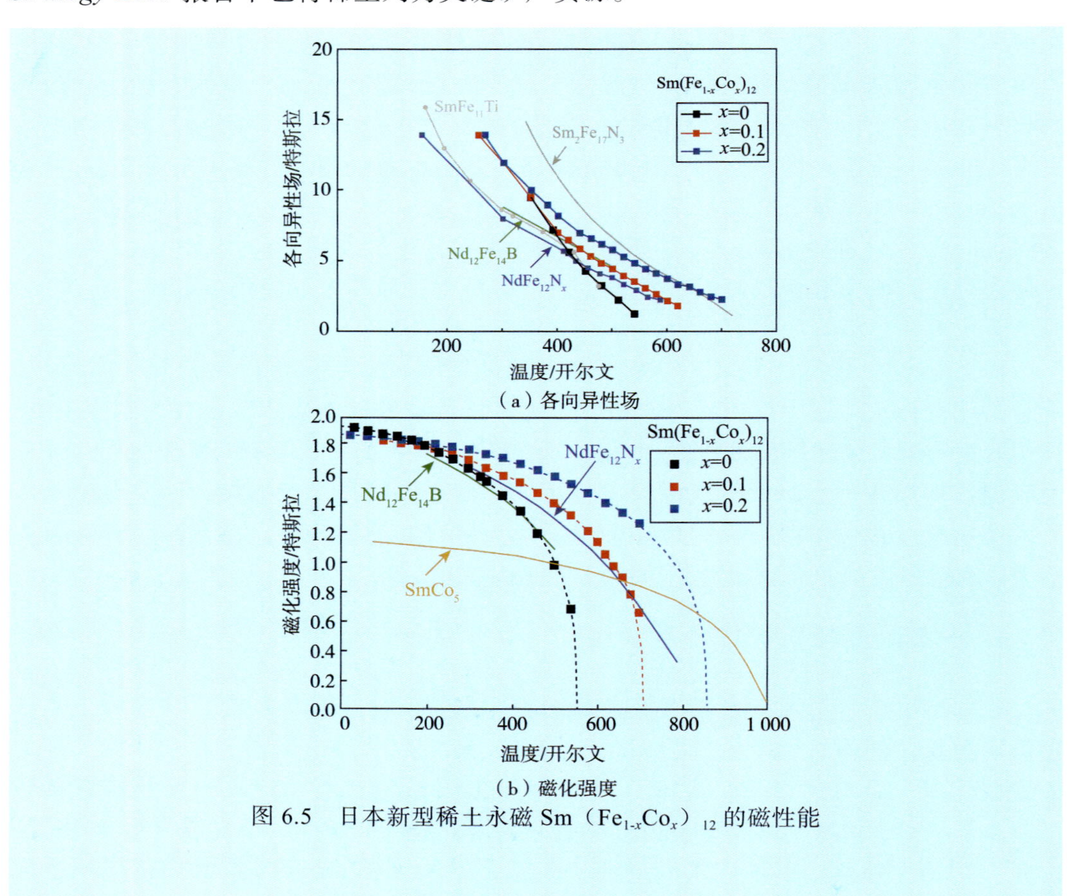

（a）各向异性场

（b）磁化强度

图 6.5　日本新型稀土永磁 Sm（$Fe_{1-x}Co_x$）$_{12}$ 的磁性能

6.1.3　中国稀土磁性材料产业发展动态及趋势

中国是全球最大的稀土生产国，稀土年产量持续增加，2018 年达到 11.8 万吨，预计 2020 年将增至 13.7 万吨 [图 6.6（a）]。中国也是全球最大的稀土应用国，已形成稀土资源优势、稀土冶炼分离优势、稀土磁性材料优势，其中稀土永磁是中国发展最快、应用最广、消耗稀土最多的领域，也是中国在国际上具有重要地位和较大影响力的产业之一，占稀土应用 40% 以上 [图 6.6（b）]。

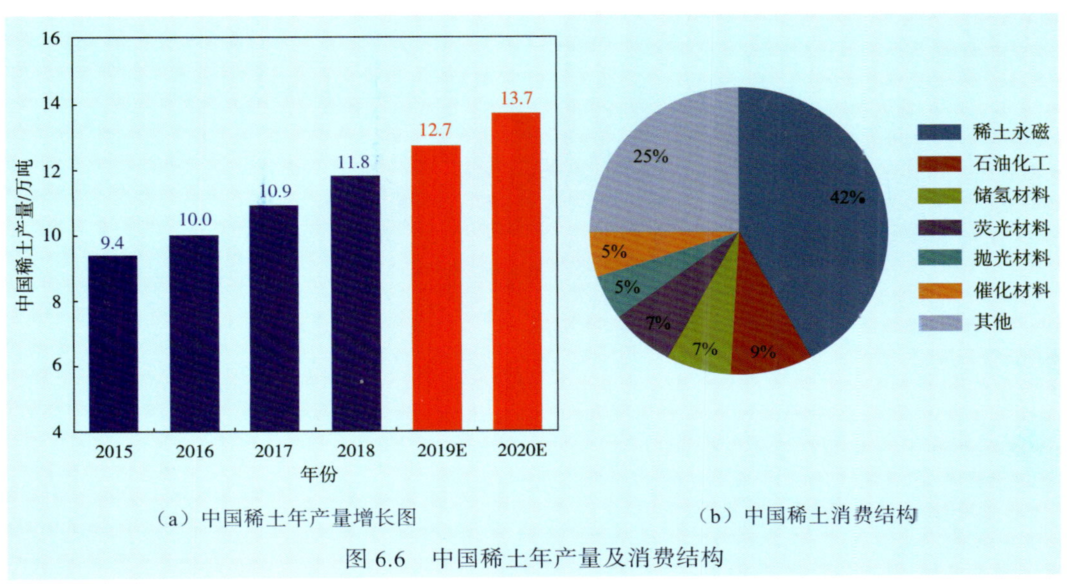

（a）中国稀土年产量增长图　　（b）中国稀土消费结构

图 6.6　中国稀土年产量及消费结构

1. 传统产业领域

在稀土永磁的传统应用领域，受益于 21 世纪经济全球化带来的通信、信息产业的蓬勃发展，稀土永磁材料的需求保持平稳增长。在通信产业，中国是全球最大的智能手机制造中心和消费市场，稀土永磁是智能手机中的重要部件材料。5G 商用的帷幕徐徐拉开，预计到 2030 年，5G 将在全球赋能 12.3 万亿美元的经济产出。5G 时代对材料的特殊要求，使得稀土永磁材料应用面日益扩大。业界首批 5G 手机小米 MIX3 搭载了开创性的磁动力滑盖全面屏设计，其中磁动力滑轨使用的关键材料就是钕铁硼永磁。除美国外，中国已经占据 5G 发展的主动权，伴随着中国 5G 的推广普及，消费电子领域正在成为高性能稀土永磁材料的主要增长点之一。在信息产业，由于受到固态硬盘（solid state drive，SSD）高速发展的冲击，近年来机械硬盘驱动器产量逐年下降，从 2010 年的 6.3 亿台降至 2018 年的 3.7 亿台（图 6.7），相应地，用于音圈电机的烧结钕铁硼从 6 260 吨降至 3 700 吨，用于硬盘主轴马达的粘结钕铁硼从 1 500 吨降至 1 110 吨。但随着我们跨入“互联网 +”时代，未来大数据、云计算等产业将会得到长足发展，超过 1 太字节的高存储量机械硬盘需求量预计将持续攀升，稀土永磁产业的发展也将迎来新的契机。

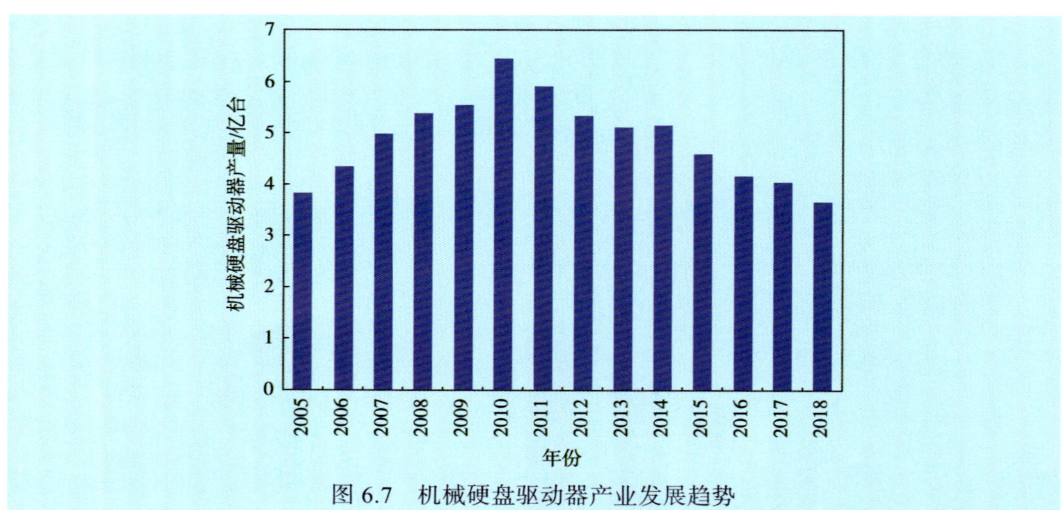

图 6.7 机械硬盘驱动器产业发展趋势

2. 新兴产业领域

在低碳经济的全球化背景下，中国提出到 2020 年，单位 GDP CO_2 排放量比 2005 年下降 40%~45%，到 2030 年下降 60%~65%，这对中国节能减排、发展新能源、倡导低碳生活等方面提出了新的要求，也为稀土永磁材料在新能源汽车、风力发电、工业机器人等新兴产业领域的发展提供了重要支撑。

1）新能源汽车

中国正迈入多元化能源时代，除了传统化石燃料、石油、天然气等，混合动力、可插电式混合动力（plug-in-hybrid vehicle，PHV）、纯电动、燃料电池等多样化新能源汽车正在兴起（图 6.8），成为引领汽车产业发展的新方向。挪威、荷兰等国已宣布 2025 年起禁售燃油车，中国已启动研究传统燃油车的退出时间表。丰田计划到 2030 年至少销售 550 万辆电动汽车，其中包括 100 万辆纯电动 / 燃料电池零排放车辆。这意味着电动机将逐步取代传统内燃机，而稀土永磁是汽车电动机的关键材料，每辆电动汽车需数千克稀土永磁，这将带来稀土永磁产业的蓬勃发展。中国已发展成为全球最大的新能源汽车市场，市场份额占全球一半以上，美国与欧洲各占 20%，其他国家占 10%，形成了“5221 格局”。中国汽车工业协会发布的最新数据显示，2018 年全球新能源汽车销量突破 200 万辆（图 6.9），其中中国达 125.6 万辆（占比 63%），销量增速居全球首位，使用烧结钕铁硼磁体近 4 000 吨。

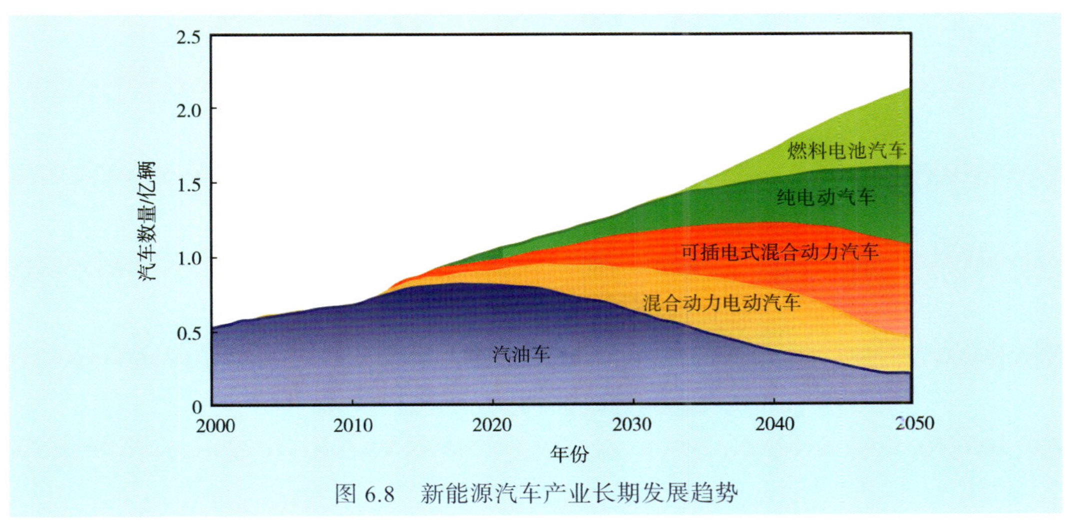

图 6.8　新能源汽车产业长期发展趋势

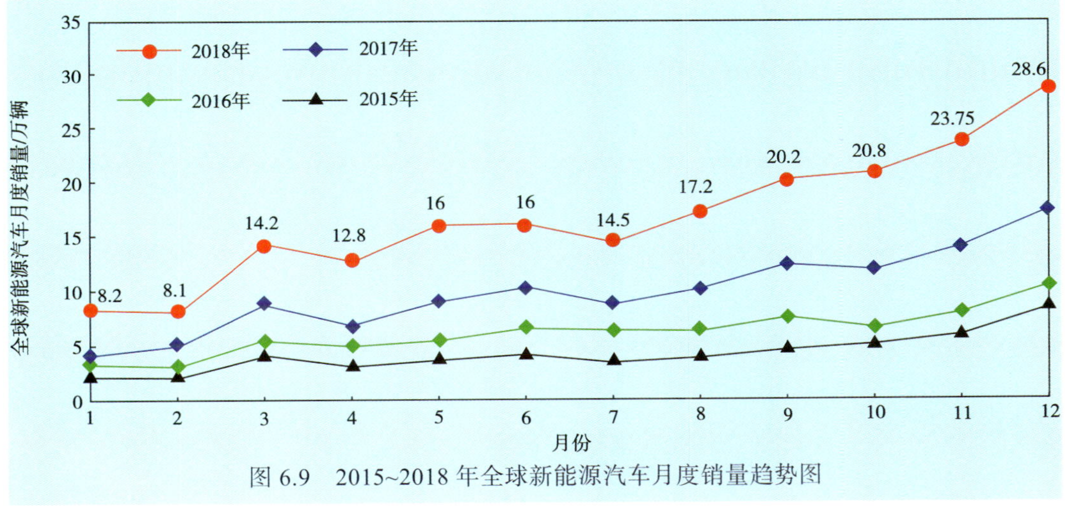

图 6.9　2015~2018 年全球新能源汽车月度销量趋势图

2）风力发电

与传统化石能源相比，风能是清洁稳定的可再生资源，在全球范围内广泛分布，风电产业发展迅速，已成为各国可持续发展战略的重要组成部分。中国政府将风电作为改善能源结构、应对气候变化和国家能源安全问题的主要替代能源之一。相较于传统双馈式风电机组，永磁直驱式风电机组具有效率高、寿命长、稳定性高、结构简单等系列优点，已成为风电技术发展的新方向。据估算，永磁直驱式风电机组需使用的钕铁硼永磁材料为 0.67 吨 / 兆瓦，2050 年累计装机容量将达 2 500 吉瓦，若都采用永磁材料，预计会有 100 万 ~200 万吨磁体用于风电产业。2018 年中国新增装机达 21.1 吉瓦，累计装机容量达到 211.3 吉瓦（图 6.10），占全球的近 40%；其中直驱风电机组占新增装机总容量的 35% 左右，消耗钕铁硼磁性材料近 5 000 吨（图 6.11），另有超过 7 000 吨的钕铁硼磁性材料出口用于海外风电产业的发展。

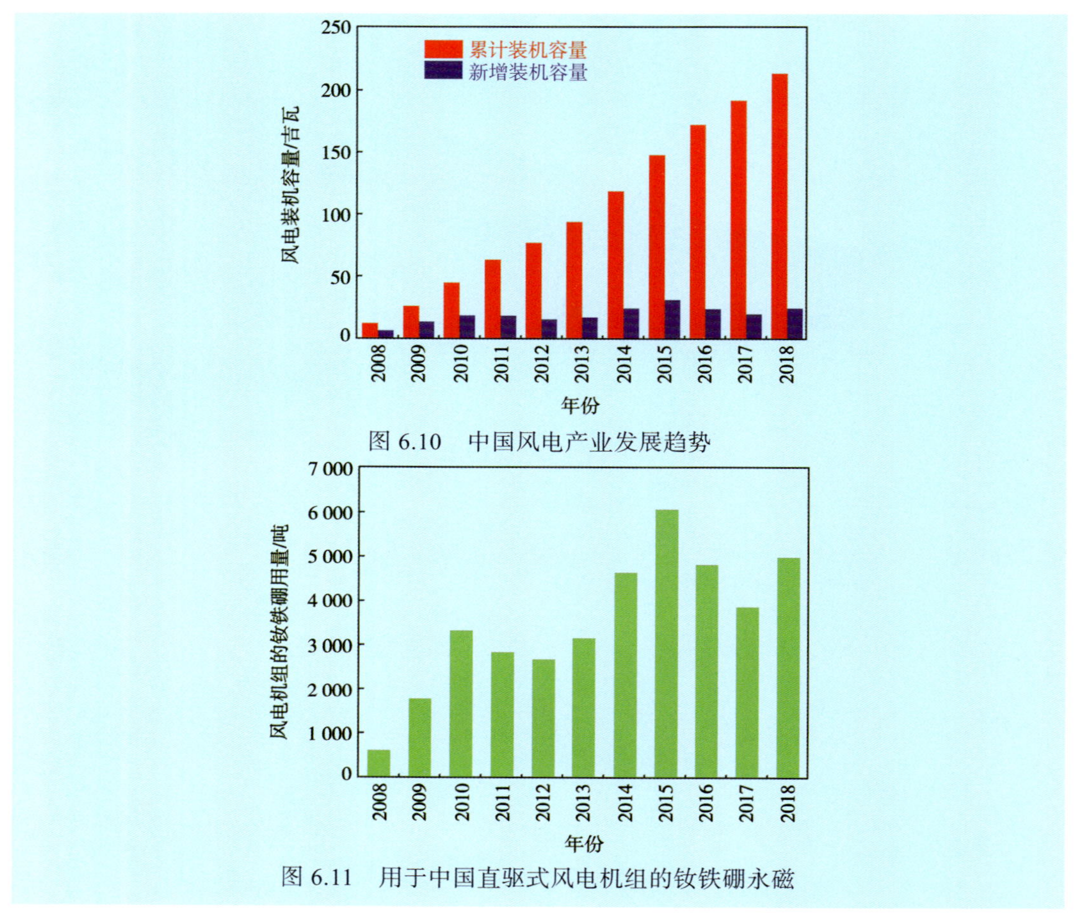

图 6.10 中国风电产业发展趋势

图 6.11 用于中国直驱式风电机组的钕铁硼永磁

3）工业机器人

工业机器人是面向工业领域的多关节机械手或多自由度的机器装置，是最具代表性的智能制造领域之一。统计显示，2011 年和 2012 年中国机器人销量仅 2 万台左右，2013 年开始进入高速发展期，2018 年国内销量再创新高，达到 14.8 万台，市场规模达 90 亿美元，约占全球市场份额的 1/3，我国已连续 6 年成为全球第一大工业机器人应用市场（图 6.12）。国内代表性企业包括埃夫特智能装备股份有限公司、南京埃斯顿自动化股份有限公司、广东拓斯达科技股份有限公司、浙江钱江机器人股份有限公司和新松机器人自动化股份有限公司等。未来智能工厂、智能装备、智能物流和智能交通等领域机器换人的潮流将为工业机器人提供广阔的市场空间。据国家统计局数据，中国现有 5 000 万名制造业职工，以每台工业机器人替代 2~3 位工人估算，潜在存量市场高达 1 800 万 ~2 500 万台，保守估计五年内国内工业机器人市场年销量将达到 50 万 ~60 万台，市场规模逾百亿美元。现代工业机器人的智能化操作离不开永磁材料、永磁电机、永磁传感器等，尤其是超小型、高能量密度的稀土永磁伺服电机。仅面部表情一项功能就需要近 30 个小型稀土永磁伺服电机，其他功能还需要数百个稀土永磁伺服电机，这将为稀土永磁材料的下游应用带来新的发展活力。

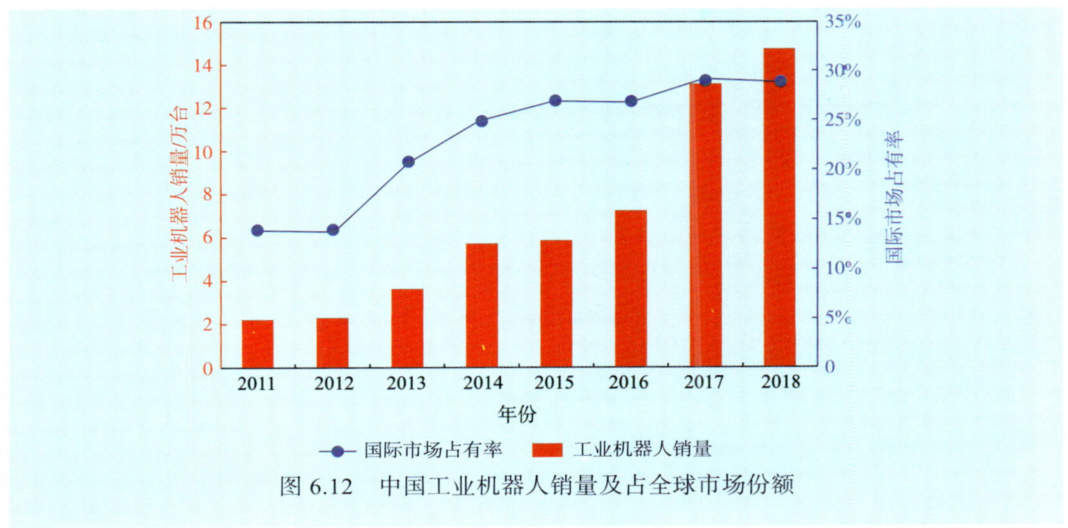

图 6.12　中国工业机器人销量及占全球市场份额

综上所述，随着现代工业的发展，中国稀土永磁材料产业进入高速增长期。在通信信息领域，随着 5G 时代的来临，消费电子领域成为高性能稀土永磁材料的主要增长点之一。在新能源领域，高性能稀土永磁电机成为节能减排的必由之路，蓬勃发展的新能源汽车产业和风电产业等将为稀土永磁的发展注入源源不断的动力。在未来智能机器人领域，高性能稀土永磁作为关键核心部件材料，将为中国 AI 高地建设提供强有力的技术支撑。

近年来，中国在高性能稀土永磁的可控制备、微结构-磁性能内在关系、矫顽力机理、产业化技术等方面开展了大量研究，已建立以高性能烧结钕铁硼为主的稀土永磁材料制备与应用体系。钢铁研究总院、北京中科三环高技术股份有限公司等单位研究了高性能烧结钕铁硼的矫顽力机理，解决了千吨级高性能烧结钕铁硼永磁生产线的技术问题，生产出 [$(BH)_{max}+H_{cj}$] 大于 75 的高性能烧结钕铁硼。浙江大学提出了晶界组织重构的技术思路，创新设计与合成新晶界相，取代传统富钕晶界相，成功研发本征抗蚀性提高 10 倍以上的钕铁硼，以及工作温度达 250°C 的低重稀土高矫顽力钕铁硼。中国科学院宁波材料技术与工程研究所开展了双合金法和细晶烧结钕铁硼的制备技术研究，研发了无重稀土永磁材料。北京中科三环高技术股份有限公司改进晶界扩散工艺，研发了用于混合动力汽车和风力发电的高稳定性烧结钕铁硼。中国在其他高性能稀土永磁材料领域也取得了重要进步：有研稀土新材料股份有限公司开发出各向同性耐热稀土粘结磁粉关键制备技术，已建成年产能力 1 000 吨的稀土粘结磁粉生产线；重新认识了 2∶17 型钐钴永磁胞状组织的演变规律，开发了超高温度稳定性钐钴磁体（500°C 高温服役最高磁能积接近 12 兆高奥）；基于自下而上的化学法，制备了单畴晶粒尺寸的 $SmCo_5$@Co 纳米复合稀土永磁材料；掌握了各向异性钐铁氮磁粉产业化研究的关键核心技术[4]。

高丰度稀土在稀土永磁中的应用技术成为另一发展热点。长期以来，中国稀土永磁产业高度依赖于 Nd、Pr、Dy、Tb 等地壳中储量少、价格昂贵的稀土元素，Ce、La 等高丰度稀土元素却极少使用，因而大量积压。全球最大稀土矿——内蒙古白云鄂博矿中 Ce、La 占总稀土量的 75% 以上，而在稀土永磁材料中的应用量不到 10%；目前，Ce、La 价格不到 Nd、Pr 的 1/10，是 Dy、Tb 的 1/50~1/100[5~7]。针对中国稀土资源与消耗的矛盾，钢铁研究总院通过双主相的方法缓解磁稀释效应，开发了富 Ce 磁体，实现了高丰度稀土 Ce 在稀土永磁中的规模应用。浙江大学通过 La-Ce 和 Y-Ce 的交互效应，研制了适应中国稀土资源特点的系列低成本高性能混合稀土永磁，原材料成本可降低 40% 以上。目前高丰度稀土永磁推广成效显著，全国产量已超过 3 万吨，占稀土永磁总产量的近 1/5。

中国在其他稀土磁性材料的多个领域也取得重要进展，部分处于国际领先水平。在稀土磁致伸缩材料方面，北京航空航天大学研发了宽温域 TbDyFe 合金，在国防领域实现应用；在稀土磁制冷材料方面，中国科学院物理研究所发现了大磁热效应的 LaFeSi 等新型材料体系，已逐步应用于室温和低温磁制冷样机；在高频软磁材料方面，兰州大学发现了平面各向异性的 2∶17 型稀土软磁功能材料，吉赫兹下高磁导率大幅超越传统微波软磁材料，且具有较高的居里温度（高于 800℃），开拓了稀土在功能软磁材料方面应用的新方向；在稀土多铁性材料方面，清华大学、南京大学等发现了多种磁电耦合新效应，为开发新型磁电功能器件提供了重要机遇。

6.1.4 中国稀土磁性材料产业发展存在的问题

改革开放四十多年来，中国稀土磁性材料产业从无到有，从小到大，取得重要进步，部分领域已处于国际领先水平，但仍存在若干制约发展的问题。

（1）中高端稀土磁性材料产品的供给能力尚不能满足先进制造业的应用发展需要。2018 年中国稀土永磁总产量高，全球份额位居第一，但高性能钕铁硼产量低，仅占全球总量的 60% 左右（图 6.13）。相较而言，日本的钕铁硼生产企业少，却占据了全球高性能钕铁硼近一半的市场份额；中国钕铁硼生产企业多，但年产量 1 500 吨以下的企业占 70%，向中高端应用产业发展尚不足。另据中国稀土行业协会统计资料，2018 年中国钕铁硼类永磁体出口约 3.27 万吨，出口额约为 16.9 亿美元（表 6.1）；同年中国稀土永磁进口情况如表 6.2 所示，进口永磁体和速凝永磁片的单价约是出口价格的 2 倍，说明中国稀土产业仍依赖部分海外高附加值稀土永磁产品。因此，优化产业结构，重点发展稀土磁性高端材料和器件产业，提高中高端稀土磁性材料产品的供给能力，满足中国先进制造业的应用需要，是中国稀土产业发展的当务之急。

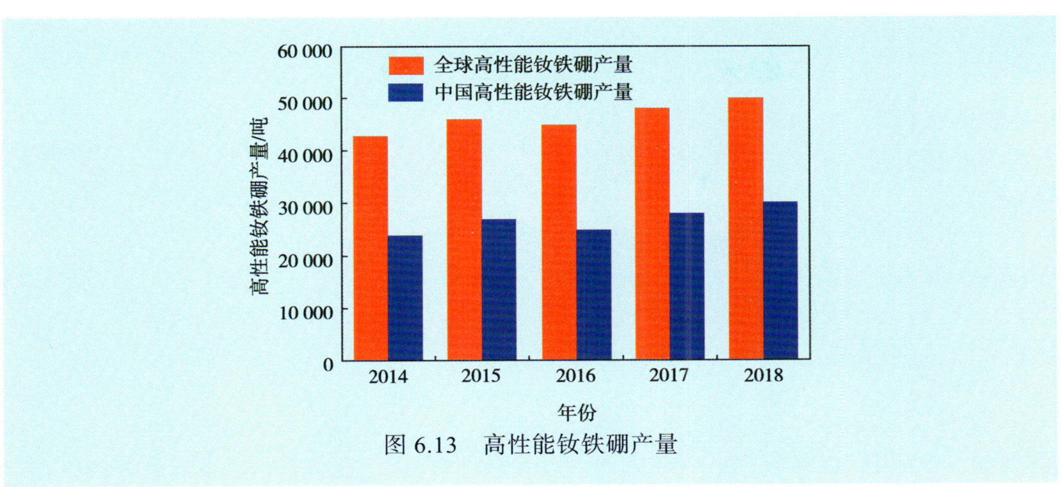

图 6.13　高性能钕铁硼产量

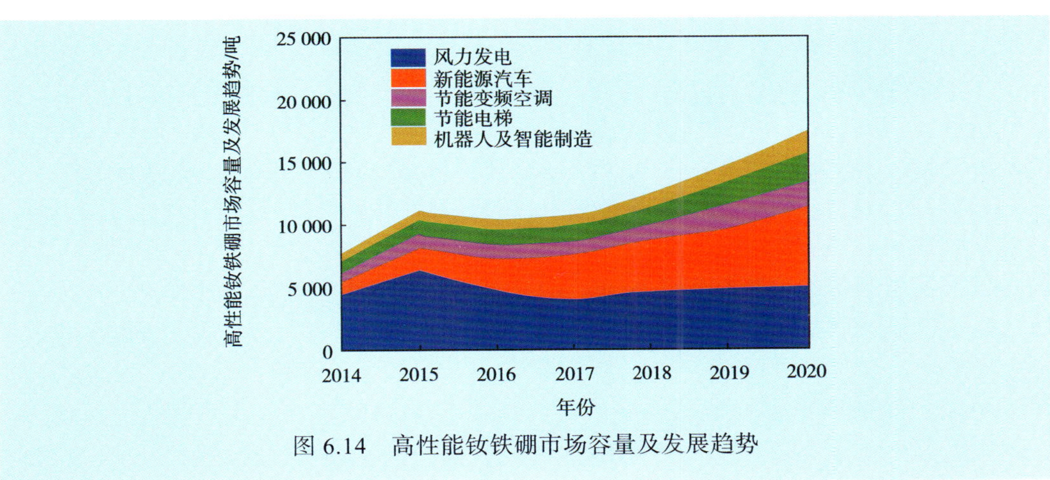

图 6.14　高性能钕铁硼市场容量及发展趋势

表 6.1　2018 年中国钕铁硼类产品出口分析

海关编码	产品名称	数量 / 千克	金额 / 美元	均价 /(美元 / 千克)
85051110	永磁体	32 696 045	1 691 408 957	51.73
72029912	钕铁硼磁粉	5 621 855	152 338 545	27.10
72029919	其他钕铁硼合金	394 248	10 019 322	25.41
72029911	速凝永磁片	568 577	15 535 160	27.32
合计		39 280 725	1 869 301 984	47.59

表 6.2　2018 年我国钕铁硼类产品进口分析

海关编码	产品名称	数量 / 千克	金额 / 美元	均价 /(美元 / 千克)
85051110	永磁体	1 733 812	160 336 307	92.48
72029912	钕铁硼磁粉	192 848	5 648 175	29.29
72029919	其他钕铁硼合金	213 916	6 338 506	29.63
72029911	速凝永磁片	1 131	75 150	66.45
合计		2 141 707	172 398 138	80.50

（2）主要稀土磁性材料的核心技术尚不能满足日趋严峻的国际贸易竞争需要。在烧结钕铁硼领域，日立金属在全球保有 600 多项专利，几乎垄断了从成分设计到制备技术全流程的所有专利；中国多家烧结钕铁硼企业不仅要支付专利授权费用，视销售情况每年还需支付专利使用费。在粘结钕铁硼领域，麦格昆磁依靠专利长期垄断市场，2014 年 7 月持有专利到期后，中国企业才得以进入快淬钕铁硼磁粉的生产领域。近年来中国开始专利布局，我国钕铁硼永磁领域专利申请总量 4 097 件，成为全球第一，仅浙江省就拥有 926 件专利；2014~2019 年统计数据表明，浙江大学、横店集团东磁股份有限公司、宁波科宁达工业有限公司的专利平均被引次数达 2.04 次，说明我国创新能力正在逐年提升。但是，中国国外专利布局占比低于 5%，仍有待加强；美国虽然只申请了 541 件专利，但国外专利高达 231 件，占比超过 40%[8]。在全球经济一体化的大背景下，国际贸易竞争日益频繁，面临的技术壁垒也持续增加，中国已连续多年成为全球遭受反倾销调查最多的国家。提高原创性技术水平，赶超国外发达国家并逐渐引领稀土磁性材料产业的核心技术，已成为我们应对国际贸易壁垒的关键。

（3）稀土资源的综合高效利用技术尚不能满足“既要绿水青山，也要金山银山”的可持续发展需要。上游稀土开采方面，稀土矿的高效绿色开发面临困难，南方离子吸附型稀土矿开采以原地浸矿为主，渗漏、氨氮及高盐废水污染物排放超标等问题仍未彻底解决。下游稀土应用方面，清洁生产水平不能满足国家生态文明建设要求，磁体表面电镀等工序仍存在污染物排放问题。此外，部分高丰度稀土元素供需不平衡，Ce、La、Y 等高丰度稀土元素大量积压，亟须加快资源综合利用技术的研发。稀土回收也是实现稀土资源绿色利用与发展循环经济的重要环节，但目前中国稀土资源高效回收体系较发达国家还有差距。

上述问题，为稀土磁性材料产业下一步高质量发展指明了方向，需要优化产业结构，加强高端产品技术创新，加快建成绿色高效的稀土产业体系。中国拥有得天独厚的稀土资源优势，将稀土磁性材料产业发展成为中国在国际上真正具有话语权的关键战略性产业，是今后中国产业升级的重中之重。

6.1.5　中国稀土磁性材料产业重点发展方向

1. 低成本高性能稀土永磁的关键制备技术和成套装备

针对新能源汽车、风电等应用领域，发展多相合金、快速烧结、晶界重构 / 扩散、细粉抗氧化等超高矫顽力烧结钕铁硼的重稀土减量化技术；针对高能效微型精密电机等应用需求，发展无（低）重稀土的超细晶烧结钕铁硼及高性能各向异性粘结钕铁硼的制备和应用技术；针对 EPS 电机和机器人伺服电机领域，发展连续热压、放电等离子烧结、扩散渗透、多步热变形等关键制备技术提高矫顽力，突破高矫顽力热压 / 热变形钕铁硼辐向磁环的连续化生产技术；针对常规方法无法制备的特殊结构，研发粘结稀土永磁的 3D 打印技术；发展表面防护处理技术，开发耐高低温冲击、抗蚀等特性防护涂层，研发适应海上风电等特殊环境的高耐蚀性钕铁硼和高强韧性钕铁硼；高剩磁纳米双相耦合磁粉、钐铁氮永磁、耐高温钐钴永磁等仍是重要的发展方向，是中国稀土永磁产业发展的新经济增长点。与此同时，自主研发并形成适应中国低成本高性能稀土永磁批量生产的系列装备，包括稀土永磁全自动生产装备、晶界扩散钕铁硼永磁材料制造装备、快淬磁粉制备装备、高效率连续式稀土永磁材料热压装备、连续式一次成型热压辐射磁钢制备装备、稀土永磁材料绿色涂层制备装备等。

2. 高丰度稀土在稀土永磁材料中的应用技术

加强资源节约型高丰度稀土永磁材料的应用技术研究，在稀土资源高效平衡利用方面达到世界先进水平。研究多主相高丰度稀土永磁材料的相结构、晶体结构、畴结构和内禀磁性，建立不同主相、晶界相的成分及微结构与宏观磁性能间的构效关系，认识多相结构下稀土永磁的矫顽力机理和多尺度磁耦合效应，为新型稀土永磁材料和制备技术的研发提供创新思路；研究共伴生混合稀土永磁材料的可控制备技术和应用技术，共伴生混合稀土中多种高丰度稀土元素的交互效应及其对磁性能的协同作用机制，为高性价比稀土磁体的产业化奠定理论和技术基础；研究晶界相对高丰度稀土永磁性能的作用机制，发展针对高丰度稀土永磁的晶界重构技术思路，提高高丰度稀土 Ce/La/Y 取代量的同时，保持高磁性能、高抗蚀性和高强韧性。

3. 前瞻性稀土磁性材料

探索具有高饱和磁化强度、高磁晶各向异性、高居里温度的永磁新相和新型稀土永磁材料，布局核心发明专利。加强稀土–过渡族金属间化合物的相变和磁热效应研究，探索新型稀土磁制冷材料，加快磁工质、热交换技术、磁制冷机研究，实现磁制冷技术的实质性应用。通过多元素添加改善频率特性和低场磁致伸缩性能，加快稀土磁致伸缩材料在低频大功率声纳换能器方面的规模化应用，同时探索其在精密加工、光纤技术及微型机电系统等多领域的应用。具有平面各向异性的稀土软磁材料能突破传统 Snoek 极限，兼具高磁导率和高截止频率，基于此特性，探索可用于微波通信器件、电磁吸波和抗电磁干扰的高性能吉赫兹微波高磁导率材料，开拓稀土在功能软磁材料方面应用的新方向。探索室温磁电耦合性能优良的稀土多铁性材料及器件开发。

6.1.6 对策措施及建议

（1）加强稀土磁性材料的基础科学和应用技术研究。稀土的高效、清洁和高质化应用，要求大力发展稀土磁性材料的下游高端应用，引导行业整体迈入中高端应用、高附加值的新阶段。应加强源头创新的基础科学工作，深入研究稀土-过渡族化合物的相结构、相演变规律和磁性，推进材料基因工程等新技术模式，加快新型稀土磁性材料的创新步伐。将钕铁硼和共伴生高丰度稀土永磁等矫顽力机理、多相磁耦合机制等基础科学问题研究，作为调控关键产业化技术的理论依据。要加强稀土开采、分离、提纯过程中清洁生产技术的开发、推广和应用，加强共伴生稀土资源的综合应用技术，加强 La、Ce、Y 等高丰度稀土元素的开发应用，发展铽镝减量和镨钕替代技术；要发展稀土综合回收技术；利用互联网、大数据、AI 技术，构建智能工厂和行业级工业互联网平台，推动稀土磁性材料的数字化和智能化应用。

（2）加强稀土磁性材料产业的知识产权和标准体系建设。高度重视国内外知识产权布局，加强行业专利分析与战略研究，支持具有自主知识产权的项目开发，构建产业化导向的稀土技术核心专利和专利池，突破高端稀土磁性材料的技术壁垒。完善国内稀土标准体系，推进稀土标准国际化，实现稀土国内标准与国际标准的衔接，提升我国稀土行业的核心竞争力。

（3）建设稀土磁性材料产业集聚区，增强产业集聚效应。根据资源、人才、区位和产业基础，适时开展稀土材料国家实验室论证和建设，孵化和培育一批创新型稀土新材料开发和应用的高新技术企业，通过建立研发产业园，注重研发及转化带动产业发展。继续推进北方稀土重镇包头“中国磁谷”和南方稀土重镇赣州“中国稀金谷”的建设，打造国内领先、世界一流的稀土磁性材料高新技术产业集群，推动稀土资源的高值产业链应用。

（4）培养国际一流的稀土磁性材料产业人才梯队。功以才成，业由才广。实现稀土磁性材料产业科技创新的关键，在于形成一支站在世界科技前沿的人才队伍。这就需要构建一个健全的人才培养机制，利用好高校、科研机构、企业研发中心等平台，形成重才、爱才、聚才、用才的人才培养机制，为新型稀土磁性材料开发、机理研究和稀土功能材料应用创新注入源源不断的活力。

（5）科学合理利用境外资源，加强国际合作。全球稀土资源供给格局正在发生变化，海外稀土资源开发项目有序推进。在新形势下，支持稀土企业走出去，合作开发境外资源，鼓励与境外稀土新材料研发团队合作，有效利用境外市场和资源，提升中国稀土行业的国际地位。

6.2 储氢材料产业

6.2.1 储氢材料产业的概念及范畴

储氢材料是利用氢气与储氢材料之间发生物理或者化学变化，转化为固溶体或者氢化物的形式来进行氢气储存的一种材料。储氢材料最大的优势是储氢体积密度大，与高压气态储氢和低温液态储氢相比，储存相同质量的氢气用储氢材料储存占用空间最小，并且具有操作容易、运输方便、安全等特点。储氢材料主要分为金属储氢材料、非金属储氢材料及有机液体储氢材料三类。在金属储氢材料中，氢以金属键与金属结合。金属储氢材料主要包括以 $LaNi_5$ 合金为代表的 AB_5 型合金，以 $TiCr_2$、$TiMn_2$ 合金为代表的 AB_2 型，以 $LaMg_2Ni_9$ 合金为代表的 AB_3 型，以 TiFe 合金为代表的 AB 型及 V 基固溶体、Mg 基储氢合金等，还包括以 $NaAlH_4$ 为代表的配位氢化物和以 Li_3N-H、NH_3BH_3 为代表的化学氢化物，共计 8 大类主要金属储氢材料体系。在非金属储氢材料中，氢以分子状态吸附在材料表面进行储氢。非金属储氢材料主要包括碳纳米管、介孔材料、金属有机框架（metal-organic frameworks，MOFs）材料等。有机液体储氢材料是借助某些烯烃、炔烃或芳香烃等储氢剂和氢气的一对可逆反应来实现加氢和脱氢。各类储氢材料在储氢容量、储放氢条件、安全性、循环寿命等方面各具特色，近年来取得了较大的研究进展。

6.2.2 全球储氢材料产业发展动态及趋势

早在 1866 年，苏格兰科学家就发现金属 Pd 可以大量吸收氢气。20 世纪 60 年代荷兰 Philips 实验室发展了 $LaNi_5$ 储氢材料，储氢容量 1.4wt%①。同一时期，美国布鲁克海文国家实验室发现了 Mg_2Ni 储氢合金。这些发现掀起了以合金为主的储氢材料的研究热潮。相继开发出 $La_{1-x}M1_xNi_{5-y}M2_y$（M1=Ce、Pr、Nd、Y、Sm；M2=Al、Co、Mn、Cu、Ca、Sn、In、Cr、Fe 等），来调整 $LaNi_5$ 合金的储氢容量、坪台特性、制备成本等[9]。1966 年，美国科学家首次发现了二元锆级 Laves 相 AB_2 合金的储氢性能，之后，科学家们用其他元素置换 AB_2 合金中的 A 侧或 B 侧元素，形成性能各异的多元合金 Ti-Zr-M（M=Mn、Cr、V、Al、Co、Mo、Fe 等）。其中，美国 Ovanic 公司开发出一种 Ti-Zr-V-Cr-Ni 多相合金，并成功应用于 Ni-MH 电池。日本丰田公司开发出 AB_2 型 Ti-Cr-Mn 系储氢合金，并采用此材料研发出了 35 兆帕储氢系统。AB_3 合金是日本科学家在 AB_5 合金的基础上，为提高其电化学容量发展而来的，其理论储氢容量约为 1.8wt%，理论电化学容量超过 400 毫安 · 时 / 克。在此基

① wt% 为质量百分比。

础上通过元素替代发展了一系列La-Mg-Ni、La-Ca-Mg-Ni、La-Mg-Ni-Co等AB_3型储氢材料，逐渐替代AB_5型合金。AB型TiFe合金于1974年由美国布鲁克海文国家实验室发现，其储氢容量达1.8wt%，该合金特点为价格低廉、制备容易，但其活化性能较差且易歧化导致其循环寿命较差。为改善其综合性能，相继开发出Ti-Fe-Mn、Ti-Fe-Mn-Co等一系列综合性能较为优异的AB型储氢材料。V基固溶体最大可逆储氢密度可达2wt%，目前的V基固溶体储氢合金有V-Ti系、V-Ti-Cr系和V-Ti-Mn系等，最大储氢容量可达3.6wt%，可逆储氢容量达2.4wt%，但V基固溶体储氢材料的最大问题是其成本较高，通过其他元素对V基固溶体材料的替代来降低材料成本是目前对V基固溶体材料研发的重点。Mg_2Ni储氢材料是Mg基储氢材料的典型代表，其储氢容量达3.6wt%，但其须在200~300℃的温度区间才能吸放氢气，且反应速率十分缓慢，因此，通过机械合金化方法降低其工作温度是对Mg基系列储氢材料研究的重点。1997年，德国马普煤炭研究所首次发现了$NaAlH_4$配位氢化物可在较温和条件下实现可逆吸放氢，可逆储氢量约5wt%。目前研究的其他配位氢化物储氢材料主要有$LiAlH_4$、$NaBH_4$、$LiBH_4$、$MgBH_4$等[10]，但这些材料在吸放氢热、动力学、反应机制、可逆性等方面均存在较大问题，通过催化剂添加、元素替代、纳米化、构建复合体系等手段提高其综合储氢性能是目前研究的主要方向。2002年一类储氢容量达10.5wt%的Li_3N-H化学氢化物储氢材料体系被发现，其可逆储氢容量达7wt%，但其放氢温度较高，限制了其实际应用。另一类重要的化学氢化物体系氨硼烷（NH_3BH_3）本身具有19wt%的储氢密度，90℃下的放氢容量达10.9wt%，但其可控放氢性能较差。

在非金属储氢材料体系中，碳纳米管材料的储氢性能于1997年由美国国家可再生能源实验室报道，其储氢容量可达5~8wt%，随后掀起碳纳米管储氢研究的热潮，但这类材料需在低温下吸附氢气，距离室温应用尚有较大差距。除碳纳米管外，可利用介孔碳材料的纳米中空特点，将储氢材料装载到纳米孔道中，实现对储氢材料的纳米限域，从而大幅改善储氢材料的热动力学性能和可逆性能，并可提高低维材料的稳定性。2003年，出现了另一种低密度多孔储氢材料MOFs材料，其储氢密度达4.5wt%，与碳纳米管相比，MOFs材料的孔结构和表面特性更易调整，并且通过锂离子掺杂可以提高MOFs材料的储氢性能，但在工程上实现该材料的近室温高容量可逆储氢相当困难。有机液体氢化物储氢材料是早在1975年就开发出的新型储氢材料，其储氢容量可达6~7wt%，具有操作简单、使用安全等特点。

经过多年的研究开发，虽然已经开发出几十个体系的储氢材料，但大部分高容量储氢材料受限于制备难度大、使用温度高、可逆性能差、成本高等问题，难以进行产业化生产和应用。目前，实现产业化应用的材料主要集中在传统金属材料AB_5型稀土储氢材料、AB_2型Laves相储氢材料等领域。

稀土储氢材料方面，AB_5型稀土储氢合金的主要应用领域是镍氢电池和储氢装置。作为镍氢电池负极材料的稀土储氢合金，是影响电池性能的主要因素之一。为适应多种镍氢电池的要求，储氢合金也分为常规型、高容量型、功率型、低温型、高温型、低自放电型、低成本型等，某个电池品种应用某个储氢合金产品前，需要经过多次试验和评价，一旦应用稳定，一般不再更换，因此，储氢合金企业都有相对固定的客户群和定型产品。为促进燃料电池的实用化，近年来相继开发了稀土储氢材料固态储氢装置，以 $MmNi_{4.5}Al_{0.5}$ 合金为例，该储氢系统与 15 兆帕高压气瓶相比，在相同的储氢容量下，其体积缩小至 1/4，储氢压力降至 1 兆帕，有效提高了系统安全性，同时可放出 99.9999% 纯度的氢气，明显提高了氢气纯度，保障了燃料电池效率和寿命。20 世纪 90 年代，稀土 $LaNi_5$ 型储氢电极合金在日本和中国先后实现了产业化。目前，世界稀土储氢合金 95% 由中国和日本供应。近年来，日本逐渐减少普通储氢合金的产量，主要开发生产 HEV 用镍氢动力电池的功率型 $LaNi_5$ 储氢合金[11]。2006 年，日本三洋电器公司采用东芝的专利技术，生产出低自放电镍氢电池新型稀土系 RE-Mg-Ni 型储氢合金粉，用于“Eneloop”（爱乐普）低自放电镍氢电池中，电池循环寿命可达 1 000 周，充电放置 1 年的容量保持率为 85%。2009 年推出的第二代“Eneloop”低自放电镍氢电池的循环寿命达到 1 500 周，存放 3 年后的容量保持率可达 75%，年产量 6 000~7 000 吨，日本储氢合金企业目前只剩三德金属工业公司、日本重化学工业株式会社和三井金属矿业株式会社 3 家，产能均在 5 000 吨左右，总约 1.5 万吨，产能利用率较高，其技术支持均依靠企业自身力量。近五年，日本储氢材料的年产销量在 1.2 万吨左右，比较稳定。

AB_2 型 Laves 相储氢合金方面，Ti-Mn 系、Ti-Cr 系等 AB_2 型 Laves 相储氢合金主要用于储氢装置的制备。通过不同的元素添加、替代可获得不同容量、坪台特性的储氢材料，满足不同的应用需求。美国 Ovanic 公司开发出一种 Ti-Zr-V-Cr-Ni 多相合金，并成功应用于 Ni-MH 电池。日本丰田公司开发出 AB_2 型 Ti-Cr-Mn 系储氢合金，并采用此材料研发出了 35 兆帕储氢系统。由于氢能产业市场刚刚起步，目前，对于 AB_2 型储氢合金尚处于性能优化和中试生产阶段，尚未实现对 AB_2 型 Laves 相储氢合金的产业化生产。

Mg 基储氢材料方面，国外主要生产企业为法国 McPhy 公司。2012 年，McPhy 公司将 MgH_2 储氢合金和相变材料装填入固态储氢系统中，形成储氢量 100 千克型固态氢储存设备，并已销往德国、中国和北美地区，是目前 Mg 基储氢材料的最大规模应用企业。日本 Biocoke Lab 公司、ECO2 公司及 ZEROONEZERO 公司于 2014 年启动可储藏、输运氢气的 MgH_2 的“镁氢业务”，将 Mg 锭切割成薄片后冲压形成多孔质材料，做成“镁氢块”样品为燃料电池提供氢气。“镁氢块”的尺寸为 34.8 毫米 ×34.8 毫米 ×18.2 毫米，重量为 21.8 克，每块可储藏约 1.66 克氢，目前产能在 3 000 千克 / 年。

常用的有机液体氢化物储氢材料为苯和甲苯类材料。在有机液体储运氢气技术应用方面，日本走在世界前列，将基于甲苯和甲基环已烷可逆反应的储氢技术作为从海外大规模进口氢燃料的方式之一。川崎重工业株式会社在远程液氢运输方面取得了很大的成就，采用液氢运输船的方式运输在澳大利亚开采褐煤生产的氢气。运输船采用可以容纳 2 500$Nm^3$① 液氢的极低温蓄压式设备，氢灌的泄漏量控制在 0.09%

① Nm^3 是指在 0℃ 1 个标准大气压下的气体体积。

左右。日本千代田化工建设株式会社、三菱商事株式会社、三井物产株式会社、日本邮船株式会社四家公司联合成立新一代氢能源产业链技术研究会，2020年将利用甲基环己烷储氢技术将氢气由文莱海运至日本川崎市，年供给规模将达到210吨[12]。德国 Hydrogenious Technologies（HT）公司是专业从事有机液体储氢材料的研发和生产的公司，其基于有机液体储氢材料技术开发了氢气处理量10~5 000Nm^3/h不同规格的氢气储存系统，氢气储存系统示范装置已在德国和美国实现运行。

6.2.3 中国储氢材料产业发展动态及趋势

稀土储氢材料方面，目前，中国稀土储氢材料产量已超过日本，主要生产传统镍氢电池用$LaNi_5$型储氢合金，目前产能约2万吨，达到全球总产量的70%，并已出口日本、韩国和欧洲。中国稀土储氢材料的生产企业主要有13家，包括鞍山鑫普新材料有限公司、微山钢研稀土材料有限公司、宁波申江科技股份有限公司、厦门钨业股份有限公司、中山市天骄稀土材料有限公司、四会市达博文实业有限公司、内蒙古稀奥科贮氢合金有限公司、包头三德电池材料有限公司、甘肃稀土新材料股份有限公司、兰州金川科力远电池有限公司、四川和盛源材料有限公司、北京浩运金能科技有限公司、江西江钨浩运金能科技有限公司（我国主要稀土储氢材料生产企业表见表6.3），主要分布于福建、内蒙古、辽宁、广东、山西、甘肃等地。稀土储氢材料产能在1 000吨以上（含1 000吨）企业7家，3 000吨以上1家，产能及产能利用率差异较大。各企业主要依靠稀土、镍和钴资源，技术力量和市场产业链，并有企业内外专业研究院所做技术支持。国内稀土储氢材料产业2003~2011年得到迅猛发展，产销量逐年增长，2010年达到1.78万吨，近年来生产能力变化不大，产量在锂电池的冲击下有所下降，年产销量已降至9 000吨以下，并趋于稳定。

表6.3 中国主要稀土储氢材料生产企业表

序号	工厂名称	产能/吨	其他
1	北京浩运金能科技有限公司	2 000	
2	江西江钨浩运金能科技有限公司	5 000	属于北京浩运金能科技有限公司
3	厦门钨业股份有限公司	3 000	
4	内蒙古稀奥科贮氢合金有限公司	1 000	属于中国北方稀土（集团）高科技股份有限公司
5	四会市达博文实业有限公司	1 000	中国北方稀土（集团）高科技股份有限公司占股
6	中山市天骄稀土材料有限公司	500	中国北方稀土（集团）高科技股份有限公司占股
7	甘肃稀土新材料股份有限公司	1 200	属于中国北方稀土（集团）高科技股份有限公司
8	包头三德电池材料有限公司	1 500	
9	鞍山鑫普新材料有限公司	500	

注：产量低于500吨/年的未列出

国内外主要 $LaNi_5$ 储氢合金生产企业的技术水平和工艺水平差距不大。2005 年，鞍山鑫普新材料有限公司生产的储氢合金粉技术指标已达到国际领先水平，先后通过日本松下电器产业株式会社、德国瓦尔塔蓄电池公司等世界著名大型电池企业的质量认证，其产品外销日本、美国等国家。厦门钨业股份有限公司是国内最具竞争力的电池材料生产企业之一，2009 年，公司混合动力车用储氢合金粉产品已被日本松下电器产业株式会社、三洋电机株式会社等公司认证并应用。内蒙古稀奥科贮氢合金有限公司采用美国 Ovanic 公司专利技术，生产出的产品质量稳定，广泛应用于国内镍氢电池生产企业。2008 年，北京宏福源科技有限公司开始批量生产 RE-Mg-Ni 储氢合金。为了进一步提高稀土储氢合金产品的综合性能，内蒙古稀奥科贮氢合金有限公司与燕山大学合作，在储氢合金表面复合处理、镀膜和原位还原制备等方面取得了大量有意义的结果。包头稀土研究院先后于 2008 年和 2018 年自主开发了高功率 La-Fe-B 系电极合金和新型高容量 La-Y-Ni 储氢合金[13]，并均已获得日本专利，与日本同类产品相比制造工艺更加简单和安全，具有高性价比及良好的市场推广前景。

稀土储氢材料对于镍、稀土、钴需求量较大，材料成本中镍钴占比较大，镍钴金属市场价格震荡，对于企业经营状况影响显著。目前，我国储氢合金产业处于供大于销局面，价格激烈竞争状况仍长期持续。近年来我国混合动力汽车市场正迎来规模式增长，预计到 2020 年储氢合金需求将达到 1.5 万吨，2025 年达到 2 万吨。

AB_2 型 Laves 相储氢合金方面，国内目前仅有研工程技术研究院有限公司具备 AB_2 型储氢合金的中试生产线，产能可达 200 吨。2019 年，采用此生产线生产的 Ti-Mn 系储氢材料研制的低压储氢装置已成功应用于燃料电池大巴车，并实现示范运行。这一案例表明固态储氢替代高压气态储氢作为燃料电池汽车氢源成为可能，为 AB_2 型 Laves 相储氢合金在燃料电池汽车上的大规模应用拉开帷幕。2019 年《政府工作报告》中提出“推进充电、加氢等设施建设”，将氢能首次写入《政府工作报告》，预示着氢能产业发展的黄金时期即将到来，也为坪台特性可调空间大的 AB_2 型储氢材料的产业化发展提供了良好的契机，可满足静态化学氢压缩机，燃料电池备用电源，加氢站用高密度、高安全性储氢系统，跨季度规模储能等市场的氢气储存需求。

有机液体储氢材料方面，宜都市氢阳新材料有限公司（以下简称氢阳公司）是国内唯一一家从事有机液体储氢材料研发和生产的公司。2019 年 3 月，氢阳公司采用液态芳香碳氢化合物作为储氢载体的有机液体储氢技术实现量产，目前一期工程产能 1 000 吨，并计划投资 30 亿元形成 100 万吨有机液体储氢材料的产能[14]。2018 年以来，氢阳公司与扬子江汽车集团公司、三环集团有限公司合作氢燃料汽车和卡车，已经实现试运行。

6.2.4 中国储氢材料产业发展存在的问题

目前已开发出几十个储氢材料体系，无论是传统储氢材料、新型高容量储氢材料还是非金属储氢材料，均取得较大进展，但储氢密度、安全性和储氢成本之间的平衡关系尚未解决，离大规模商业化应用尚有距离。

1. 使用性能与应用要求存在差距

储氢材料吸氢后会对材料产生氢脆，且储氢合金在反复吸收和释放氢的过程中会不断发生膨胀和收缩，使储氢合金发生粉化，并在管道或床体上堆积。另外，储氢合金需装填入储氢装置中进行应用，粉化后的储氢合金还会使储氢合金床体的导热能力变差，从而导致储氢装置吸放氢速率下降，影响储氢合金的使用性能。随着各种新型轻质、高容量储氢材料的研发和为提高储氢性能而大量采用的低维化与纳米化处理技术的引入，在储氢系统集成中材料低堆积密度与系统高储氢密度要求之间的矛盾更加突出。并且，低堆积密度的储氢合金床体，其导热性能也较差，从而影响储氢系统对氢气的充放速率，导致储氢系统的氢处理能力下降。

2. 成本问题日益突出

随着工业和社会的不断发展，稀土储氢合金中的主要成分稀土、Ni 和 Co 的价格不断上涨，目前稀土储氢合金的售价高于 12 万元 / 吨，严重影响了镍氢电池的产业发展，削弱了镍氢电池与锂离子电池的竞争力，而镍氢电池产业的萎缩又将影响稀土储氢合金产业的发展[15]。除此之外，AB_2 型、Mg 基、V 基固溶体均属于高成本材料，其他轻质高容量材料除本身的使用性能差之外，还存在价格高的问题，如 $NaAlH_4$ 的售价达 1 000 元 / 千克，如此高的售价严重影响了储氢合金的产业化发展。

3. 专利意识淡薄

目前，我国在储氢材料文章发表方面，已可与美国比肩。但与国际领先的专利申请人相比，我国储氢材料领域的专利申请数量相对较低，显示出知识产权保护意识的淡薄。并且，我国在储氢材料方面处于技术输入地位，在世界范围内的专利布局量略低，因此我国储氢材料生产企业面临较大的专利风险，也将会为我国储氢材料的产业化发展带来较大风险[16]。

4. 产业化程度低

我国储氢材料的相关研究团队主要集中在科研院所，产业化程度和集中化程度较低，相关企业在该领域的研究和投入较少。导致科研院所的科研成果无法实现及时有效的转化，造成严重的资源浪费。另外，也导致科研院所无法从企业获得第一手的产业化技术需求信息，导致研发和生产脱节，严重制约我国储氢材料的产业化进程[17]。

6.2.5　中国储氢材料产业发展重点方向研究

1. 储氢材料研发与储氢系统研发相结合

针对储氢材料吸放氢后粉化严重的问题，进行储氢合金抗粉化性能提升技术研究，主要技术手段包括高强度元素添加、介孔限域等，开发出具有良好抗粉化性能的储氢合金，或将储氢合金限定在局部区域内，在出现粉化时不发生堆积板结，保障系统安全性能和传热传质性能。除此之外，针对储氢材料易粉化特性和轻质储氢材料低密度特性，开展储氢装置传热传质模拟计算和系统设计研究，对储氢装置的内部结构进行优化设计，开发出具有高效储氢能力的储氢系统，实现诸氢系统的市场化推广应用，从而拉动储氢材料的产业化发展。

2. 低成本储氢材料研究

较高的稀土储氢材料价格削弱了储氢合金和镍氢电池在行业中的竞争力，其他类型储氢材料如 V 基固溶体的高成本也是制约其实际应用的主要障碍。因此，进一步降低现有储氢合金产品的价格和开发新的低成本高性能的储氢合金是发展的重点。对于稀土储氢材料，目前的低成本储氢材料中基本已不含价格高的 Nd、Pr 和 Co 元素，仍需通过其他成本更低的元素来替代 Ni，并通过元素成分、含量和制备工艺的优化研究，获得更低成本的合金体系。

6.2.6　对策措施及建议

1. 加强产学研结合

借助氢能产业爆发式发展的契机，通过政府组织在体制和机制上真正实现以企业为主的产学研结合，重点支持产学研相结合的科研项目，加强对研究成果转化为产业化的扶持力度，实现企业与科研院所联盟，提高我国在储氢材料领域参与技术和市场的竞争力。

2. 充分发挥人才优势

选拔储氢材料领域的优秀技术专家作为产业技术创新带头人，实现产业技术升级和研发成果的产业化。并通过薪酬体系、股权激励等机制充分调动科研技术人员的积极性。

3. 充分发挥科技服务平台优势

充分利用现有的储氢材料研发国家工程中心、产业技术联盟、国际合作基地等平台，并通过产学研结合建立储氢材料的研发和产业化基地，集中管理，重点突破。建成完善的创新体系，培养具有世界水平的储氢材料专家和研究团队，打造具有自主知识产权的品牌产品。

4. 提高知识产权意识

具有自主知识产权的产品或技术，在申请国内专利的同时，应积极走出国门，进入美国、日本、欧洲等国家和地区，依靠专利提高国际市场竞争力，为中国储氢合金的产业化健康发展提供保障。

审稿：屠海令　黄小卫

参考文献

[1] 严密，彭晓领．磁学基础与磁性材料 [M]. 杭州：浙江大学出版社，2019.

[2] Yan M，Jin J，Ma T. Grain boundary restructuring and La/Ce/Y application in Nd-Fe-B magnets [J]. Chinese Physics B，2019，28(7)：077507-1-077507-29.

[3] 胡伯平，饶晓雷，钮萼，等．稀土永磁材料的技术进步和产业发展 [J]. 中国材料进展，2018，37(9)：653-661.

[4] 沈保根．稀土磁性材料 [J]. 科学观察，2017，12(4)：27-30.

[5] 严密，金佳莹，马天宇，等．新型富 La/Ce 多主相稀土永磁材料研究 [J]. 金属功能材料，2018，25(1)：1-9.

[6] 朱明刚，方以坤，李卫．高性能 Nd-Fe-B 复合永磁材料微磁结构与矫顽力机制 [J]. 中国材料进展，2013，32(2)：65-73.

[7] 闫阿儒，刘壮，郭帅，等．稀土永磁材料的最新研究进展 [J]．金属功能材料，2017，24(5)：5-16.

[8] 余祖发，周婧，黄桂花．从专利情报分析看全球钕铁硼永磁材料的市场格局 [J]. 稀土信息，2019，(6)：12-17.

[9] 胡子龙．储氢材料 [M]. 北京：北京化学工业出版社，2002.

[10] 朱敏．先进储氢材料导论 [M]. 北京：科学出版社，2015.

[11] 闫慧忠．储氢材料产业现状及发展 [J]. 高科技与产业化，2018，(195)：68-71.

[12] 周杰．日本的“氢能社会”能走多远（视角）[EB/OL]. 中国能源报，http://paper.people.com.cn/zgnyb/html/2018-01/08/content_1829286.htm，2018-01-08.

[13] 闫慧忠，王利，熊玮，等．一种稀土系储氢合金及其用途 [P]，CN201580046681.8.

[14] 宜都市人民政府．国内首批液态储氢材料在宜都问世　常温常压下液态储氢技术步入商业化阶段 [EB/OL]. 湖北宜都网，http://www.yidu.gov.cn/content-129-1066881-1.html，2018-03-28.

[15] 张沛龙．稀土储氢材料的应用现状和发展前景 [C]// 稀土新材料产业与科技创新——第九届中国包头·稀土产业论坛专家报告集，2017：36-42.

[16] 童晓晨，戴年珍，宫方斌，等．中国储氢材料领域专利申请态势分析 [J]. 材料导报，2014，（28）：147-149，158.

[17] 中国产业调研网全球及中国稀土储氢材料行业现状分析与发展趋势研究报告（2019 年）[R]，2019.

第 7 章

绿色低碳产业[1]

【内容提要】党的十九大提出，“建立健全绿色低碳循环发展的经济体系”[2]“促进绿色低碳成为经济增长新动能，逐步构建绿色生产体系和消费体系”，为我国绿色低碳战略性新兴产业发展指明了方向。新一轮科技革命对全球经济社会发展产生着重大而深远的影响，在这一背景之下，绿色低碳战略性新兴产业的发展也正在经历着产品技术、产业形态和商业模式的重大变革。我国绿色低碳产业涵盖能源新技术、节能环保、新能源汽车等三大产业，“十三五”时期产业规模和科技创新能力持续提升，部分细分产业和领域方向已经达到国际领先水平。本章在简要界定绿色低碳战略性新兴产业范畴的基础上，详细分析 2018 年以来各细分产业领域国内外最新发展动态及趋势，同时本年度选取京津冀区域大气污染防治联防联控和广东省发展氢燃料电池汽车产业作为相关典型案例进行介绍，深入解析当前我国绿色低碳产业发展存在的问题，提出促进我国绿色低碳产业发展的相关建议。

① 全文统稿：彭苏萍、张博、孙旭东。煤炭清洁高效利用产业：许世森、程健、周贤。非常规油气产业：马永生、赵培荣、刘红光。能源互联网与综合能源服务产业：周捷、刘家亮、王仲达、刘博、刘韶华、周弘毅、赵兵、石文辉。核能产业：苏罡、孙晓龙。风力发电产业：冯煜、韩花丽。太阳能光伏发电产业：孔凡太、胡林华。太阳能光热发电产业：张剑寒、王志峰。生物质能产业：袁振宏、庄新姝、王闻。地热能产业：多吉、王贵玲、何雨江。节能环保产业：许嘉钰、温宗国、张婷婷、彭猛、吴剑、张宇婷、张绍君。新能源汽车产业：孙逢春、王文伟、陈晓慧。

② http://sh.people.com.cn/n2/2018/0313/c134768-31338145.html。

7.1 绿色低碳产业基本范畴

7.1.1 能源新技术产业

绿色、低碳是未来全球能源产业的发展方向，贯穿于能源开采、加工、转化、利用全产业链，成为能源产业升级、创新发展的重要基础。能源新技术不仅涉及可再生能源、核能及非常规天然气领域，还涵盖能源的清洁高效转化、传输及终端用能等多方面，具有突破性或颠覆性的能源开发利用技术。

在煤炭清洁高效与利用领域，以煤炭为基础，通过技术创新，降低污染物和 CO_2 排放，大幅提高燃煤发电效率，实现煤炭的清洁高效利用。引发产业变革的颠覆性技术主要包括先进燃煤发电技术、CO_2 减排与碳资源利用。煤炭高效发电的发展趋势是研发更高参数发电技术和新型动力系统，具体包括新一代整体煤气化联合循环（integrated gasification combined cycle，IGCC）与整体煤气化燃料电池（integrated gasification fuel cell，IGFC）发电及多联产技术、700℃超超临界发电技术、CO_2 捕集利用与封存（carbon capture utilization and storage，CCUS）等技术。

非常规油气是指采用传统技术无法获得自然工业产量，需要采用新技术才能实现经济开采的连续型或准连续型油气资源，包括致密气、页岩气、煤层气、天然气水合物、致密油 / 页岩油、油页岩、油砂、重油等。由于非常规油气资源具有资源类型多、赋存方式多样、连续性分布、资源量大等特点，同时也具有资源丰度低、储层低孔低渗、勘探开发技术要求高、勘探开发经济收益风险大的难点，非常规油气资源属于低品位油气资源。针对性技术的采用、规模化生产、高效运行组织是实现非常规油气资源商业开发的关键。近年来，随着水平井分段压裂等工程技术产生突破性进展，以页岩油、气为代表的非常规油气资源已成为全球石油、天然气的战略性接替资源，并正在深刻地改变着世界能源的格局。

能源互联网是综合运用先进的电力电子技术、信息技术和智能管理技术，将大量由分布式能量采集装置、分布式能量储存装置和各种类型负载构成的新型电力网络、石油网络、天然气网络等能源节点互联起来，以实现能量双向流动的能量交换与共享网络。能源互联网兼容传统电网，可以充分、广泛和有效地利用分布式可再生能源，满足用户多样化能源需求。能源互联网是一种互联网与能源生产、传输、存储、消费及能源市场深度融合的能源发展新形态，从运营者视角来看，能源互联网是能够与消费者互动的、存在竞争的一个能源消费市场；从消费者视角来看，能源互联网不仅具备传统电网所具备的供电功能，还为各类消费者提供了一个公共的能源交换与共享平台。近年来，以特高压、柔性输电为代表的大容量、长距离、高灵活性输电技术等成为发展重点，也是能源互联网产业最具代表性的发展成果之一。综合能源服务以实现“清洁、科学、高效、节约、经济用能”为宗旨，通过综合能源系统，为用户供应综合能源产品和／或提供能源应用相关的综合服务。在能源管理方面，综合能源服务除了加强能源开发、输送和供应等项目及其资产的管理，更要注重服务用能企业（特别是高耗能企业）科学能源管理体系的建立；在能源技术方面，注重综合能源系统、可再生能源、分布式发电等技术的研发，强调多异质能源互补、协同及能源梯级利用。储能技术主要分为机械储能、电磁储能、电化学储能等三大类，此外还有储热、储冷、储氢等。不同储能产品在寿命、成本、效率、规模、安全等方面的参数不同，能满足不同应用场景的需求。

核能产业是通过可控方式核裂变或者聚变方式将原子能转变为电能或者多元化利用，涵盖核电站全生命周期，包括建造、运行和退役，并涉及核电全产业链和相关方，着眼于建立可持续发展的核燃料循环体系。核能产业应用可细分为核能发电产业、核能供热等多元化产业和核能分布式利用产业。核科技创新的前沿方向，主要包括空间和深海核动力、先进核材料生产、小型模块式反应堆、耐事故元件、核燃料嬗变处理等领域，同时信息智能技术、先进制造和先进材料技术等重大颠覆性技术的渗透和融合，正在为核科技创新注入新的动力。

风力发电产业是目前可再生能源行业中技术最成熟、应用最广泛、商业化程度最高的产业。风力发电产业不仅包括传统意义上的风电机组整机及其零部件的设计、制造、运输、安装、维护及风电场的建设、并网运行等环节，还包括风能资源测量及预测、风电与电网系统集成等内容。分散式风电和海上风电已成为推动我国风力发电产业增长的新动力，大功率、长叶片、高塔筒、智能化是当前风电技术发展的热点前沿领域。

太阳能光伏产业是指利用半导体的光生伏打效应将太阳能直接转化为电能所涉及的从材料制造、装备制造、电池片与组件制造到光伏电站建造及运维的完整产业链。太阳能光伏的热点领域是以钙钛矿太阳电池为代表的新型太阳电池。太阳能热利用及热发电产业是将太阳辐射能转化为热能再将热能转化为电能和化学能的产业，涉及的装备制造、基础材料、电力电子、工程设计与施工等相关行业。太阳能热水和聚光型太阳能热发电技术已经实现了大规模商业化，太阳能热化学和跨季节太阳能储热采暖处于技术示范阶段。基于超临界 CO_2 的太阳能热发电技术和太阳能化学合成燃料技术是近期的前沿技术，而太阳能跨季节储热采暖是解决我国冬季采暖污染问题的一个研究热点。

生物质能产业是采用一定的转化技术将生物质原料转化为固体、液体和气体燃料，提供发电、产热和运输用燃料的可再生能源产业。生物质高效热解、气化和生化转化为运输用燃料是生物质能产业的前沿领域。

地热资源是指能够经济地被人类所利用的地球内部的地热能、地热流体及其有用组分，具有储量大、分布广、开发利用安全、可再生、稳定、清洁、高效的特点。可利用的地热资源主要包括天然出露的温泉、通过热泵技术开采利用的浅层地热能、通过人工钻井直接开采利用的地热流体及干热岩体中的地热资源。干热岩热能资源开发及技术研究是地热能产业的前沿领域[1]。

7.1.2　节能环保产业

节能环保产业是指为节约能源资源、发展循环经济、保护生态环境提供技术基础和装备保障的产业，主要包括节能产业、环保产业和资源循环利用产业三大类，涉及节能环保技术与装备、节能产品和服务等，一般涉及六大领域，即节能技术和装备、高效节能产品、节能服务产业、先进环保技术和装备、环保产品与环保服务。

节能是指应用技术上现实可靠、经济上可行合理、环境和社会都可以接受的方法，有效地利用能源，提高能源设备使用或工艺的能量利用效率。至于节能产业，国际、国内都还没有统一的认识和定义。无论是联合国的《全部经济活动的国际标准产业分类》，还是各国自身标准，如中国发布的《国民经济行业分类与代码》、美国的《标准产业分类》、日本的《日本标准工业分类体系》等，均没有将节能产业作为一个独立的产业部门划分出来。各国统计序列里，也尚未对节能产业进行统计分析。其原因是节能的含义过于广泛弥散，任何生产、消费、管理环节都具有节能的潜力，任何技术进步都有能效提高的因素，因此界定极为困难。从产业内容上来看，节能产业主要包括节能技术和装备、节能产品和节能服务，尤其强调节能服务在产业中的重要性，而节能设备往往是伴随着技术进步通过市场机制自发实现的，一般并未将其纳入节能业的产业范畴。在节能服务领域中，“合同能源管理”是节能服务的基本机制；“能源服务公司”则是节能服务的组织形式，它是一种基于合同能源管理机制运作的、以营利为目的的专业化公司，它根据节能服务合同，向客户提供能源审计、可行性研究、项目设计、项目融资、设备和材料采购、工程施工、人员培训、节能量监测，以及改造系统的运行、维护和管理等服务，并通过与客户分享项目实施后产生的节能效益获得利润，滚动发展。

环保产业是以防治环境污染、改善生态环境、保护自然资源为目的而进行的技术产品开发、商业流通、资源利用、信息服务、工程承包等活动的总称，具体包括环境污染控制与减排、污染清理及废物处理等方面。我国的环保产业包含范围广泛，既有属于第二产业的环保设备生产与经营、废弃资源的综合回收利用，也有属于第三产业的环境服务——主要为环境保护提供技术、管理与工程设计和施工等各种服务，有望形成以自然资源开发与保护型、环保设备生产与经营型、环境服务型和资源综合利用型四大环保方向为主的全新产业格局。

资源循环利用产业是指“从事再生资源流通、加工利用、科技开发、信息服务和设备制造、环境保护等经济活动的集合，是集流通、生产、科研、环境保护于一体，集经济效益、社会效益、环保效益为一体的具有先进水平的新型产业”。它是循环经济模式中极为关键的一环，覆盖循环经济三原则中的“再利用和资源化”两大领域，负担着将各种有价废弃资源输送回社会生产活动的“静脉输血”职能，是静脉经济的最重要支撑。通过资源的有效利用、稀缺资源的代用及资源的再利用，实现资源的节约和合理利用；在生产过程中，减少废弃物和污染物的产生和排放，以实现废弃物和污染物的减量化、资源化和无害化。

由于节能环保产业渗透于几乎所有经济活动，因而也可以按一、二、三产业划分。第一产业，是指可持续农业和林业等，以环境友好的方式经营农林牧渔，使之不仅不会造成环境污染和生态退化，还有利于环境保护。此时，第一产业已非传统意义上的产业，而是具备了环保产业的特征。节能环保产业中的第二产业是指节能环保相关的产品生产，散布于制造业的所有部门，如果洁净产品也计入其中，则范围更广。这也正是节能环保产业难以统计、难以管理的原因。相比之下，节能环保产业中属于第三产业的服务业是该产业的核心。总体而言，节能环保产业涉及领域广泛，产业链长，关联度大，吸纳就业能力强，对经济增长的拉动作用明显。

7.1.3 新能源汽车产业

新能源汽车是指采用新型动力系统，完全或主要依靠电能驱动的汽车，主要包括纯电动汽车、插电式混合动力汽车、燃料电池汽车。其中，纯电动汽车是指完全由电机驱动的汽车，电机的驱动电能来源于车载可充电电池系统或其他电力储存装置；插电式混合动力汽车是指具有一定的纯电驱动续航里程，可外部充电的混合动力汽车；燃料电池汽车是指以燃料电池作为单一电能来源或者以燃料电池系统与可充电储能系统作为混合电能来源的电动汽车。

新能源汽车产业涉及乘用车和商用车整车制造及动力电池、燃料电池、驱动电机、电控系统、轻量化材料等关键零部件产业，以及充电桩、换电站、加氢站等基础设施产业，同时与互联网、大数据、AI 等新兴产业相关联。发展新能源汽车是推动汽车产业可持续发展，实现汽车与社会、环境和谐共生的重要途径。

7.2 2018 年以来绿色低碳产业发展的最新国际动态及趋势分析

7.2.1 能源新技术产业

1. 煤炭在世界能源中仍发挥重要作用，其清洁高效利用是主要发展方向

煤炭仍是发电的主要来源之一。2018 年，全球煤炭消费量达到 53.9 亿吨标准煤，较 2017 年增加了 1.4%，占全球一次能源消费总量的 27.2%[2]。煤炭的清洁高效利用是当前煤炭产业发展的主要方向。燃煤发电仍是煤炭利用的主要方式，2018 年全球发电量达到 26.672 万亿千瓦时，其中煤电 10.116 万亿千瓦时，比 2017 年增长 2.6%，占全球发电量的 38%。从发电量来看，全球燃煤发电在地理分布上高度集中在中国、美国、印度、日本、韩国、德国、南非、澳大利亚、俄罗斯等 13 个国家或地区。其中，中国、美国和印度三国占全球燃煤发电量的 70%。从 2018 年装机变化来看，全球开工前期准备、新开工和新投产煤电厂项目分别同比下降 24%、39%

和 20%。这是全球煤电产能增长幅度连续第三年下降。全球共有 50.2 吉瓦煤电装机投产，其中，中国 34.5 吉瓦，印度 7.7 吉瓦。同年，全球共有近 31 吉瓦煤电装机退役，退役装机主要来自美国，为 17.6 吉瓦。

燃煤发电效率提升和 CO_2 及污染物近零排放是燃煤发电产业发展的热点和难点。美国环境保护署于 2015 年颁布了《清洁电力计划》，以及针对新建、改建和重建电厂的《碳排放标准》，确保燃烧化石能源的电厂变得更清洁、更高效，并加大零排放和低排放能源的使用。日本政府计划到 2030 年煤电、核电和天然气发电在总发电量中的比例分别为 26%、22% 和 27%。由于日本民众对于逐步重启核电站充满担忧，电力部门更多地选择建立高效低排放的燃煤电厂。日本 J-POWER 和其他几家公司正在研发富氧 IGCC 发电技术，旨在提高能源效率，从合成气中经济地捕集 CO_2。大崎 CoolGen 项目目标是结合 IGFC 和 CO_2 捕集技术，实现创新型低碳煤炭发电，项目由纯氧气化 IGCC（一期）、带 CO_2 捕集的纯氧气化 IGCC（二期）和带 CO_2 捕集的 IGFC（三期）构成；17 万千瓦规模的纯氧气化 IGCC 装置有望实现全球最高水平的效率，即 40.8% 的供电效率（high heat value，HHV），而 500 兆瓦级商业装置的供电效率有望达到 46% 左右。2019 年建成带 CO_2 捕集的纯氧气化 IGCC，并着手推进使用 IGFC（三期）项目，验证煤气化气体在燃料电池中的适用性，目标是应用于 500 兆瓦级商业发电系统时，在 CO_2 捕集率为 90% 的条件下实现约 47%（HHV）的供电效率。

世界各主要用煤大国积极推进 CCUS 技术的发展和应用。2018 年 CO_2 排放量达到 334.4 亿吨，较 2017 年增长了 1.6%，CO_2 排放量占比前三的分别为中国（27.6%）、美国（15.2%）、印度（7%）。2018 年 1 月，美国得克萨斯州装机容量为 240 兆瓦的 Petra Nova 煤电厂正式投运，是美国首家商业化运行的配有 CO_2 捕捉和封存装置的煤电厂，每年减排 100 万吨 CO_2。2018 年 2 月，美国通过未来法案（Future Act），CO_2 捕集与封存获得税收抵免 50 美元 / 吨，CO_2 驱油与封存获得税收抵免 35 美元 / 吨。截至 2018 年，CCUS 技术已经安全投入商业运营 45 年。虽然世界各国在 CO_2 捕集、CO_2 驱油、CO_2 封存等方面取得进展，但在商业化方面还存在困难。随着技术的进步、成本的降低及碳减排压力的增大，CCUS 技术将迎来快速发展阶段。

2. 美国页岩油气产量实现持续快速增长

2018 年美国页岩油气产量持续快速增长[3]。2018 年页岩气产量 6 072 亿立方米，占美国天然气产量的 73%；页岩油年产量达到 3.29 亿吨，较 2017 年有所增加，占其石油产量的 59%。截至 2017 年底，美国页岩油证实储量约为 27.4 亿吨，占美国原油和凝析油总储量的 48%，其中 90% 以上的页岩油储量来自二叠盆地、巴肯和伊格尔福特。美国地质调查局（United States Geological Survey，USGS）认为，以上三个地区还有超过 120 亿吨的待发现技术可采页岩油资源。

2014 年油价下跌以来，埃克森美孚、雪佛龙、壳牌等国际大型石油公司加大了对美国陆上页岩油的投资。2017 年 1 月，埃克森美孚以 66 亿美元收购二叠盆地页岩油资产，是该公司2012年以来最大的一笔收购活动，同时还计划将公司全球钻井预算的50%用于美国页岩油气钻探。雪佛龙通过一系列并购，已经成为在美国二叠盆地拥有页岩油资产面积最大的公司，同时也是目前二叠盆地页岩油产量最高的前三家公司之一。壳牌、BP、Equinor等也都增加了在美国页岩油领域的投资。随着页岩油行业模式逐渐成熟，对公司规模和运营效率的要求越来越高，美国本土的中小独立石油公司将不再具有竞争优势，未来美国页岩油产量增长将主要来自国际大石油公司。

通过技术、管理创新，2018年，美国不同盆地的页岩气开采成本出现了不同程度的下降，降幅为10%~30%。成本和经济性是确定产业能否可持续发展的重要依据。从发展历程来看，美国页岩油行业的成本呈总体下降趋势，页岩油公司的营利能力也在持续改善。美国页岩油行业在2018年首次实现了16亿美元的年度净现金流入。

3. 能源互联网进入快速发展阶段，综合能源产业发展持续增速

美国加快开展对分布式能源和冷热电联供技术的推广应用。截至2017年底，各种类型的热电联产项目4 395个，总装机为82 597.5兆瓦。欧盟能源系统依托信息通信技术逐步向能源互联网演进，德国选择了6个示范区域来发展能源互联网构想中涉及的若干关键技术和方案。日本积极推进分布式及微电网项目，按照日本智能电网战略中所提出的“智能社区”概念和三层次模型，各试点项目围绕不同层级的关键技术和方案进行实证研究。

先进输电工程建设稳步推进。美国长岛138千伏超导电缆输电示范工程项目，输电能力60万千瓦，德国、韩国也分别建设了千米级示范工程项目；荷兰与德国380千伏高压交流海底电缆工程于2018年底启动调试，输送容量100万~200万千瓦；荷兰与丹麦400千伏高压直流海底电缆工程于2019年一季度启动试运营，输送容量70万千瓦；挪威Tonstad至德国Wilster海底电缆输电工程于2018年底投入运行，工程采用高压直流输电技术联网，设计容量1 400兆瓦。

美国各州需求响应（Demand Response，DR）项目的开展各具特点，加利福尼亚洲主要运营负荷参与计划、需求削减计划等项目，纽约州主要利用可中断负荷参与日前现货市场或运行备用市场。法国的Tempo项目是分时电价的典型成功案例，超过1 000万名消费者参加了这一项目。日本为实现电力供求平衡并构筑电力稳定供给模式，启动了自动需求响应实证试验，该试验使用美国存托凭证（American depository receipts，ADRs）国际标准规格，在电力供应紧张时，自动向用户发出节电要求信号，家庭、企业等用电方自动接收DR信号，利用能源管理系统控制用电量，对DR结果自动进行报告。

截至2019年6月底，全球在运储能项目共1 747个，累计装机规模约195.74吉瓦。其中，抽水蓄能184.20吉瓦（353个在运项目）；储热4.03吉瓦（225个在运项目）；其他机械储能2.65吉瓦（78个在运项目）；电化学储能4.83吉瓦（1 077个在运

项目）；储氢 0.02 吉瓦（14 个在运项目）。根据 GTM Research 发布的全球储能报告，2018 年澳大利亚新增 246 兆瓦，领先于美国和其他国家，居全球首位。

4. 全球核电增长加快，核电科技创新呈现出新的趋势

2018 年全球核电占比 10%[①]。2018 年全球核电增长达 2.4%，是 2010 年以来增长最快的一年。根据世界核协会公布的数据，截至 2018 年 12 月 31 日，全球共有 450 台在运核电机组，总净装机容量约为 399.1 吉瓦。与 2018 年 1 月 1 日（447 台，392 吉瓦）相比，在运机组数量增加 3 台，总净装机容量增加约 7.1 吉瓦。2018 年，全球共有 5 台核电机组正式开工建设，9 台新机组实现首次并网发电，6 台机组永久关闭。应当注意的是，英国欣克利角 C 核电厂 1 号机组是英国在 21 世纪启动建设的首台核电机组，俄罗斯库尔斯克二期 1 号机组是首台投入建设的 VVER-TOI 机组。2018 年全球 9 台核电机组（总净装机容量 10.4 吉瓦）首次并网发电，其中 7 台位于中国，2 台位于俄罗斯。例如，台山 1 号是欧洲压水堆全球首堆，三门核电站 1 号机组是 AP1000 全球首堆。2018 年，美国 2 台机组获得建设和运行联合许可证，均是 AP1000 机组；1 台机组获准提升功率；4 台机组获准延寿；6 台机组提交二次延寿申请；唯一在建项目持续推进。日本 5 台机组重启并恢复发电，4 台机组被宣布未来可能不再重启，1 台机组获准延寿。芬兰和乌克兰各有 2 台机组获准延寿。

国内外核电科技创新呈现出新的发展趋势，总体上朝着“更严格的安全标准、更智能的应用技术、更灵活的用户需求”方向发展，用户场景由单一的“电力供应”为主向“清洁能源、综合利用、多功能化”等领域拓展，供应产品也由以“电”为主向“供热、制氢”等多用途方向延伸，并将增殖（提高铀资源利用率）和嬗变（减少高放废物）的能力作为重要的衡量指标。

5. 全球风电产业保持稳定增长态势，市场集中度进一步提高

2018 年全球风电新增装机容量 5 131.6 万千瓦，同比下降 2.24%，其中陆上风电新增装机容量 4 682 万千瓦，同比下降 4.44%，海上风电新增装机容量 449.6 万千瓦，同 2017 年基本持平；全球风电年新增装机容量自 2014 年以来连续 5 年超过 5 000 万千瓦，但同时也是继 2015 年达到新增装机容量峰值后连续 3 年出现持续下降（图 7.1）。截至 2018 年底，全球风电累计装机容量 5.91 亿千瓦，同比增长 9.65%，其中陆上风电累计装机容量 5.68 亿千瓦，海上风电累计装机容量 0.23 亿千瓦[4]，如图 7.1 所示。从全球范围来看，亚洲风电在中国、印度等国风电市场的助推下连续 10 年保持全球第一的领先地位；欧洲风电在 2017 年实现创纪录增长以后，2018 年新增装机容量首次出现明显回落，英国、德国、法国等传统风电市场大国由于政策性问题，新增装机容量大幅下滑，致使 2018 年欧洲陆上风电新增装机容量跌落回 2008 年的新增装机水平，欧洲海上风电发展表现得则相对比较强劲；北美风电继续保持平稳增长；

① 国际能源署（IEA）. http://www.iea.org/, 2018.

拉丁美洲、非洲和中东等地区新兴风电市场发展迅速；大洋洲风电发展仍然较为缓慢。截至2018年底，风电已遍布全球100多个国家和地区，全球至少已有103个国家拥有商业化运行风电场，33个国家的运行风电场装机容量超过100万千瓦。2018年全球风电新增装机容量排名前五的国家依次为中国、美国、德国、印度和巴西，累计装机容量排名前五的国家依次为中国、美国、德国、印度和西班牙。

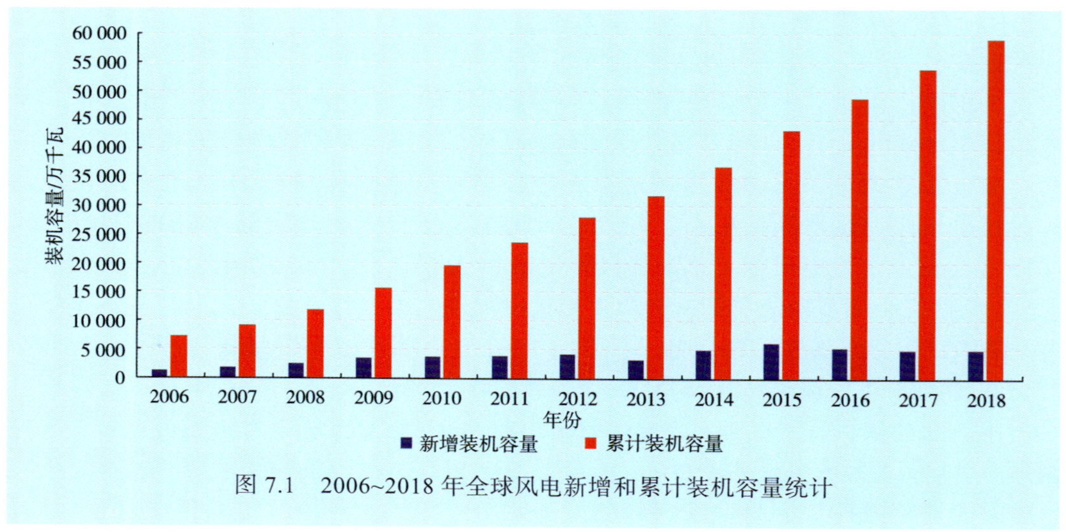

图7.1 2006~2018年全球风电新增和累计装机容量统计

风电在全球能源电力系统中扮演着越来越重要的角色。2018年风力发电量占全球总发电量的5.5%，是非水可再生能源中发电量占比最高的发电技术，风力发电量约占可再生能源总发电量的21%[5]。同时，风电在部分国家电力供应中所占比例也进一步提高。2018年丹麦风力发电量占全国总发电量的比例达到41%，风电在爱尔兰（28%）、葡萄牙（24%）、德国（21%）、西班牙（19%）、英国（18%）等国家的发电量中占比也不断提高[6]，在中国、美国、巴西等大型电力市场中，风力发电量占总发电量的比例分别达到5.2%、6.6%和8.3%。

2018年全球共有37家风电整机制造商生产供应了风电机组，其中排名前15位的风电整机制造商的供货量占全球总量的93.2%，另外有7家风电整机制造商退出市场，德国老牌风电制造巨头Senvion由于资金困难已于2019年4月向当地法院申请破产保护[7]，全球风电市场竞争愈发激烈。

6. 太阳能光伏规模逐年扩大，太阳能热发电市场稳步发展

2018年全球所有可再生能源新增装机量171吉瓦，太阳能新增装机量占可再生能源装机量的一半以上，累计光伏装机容量占全球可再生能源的1/3左右。光伏发电从2013年的135吉瓦，逐步增长到2017年的386吉瓦，再飞跃到2018年的480吉瓦，短短5年时间，实现了2.6倍的增长。其中，亚洲、美国及少数欧洲国家和南美、中东地区等新兴国家成为支撑光伏新增装机量亮眼数据的主力。

亚洲地区2018年新增64.6吉瓦并网光伏装机，占据首位，累计光伏装机量从2017年的210吉瓦增长到了2018年的274.6吉瓦，成为全球光伏行业发展的明显推动力。国际可再生能源署数据显示，2018年，中国光伏装机量从130吉瓦增长至175吉瓦，日本光伏装机量从29吉瓦增长至55.5吉瓦，印度光伏装机量从17吉瓦增长至26.8吉瓦，韩国光伏装机量从5.8吉瓦增长至7.8吉瓦，巴基斯坦光伏装机量从742兆瓦增长至1.5吉瓦，上述五个国家的累计光伏装机量已达到266.6吉瓦，约占亚洲整体光伏装机量的97%，助力亚洲成为几大洲中发展最强劲的地区。2017年，上述五个国家的累计光伏装机量约占全亚洲的87%，2018年增长至97%，显现出光伏发展的地域集中趋势[8]。随着印度等亚洲新兴市场光伏装机量的增长，预期在未来5~10年时间内，太阳能光伏装机的规模仍将大幅增加。特别是随着光伏制造成本的下降，太阳能光伏有望于2022年前后达到用户侧平价上网，这将大幅刺激太阳能光伏装机的进行。

新型太阳电池领域特别是钙钛矿太阳电池技术发展迅速，进步明显。钙钛矿太阳电池由于其具有电池效率高、制作工艺简单、原材料丰富、发电成本低、较好的建筑一体化潜力等系列优点，引起了学术界和产业界的广泛关注。目前小面积钙钛矿太阳电池的认证效率已经超过25.2%[9]，采用与传统晶硅叠层等技术，钙钛矿太阳电池的效率有望提高到30%以上。2018年底，牛津光伏有限公司的1平方厘米钙钛矿-硅串联太阳能电池已达到28%的转换效率，该效率由美国国家可再生能源实验室认证[10]。

截至2018年底，全球太阳能热发电累计装机总量为5 748兆瓦，其中2018年新增装机容量565兆瓦（图7.2）。以技术类别区分，新增装机中采用熔盐塔式技术300兆瓦，导热油槽式技术250兆瓦，线性菲涅尔式技术15兆瓦；以国家区分，摩洛哥新增350兆瓦，中国新增215兆瓦。至此，全球太阳能资源较好的国家和地区中，除澳大利亚和墨西哥尚未修建大型商业化太阳能热发电站，智利在建一座熔盐塔式太阳能热发电站以外，中国、印度、西亚、北非、南非、美国和西班牙，均有商业化并网运行的太阳能热发电站。由于西班牙和美国政策法律的变化，两国市场趋于沉寂，而南非将太阳能热发电从2020年以后可再生能源支持目录中删除，导致计划2020年以后投运的项目全部取消。

装机容量大、储热时间长的熔盐塔式电站逐渐成熟，成为市场的主流技术，而导热油槽式电站继续为市场所接受，仍然是主流热发电技术之一。碟式太阳能热发电站市场遭遇困难，线性菲涅尔式电站仍然拥有市场机会。2018年摩洛哥投运熔盐塔式电站NOOR Ⅲ，装机容量150兆瓦，储热时长7.5小时，上网电价折算成美元约为0.15美元/千瓦时，而2011年建成的熔盐塔式电站Gemasolar，装机容量20兆瓦，储热时长15小时，上网电价折算成美元约为0.33美元/千瓦时，7年间熔盐塔式电站上网电价下降了1倍。导热油槽式太阳能热发电技术成熟可靠，成本具有市场竞争力，2018年投运导热油槽式电站NOOR Ⅱ，装机容量200兆瓦，储热时长7小时，至2018年底，导热油槽式太阳能热发电占太阳能热发电市场总容量的70%左右。

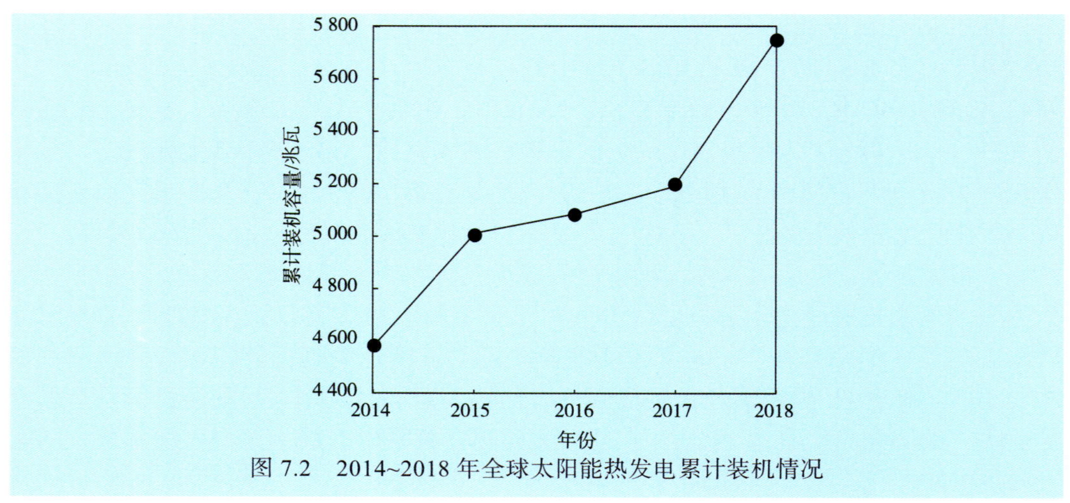

图 7.2　2014~2018 年全球太阳能热发电累计装机情况

由于碟式技术成本较高，又难以进行大规模储热，其发电特性接近于光伏发电，直接面临光伏竞争，无法取得竞争优势。线性菲涅尔式技术在成本和技术成熟度两个方面面临槽式热发电技术的直接竞争，目前尚未取得突破。2018 年只有少数中试级别的电站投运。

7. 生物质发电产能规模扩张总体呈上升态势，现代生物质能供热在分布式可再生能源供热中占主导地位，生物质交通燃料种类和产量增加

在生物质发电方面[5]，2018 年全球生物质发电装机量较 2017 年增加 6.5%，达到 130 吉瓦，发电量达到 581 太瓦时，中国是全球生物质发电量最高的国家，其后依次为美国、巴西、德国、印度、英国和日本。美国的生物质发电因近十年缺乏强有力的政策支持及其他可再生能源发电的竞争，产能规模扩张缓慢，有些生物质发电厂因供电合同到期未续约而关闭。欧洲依然是生物质发电的主导区域，德国是欧洲生物质发电量最高的国家，自 2014 年上网电价补贴力度减弱，其生物质发电规模增长缓慢，英国用进口生物质燃料替代等量的燃煤发电，其生物质发电量在 2018 年增加 11%，荷兰增加 8%，法国增加 5%。亚洲主要国家生物质发电规模呈增长趋势，与 2017 年生物质发电量相比，2018 年中国增加 14%，日本增加 25%，印度增加 4%，韩国增加 50%，泰国增加 39%。

在生物质供热方面[5, 11]，产生的热量主要用于家居、商业和工业领域。生物质原料直接燃烧供热的传统利用方式依然占据生物质产热的主导，但其利用规模增长缓慢。现代生物质能供热逐渐受到青睐，包括生物质成型燃料、生物质裂解气、生物沼气、城市固体垃圾和生物质热电联产等，其在可再生能源分布式供热中占 95%。欧洲是生物质热消费最大的地区，2018 年生物质热消费达到约 4 000 帕焦，其后依次是美国（1 800 帕焦）、巴西（1 600 帕焦）和印度（1 600 帕焦）。现代生物质能用于建筑供热主要集中在欧洲，其次是南美地区。生物质热在工业方面的应用占据工业总消费热量的 6.1%，主要应用方面是以生物质为原料的加工行业，如制浆造纸、

食品、烟草和木材加工。

在生物交通燃料方面[5]，2018 年生物质液体燃料产量相比 2017 年增加了将近 7%，达到 1 603 亿升，其中燃料乙醇约占 63%，生物柴油约占 31%，氢化植物油或氢化酯和脂肪酸约占 6%，生物甲烷占生物燃料的比例不到 1%，其他先进生物燃料不到 0.5%。69% 的生物交通燃料生产集中在美国和巴西，其后依次为中国（3.4%）、德国（2.9%）和印度尼西亚（2.7%）。2018 年全球燃料乙醇产量达到 1 120 亿升，比 2017 年增加 7% 以上，产量位于前五的国家依次为美国、巴西、中国、加拿大、泰国，其中美国和巴西的燃料乙醇产量占全球的 83%。2018 年全球生物柴油产量达到 413 亿升，比 2017 年增加 5%，产量位于前五的国家依次为美国（17%①）、巴西（13%）、印度尼西亚（10%）、德国（8%）和阿根廷（9%），欧洲是生物柴油主要产区，生产原料以大豆油为主，其次为棕榈油。2018 年全球氢化植物油或氢化酯和脂肪酸产量增加到 70 亿升，其主要消费国为芬兰、荷兰、新加坡和美国。生物甲烷用作交通燃料近年来受到重视，美国是全球车用生物甲烷最大的消费市场，2018 年车用生物甲烷消费量达到 22 帕焦。欧洲是车用生物甲烷另一重要的消费市场，瑞典是欧洲车用生物甲烷生产和消费最大的国家，其次是德国。

8. 地热能利用增长稳健，装机发电规模仍然偏小

截至 2018 年底，全球新增了 500 兆瓦的装机容量，已有 24 个国家进行地热发电商业开发，地热电站约 250 座。美国地热发电装机容量居世界首位，其次是菲律宾，印度尼西亚位于第三。美国的 700 000 个地源热泵机组已经安装，主要分布在中西部和东部各州，并且每年增长 15%，装机容量超过了 3 000 兆瓦，但仍不足该国电力需求的 1%，地热发电占菲律宾全部发电量的 27%。而印度尼西亚由于其独特的岛屿地理位置，拥有全球 40% 的潜在地热能源，代表着 28 000 兆瓦的装机容量，可用于数十个地热发电厂。到 2018 年底，国外已经建立了试验性质的增强型地热系统工程 31 项，累积发电能力约 12 兆瓦。法国、德国、英国等国联合开发的苏茨干热岩项目是目前运行时间最长的示范工程，经过 30 余年的发展，当前装机容量 1.5 兆瓦，且处于间歇运行状态，主要考察系统运行的长期稳定性。日本位于环太平洋火山带上，地热资源丰富，温泉遍布全国各地，在地热直接利用（医疗和旅游）方面走在世界前列。此外，俄罗斯和意大利的热矿水资源也十分丰富，在医疗和旅游休闲领域也开发已久。

7.2.2　节能环保产业

1. 环境服务业蓬勃发展，发展中国家潜力巨大

在环境产业成为新一轮全球经济发展的增长点后，作为环境产业化的高级形式，环境服务业的作用也逐渐受到重视，成为各国和地区重点发展的行业，环境服务业

① 各自产量占全球总产量的比例，下同。

在国际环境市场中的份额不断提高，已成为最具发展潜力的环境保护产业领域。全球环境服务业市场的发展与整体经济发展紧密相连，年均增速略高于经济增长速度，总体规模从2012年的8 970亿美元增长至2018年的13 238亿美元。全球环境服务业主要集中在废物处置服务和污水处理服务方面，这两个项目产值合计占到全球环境服务市场的75%，其中废物处置服务占45%，污水处理服务占30%，其他细分产业的市场还有待深入挖掘。

全球环境服务业市场主要集中在美国、西欧和日本，这三个国家和地区的市场总和为全球市场的70%。其中美国占35%，位列全球第一，西欧、日本分别排在第二、第三，分别占25%、10%。不过，随着发展中国家经济发展、人口增长及城市化不断发展，这些经济体开始逐步颁布严格的环境法规，环境服务不断发展、壮大，占全球市场份额持续提升。

美国环境服务业占据比重最大，产业结构规模均衡。2012年，美国环境服务业市场规模约为3 139.5亿美元，到2018年，美国环境服务业市场规模超过4 600亿美元，成为拉动美国GDP增长的重要动力之一。美国环境服务业投资主体多元化，为其环境服务业提供了充足资金支持；其完善的环境立法及法律监管执行力度有效激发了环境服务需求，为环境服务业发展创造了较大的市场空间。此外，美国环境服务业产业结构较为完整，规模均衡，其主要涉及环境测试与分析服务、废水处理工程、固体废物管理、危险废物管理、修复服务、咨询与设计。其中，固体废物管理所占比重最大，约为40%；废水处理工程其次，占比30%。

发达国家节能环保产业已经呈现出成熟工业特征，增长速度减缓，利润减少等，未来具有巨大开发潜力的环保市场将主要集中在中国、墨西哥、印度、巴西、沙特阿拉伯、印度尼西亚、土耳其、波兰、阿拉伯联合酋长国等发展中国家。发展中国家的节能环保市场保持着高速增长，尤其是以中国、印度为代表的发展中国家，在全球市场中的份额不断增加。因此，发达国家积极在发展中国家寻找机会，重点开拓发展中国家市场。以环保巨头法国威立雅环境集团为例，2018年除欧洲外其世界业务的营业收入增速达11.9%，这主要得益于北美、拉丁美洲和亚洲业务的高速增长，其中亚洲业务的提升主要来源于中国市场固体废物领域的发展和水务方面的新合同。工业废水处理领域的巨头美国麦王环保能源集团在中国数个石油化工和煤化工项目上中标，实现高盐废水的资源化利用。

2. 节能管理日趋成熟，建筑工业交通节能齐头并进

欧盟、日本、美国等主要发达国家和地区一直把节能和提高能效作为能源发展和应对气候变化战略的核心内容，提出了雄心勃勃的发展目标，带动节能产业快速发展。各国把节能产业作为经济创新发展的重要领域，努力争夺新的国际竞争优势。

美国形成了以法规为约束，数据为支撑，标准做基础，评价做工具的节能闭环管理。制度约束、市场激励、社会推动的“三位一体”的节能减排管理格局较为成熟。美国绿色建筑协会研发的能源与环境先导设计（Leadership in Energy and Environmental

Design，LEED）认证，涵盖了新建和既有建筑，2018 年经 LEED 认证的绿色建筑对美国 GDP 贡献达 298 亿美元，通过绿色建筑推广以实现整个建筑行业的市场转型。LEED 认证强调节能效果和环境改善，注重全过程节能，尤其是“设计 + 运行”的系统评估理念，保证了建筑全生命周期的用能效率提升，在世界建筑节能领域独树一帜。

日本的能源效率在全世界处于先进水平，在建筑节能方面，其大力发展“零耗建筑”，重点做墙体保温、窗户防辐射和高质量热回收新风系统，从根本上来减少建筑对能源的需求；在工业节能方面，日本企业采取收集资料、现场调查及物料、能量平衡测试等方法，确定资源消耗和对环境影响最大的一环，采取相应措施，如购置节能设备、余热利用、热能有效利用等。日本电力部门目前已采用 1 500℃燃气轮机技术，同时还在开发各种耐热材料和耐腐蚀隔热涂料、冷却技术和高温下的超低 NO_x 燃烧技术等。进一步挖掘节能潜力已经变得越来越困难，亟待突破性节能技术的开发与普及。为了加速实现节能目标，2018 年日本通过《节能法修正案》，允许多个相关企业作为一个整体报告能源使用情况，重新规定了物流行业的报告主体。此外，政府逐步扩大行业能耗基准值制度的覆盖范围，从制造业逐渐扩大到办公楼、便利店、酒店、商场等，目前该制度覆盖全日本能源消耗 70% 以上的产业。

3. 由末端治理转向清洁生产，实现物质和能量回收

世界各国一直在追求污水厂实现“能耗自给”或者“碳中和”征途中尝试各种各样的技术路线，并取得了成熟的经验。

荷兰专家提出营养物回收、能量回收、再生水工艺目标（nutrient energy water factories，NEWs），并基于上述三个方面需求提出了有针对性的工艺流程。NEWs 不倡导对原有污水处理系统的推倒重来，而是建议每座污水厂要因地制宜。

新加坡水务局为实现污水厂能量自给，制定出 3 个关键评价标准——出水水质、能源可持续性、环境可持续性，基于这些标准，分析相关污水处理技术水平和节能降耗效果，制定出面向 2022 年和未来的绿色水厂，使能源自给率超过 100%，并降低剩余污泥产量。在对乌鲁班丹再生水厂进行改造时，通过技术升级和设备改造去实现 40% 的能源自给率计划目标。具体工艺改造措施包括：对污泥实施预处理、采用膜生物反应器工艺、增加侧流厌氧氨氧化工艺、高效智能化控制、通过变频器与进口叶轮控制优化鼓风机效率并应用微孔曝气；同时，利用高效沼气发电机代替原有双燃料发电机，以提高产电量。

美国污水厂改造从开源、节流两方面入手，充分利用污泥厌氧消化产生的生物气体产电、产热，通过向剩余污泥中投加高浓度食品废物实现厌氧共消化，以加大生物气体产出量；在节流环节，更新水泵变频机组（节能 20%）、鼓风机系统（节能 13%）、气流控制阀（节能 17%）、加热设备及相关的自控系统，最大限度降低污水处理关键设备的能耗。通过开源与节流措施，到 2018 年希博伊根污水处理厂已实现产电量与耗电量比值达 90%~115%、产热量与耗热量值达 85%~90% 的佳绩，基本接近碳中和运行目标。

4. 资源循环利用体系较为完善，资源回收技术和设备先进

美国建立了完善的垃圾分类和回收系统，2018 年美国电池回收率达到了 98.2%，废纸回收率为 81.6%，各种金属的回收率也达到了 45.1%，塑料的回收相对较低，为 18.2%。美国报废汽车拆解处理行业的整体规模已经达到 700 亿美元左右，占美国循环经济整体产值的 1/3。目前美国国内汽车拆解企业超过 12 000 家，专业破碎企业超过 200 家，每年可回收废钢铁 1 600 万吨，废铝 85 万吨，废轮胎 38.6 万吨，以及超过 4.6 万吨的可再制造零部件，零部件再制造企业达 5 万多家。

日本具有更为完善的垃圾分类和资源化系统。2016 年 11 月，东京奥林匹克组织委员会提出一项堪称“脑洞清奇”的计划——“利用都市矿山制作大家的奖牌”，通过回收废旧小型家电，从中提炼金属，锻造奖牌。根据项目官网公布的数据，截至 2018 年 10 月，通过回收小型家电再生的金的数量已达 28.4 千克，为制造奥运会奖牌所需数量的 93.7%，银有 3 500 千克，达到目标量的 85.4%，铜的数量在 2018 年 6 月已经达成目标。原本被认为超出脑洞的计划，得益于其完备的家电回收系统、废旧家电的拆解、金属提炼和树脂再生技术和设备，正在一步一步靠近现实。

7.2.3 新能源汽车产业

1. 全球新能源汽车进入规模发展期

国际新能源汽车销量再创历史新高。2018 年全球汽车销量达 9 479 万辆，同比下降 0.5%，是自 2009 年以来全球汽车销量首次出现下滑，而全球主要国家新能源汽车总销量突破 200 万辆，达到历史性的 201.8 万辆，全球新能源汽车保有量突破 550 万辆，新能源汽车渗透率达到 2.1%，在车市整体低迷的情况下，新能源汽车实现逆市增长。2018 年全球新能源乘用车销量前 20 位车企如表 7.1 所示。具体车型表现而言，特斯拉 Model 3 在 2018 年销量达 14.58 万辆，位居第一，北京新能源汽车股份有限公司 EC 系列以全年超 9 万辆的销量位居第二。

表 7.1 2018 年全球新能源乘用车销量前 20 位车企（单位：辆）

排名	车企	销量	排名	车企	销量
1	特斯拉	245 240	11	华泰	51 736
2	比亚迪	227 364	12	雪佛兰	50 682
3	北汽新能源	164 958	13	江淮	49 883
4	宝马	129 398	14	吉利	49 816
5	日产	96 949	15	江铃	49 312
6	上汽	92 790	16	丰田	45 686
7	奇瑞	65 798	17	三菱	42 671
8	现代	53 114	18	东风	39 945
9	雷诺	53 091	19	起亚	37 746
10	大众	51 774	20	沃尔沃	35 994

资料来源：第一电动汽车网

2. 汽车“电动化、智能化、网联化、共享化”加速融合发展成为全球共识

交通能源战略转型叠加新一轮科技革命驱动新能源汽车发展进入全新阶段，汽车产业正在经历“电动化、智能化、网联化、共享化”（以下简称“四化”）的革命浪潮。“四化”的叠加融合为汽车市场带来巨大的冲击，促进了整个产业链和生态系统的重构。“四化”的融合发展有望以更为低廉的成本搭建更安全、更舒适、更节能、更环保的驾驶方式和交通出行综合解决方案，成为构建智慧城市的重要环节。针对汽车“四化”的发展趋势和升级方向，世界各汽车强国纷纷出台了指导性纲领文件，以推动汽车行业转型升级。国际整车企业也纷纷推出了新技术和新产品，汽车“四化”正在由概念逐步转入实际应用。丰田汽车在2018年国际消费电子展（CES2018）上推出面向未来移动出行时代的专用电动智能共享汽车——e-Palette Concept，引领了汽车产业“新四化”融合发展的潮流，也是汽车制造商在电动化和智能化基础上向“移动出行服务商”转型过程中的一个标志性事件。

从国际层面来看，汽车电动化的趋势已不可逆转，各国汽车企业纷纷带头转型。电动化的核心内涵是由电力驱动的汽车能源动力变革，电动汽车可分为纯电动汽车和燃料电池汽车，这两类汽车均具有驱动高效率和运行零排放的特点。除特斯拉等原本就以电动汽车整车产品切入汽车产业外，在全球汽车市场份额中占绝对主导地位的传统汽车企业（包括整车和零部件企业），也都积极顺应这一变化，发力向电动化转型。

智能化和网联化已成为汽车工业发展的战略方向。智能化和网联化的核心内涵是汽车运行和生产方式的变革，出行方面体现在智能网联和自动驾驶上，研发生产方面则体现为智能制造和工业互联网。汽车智能化技术是提高车辆安全性、经济性及舒适性的主要技术手段之一，汽车网联化则是提供车载在线信息娱乐服务及车辆全面接入网联环境进行车、路、人、云端等信息交互甚至协同决策与控制的主要实现方式。两者是一个相互促进并互为依托的整体，全面网联化是未来高度智能化的有力支撑，而高度智能化则使车辆在网联化后得到更大的正向收益。美国、日本和欧盟等世界汽车强国或地区通过产业顶层设计并结合自身产业优势，在智能网联汽车领域已经形成一定优势。美国基于强大的信息产业优势在智能化和网联化方面都保持领先，在车对车（vehicle to vehicle，V2V）通信领域初步形成产业化能力。以德国为代表的欧洲国家基于世界领先的汽车整车企业和电子零部件供应体系，在自主式智能汽车技术领域保持优势。日本基于完善的道路基础设施，通过发展智能交通系统，稳步推进自动驾驶技术的商业化。

共享化成为汽车制造商和科技公司转型的新方向。随着移动出行服务企业战略的实施，消费者购买出行服务比购买汽车有明显成本优势，对汽车出行服务品牌的认知越来越强，出现了分时租赁、网约车和综合出行等移动出行新模式。电动汽车＋互联网＋自动驾驶与共享出行形成最佳搭配，为再造城市交通体系展现了新的前景。电

动化、网联化、智能化的电动汽车将使共享出行的“人公里[①]成本”下降45%~82%。一大批科技公司纷纷进入移动出行服务领域，滴滴、优步、Lyft和Zipcar等网约车服务及汽车共享服务的普及，强化了人们对汽车的观念从保有汽车转变为按需出行的预期。

3. 动力电池产业竞争逐步进入核心技术竞争阶段，对发展高能量密度、高安全动力电池的要求愈加迫切

动力电池是电动汽车的关键部件，影响着电动汽车的整备质量、续航里程、能耗、整车安全等性能。随着整车层面对动力电池提出越来越高的要求，动力电池产业竞争逐步进入核心技术竞争阶段。从国家战略层面来看，美国能源部所属的能源效率及可再生能源办公室发布了“电动汽车无处不在大挑战蓝图”，设置的动力电池系统技术指标如下：2022年实现电池系统质量能量密度250瓦·时/千克，体积能量密度400瓦·时/升，功率密度2 000瓦/千克，成本125美元/千瓦时[12]。日本新能源产业技术综合开发机构正在推进下一代新型动力电池产业化基础研发项目，2020年5安时的单体电池能量密度达到500瓦·时/千克，环境适应性达到−30~60℃[13]。在能量密度提升方面，高镍化和硅碳负极成为中国、日本、韩国领先企业的共同选择，固态电池等新体系电池技术则有望在2023~2025年实现技术突破。目前，日本松下电器产业株式会社的量产电池能量密度水平世界领先，其18650电池的正极材料采用锂镍钴铝氧化物（lithium nickel cobalt aluminum oxide，NCA），负极材料使用硅碳复合材料，单体能量密度达到250瓦·时/千克，21700电池单体能量密度达到300瓦·时/千克。在封装技术方面，LG化学和SKI以叠片式软包为主，三星SDI和宁德时代新能源科技股份有限公司主要以方形硬壳为主，日本松下电器产业株式会社NCA以圆柱硬壳为主。

4. 电驱动系统在向高效化、小型化、轻量化和低成本的方向快速发展

驱动电机向高速化、集成化方向发展，电机控制器向高比功率化方向发展，减/变速器向多档化方向发展。

在电机本体方面，通过以下技术途径提高驱动功率密度：①绕组高密度化。通过采用高密度绕组或者发卡式绕组结构，可以大幅度降低绕组发热，绕组材料的利用率提高15%~20%。通用第四代Volt电机采用Hairpin绕组结构，日本电装为丰田开发了扁导线电机用于动力总成系统。采用Hairpin绕组的高速驱动电机功率密度达到3.8~4.5千瓦/升。②热设计与热管理多样化。通过采用高密度绕组端部冷却技术、油冷技术、油冷和水复合冷却技术，提升驱动电机的换热效率。③电机高速化。在电驱动总成输出转矩和功率不变的情况下，通过提高驱动电机和减速器最高转速，可降低驱动电机转矩需求，从而降低电机体积和重量，提高功率密度水平。大众汽车推出的模块化电驱动平台电机最高转速已达到16 000转/分。此外，在驱动电机

① 1公里=1千米。

铁磁材料方面，丰田、通用汽车等国外企业开始研究采用混合磁体（含铁氧体等）部分替代钕铁硼材料的可能性，并研发出样机进行验证；低量重稀土永磁材料已经在本田雅阁等新能源汽车上实现批量应用。

在电机控制器方面，通过采用电力电子集成技术，可有效减小整个系统的重量和体积，提高功率密度，降低系统的制造成本。电力电子集成技术主要分为三个不同的层次和形式，即单片集成、混合集成和系统集成，丰田 Pruis、通用 Volt、大陆等都采用混合集成方案，模块封装与互连、高效散热是电力电子混合集成的核心。绝缘栅双极晶体管（insulated gate bipolar transistor，IGBT）芯片双面焊接和系统级封装是当前国外电机控制器主流封装形式，如电装、博世、大陆等公司的集成电机控制器功率密度已达到 16~25 千瓦 / 升。在 SiC 控制器开发方面，充分利用 SiC 器件高温、高效和高频特性是实现电机控制器功率密度和效率进一步提升的关键要素。特斯拉开发并量产了基于 SiC 功率模块的电机控制器，并已大批量应用于 Model 3 车型中。

在电驱动总成方面，集成化和多档化成为主要方向。在乘用车电驱动总成方面，以大陆、麦格纳、吉凯恩、西门子等为代表的电驱动系统集成商推出了电驱动一体化总成产品，包括电力电子与电机及减速器总成，逐步成为乘用车驱动系统主要应用类型。其中，博格华纳、吉凯恩、欧瑞康、格特拉克等国外变速器企业均推出了高速单级减速器或两档变速器产品，最高转速达到 14 000 转 / 分以上；博世、吉凯恩等推出了应用于乘用车的电驱动桥产品，输出转矩覆盖 3 000~6 000 牛·米。目前“二合一”（电机 + 减速器）方案，代表车型是雪佛兰 Bolt；“三合一”（电机 + 减速器 + 电机控制器）方案，代表车型是特斯拉系列车型。还有“多合一”（包含电机 + 减速器、电机控制器、充电机、支流变换器、高压分线盒、部分整车控制器）方案，代表车型是宝马 i3。

5. 氢燃料电池汽车技术蓬勃发展，逐步进入商业化应用阶段

2018 年，从国际燃料电池汽车发展状况看，全球主要汽车公司基本完成了燃料电池汽车的性能研发阶段，整车性能已能达到传统汽车水平，解决了示范中发现的核心技术问题。在北美多个城市开展的公交客车示范表明，燃料电池客车整车、动力系统和燃料电池系统的可靠性都达到了商业化推广需求（燃料电池系统平均故障间隔里程超过 5 万千米），燃料电池叉车、物流车等领域的示范和应用跟踪数据也表明燃料电池系统的耐久性超过 1 万小时。截至 2018 年底，全球氢燃料电池的装机容量超过 2 090.5 兆瓦，乘用车销售累计约 9 900 辆，初步实现了商业化应用。

丰田、现代、本田、戴姆勒、宝马、大众、福特、通用、日产等汽车厂商在积极推进氢燃料电池汽车方面的研发工作及战略合作。其中，丰田已有 1 000 多辆 Mirai 燃料电池汽车在日本、美国和欧洲销售，同时加快了下一代 Mirai 氢燃料电池汽车的改进步伐，汽车所使用的燃料电池电堆功率密度可以达到 3.1 千瓦 / 升，完成单次氢燃料补给仅需约 3 分钟，续航里程达到 650 千米，可在 −37°C 正常启动。本田量产版燃料电池汽车 Clarity FCEV 搭载 100 千瓦燃料电池系统，电堆功率密度 3.1

千瓦/升，采用70兆帕高压储氢瓶，3分钟加氢，续航里程700千米。现代将推出ix35燃料电池汽车，已在韩国蔚山的现代工厂投入生产，该车搭载100千瓦燃料电池系统和70兆帕高压储氢瓶，续航里程达到694千米。

世界各国纷纷制定了各自的加氢站建设规划，以配合燃料电池汽车的推广应用。日本在名古屋、东京、大阪和福冈四个城市之间建造100座加氢站，在2025年前计划扩大到1 000个，到2030年计划建成覆盖全国的加氢站，数量达到5 000个。韩国预计到2020年建设168座加氢站。

7.3 2018年以来绿色低碳产业发展最新国内动态及趋势分析

7.3.1 能源新技术产业

1. 煤炭仍然是我国最重要的一次能源，煤炭清洁高效利用产业规模不断提高

2018年我国煤炭消费总量达到27.4亿吨标准煤，同比增长1.0%，占能源消费总量的59.0%。国家发改委和国家能源局发布的《能源技术革命创新行动计划（2016-2030年）》和《能源生产和消费革命战略（2016—2030）》，以及国家发改委、工信部及国家能源局共同发布的《中国制造2025—能源装备实施方案》等国家重要的指导建议中，均将煤炭清洁高效利用作为重要的发展方向和能源安全发展战略布局。同时，煤炭清洁高效利用被列入科技创新2030重大项目。

我国煤炭清洁高效利用产业发展不断深化。煤电仍是我国电力供给的坚实保障，煤电清洁化转型成效突出，先进煤电机组技术研发取得显著进展。2018年末全国发电装机容量19.0亿千瓦，煤电装机容量10.1亿千瓦，占全国装机容量的53.2%；煤电发电量4.48万亿千瓦时，占全国全口径发电量的64.1%。全国6 000千瓦及以上火电厂平均供电标准煤耗307.6克/千瓦时，比上年下降1.8克/千瓦时[14]。截至2018年底，我国煤电机组超低排放技术改造实际完成8.1亿千瓦，节能改造6.5亿千瓦，80%煤电机组实现超低排放。我国已经突破大型燃煤超低排放发电技术，煤电机组大气污染物排放达到国家天然气发电大气污染物排放限值标准，我国已建成世界上最大的清洁煤电体系。

在技术开发与示范方面，CO_2近零排放的煤气化发电技术、700℃超超临界高效发电技术等先进发电技术研发在国家重点研发计划的大力支持下稳步进行。我国首个700℃验证试验平台维持正常运行，截至2018年底，700℃验证试验平台累计运行时间已达到2.1万小时，并将继续对相关材料和部件进行验证试验。在立足我国超超临界高效发电技术发展的基础上，通过吸收国外先进经验，不断创新进取，我国完全有能力在700℃发电技术领域达到国际领先水平。我国首套IGCC示范电站整套装

置连续运行 3 918 小时，打破由日本勿来电站保持的连续运行世界纪录，成为全世界连续运行时间最长的 IGCC 机组。采用先进燃气轮机的新一代 IGCC 技术，将使煤基发电的净效率提升至 50% 以上；进一步多联产合成天然气与氢气后，将实现煤基发电技术的深度电力调峰，并提高 IGCC 发电技术的灵活性与经济性。IGFC 相关技术研发与工业试验稳步开展，旨在掌握 CO_2 近零排放 IGFC 发电作用机理、系统设计、关键装备制造技术，建成国际上首套 MW 级自主知识产权的 CO_2 近零排放 IGFC 示范系统。新一代 IGCC 发电与多联产技术、IGFC 发电等先进高效清洁煤电技术在 CO_2 减排方面具有显著的成本优势。为了加快实现 2030 年前 CO_2 排放达峰，我国 CCUS 技术开发与示范项目加快推进。2017 年陕西延长石油（集团）有限责任公司开展了延长石油 36 万吨 / 年 CO_2 捕集、管输、驱油和封存一体化示范。2018 年 1 月，华润海丰电厂碳捕集测试平台进入施工阶段。陕西国华锦界电厂 15 万吨 / 年 CO_2 捕集装置进入建设阶段。

2. 我国页岩气产量突破100亿立方米，页岩气产业持续保持快速增长

2018 年页岩气勘探开发取得积极进展。根据《全国石油天然气资源勘查开采情况通报》（2018 年度），全国页岩气勘探开发投入 135.3 亿元，完钻探井 40 口、开发井 285 口。2018 年全国新增页岩气探明地质储量 1 247 亿立方米，累计探明页岩气 10 415 亿立方米，2018 年全国页岩气产量 108.81 亿立方米，较上年增长 21%。从 2009 年开展实质性勘探以来，不到十年时间，页岩气探明储量突破万亿立方米，产量突破百亿立方米。

作为首个国家级页岩气示范区及全国最大的页岩气生产基地，2018 年涪陵页岩气田累计建成 105 亿立方米产能，2018 年生产页岩气 66.2 亿立方米，同比增长 10%，累计探明页岩气地质储量 6 008 亿立方米，成为北美以外全球最大的页岩气田。2018 年中国石化发现威荣页岩气田，探明地质储量 1 247 亿立方米，气层埋深 3 500~3 800 米，是国内首个大于 3 500 米的深层页岩气田。中国石油已经形成长宁、威远、昭通三个页岩气产能基地，钻井 204 口，试气 87 口，合计产气 42.8 亿立方米。近期中国石化重庆南川地区盆缘常压页岩气取得重大突破，中国石油黄 202 井、泸 203 井、足 202-H1 井及中国石化东页深 1 井在深层页岩气攻关方面取得重要突破。

我国已经形成页岩气藏综合评价、水平井组优快钻井、长水平井分段压裂试气、试采开发、绿色开发等具有海相页岩气特色的五大配套技术体系，实现了 3 800 米以浅页岩气藏的高效开发。深层（4 000~4 500 米埋深）页岩气压裂技术、常压页岩气低成本技术攻关取得阶段性进展。

煤层气方面，2018 年全国煤层气勘探开发投入 39.25 亿元，共钻探井 152 口、开发井 779 口。新增煤层气探明地质储量 147.08 亿立方米，同比增长 40.3%，地面开发的煤层气产量 51.5 亿立方米，同比增长 9.5%。川南、黔西、新疆、东北等地煤层气勘探取得新发现。

3. 我国正式进入了能源互联网的“落地年”，综合能源服务和储能产业快速发展

截至2018年12月底，能源互联网行业相关注册企业共计24 651家，有近287只能源互联网相关股票，总市值超3万亿元，涉及能源互联网全产业链系统集成、储能系统解决方案、综合能源服务及平台、新能源分布式能源开发运营等领域。在基础设施建设方面，2018年，我国电网投资规模恢复增长，中国电力企业联合会发布的《2018—2019年度全国电力供需形势分析预测报告》显示，2018年全国电网投资5 373亿元，同比增长0.6%。随着输电设备逐步饱和，我国在输电领域的总体发展战略将从“有序新建”转向“资源唤醒”，提高现有设备综合利用率。2019年初，国家电网公司为了顺应能源革命和数字革命融合发展的趋势，提出了能源互联网建设理念，以建设坚强智能电网和泛在电力物联网为物质基础，共同构成能源流、业务流、数据流“三流合一”的能源互联网，推动能源互联网概念的“落地”。未来，低成本、高安全、大容量、柔性可控的输电技术仍然是今后我国输电领域的重点研究方向，尤其在超导输电、管道输电、半波输电、无线输电等技术领域，满足受特殊条件和自然环境限制等情况影响下对大容量、低损耗的电力输送需求。在电力交易服务方面，2018年7月，国家发改委、国家能源局发布了《国家发展改革委 国家能源局关于积极推进电力市场化交易 进一步完善交易机制的通知》，明确提出提高市场化交易电量规模；国家电网公司积极推进电力交易中心建设，构建电力交易平台，部分省份具备中长期、现货、辅助服务市场的交易功能，有效促进各类发电企业、大用户、售电公司等进入电力市场，2018年全国电力市场化交易电量约合1.8万亿千瓦时，2019~2020年，预期全国市场化电力交易规模将进一步扩大。

综合能源服务涵盖了能源的生产、传输、销售、使用、调节各领域，覆盖规划设计、工程投资建设、多能源运营服务及投融资服务等各业务链条，已成为能源互联网落地的重要途径，得到了国家和各省市的大力扶持。目前，我国的综合能源服务市场尚处于起步阶段，综合能源服务的出现，推动信息产业（互联网、大数据、云计算、物联网等技术）和能源产业的融合，使传统供能（供电、供热、供冷、供水等）系统、各类型分布式可再生电源、储能设备、电动汽车、智能电网/微电网及其他可控负荷之间实现协调优化控制，同时实现电力终端系统中局部系统的微平衡和局部系统之间的关联平衡，使得各种能源形式优化配置、互联互通，也催生出更多的消费模式和商业模式。从市场需求来看，若仅选取供电、供气、北方城镇供热、分布式光伏、节能服务、微电网、储能七个主要的业务领域进行分析测算，2017年市场规模超5.47万亿元，到2020年市场潜力为5.28万亿~6.29万亿元。

2017年9月22日，国家发改委等五部门联合印发《关于促进储能技术与产业发展的指导意见》，提出未来10年中国储能产业的发展目标，制定推进储能技术装备研发示范、推进储能提升可再生能源利用水平应用示范、推进储能提升电力系统灵活性稳定性应用示范、推进储能提升用能智能化水平应用示范、推进储能多元化

应用支撑能源互联网应用示范等五大重点任务。根据中关村储能产业技术联盟（China Energy Storage Alliance，CNESA）数据，截至2018年底，中国已投运储能项目的累计装机规模为31.2吉瓦，同比增长8%，其中，抽水蓄能的累计装机规模最大，约为30.0吉瓦，同比增长5%，电化学储能和熔融盐储热的累计装机规模紧随其后，分别为1.01吉瓦和0.22吉瓦，分别同比增长159%和1 000%。2018年中国已投运储能项目占比见图7.3。2018年，中国新增投运储能项目的装机规模为2.3吉瓦，其中电化学储能的新增投运规模最大，为0.6吉瓦，同比增长414%。未来，电化学储能、熔融盐储热、压缩空气储能产业将快速增长，预计至2020年底，累计容量将达到2.02吉瓦。

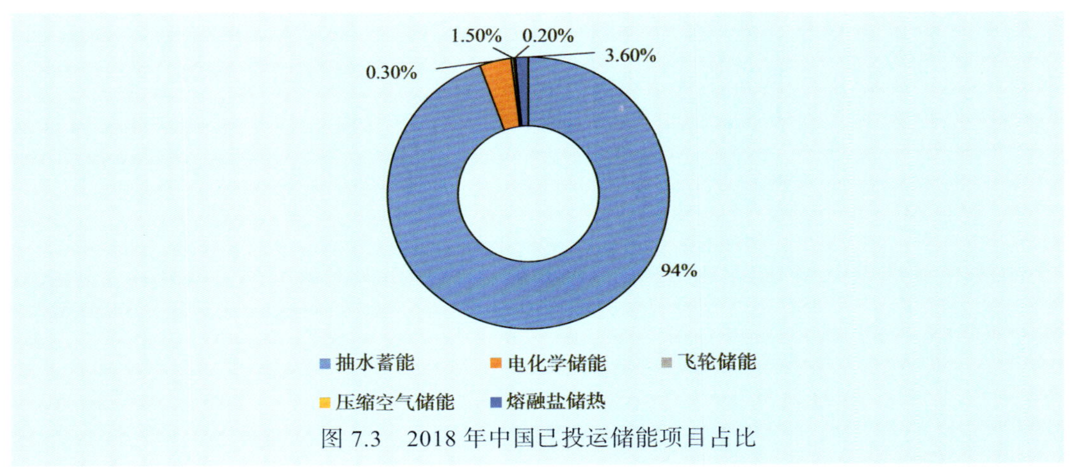

图7.3　2018年中国已投运储能项目占比

4. 我国核电稳步发展，核能科技朝“先进化、智能化、小型化、多功能化”的方向发展

截至2019年6月，我国运行核电机组共47台，装机容量为0.487亿千瓦。其中，台山2号机组、阳江6号机组于2019年6月首次并网。国家电力投资集团公司CAP1400项目在山东荣成开工建设，2018年5月，中国广核集团有限公司（以下简称中广核）联合中国能源研究会积极践行生态文明发展观，提出生态核电的理念。一些企业积极投入核能制氢研发和工程建设：国家电力投资集团公司与辽宁、云南等多地地方政府达成氢能产业战略合作协议；中广核工程有限公司拟投资10亿元，在台山兴办年产2 500万标准立方米的氢能项目。中广核资本控股有限公司、中广核产业投资基金管理有限公司与浙江南都电源动力股份有限公司签署框架协议，拟共同成立规模5亿～10亿元的氢能基金；中广核联合中金前海发展（深圳）基金管理有限公司、清华四川能源互联网研究院成立总规模30亿元的氢能基金。

坚持传承已有的、成熟的核电设计、建造、运行、维护技术和工程建造经验，大力推动核能科技创新，以关键共性技术、前沿引领技术、现代工程技术、颠覆性技术创新为突破口，攻克制约核电长期发展的瓶颈技术，自主研究掌握核心技术，打破国外对未来先进核电关键技术、关键装备和材料等出口的限制与垄断，实现关键核心技术自主可控，朝着“先进化、智能化、小型化、多功能化”的方向发展，进一步提升核电安全水平，增强经济竞争力，实现能源、经济和生态环境协调发展，是未来核电领域科学技术发展的基础和研究重点。

5. 我国风电产业总体呈现回暖态势，风电开发布局与结构优化

我国风电新增装机规模和累计装机规模连续 6 年全球第一，同时我国也是全球首个风电装机容量超过 2 亿千瓦的国家。2018 年我国风电新增装机容量 2 300 万千瓦，同比增长 16.99%，新增装机容量实现继 2017 年触底后的强劲反弹，其中陆上风电新增装机容量 2 120 万千瓦，同比增长 14.60%，海上风电新增装机容量 180 万千瓦，同比增长 55.04%；截至 2018 年底，我国风电累计装机容量约 2.11 亿千瓦，同比增长 12.21%，其中陆上风电累计装机容量 2.07 亿千瓦，海上风电累计装机容量 458.8 万千瓦 [4]。2006~2018 年我国风电新增和累计装机容量见图 7.4。

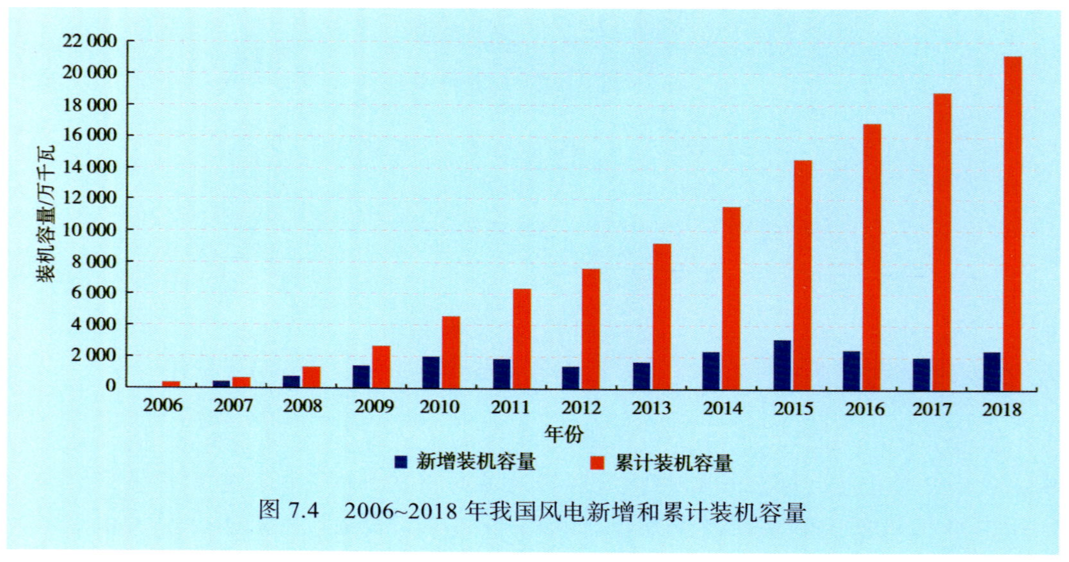

图 7.4　2006~2018 年我国风电新增和累计装机容量

我国风电开发布局进一步优化提升。随着我国风电开发重心从“三北”（东北、华北、西北）地区向中东部和南方地区转移，以及低风速风电技术和海上风电技术的创新突破，2018 年以河南、广西为代表的中南地区低风速风电市场和以江苏、福建为代表的华东地区海上风电市场取得了显著增长，中南、华东、西南三个区域的新增装机容量占比超过传统的“三北”地区，达到 56.8%[15]。

我国风电弃风限电状况明显好转。2018 年我国风电发电量 3 660 亿千瓦时，同比增长 20%，占全国总发电量的 5.2%，比 2017 年提高 0.4 个百分点；全国风电平均利用小时数 2 095 小时，同比增加 147 小时；全国弃风电量 277 亿千瓦时，同比减少 142 亿千瓦时，全国平均弃风率 7%，同比下降 5 个百分点 [16]，限制风电投资开发建

设的"红六省"（新疆、甘肃、宁夏、内蒙古、黑龙江、吉林）变为"红三省"（新疆、甘肃、吉林），弃风现象得到稳步缓解。

6. 我国光伏发电产业持续增长，太阳能热发电市场迅速增长

2018 年，全年光伏发电新增装机容量 4 426 万千瓦，仅次于 2017 年新增装机容量，为历史第二高。其中，集中式电站和分布式光伏分别新增装机容量 2 330 万千瓦和 2 096 万千瓦，发展布局进一步优化。到 2018 年 12 月底，全国光伏发电装机容量达到约 1.74 亿千瓦，其中，集中式电站装机容量 12 384 万千瓦，分布式光伏装机容量 5 061 万千瓦 [17]。2018 年，全国光伏发电量 1 775 亿千瓦时，同比增长 50%。平均利用小时数 1 115 小时，同比增加 37 小时；光伏发电平均利用小时数较高的地区中，蒙西 1 617 小时、蒙东 1 523 小时、青海 1 460 小时、四川 1 439 小时 [17]。2018 年，全国光伏发电弃光电量同比减少 18 亿千瓦时，弃光率同比下降 2.8 个百分点，实现弃光电量和弃光率"双降"。弃光主要集中在新疆和甘肃，其中，新疆（不含兵团）弃光电量 21.4 亿千瓦时，弃光率 16%，同比下降 6 个百分点；甘肃弃光电量 10.3 亿千瓦时，弃光率 10%，同比下降 10 个百分点 [17]。2018 年太阳能光伏各种产品的产量及份额见表 7.2，在全球市场占有优势地位。未来太阳能光伏在电力总装机量和发电量中的占比将有快速增长。

表 7.2　2018 年太阳能光伏各种产品的产量及份额

类别	世界	中国	中国占比
多晶硅 / 万吨	44.79	25.89	57.80%
硅片 / 吉瓦	121.9	109.2	89.58%
电池 / 吉瓦	120.2	87.2	72.55%
组件 / 吉瓦	119.0	85.7	72.02%

资料来源：中国光伏行业协会

中国科学院半导体研究所的游经碧课题组在小面积钙钛矿太阳电池上获得了 23.7% 的认证效率 [18]。2018 年 7 月，杭州纤纳光电科技有限公司的钙钛矿小组件效率再创新高，在 19.277 平方厘米的组件上将组件效率提升到 17.9%，稳定输出效率达到 17.3%。华南理工大学和中南大学的课题组在小面积有机太阳电池上获得了 15.6% 的转换效率，这三个认证效率出现在马丁 • 格林的太阳电池效率表中 [18]。

在太阳能热发电标杆电价的激励下，我国太阳能热发电市场在近三年内迅速增长。截至 2018 年底，我国投运大型商业化电站 3 座，分别是中广核德令哈 50 兆瓦导热油槽式太阳能热发电站、中控德令哈 50 兆瓦融盐塔式太阳能热发电站和首航节能敦煌 100 兆瓦融盐塔式太阳能热发电站。此外，华强兆阳计划的线性菲涅尔式电站，首期装机 15 兆瓦采用混凝土储热技术的线性菲涅尔式电站也已经建成。经过

半年左右的调试，中广核德令哈 50 兆瓦导热油槽式太阳能热发电站实现最高单日发电 84.34 万千瓦时，中控德令哈 50 兆瓦融盐塔式太阳能热发电站最高单日发电 86.3 万千瓦时，首航节能敦煌 100 兆瓦融盐塔式太阳能热发电站最高单日发电 180 万千瓦时。此外，鲁能海西州塔式项目、青海共和塔式项目和中电哈密塔式项目均在稳步推进。2016 年底，我国太阳能热发电累计装机 28.3 兆瓦，而截至 2018 年底，太阳能热发电累计装机容量达到 244.3 兆瓦，其中塔式太阳能热发电站装机容量 171.5 兆瓦，槽式发电装机容量 53.8 兆瓦，碟式装机容量 2.2 兆瓦，线性菲涅尔式装机容量 16.8 兆瓦。图 7.5 是 2016~2018 年我国太阳能热发电累计装机情况，图 7.6 是不同技术类别的装机比例分布。

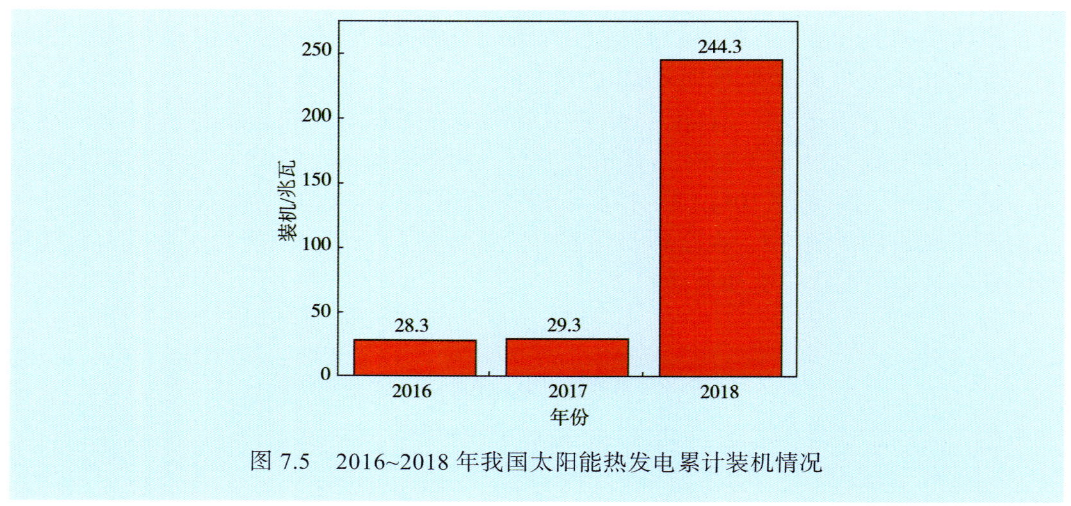

图 7.5　2016~2018 年我国太阳能热发电累计装机情况

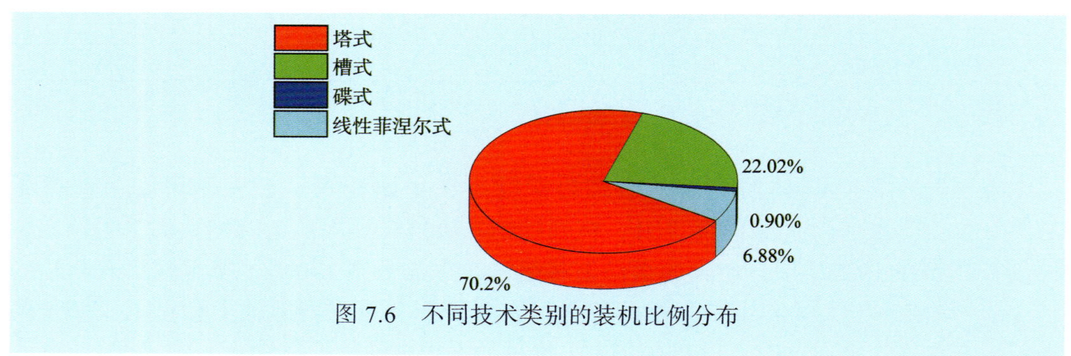

图 7.6　不同技术类别的装机比例分布

2018 年以来是我国太阳能热发电产业积极参与国际竞争，争取全球市场的关键时期。2018 年 4 月上海电气集团股份有限公司签订了全球最大的太阳能热发电项目的总包合同，项目地点迪拜，装机总量 700 兆瓦。2018 年 6 月，山东电力建设第三工程有限公司签订了南非 Redstone 塔式太阳能热发电站，装机容量 100 兆瓦，2018 年摩洛哥投运的 NOOR Ⅱ和 NOOR Ⅲ电站，该公司也为联合总包商。

截至2018年底，我国拥有槽式反射镜生产线6条，槽式真空管生产线不少于8条，定日镜和槽式聚光器的年产能不少于200万平方米，玻璃、钢铁、水泥、熔盐和导热油等基础材料的产能巨大，各大电站设备集团、电力设计院和电建公司在太阳能热发电行业均有所布局，首批示范项目中仍有约300兆瓦装机的电站在继续推进。2018年我国还建成了一个跨季节太阳能储热采暖项目。

在未来15年内，融盐塔式电站仍然是主流技术，这种技术路线的发展主要是降低成本和提高可靠性。从首批示范项目的进程看，我国导热油槽式电站的市场小于融盐塔式电站，槽式技术的突破在于热传输流体，如果能找到一种低成本、低凝固点、高沸点的热传输流体，槽式技术的竞争力会大幅度提高。

7. 生物质发电并网装机容量和发电量提前完成“十三五”规划目标，生物质供热受到重视，生物质交通燃料的推广应用加速

在生物质发电方面，2018年我国生物质发电并网装机容量较2017年增加20.9%，达到1 784.3万千瓦，发电量较2017年增加14.1%，达到906.8亿千瓦时，位居世界第一，其中垃圾焚烧发电装机容量达到916.4万千瓦，比2017年增加26.4%，农林生物质发电装机容量达806.3万千瓦，比2017年增加15.1%，沼气发电装机容量达61.6万千瓦，比2017年增加23.4%[19]，提前超额完成《生物质能发展“十三五”规划》生物质发电总目标及各分项目标。生物质发电已由单纯的发电模式向热电联产模式转变，单纯的生物质发电项目已不被批准。

在生物质供热方面，由于生物质能低碳环保，生物质能供热逐渐被重视。国家发改委、国家能源局联合印发的《关于促进生物质能供热发展的指导意见》指出[20]，加快生物质能供热产业化发展，形成清洁供热能力，在县域规模化替代燃煤供热。到2020年，生物质能供热合计折合供暖面积约10亿平方米，形成以生物质能供热为特色的200个县城、1 000个乡镇，以及一批中小工业园区，到2035年生物质能供热在具备资源条件的地区实现普及应用。生物质热电联产、生物质成型燃料和生物质燃气（生物天然气、生物质气化气等）为生物质能供热的三种主要形式。国务院于2018年印发的《打赢蓝天保卫战三年行动计划》将发展生物质热电联产、生物质成型燃料锅炉和生物天然气纳入构建清洁低碳高效能源体系[21]。

在生物交通燃料方面，2018年我国燃料乙醇产量达到314万吨左右，位居世界第三[22]。国家发改委、国家能源局等十五部门联合印发的《关于扩大生物燃料乙醇生产和推广使用车用乙醇汽油的实施方案》指出，到2020年，在全国范围内推广使用车用乙醇汽油，基本实现全覆盖。到2025年，力争纤维素乙醇实现规模化生产[23]。目前黑龙江、吉林、辽宁、安徽、河南和广西6个省区已实行全省区封闭使用乙醇汽油，内蒙古、山东、江苏、河北和湖北5个省区在部分城市推广。2018年我国生物柴油产量约100万吨，主要以地沟油为原料[24]。为支持生物柴油产业发展，国家税务总局明文规定对利用地沟油生产的纯生物柴油免征消费税，生产企业可享受即征即退70%增值税优惠。2017年10月B5生物柴油（以5%比例

与石油、柴油混合而成）在上海试点推广，到 2018 年 5 月 B5 生物柴油在上海的加油站由最初的 2 座增加到 33 座，预计要扩增至 200 座以上 [25]。以上海模式为蓝本，生物柴油在京津冀区域的推广已提上日程，2018 年 12 月，“京津冀废弃油脂生物柴油产业联盟”和“京津冀废弃油脂和生物柴油产业基金”宣布筹备设立 [26]。

8. 地热能产业持续快速发展

近 20 年来地源热泵超世界的增长速度创造了指数增长，中国地热直接利用的总增长曲线也呈现了指数增长 [27]。2018 年，由中国电建集团河南工程有限公司总承包的西藏羊易地热电站工程 1×16 兆瓦发电机组顺利通过 72 小时满负荷试运行 [28]。京津冀区域首个地热资源梯级综合利用科研基地在河北省沧州市献县初步建成，实现了中低温地热发电与供暖两级高效利用，有望为雄安新区、京津冀区域乃至全国地热资源规模化开发利用提供可借鉴、可复制的新模式 [29]。2019 年 6 月，中国石化承担的青海共和 GR1 井作业开工，标志着我国干热岩资源科技攻关从室内试验进入了场地开发阶段，对促进地热能开发利用具有重要意义，干热岩将是我国未来地热能发展的重要领域。地热资源在我国能源消耗中所占比例趋势如图 7.7 所示。

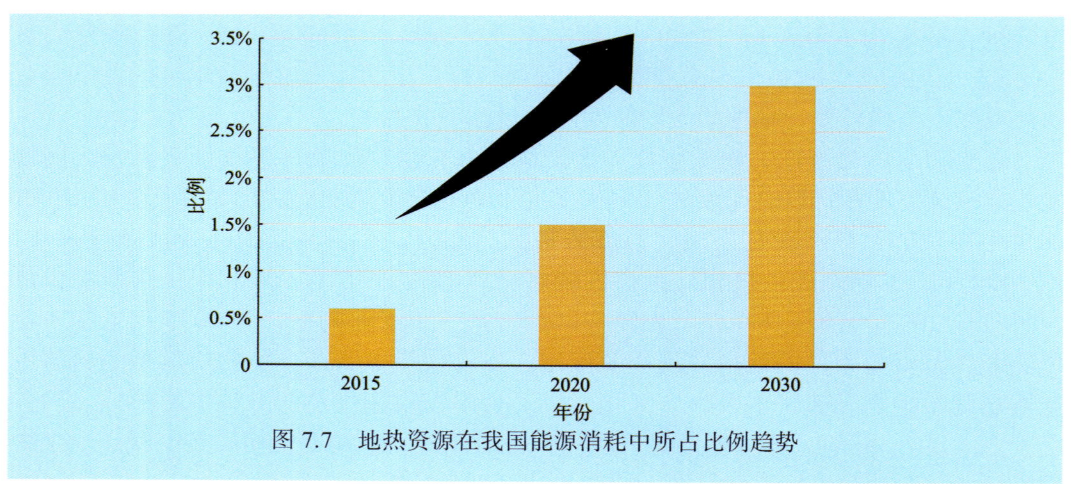

图 7.7　地热资源在我国能源消耗中所占比例趋势

7.3.2　节能环保产业

1. 受政策及上游行业经营状况好转等因素拉动，环保业务营收、利润继续保持快速发展的良好势头

中国环境保护产业协会对全国规模以上环保企业的调查显示，2018 年，统计范围内企业营业收入总额 11 681.4 亿元，营业利润总额 1 237.0 亿元。其中，环保业务营业收入 6 209.0 亿元，占比为 53.2%，环保业务营业利润 804.5 亿元，占比为

65.0%。同比来看，营业收入总额增长了 17.5%，营业利润降低了 6.9%，其中，环保业务营业收入增长了 17.9%，环保业务营业利润增长了 15.2%。具体到细分领域，与 2017 年相比，除大气污染防治领域外，水污染防治、固体废弃物处理处置与资源化利用、环境监测领域企业的营业收入、环保业务营业收入、营业利润、环保业务营业利润均有不同程度的增长。

2. 产业集聚化趋势凸显，行业集中度逐步提升

从企业规模来看，统计范围内企业的营业收入、环保业务营业收入、营业利润、环保业务营业利润高度集中于营业收入在 1 亿元以上的企业，其以 11.6% 的企业数量占比，贡献了接近或超过 90% 的营业收入和利润。2018 年列入统计的环保企业按规模分布情况见图 7.8。

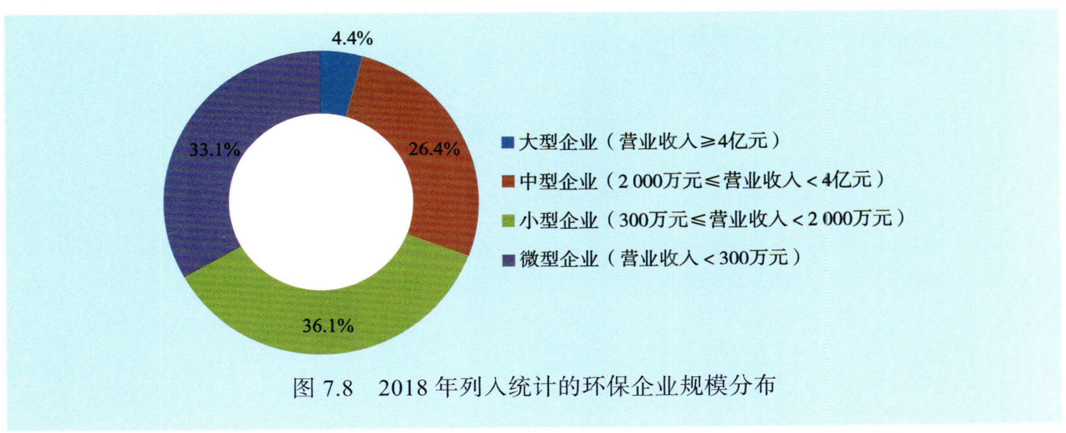

图 7.8　2018 年列入统计的环保企业规模分布

从领域分布看，环保产业主要覆盖水污染防治、大气污染防治、固体废物处理处置与资源化利用、环境监测四大细分领域，四大细分领域集聚了约 90% 的环保企业及 95% 的行业营业收入和营业利润（图 7.9~ 图 7.11）。

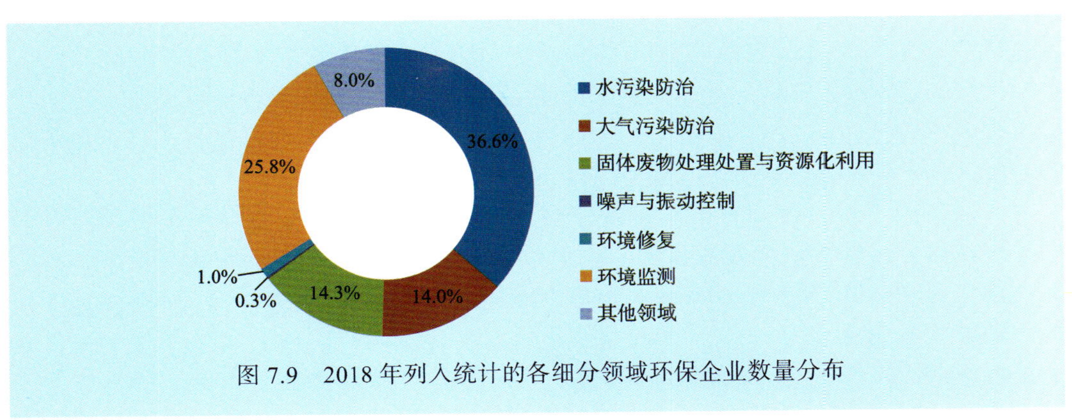

图 7.9　2018 年列入统计的各细分领域环保企业数量分布

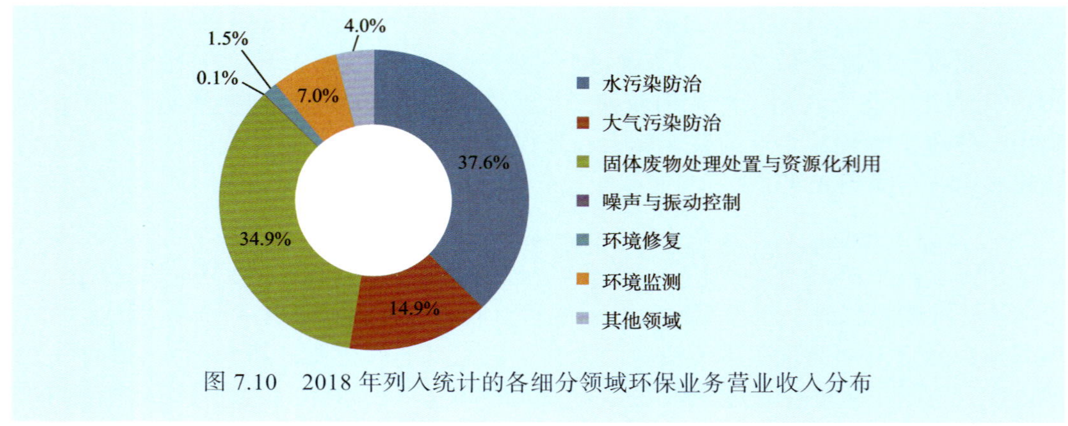

图 7.10　2018 年列入统计的各细分领域环保业务营业收入分布

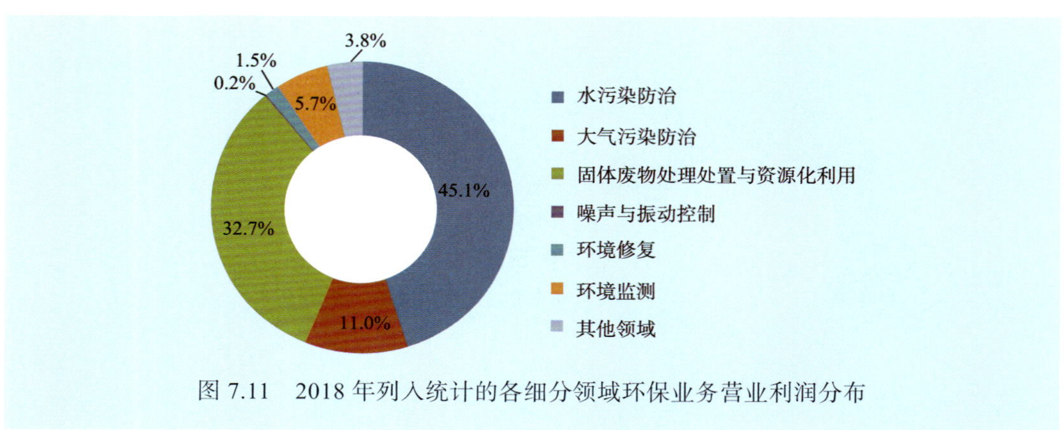

图 7.11　2018 年列入统计的各细分领域环保业务营业利润分布

从地域分布看，统计范围内企业有近半数集聚于东部地区，东部地区环保企业的营业收入占比为 62.1%，超过了中部、西部和东北三个地区企业的营业收入，北京、浙江、广东、江苏 4 省市贡献了全国近 52% 的营业收入，其中，北京贡献超过 23%。

3. 产业竞争力持续增强，劳动生产率、创新能力进一步提高

从劳动生产率看，规模以上被调查企业人均营业收入和企业平均营业收入均低于 2017 年规模以上工业企业平均值，反映了与传统工业行业平均水平相比，环保产业生产效率较低。与 2017 年相比，2018 年相同样本企业的人均营业收入、企业平均营业收入均有所提高，分别提高了 9.3%、15.4%。

从创新能力看，被调查企业研发经费支出占营业收入的比重高于全国规模以上工业企业研发经费支出占营业收入的比重。与 2017 年相比，2018 年相同样本企业的平均研发经费支出、研发经费支出占营业收入的比重均有所提高。环保企业自主知识产权开发和技术创新活跃，具有高学历、高级技术职称的研发、管理及工程技术人员占比较高，人才基础总体较好。

4. 产业营利能力有所下滑，资产营运能力、偿债能力保持平稳

从营利能力看，被调查企业净资产收益率平均值低于2017年企业绩效评价标准值中工业企业净资产收益率的优秀值。与2017年相比，2018年相同样本企业净资产收益率和主营业务利润率均有所下滑。这反映出我国环保企业资产收益能力及获利水平出现降低趋势，营利能力有待提升。

从资产营运能力看，被调查企业总资产周转率、应收账款周转率均较低，但与2017年相比，2018年相同样本企业总资产周转率与2017年持平，应收账款周转率小幅上升。这反映出环保企业的资产营运能力稍有提升，但回款问题仍较突出。

从偿债能力看，被调查企业资产负债率低于2018年企业绩效评价标准值中工业企业资产负债率的平均值，同时，与2017年相比，2018年相同样本企业资产负债率下降了1.3个百分点，达到55.7%。这说明环保企业财务风险相对适中，偿债能力相对较强。

5. 产业发展依然存在旺盛需求

1）着力打好碧水保卫战，水环境质量趋向好转

着力打好碧水保卫战，是2018年各地的重点工作之一。新修订的《中华人民共和国水污染防治法》和《中华人民共和国环境保护税法》正式实施，“水污染防治行动计划”全面推进。在政府监管、企业跟进、社会组织和公众等多方面协作下，2018年的水污染防治工作得到全面提升，水环境质量正趋向好转。随着农村污水和黑臭水体综合整治的开展，水污染治理行业市场总体仍呈上升趋势。

在工业废水治理方面，政策和标准的加严，带来了市场机遇，也推动了行业进步。2018年，生态环境部先后发布了船舶水污染和饮料酒制造业的污染防治技术政策，并制定了屠宰及肉类加工、制浆造纸、制糖、陶瓷、炼焦化学、玻璃制造等行业污染防治技术指南。此外，还制定出了农副食品加工、酒和饮料制造、畜禽养殖、肥料制作、水处理等多个行业的排污许可证申请与核发技术规范，科学有效地指导了各类工业废水的排放和治理。这些政策标准的实施，推动工业废水治理更加规范化。

在城镇污水处理领域，黑臭水体治理工作在2018年持续开展并取得阶段性成果。专项督查、“回头看”等工作的加强和实施立案处罚，对环境企业治理工作和安全、稳定运营提出了更高的标准和要求，让企业面临更加艰巨的挑战，有效促进了这项工作全面推进。随着城镇污水处理“提质增效”三年行动的开展，各地正加快补齐城镇污水收集和处理设施短板，尽快实现污水管网全覆盖、全收集、全处理。同时，管网修复方面的新技术和新装备大量涌现。

根据《“十三五”全国城镇污水处理及再生利用设施建设规划》，我国“十三五”时期城镇污水处理能力将从2.17亿米^3/天提升至2.85亿米^3/天。新一轮污水处理提标改造正在路上，污泥处置工作任重道远。虽然我国城镇污水处理厂基本实现了污

泥的初步减量化，但距离实现污泥的稳定化、无害化和资源化处理处置要求尚有较大差距。

作为新增领域，农村污水处理近两年一直处于爆发式增长状态。2018 年 2 月，中共中央办公厅、国务院办公厅印发了《农村人居环境整治三年行动方案》，提出梯次推进农村生活污水治理，推动城镇污水管网向周边村庄延伸覆盖，逐步消除农村黑臭水体。随着《农业农村污染治理攻坚战行动计划》的颁布，四川、辽宁、陕西等地相继制定了农村污染治理行动方案，为农村水环境的改善提供了政策支持。这些政策的出台，为农村污水处理行业带来广阔的发展空间，优先考虑成熟可靠和运行维护要求低的工艺，鼓励分散和集中相结合的治理模式。

通过不断努力，我国逐步形成了以政府为主导、企业为主体、社会组织和公众共同参与的水环境治理体系。产业发展也推动了技术进步。在水污染治理领域，活性污泥法与各类变形工艺及膜生物反应器仍广泛应用于各类城镇和工业园区综合污水处理系统中；纳米技术、催化氧化技术、辐射技术等新兴技术也逐渐开始被市场接受和采纳。

随着环保税、排污许可证的实施，加上各地环保政策持续加码，2019 年的水污染治理市场仍将蓬勃发展。围绕“打好城市黑臭水体歼灭战”，各类污水处理专用机械、市政管网、污泥处理处置等设备，以及膜组件、药剂等环保产品仍将有极大的市场需求。“农业农村污染治理攻坚战”的推进，将促进小型化、自动化、一体化污水处理系统和生态养殖、种植等领域蓬勃发展。“加强江河湖库水生态系统保护”，将促进区域综合修复建设工程的防渗系统及河道生态修复等新型装备和产品制造业的发展。随着《渤海综合治理攻坚战行动计划》等措施的实施，“流域环境和近岸海域综合治理”工作展开，将促进工业废水处理的核心设备、高端材料及药剂的生产制造，同时水环境监测仪器设备及应急管理平台和软件系统的发展将令业内瞩目。

多学科融合、产业和技术融合、系统思维是促进污水治理行业全面发展的重要因素。基于源、厂、网、河联动，以信息化和智慧化手段为依托的厂网河一体化管理模式，是污水处理行业提质增效的重要手段。经过清库行动后，政府和社会资本合作（Public-Private Partnership，PPP）项目的发展趋向规范，国家对 PPP 入库项目从严审查，产业整体上开始从增量扩张逐步向存量优化演替，PPP 项目正走向理性发展的正常模式。

在水污染防治领域，打好碧水保卫战（包括水源地保护攻坚战、城市黑臭水体治理攻坚战、长江保护修复攻坚战、渤海综合治理攻坚战、农业农村污染治理攻坚战）投资约为 1.8 万亿元，环保产业的产品和服务需求约 9 200 亿元。

2）全面推进蓝天保卫战，对产业发展提出高要求

为打赢蓝天保卫战，国家和地方陆续出台更为严格的环保政策和排放标准，加之中央环保督察“回头看”、强化督查等工作的开展，成为推动地方和企业的改造动力，也对节能环保产业提出了更高的要求，成为推动环保产业发展的重要力量。

近几年，煤电超低排放改造持续推进。根据生态环境部的数据，截至 2017 年 12 月底，我国累计完成超低排放改造 7.0 亿千瓦，占全国煤电总装机容量的 71%。2018 年，全国煤电超低排放改造任务为 4 868 万千瓦。目前，燃煤电厂超低排放改造工作已近尾声，非电行业大气污染治理升级改造已成趋势，市场空间较大。2018 年，钢铁超低排放开启非电烟气治理大幕，河北、天津、河南等地陆续出台方案，明确超低排放改造任务。

在这个过程中，大气污染治理技术持续进步。例如，低低温电除尘和湿式电除尘技术得到进一步提升，水泥窑烟气尘硝一体化治理技术已被推广应用，电除尘技术将继续向超低排放、节能降耗、协同控制、智能化、标准化方向发展。在袋式除尘方面，新型内外滤袋式除尘器结构开发、预荷电袋滤新技术、袋式除尘系统智能化网络化技术、褶皱滤袋新产品开发等取得重大进展。在脱硫脱硝方面，脱除燃煤烟气中二氧化硫，发展低成本、高效率脱硫废水排放技术等成为未来发展方向。

2018 年 7 月国务院发布了《打赢蓝天保卫战三年行动计划》，确定以京津冀及周边地区、长三角地区、汾渭平原等区域为重点，持续开展大气污染防治行动，综合运用经济、法律、技术和必要的行政手段，大力调整优化产业结构、能源结构、运输结构和用地结构，强化区域联防联控，狠抓秋冬污染治理，统筹兼顾、系统谋划、精准施策，坚决打赢蓝天保卫战，实现环境效益、经济效益和社会效益多赢。组织实施挥发性有机物（volatile organic compounds，VOCs）专项整治，着力补齐 VOCs 污染防治短板。目前，大部分地区出台了省市级行动计划，工业源挥发性有机物专项治理是中心工作之一。据悉，多项重点行业大气污染排放标准的制修订工作正在持续推进。多项政策措施的出台，成为行业发展的助推剂。

VOCs 的排放所涉及的行业众多，量大面广。2018 年多个省区市根据相应的 VOCs 综合治理规划和相关的整治方案，公布了涉 VOCs 排污企业治理名单，VOCs 治理行业已经成为当前阶段我国大气污染治理的重点之一，也促使 VOCs 治理产业有了较快发展。但在行业快速发展中也出现了一些问题，如治理设施的安全问题、技术滥用问题、低价中标问题等，需要切实加强行业自律，共同促进行业良性发展。

2018 年，对机动车污染防治的重视已上升到前所未有的高度。全国生态环境保护大会将“打好柴油货车污染治理攻坚战”提升至“标志性的重大战役”的高度。《打赢蓝天保卫战三年行动计划》明确加快车船结构升级，加快油品质量升级，强化移动源污染防治。与此同时，京津冀、山东等省市也陆续发布打赢蓝天保卫战三年攻坚方案，提出通过采取“严格源头控制、强化在用车监管、推进高排放车治理、鼓励老旧车淘汰和加强油品质量管理”等综合措施来推动机动车污染防治工作。

随着机动车污染防治工作加强，一方面，新车排放法规不断升级，通过采用更先进的尾气后处理装置、电控技术等技术措施，新车的污染排放大幅降低；另一方面，高排放柴油车、营运汽油车（如出租车等）和非道路机械等成为机动车污染物控制的重点。这些都将为机动车后处理装置系统及各相关零部件（载体、催化剂、传感器、衬垫及系统开发集成）带来巨大的市场潜力。健全在用车排放检测与维修体系、建立基于车载自动诊断系统（on board diagnostics systems，OBD 系统）检查的排放监管体系、实现新车排放控制技术提升及监管能力建设、实施高排放柴油车和非道路机械排放治理升级、加快出租车三元催化器替代等，都将成为机动车污染治理行业发展的重要内容。

在大气污染防治领域，打赢蓝天保卫战（包括蓝天保卫战和柴油货车污染治理两个标志性战役）投资需求约为 10 178 亿元，投资直接用于购买环保产业的产品和服务约 2 530 亿元。未来三年，大气污染防治领域环保业务收入平均每年将增加 843 亿元。

3）专项行动倒逼行业能力提升，固体废物处理处置行业发展火热

2018 年，我国固体废物处理处置行业整体发展火热。我国固体废物产生量大，利用不充分，非法转移、倾倒、处置事件仍呈高发态势，成为全面建成小康社会的短板。2018 年 7 月，生态环境部办公厅发布《中华人民共和国固体废物污染环境防治法（修订草案）（征求意见稿）》，修订说明中提出“统筹把握减量化、资源化和无害化的关系，明确各方责任促进固体废物协同治理”，为生态文明体制改革提供法律支撑，综合运用手段深化固体废物管理。“清废行动 2018”对长江经济带 11 个省市进行现场摸排核实，共发现 1 308 个问题，极大地引起了社会各界对固体废物处理处置的关注，激活了固体废物处理处置市场。

工业固体废物综合利用是节能环保产业的重要板块，国家统计局统计数据显示，2017 年我国一般工业固体废物产生量为 331 592 万吨，综合利用量为 181 187 万吨，处置量为 79 798 万吨，一般工业固体废物储存量有 78 397 万吨，还有 73.04 万吨一般工业固体废物被倾倒丢弃。在环保政策倒逼、综合利用政策引导、税收优惠政策扶持等多重作用下，工业固体废物处理处置行业总体形势一片大好。

虽然我国工业固体废物利用率逐年上升，但单种固体废物的利用较多，多种固体废物全产业链协同利用较少，再加上行业壁垒的束缚，使多种工业固体废物协同利用的技术创新和成熟技术的快速大规模推广受到限制。固体废物综合利用还面临着成分复杂、难度大、技术创新能力不足等挑战，由于技术含量低、行业进入门槛低，简单易行的低值化、资源化利用技术仍是大宗工业固体废物处理处置行业的主流。随着产品标准的要求逐渐升高，市场需求将倒逼行业创新发展和转型升级，促进大宗工业固体废物综合利用向高技术加工、高性能化、高值化方向发展。此外，固体废物处理处置企业还应结合当地资源环境特点及区位特征，推进区域工业固体废物综合利用产业协同发展。

根据《中国统计年鉴》统计数据，2017 年我国危险废物产生量为 6 936.89 万吨，其中综合利用 4 043.42 万吨，处置 2 551.56 万吨，870.87 万吨堆存，危险废物处理

处置利用率达 95% 以上，相比 2016 年的 82.8% 有了长足的发展。目前，我国危险废物处理处置产能总体过剩，但地区发展不平衡，单位质量的危险废物在不同省区市之间的处理价格差别巨大。危险废物处理处置行业还存在企业规模小、不能稳定达标及投运率低等问题，市场集中度低，未来存在进一步整合空间。

目前，我国城市和县城生活垃圾已基本实现无害化处理，但农村生活垃圾无害化处理率仍很低，为此国家出台大量政策鼓励农村生活垃圾处理处置行业的发展。以卫生填埋为主处理方式，已经不能满足城市发展的需求，但垃圾焚烧行业在加快发展的同时，“邻避效应”仍旧存在。由于国家多项相关政策的出台，垃圾分类行业发展势头正猛，国内大型环保企业纷纷发力竞标垃圾分类项目。

在新兴固体废物的处理处置方面，报废汽车、废旧电池回收市场潜力巨大，但大量报废汽车流入非法回收网络，导致正规拆解企业处于严重不饱和状态，建议政府助力行业的发展，建立循环经济产业园区，实施“分散回收、集中拆解”；布局环保设施共享网络，引导行业向环保拆解和废物资源化再利用方向发展；并落实汽车生产者责任制，实施全生命周期管理。此外，随着城镇化的快速推进，以及各省区市棚户区改造工程的大规模开展，国内建筑垃圾量逐年上升。随着国家层面建筑垃圾处理产业政策频出，建筑垃圾处理行业将迎来新的机遇与挑战。

在固体废物污染防治领域，2015~2018 年，新增生活垃圾无害化处置能力 50.97 万吨 / 日，新增收运能力 44.22 万吨 / 日，实施存量治理项目 803 个，新增餐厨垃圾处理能力 3.44 万吨 / 日，进一步提升和合理配置危险废物安全处置能力。

4)《中华人民共和国土壤污染防治法》发布，土壤修复行业发展受瞩目

2018 年，国务院组建生态环境部，设立土壤生态环境司，负责全国土壤、地下水等污染防治和生态保护的监督管理，理顺了管理机制，进一步保障了我国土壤修复行业健康发展。2018 年 8 月 31 日，《中华人民共和国土壤污染防治法》表决通过，这是我国首部专门规范防治土壤污染的法律，也将逐步推动土壤污染防治产业结构调整和优化。

2018 年土壤修复市场规模约 100 亿元，其中工业类污染场地修复工程仍占主要部分，合同额约 70 亿元，而且资金规模越来越集中于大项目，根据统计，亿元以上大项目约占一半市场规模。据不完全统计，2018 年土壤修复从业企业为 3 830 家。土壤修复行业成为环保产业最受瞩目的细分行业之一。随着政策的不断完善、技术的持续升级及修复标准的逐步细化，行业壁垒提升，预计未来企业数量增速将放缓，先期进入土壤修复行业的龙头企业具备较强竞争力，一些在细分领域专业性强的技术企业将脱颖而出。2018 年，工业污染场地工程应用技术主要有原位加热技术、异位热脱附技术、化学氧化修复技术、多项抽提技术、固化稳定化技术等。除工程应用外，2018 年在污染土壤修复领域也涌现出一批前沿的科研成果。

在国家风险管控的思路指导下，污染场地修复和风险管控的技术组合正在兴起，未来将有更多场地，特别是大型复合场地，根据地块使用功能和利用规划，采用修复和风险管控相结合的修复方案。随着修复工程经验的积累，修复也将由单纯的技

术和设备主导，向方案设计和工程设计主导转变，即“硬”技术向“软”技术发展，逐步摆脱“土方”工程的形象，与国际接轨。

在土壤污染防治领域，打好净土保卫战投资需求约为 6 600 亿元，环保产业的产品和服务约 4 158 亿元。

5）监测、噪声、室内健康等细分行业存在机遇

环境监测是环境管理和科学决策的重要基础，是评价考核各级政府改善环境质量、治理环境污染成效的重要依据。

2018 年，监测设备的发展，在价格更低、易于维护、运行稳定、适应恶劣环境等基础上，已经向自动化、智能化和网络化方向发展。环境监测网络，从省级到地市级再到县级逐步全面覆盖；监测领域，从空气、水向土壤倾斜；同时由较窄领域监测向全方位领域监测的方向发展，监测指标不断增加；监测空间不断扩大，从地面向空中和地下延伸，由单纯的地面环境监测向与遥感环境监测相结合的方向发展。其中，固定污染源监测市场趋向稳定，受益于产品更新换代、技术升级改造等因素，传统固定污染源监测产品需求有所上升。此外，随着环保督察力度加大，对污染源运维可靠性需求增强，对数据质量要求不断提高。

环境治理监测持续升温，一方面，空气环境监测站需求旺盛；另一方面，水质监测发展迅速，在水域生态在线监测、水污染应急预警等方面形成巨大的市场，水质监测体系正在向更广泛的覆盖面、更系统性的布局发展。中国环境监测总站耗资 16.8 亿元用于水质监测站的建设和运维，这标志着水质监测站市场已经进入快速释放期。2018 年，对大气成分分析设备需求正在逐渐显现，监测指标向组分监测、前体物监测等倾斜，力求说清污染物来源、成因与形成机理。受益于中国环境监测总站主导的组分网建设，各地市的需求也逐渐显现。

在智慧环境领域，政府需求持续增加，网格化监测及微型站市场需求旺盛。环境监测要素从大气扩展到水质，监测领域不断扩大，监测网络从传统的“三废”（废水、废气、固体废弃物）监测发展为覆盖全国各省区市、涵盖多领域多要素的综合性监测网。

作为大环保产业的一部分，环境电器市场整体向好。鉴于国内环境治理的复杂性及长期性，环境电器将在未来持续保持较高速增长。目前，我国家庭净水器市场配置率不高，但行业增速显著。数据显示，2018 年净水器市场 320 亿元，同比增长 18.6%。因为遭遇市场转型，空气净化器市场下滑 18.2%，但市场规模依然达到 130 亿元。分析认为，我国空气净化器市场从单纯的受空气污染影响向污染、地区经济双重影响转变，消费者逐步从恐慌性消费向理性绿色消费回归。未来，除甲醛净化器市场仍需要长期培育，对于整个行业来讲，甲醛净化器技术仍具备极大的改善提升空间，而性价比较高的甲醛净化技术工艺转化将成为决定未来净化器市场地位的先决条件。住房和城乡建设部发布的《住宅新风系统技术标准》（JGJ/T440-2018）是我国第一部关于住宅新风系统的技术标准，对住宅新风系统行业提出了更加明确的技术要求，使住宅新风系统产品、安装、验收更加安全可靠，标准的发布会加快行

业的健康发展，对于新风系统的普及具有重大意义。2018 年上半年我国房地产精装修市场总体规模高达 81.5 万套，同比增加 51.7%，而精装房产的新风系统配套率达 30%，精装房市场有效带动了新风产品市场增长。需要注意的是，消费者日益理性，对品牌、品质化、健康化的消费需求加大，行业洗牌不可避免。

2018 年 1 月 1 日起《中华人民共和国环境保护税法》《中华人民共和国环境保护税法实施条例》正式施行，工业噪声作为应税污染物列入环境保护税税目，对我国噪声与振动控制产业发展具有重大意义。据初步统计，2018 年全国噪声与振动控制行业总产值约为 133 亿元，与上年相比有所下降。目前噪声与振动控制行业仍然以传统降噪产品为主，突出问题是科研投入偏少，核心专利和其他知识产权少，同质化严重，但随着环境监管的加严，对技术创新和知识产权日益重视，这种现象将有所改变。例如，阵列式消声器技术通过专利授权的方式扩大了使用范围，引领行业技术提升和知识产权保护。

《中华人民共和国环境噪声污染防治法》修改工作的展开及噪声与振动方面新的各类标准的颁布和实施，将为噪声与振动控制产业发展带来新的机遇。预计 2019 年，全国主业从事噪声与振动控制相关产业和工程技术服务的企业仍将维持在 700 家左右、从业总人数约 2.6 万人的规模。预计行业总产值将与 2018 年持平。

在环境监测领域，预计“十三五”期间环境监测设备销售增速大约在 25%，市场空间超过 1 000 亿元。

7.3.3 新能源汽车产业

1. 产业规模全球领先，竞争力逐步形成

经过近 20 年的发展，我国新能源汽车已经形成完整产业体系，在研发、产业、市场、政策创新和基础设施建设、标准体系建设、商业模式创新等方面均成效显著，已呈现明显的综合优势，产业竞争力正在逐渐形成，成为驱动世界汽车产业电动化的中坚力量。2019 年，习近平主席在给世界新能源汽车大会的贺词中指出，“中国坚持走绿色、低碳、可持续发展道路，愿同国际社会一道，加速推进新能源汽车科技创新和相关产业发展”。近年来，在中央及地方政策和市场需求的推动下，我国新能源汽车实现快速发展。2018 年，我国新能源汽车产销分别达到了 127 万辆和 125.6 万辆，同比增长分别为 59.9% 和 61.7%，新能源汽车销量增速远超汽车产业总增速，占比稳步上升。截至 2018 年底，我国电动汽车保有量近 300 万辆，已成为新能源汽车发展最快、产量最高、保有量最多的国家。图 7.12 为近年来中国及全球新能源汽车产量数据。

新能源汽车产业链环节基本完备，龙头骨干企业加速形成。新能源汽车的关键原材料、动力电池、电力驱动、电子控制、自动驾驶、车联网和电池回收利用等产业链环节不断完备。2018 年我国新能源汽车动力电池装机总电量约 57.35 亿瓦时，

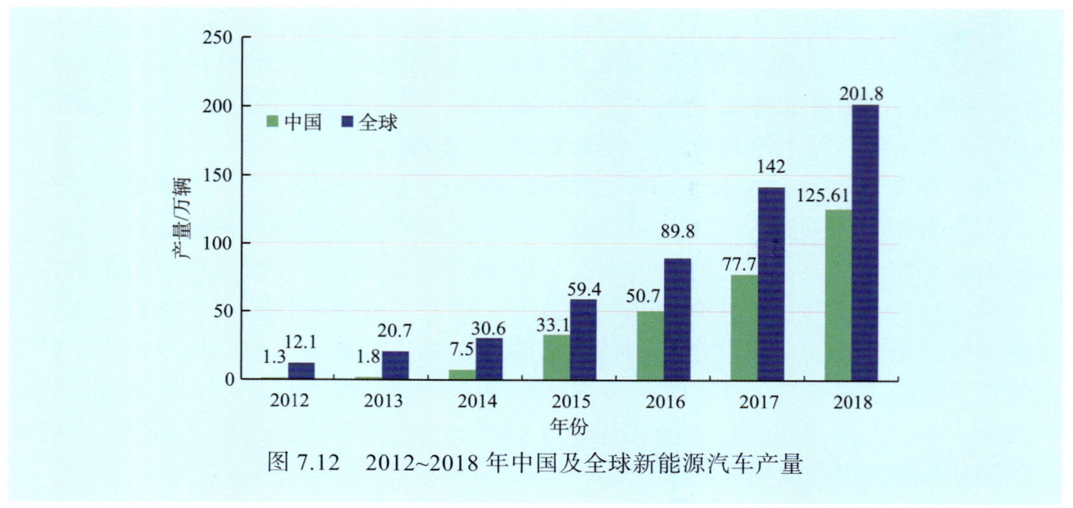

图 7.12　2012~2018 年中国及全球新能源汽车产量

同比增长 57.5%，成为全球最大的动力电池生产国（图 7.13）。我国本土动力电池的头部企业已经具备与日韩巨头企业竞争的实力。2018 年宁德时代新能源科技股份有限公司全年装机量达到 23.5 亿瓦时，位居全球第一。2018 年我国新能源汽车电机装机量超过 133 万台，同比增长 52.1%。我国新能源汽车驱动电机也涌现了一批龙头骨干企业，精进电动科技（北京）有限公司、上海电驱动股份有限公司、中山大洋电机股份有限公司、湖南中车时代电动汽车股份有限公司等，也呈现市场相对集中的态势。国产高密度、高效率驱动电机关键性能显著提升，可与国外先进指标持平。上海电驱动股份有限公司完成了电驱动控制器比功率双倍增技术的研发，进一步提升逆变器可靠性和集成水平，与博世、大陆等国外公司同类控制器产品相当。

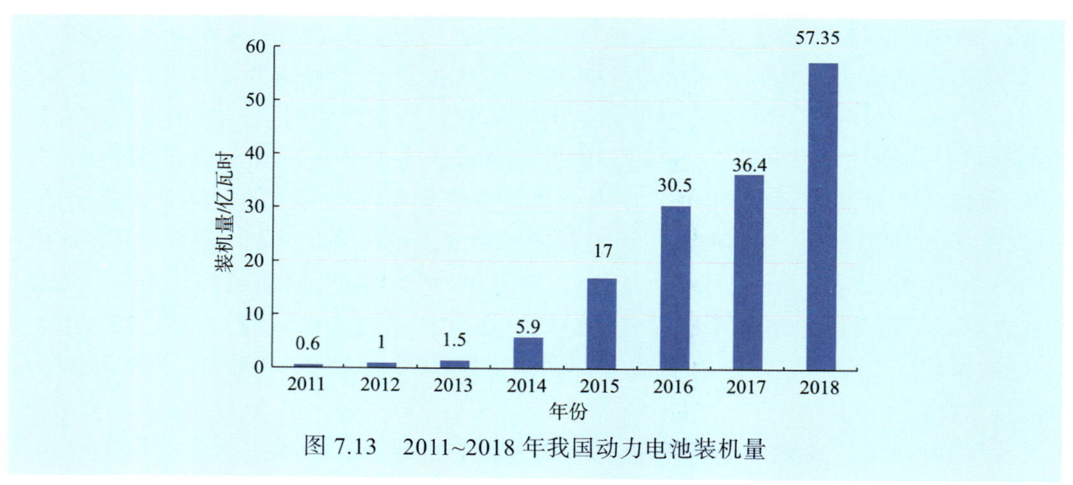

图 7.13　2011~2018 年我国动力电池装机量

燃料电池汽车开启规模化示范运营。我国已经进入燃料电池商用车示范推广的阶段，截至2018年底，我国氢燃料电池汽车累计销量超过2 000辆，且主要集中于商用车领域，以客车和专用车为主。不管是在厢式物流车、园区接驳车抑或是在城市公交车中，氢燃料电池汽车正在陆续突破技术、成本和商业模式三大难关，步入规模化示范运营阶段。2018年我国氢燃料电池汽车产量为1 619辆，同比增长27%，其中客车710辆，专用车909辆。乘用车方面，上汽开发的第四代荣威950Fuel Cell插电式燃料电池汽车成为国内首款进入《免征车辆购置税的新能源汽车车型目录》的燃料电池乘用车，其搭载有动力蓄电池和氢燃料电池双动力源系统，续航里程达到400千米，最高车速可到160千米/小时。客车方面，2018年12月，北汽福田汽车股份有限公司旗下49辆第四代10.5米福田欧辉氢燃料电池客车，搭载北京亿华通科技股份有限公司自主研发的自主氢燃料电池发动机，在张家口市上线运营，每天运营时间超过14小时，单车每天运行250千米。佛山市禅城区70辆氢燃料电池公交车也已投入运营。专用车方面，2018年京东上海物流自营体系上线70辆氢燃料物流车，截至2018年底，京东上海物流自营体系已有70辆氢燃料物流车在线运营。2018年3月，长城汽车成为首家进入国际氢能委员会（Hydrogen Council）的中国汽车企业。

推广创新商业模式，推动新能源汽车产业链延伸布局，促进产业可持续发展。国内涌现出了分时租赁、融资租赁、定向购买、电商销售等多种新型商业模式，在政府、相关企业的共同推动下，这些新型商业模式得到了不同程度的发展。分时租赁作为汽车共享的一种形式，有效地刺激了新能源汽车销量的增长和社会接受度的提升，成为目前新能源汽车的一种重要推广模式。企业方面，北京新能源汽车股份有限公司携手上海北斗交大新能源汽车服务有限公司，双方达成以“分时租赁”的模式，通过开放共享平台展开全国性的战略合作。此外，滴滴、摩拜、美团、神州等网约车企业也纷纷进入分时租赁领域。同时，物流车租赁运营模式的应用继续在多个城市发酵升温，纯电动物流车成为新能源汽车推广的一大亮点。目前深圳市发布了新能源纯电动物流车通行优惠政策，给予电动物流车更多的路权。融资租赁模式可有效缓解充换电基础设施建设与车辆一次性购置的资金压力。越来越多的新能源车企与融资租赁公司合作，或者成立自己的租赁公司，各种不同的融资租赁模式快速兴起。新能源汽车大规模应用，带动形成了一条覆盖广、纵深长的产业链，除了上游链条的零部件、基础原材料等，下游产业链的充换电设施、电池回收等，还可带动汽车智能化、充换电站运营、电网、分时租赁等新的商业模式及其他增值服务的快速发展。在“互联网+”背景下，我国政府、电网、企业、运营商、消费者等各方在积极探索新能源汽车推广模式，寻求各种结合形式，推动产业链延伸布局，共同促进我国新能源汽车产业可持续发展。

2. 技术水平与国际同步，高质量发展初露端倪

“十三五”以来，我国新能源汽车续航里程、百公里能耗等整车性能不断提升，

动力电池能量密度、驱动电机效率等零部件指标进步迅速，燃料电池汽车研发和示范取得进展。

政策引领我国新能源汽车走高能量密度、高续航里程的技术发展路线。2019 年 3 月，财政部等四部委联合发布了《关于进一步完善新能源汽车推广应用财政补贴政策的通知》，与 2018 年补贴政策相比，其变化概括来讲主要是国家补贴退坡，地方财政补贴取消，续航里程向 400 千米发展。目前我国新能源汽车的补贴金额以续航里程为划分标准，因此续航里程、电池能量密度成为我国新能源汽车发展的热点。中级以上整车产品续航里程普遍达到 300 千米，2018 年第四季度，乘用车 A 级电动车续航里程在 400 千米以上的产品达到了 50% 左右，实现了整车低能耗和电池性能的综合提升。长安逸动 EV460 综合续航里程 460 千米，NEDC 续航里程 405 千米。威马 EX5 三款在售车型续航里程分别达到 300 千米、400 千米和 500 千米。蔚来 ES8 车型综合工况续航里程为 355 千米，百公里加速时间 4.4 秒。上汽荣威 Ei5 综合续航里程 420 千米，百公里耗电 13.2 千瓦时。

我国典型电动乘用车能耗、轻量化、智能化水平与国外产品不相上下。目前，国内主流长续航里程纯电动乘用车的续航里程普遍在 300 千米以上，国内乘用车（整备质量为 1 200 千克）工况电耗为 13~14 千瓦时 /100 千米，与全新日产聆风电耗 14.65 千瓦时 /100 千米相比差距很小。轻量化技术方面，碳纤维复合材料、铝合金等轻量化材料得到应用，如北京汽车集团有限公司 EU 系列前置架采用了铝合金材料，奇瑞汽车股份有限公司 EQ1 车身高强度镁铝合金应用比例在 93% 以上。智能化技术方面，语音控制、无钥匙进入、人机互动等功能在部分车型上已经有所应用。中国第一汽车集团有限公司推出的“挚途”展示了手机叫车、自主停车、拥堵跟车、自主驾驶四项功能。上海汽车集团股份有限公司初步实现了 120 千米 / 小时下的自动巡航、自动跟车、车道保持、换道行驶、自主超车及远程遥控停车等功能。重庆长安汽车股份有限公司推出 CS35、睿骋自动驾驶样车，与美国智能汽车联盟（Mobility Transformation Center，MTC）合作进行了车车通信试验。

动力电池性能指标稳步提升，成本明显降低。2018 年我国动力电池行业呈现以下基本态势：①在锂离子动力电池材料、单体性能、系统集成、产业技术等方面基本与国际处于同一水平。例如，宁德时代新能源科技股份有限公司高比能快充锂离子电池技术将石墨负极材料用于快充电池，运用孔道优化和“快离子环”技术，在石墨表面打造一圈高速通道，大大提高了锂离子在石墨负极的嵌入速度，可实现 10~12 分钟充电 80% 荷电状态（state of charge）。②我国补贴政策的宏观引导已使三元电池占据市场的主体地位。三元材料总配套量 331.2 亿瓦时，2018 年首年超过磷酸铁锂。三元正极材料的能量型动力电池单体比能量最高达到 260 瓦时 / 千克，模块比能量最高达到 150 瓦时 / 千克，量产磷酸铁锂动力电池单体能量密度达到 180 瓦时 / 千克，动力电池系统比能量达到 150 瓦时 / 千克。③以安全为核心，在提升能量密度的前提下，在能量密度、功率密度、安全、循环耐久和成本之间寻求平衡点。④动力电池系统价格下降到 1.3 ± 0.2 元 / 瓦时，正负极材料及电解液的部分企业已进入国际主流电池厂商供应链。

全气候新能源汽车取得突破性进展。自加热型全气候动力电池技术取得重大进展，基于世界首创的电池自加热原理，通过在电池内部植入镍箔实现内部短路，可使电池系统快速启动。基于全气候电池系统开发的 12 米电动大客车、7 米中型电动客车、电动乘用车在海拉尔通过了极寒环境试验验证，在 -30℃环境下整车可实现 6 分钟快速启动，电池系统温升速度超过 5℃ / 分钟，能耗不高于 5%。

建立了具有自主知识产权的燃料电池汽车动力系统技术平台。2018 年，我国在燃料电池动力系统和关键部件方面取得了较大进展。在燃料电池堆方面，大功率型电堆峰值功率达到 72 千瓦，体积比功率密度达到 2.5 千瓦 / 升，寿命突破 5 000 小时，燃料电池系统可实现 -20℃启动、-40℃存储，储氢压力达到 70 兆帕。在关键原材料方面，氢燃料电池的核心材料——催化剂长期依赖进口，清华大学攻克了燃料电池催化剂量产技术难关，实现了技术升级、批量制备及完全国产化，综合性能达到国际商用同等级催化剂性能，以 70%Pt/C 为例，极化性能为 0.5V@3A/cm^2，电化学活性面积为 70 米^2/ 克，质量比活性为 350mA/mgPt@0.9V，成本比进口同类产品降低 50%~80%。在核心零部件方面，膜电极性能突破 1 瓦 / 厘米^2，铂载量仅为 0.45 毫克 / 千瓦，寿命超过 6 000 小时，达到国际领先水平；大面积超薄燃料电池金属双极板实现从构型设计到精密加工的全工艺链交付能力，产品综合性能达到国际领先水平，突破了国外车企对金属双极板设计与制造的垄断，建成国内首条完整的燃料电池超薄金属板生产线，实现千辆级别配套产能。

3. 我国充换电基础设施布局更趋完善

中央和地方政府政策推动充换电基础设施建设及运营效果明显。我国政府在不同时期制定实施了不同的政策，从初期的新能源汽车示范试点到如今在全国各城市的大力推广；从新能源车辆补贴、免征车辆购置税，到充换电设施的建设补贴、运营补贴的政策出台；从最初的以补贴为主发展到如今实行平均燃料消耗量与新能源汽车积分并行管理；行业政策匹配行业发展的不同阶段，且日趋成熟、理性和完善，极大地推动了我国新能源汽车及充换电设施行业发展。

明确“桩站先行”“车桩相随”的建设原则。《关于加快电动汽车充电基础设施建设的指导意见》中强调按照“桩站先行”的要求，确保充电设施建设规模达到适度超前。《电动汽车充电基础设施发展指南（2015-2020 年）》作为指导意见的配套文件，再次明确提出按照“桩站先行”原则推进充电基础设施建设的目标。此外，《关于“十三五”新能源汽车充电基础设施奖励政策及加强新能源汽车推广应用的通知》中，将充电设施建设奖励与新能源汽车推广数量绑定，体现了“车桩相随”的政策理念，杜绝盲目无序建桩。一些城市也提出要求，在新建小区、写字楼停车场建设一定比例的充电桩或者预留充电线路，为将来电动汽车大规模推广预留发展空间。

充电基础设施建设规模全球第一，市场主体呈现多元化发展格局，商业模式不断创新。充电基础设施是电动汽车推广应用的基础和保障，我国正在建设覆盖城市公共领域、高速沿线、私人小区、单位内部等场景的充电服务网络。截至 2018 年 12

月，全国公共类充电桩总量已达 33.1 万台（图 7.14），私人充电桩数量达到 47.7 万台，我国公共充电桩保有量呈直线上升状态。充电基础设施运营商逐步规模化，北京、上海、深圳等地建成了规模化的充电服务网络（图 7.15），第一梯队企业通过快速布局形成规模优势。截至 2018 年底，全国规模化运营商企业 15 家（充电设施保有量≥ 1 000 台），特来电新能源有限公司（12.1 万台）、国家电网有限公司（8.8 万台）、星星充电（5.5 万台）、上海上汽安悦充电科技有限公司（1.5 万台）、中国普天信息产业股份有限公司（1.4 万台）是前五大运营商，这五家企业平台所运营的充电桩市场份额已达 88.3%[30]。北京汽车集团有限公司、上海汽车集团股份有限公司、比亚迪股份有限公司等汽车企业大力投资充电基础设施建设，广州小鹏汽车科技有限公司、上海蔚来汽车有限公司等造车新势力也试图切入充电桩市场。目前车企自建充电桩数量相对较少，短期内不以营利为目的，而是为了完善和优化汽车售后服务体系，提升服务质量。除车企之外，互联网企业也有介入，如滴滴成立小桔充电构建开放平台，采用轻资产运营模式，通过与充电运营商合作，接入后者已建好的部分充电桩。滴滴掌握了用户和流量入口，利用数据优势为运营商导流，收取运营商充电服务费分成。

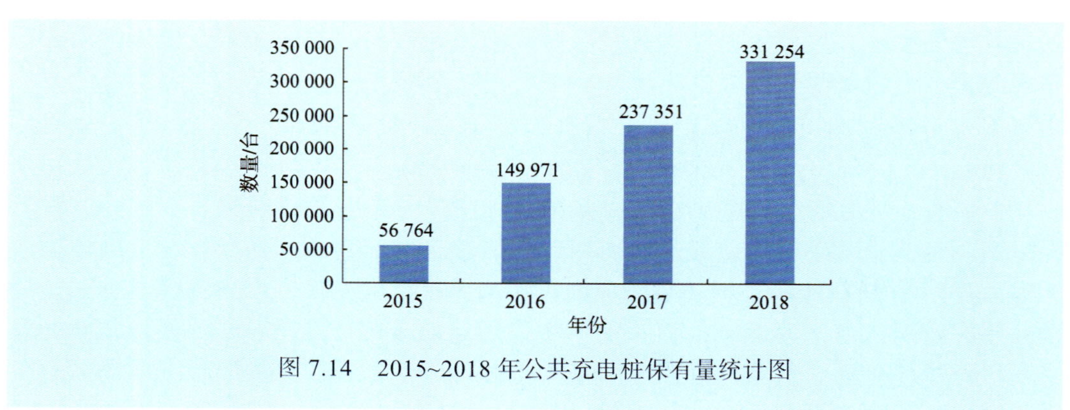

图 7.14　2015~2018 年公共充电桩保有量统计图

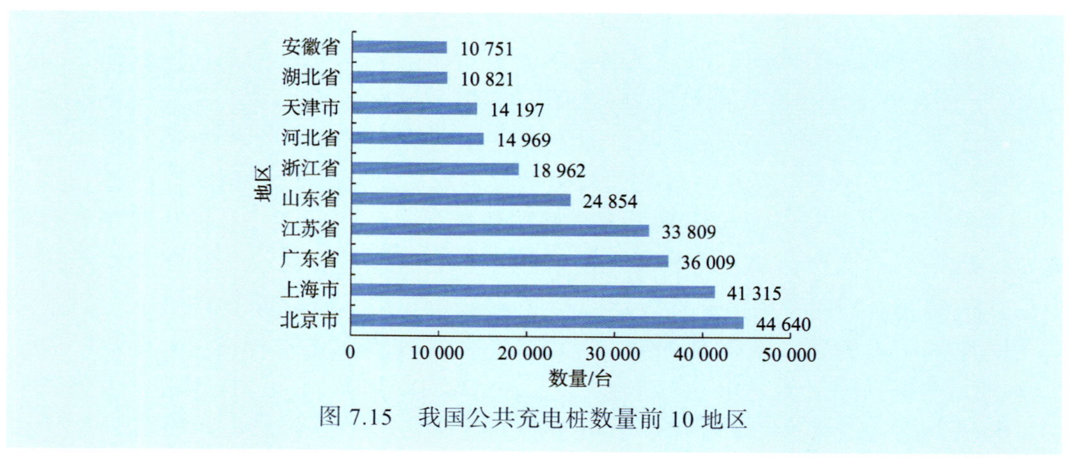

图 7.15　我国公共充电桩数量前 10 地区

电池快换模式在特殊应用场景得到快速发展。区别于充电，新能源车换电是指采用更换整个电池的方式，恢复新能源汽车能量的运行模式，换电过程仅需要数分钟，大大提高运行效率。同时，电池的集中管理更加便于管理和调度，有效降低电池的充电成本。北京新能源汽车股份有限公司已有超过 2 000 辆换电出租车在北京市运营，奥动新能源汽车科技有限公司在北京建成 100 余座换电站，服务半径可到 2.78 千米，可保障北京市目前换电出租车日常的运营需求。

互联互通程度提升，群管群控、转网到电网（vehicle to grid，V2G）、快速充电等技术受青睐。得益于充电标准体系的建立，行业的互联互通进程有所提高。目前，我国的充电标准体系涵盖了充电接口及通信协议、充电关键设施 / 设备、充电站建设、充电设施运行维护、运行监控及运行平台通信、标志标识标准等，为全面提升充电安全性与兼容性、规范市场发展奠定了基石。2018 年底，全国公共充电桩符合 2015 版国标的占比约为 59.8%，硬件上充电接口与电器的互联互通、运营方面交易结算和充电信息的互联互通等问题已得到一定程度的解决。

我国充换电基础设施企业都在积极地参与商业模式创新，众筹建桩、车桩合作、“互联网 +”等创新的商业模式在不断涌现，充电设施及信息平台建设全面推进，互联互通初见成效，产业链重心逐步由建桩向充电桩运营转移。

国内诸多大型运营商已经开放、共享自己的充电平台，逐步实现充电基础设施之间的资源共享，消费者可在平台上选择多家运营商的服务，并可以查看充电桩的位置和实时状态（如停车位是否有车辆占用），充电效率和体验得到提高。2018 年 11 月，国家电网有限公司、中国南方电网有限责任公司、特来电新能源有限公司、星星充电共同出资设立河北雄安联行网络科技股份有限公司，整合跨界数据资源，大大扩展了充换电设施互联互通的覆盖面。河北雄安联行网络科技股份有限公司通过跨平台全方位深度互联互通和大数据挖掘增值，致力于建设全国最大的充换电和出行服务平台。

群管群控、V2G 技术受青睐。群管群控改变了传统充电桩“一桩对一车位”的方式，采用箱变集中式充电方式，通过负荷管控技术，实现电网安全、设备安全、充电安全。V2G 是未来能源互联网的重要技术之一，对电力负荷调节、可再生能源消纳及电动汽车经济性调节有促进作用。目前，特来电新能源有限公司在青岛、武汉、成都等地有示范应用。

4. 我国加氢基础设施投入强度显著提升，加氢站数量规模增加

截至 2019 年 3 月，中国已投产加氢站共有 25 座（包括 2 座内部整改站），较 2017 年增加 14 座。其中固定式 11 座，撬装站 14 座，加氢规模在 500 千克以上的有 10 座，加氢站分布主要集中在广东、江苏、上海、湖北、河北等地。目前车辆以小规模燃料电池公交及厂内测试车辆为主，对于小储氢量的固定站及撬装式一体站，其加氢能力基本可以满足现阶段加氢预期，但随着氢燃料电池汽车规模的增加，将无法满足加氢车辆进场时间随机化、单次加注时间短的商业需求。

在加氢技术方面，国内已具有自主研发生产 35 兆帕加氢机能力，完成 70 兆帕加

氢机实验样机开发；在压缩机方面，具备45兆帕小流量压缩机的完全自主研发制造能力，并可通过进口关键零部件，实现中等流量压缩机自主集成；同时，拥有87.5兆帕压力等级压缩机的试验样机。目前加氢站的氢气一次性利用率可提高到70%~75%。

在制氢技术方面，国内已拥有大规模煤制氢（制氢能力2×10^5米^3/小时以上）、天然气制氢（制氢能力8×10^4米^3/小时）、甲醇制氢（制氢能力4×10^4米^3/小时以上）的工程技术集成能力与实际工程案例，并掌握氢气液化关键技术。同时，碱性电解水装置的单机制氢能力也可达1 000~1 200米^3/小时，并拥有完全自主知识产权的设备制造、工艺集成能力[31]。

5. 安全强标与新型电动汽车标准体系趋于形成，汽车缺陷产品召回成为新能源汽车安全监管的重要举措

我国新能源汽车发展还处在培育期，安全问题是事关新能源汽车发展的生命线，逐步引起了政府及行业的高度重视。《电动汽车安全要求》《电动汽车用锂离子动力蓄电池安全要求》《电动客车安全要求》3项汽车要求强制性国家标准已于2019年完成标准报批稿，预计2020年7月1日起开始实施。这意味着国家对电动汽车整车产品和动力电池的安全技术标准将进一步提高，进而提高全行业对电动汽车安全性的认知，提高安全性设计、制造水平，加强电动汽车合理使用和维护。

缺陷产品召回是一项国际通行的产品安全监管制度，也是加强事中事后监管的重要举措，新能源汽车缺陷产品召回对新能源汽车安全问题起到了一定的监管作用。2019年3月，国家市场监督管理总局发布了《关于进一步加强新能源汽车产品召回管理的通知》（市监质函〔2019〕531号），要求生产企业主动落实产品安全主体责任，并明确了生产企业新能源汽车火灾事故上报机制。

7.4 绿色低碳产业发展典型案例分析

7.4.1 京津冀区域大气污染防治联防联控

1. 区域概况

京津冀区域是我国北方重化工业集聚的区域，也是污染排放最大的区域。一是工业比重大，2018年天津、河北第二产业比重分别占到52.7%和50.6%。二是工业结构偏重，钢铁、煤炭、石油化工、焦化、制碱、平板玻璃在第二产业占主导地位。2018年京津冀区域粗钢产能占全国总产能的22%，焦化占12%，平板玻璃占18%。三是工业污染排放大。2018年河北省钢铁行业废水排放量约5 537万吨，占京津冀区域钢铁行业废水排放量的98.2%，约占全国工业废水排放总量的10%；大气氮氧

化物排放量占全国排放总量的 7.4%；工业固体废物年排放量超过 4 亿吨。

京津冀区域呈现出十分突出的多介质复合型环境污染，是全国生态环境质量最差的区域之一。$PM_{2.5}$ 污染不仅是当地人民群众的“心肺之患”，也影响了我国国际形象。在综合分析京津冀区域生态环境问题和明确生态环境质量目标的基础上，跨行政区划、跨行业、跨介质地综合规划和设计污染治理、质量改善、生态保护等技术途径及产业结构调整、区域一体化监测、智慧管理等措施，协同组织实施，最终全面提高京津冀生态环境治理成效，实现京津冀区域生态环境全面改善的预期目标。

2. 区域大气污染防治现状

《大气污染防治行动计划》（以下简称“大气十条”）实施以来，京津冀空气质量总体改善显著，2018 年京津冀 $PM_{2.5}$、PM_{10}、NO_2 和 SO_2 年均浓度分别为 64.5 微克 / 米 ^{3}、117.3 微克 / 米 ^{3}、47 微克 / 米 ^{3}、27.4 微克 / 米 ^{3}，只有 SO_2 年均浓度达到空气质量二级标准；虽然与 2013 年相比 $PM_{2.5}$、PM_{10}、NO_2 和 SO_2 年均浓度分别下降 36.5%、21.6%、7.5%、63.6%，实现了“大气十条”预期目标，但是京津冀 $PM_{2.5}$、PM_{10}、NO_2 年均浓度超标严重，分别为 45.7%、40.5%、14.9%，$PM_{2.5}$ 超标最严重，仍为“心肺之患”，仍需要将 $PM_{2.5}$ 列为优先控制与考核污染物。

2013~2018 年，京津冀大气 O_3 污染浓度明显升高，O_3 日最大 8 小时浓度第 90 百分位数的平均值由 2013 年的 155 微克 / 米 ^{3} 上升到 2017 年的 187 微克 / 米 ^{3}，增长率达 20.6%，可见，$PM_{2.5}$ 和 O_3 协同控制已成为重点区域持续改善空气质量的关键。研究表明，$PM_{2.5}$ 和 O_3 污染是彼此关联的大气二次污染问题，科学推进 NO_x 和 VOCs 的协同减排，特别是强化 VOCs 的减排，不仅可以降低细粒子中二次有机物的生成，还有助于降低臭氧污染水平。

2014~2018 年京津冀区域六种常规大气污染物 $PM_{2.5}$、PM_{10}、SO_2、NO_2、O_3 和 CO 春、夏、秋、冬四个季节的空间分布表明：①季节特征明显。②区域差异显著。③年际变化：针对臭氧以外的污染物，除了 2016 年秋冬季有恶化迹象以外，2014~2018 年空气质量持续改善，但是臭氧有逐年恶化的趋势。

由此可见，要实现京津冀区域所有城市空气质量达标，$PM_{2.5}$ 浓度需要下降 46% 以上。人为源一次 $PM_{2.5}$ 和 SO_2、NO_x、VOCs、NH_3 等气态污染物排放量需要减少 46%~65%，甚至更多。此外，近些年京津冀大气 O_3 污染浓度明显升高，$PM_{2.5}$ 和 O_3 协同控制已成为重点区域持续改善空气质量的关键。作为臭氧生成前体物的 NO_x 和 VOCs 的协同减排量的需求比只降低 $PM_{2.5}$ 浓度所需的减排量加大，特别是强化 VOCs 的减排更为重要也更为艰巨。

然而，目前为止所进行的主要污染物大气污染防控的措施和相关行业存在薄弱环节。非电行业综合治理、机动车尤其是柴油机动车排放管控、重点行业挥发性有机物减排及农业氨排放控制问题突出。“大气十条”自 2013 年实施以来，挥发性有机物是唯一全国排放量依然增长的大气污染物，一方面是由于整治项目行业覆盖面较窄，治理深度不够、溶剂使用等无组织源排放未得到有效控制及监管执法乏力等，另一方面是行业增长导致新增排放量快速增加。氮氧化物、挥发性有机物、氨和细颗粒物排放对全国大气污染变化具有重大影响，必须采用有力措施尽快取得治理实效。

更重要的是，“大气十条”的实施起到了促进发展方式转变的积极作用。然而，总体上能源、产业和交通结构调整的大气污染物削减潜力还有待大力释放，并将逐步成为空气质量改善的核心驱动力，为此亟须加快推动空气质量改善的途径逐步从污染控制向绿色发展模式的探索转变。

3. 区域大气污染治理目标

2015 年《京津冀协同发展规划纲要》中指出，京津冀整体定位是“以首都为核心的世界级城市群、区域整体协同发展改革引领区、全国创新驱动经济增长新引擎、生态修复环境改善示范区”。北京市：“全国政治中心、文化中心、国际交往中心、科技创新中心”；天津市：“全国先进制造研发基地、北方国际航运核心区、金融创新运营示范区、改革开放先行区”；河北省：“全国现代商贸物流重要基地、产业转型升级试验区、新型城镇化与城乡统筹示范区、京津冀生态环境支撑区”。

在生态环境保护方面，打破行政区域限制，推动能源生产和消费革命，促进绿色循环低碳发展，加强生态环境保护和治理，扩大区域生态空间。重点是联防联控环境污染，建立一体化的环境准入和退出机制，加强环境污染治理，大力发展循环经济，推进生态保护与建设，谋划建设一批环首都国家公园和森林公园，积极应对气候变化。以打赢蓝天保卫战为重点，加强生态环境保护。调整优化京津冀区域的产业结构、能源结构，强化区域污染的联合防控治理，积极稳妥推进煤改气、煤改电等工作，继续压减过剩产能，加快实施一批生态环境保护的重大项目。

4. 主要技术途径

1）开展柴油车、非道路、船舶的大气污染排放控制

在进一步严格实施汽油车的“车油路”系统排放控制体系和提升排放监管的基础上，重点开展柴油车、非道路、船舶的大气污染排放控制。加快制定柴油车国Ⅵ排放标准，突破柴油车发动机控制及其与后处理系统耦合匹配控制等核心技术，补齐整车排放标定平台与数据库等技术短板，率先在京津冀、长三角、珠三角等重点区域实施新车排放标准；推广应用非道路用柴油机机内与机外净化技术体系，研究和推广岸电使用、船舶尾气脱硫脱硝技术，在重点区域、核心港口率先实施船舶排放控制区措施；加快制定在用柴油机车 NO_x 快速检测方法与标准，加强柴油车排放监控与检查，推动在用高排放柴油机污染控制技术改造升级和分步淘汰。

2）实施非电行业特别排放限值，逐步实现超低排放，制定完善经济激励政策

加快出台非电工业行业排放标准，实施分地区分阶段的减排目标和排放限值，扩大特别排放限值的实施范围。对钢铁、有色、水泥、玻璃、陶瓷等重点工业行业，依法实施清洁生产审核。加快推进全过程控制技术的研发及应用。重点行业实施全过程氮氧化物减排技术并进行高效脱硝设施升级改造。加快碳素、砖瓦、铸造、铝

型材、铁合金等行业减排设施的建设。完善重点工业行业减排的鼓励政策。

3）针对石油化工、表面涂装、包装印刷等重点行业实施VOCs减排行动

尽快启动VOCs总量控制行动计划。果断出台有效措施尽快遏制VOCs排放总量增长势头，确定2022年全国VOCs排放总量降低25%~30%的总体目标。重点区域和重点行业实施更大力度的VOCs减排。重点地区建议为京津冀、长三角、珠三角、川渝、汾渭和长江中游城市群，重点行业建议为石化化工、溶剂涂料、包装印刷、交通运输等。各地区制定有针对性的重点源VOCs减排技术方案、减排核算和监管体系。加强重点区域大气环境VOCs监测能力建设，加快基于空气质量改善目标研究的VOCs排放标准制定和修订。

4）畜禽养殖氨排放控制

开展农业和农村源氨排放的治理。强化畜禽养殖业氨排放的综合管控，完善畜禽废弃物的资源化利用；优化饲料配方，提高饲料中氮素利用率。强化种植业化肥和有机肥合理施用，控制氮投入总量，创新氮肥产品，推广应用机械深施和水肥一体化技术。积极推进农村厕所革命和垃圾资源化利用。力争到2022年全国农业源氨排放比现有水平降低10%。

5. 将来的区域大气污染治理策略

1）能源消费总量控制与结构调整

依据北京市、天津市和河北省现有的“十三五”能源发展规划及京津冀区域“十三五”后期至2035年的经济社会发展宏观形势进行判断。在当前较为严格的大气污染控制技术及控制对策下，确定能够满足空气质量改善目标的要求能源消费总量进一步控制与结构调整。《北京市“十三五”时期能源发展规划》提出，在强化能源节约、大幅提高能源效率前提下，2020年全市能源消费总量控制在7 600万吨标准煤左右，年均增长2.1%。《北京城市总体规划（2016年—2035年）》提出以国际一流标准建设低碳城市，加强碳排放总量和强度的控制，强化建筑、交通、工业等领域的节能减排和需求管理。《天津市“十三五”能源发展规划》提出，到2020年天津市能源消费总量控制在9 300万吨标准煤以内，年均增长率控制在2.4%左右，结构持续优化，效率明显提高。《河北省“十三五”能源发展规划》提出，到2020年，河北省能源消费总量控制在3.27亿吨标准煤左右，年均增长2.2%，压减省内煤炭产能5 100万吨，煤炭实物消费量控制在2.6亿吨以内，天然气消费比重提高到10%以上。2020年能够达到空气质量目标的要求，但是很难达到2035年空气质量目标的要求。进一步减少煤炭消费，增加外调度电和可再生能源利用量，才能达到空气质量目标的要求。

2）京津冀协同发展下的产业结构调整

为了达到空气质量目标的要求，京津冀区域的主要高能耗产业的产量必须控制在一定的范围内。值得注意的是，2017年河北省粗钢产量1.9亿吨，今后每年压减1 000万吨，2020年为1.6亿吨，仍与为达到空气质量标准要求的削减近8 000万吨的产量差距大，尚需找到解决的途径。

3）继续化解过剩和落后产能，实施基于环境绩效的错峰生产

对京津冀区域过剩产能行业施行限产策略，落后产能企业实施关停，对大气和水污染比较严重的过剩产业实施取缔。对于当地具有重大工业和排污行业的地区，采取行政手段实施计划性生产，将大气或水污染情况控制在可控范围内，尤其是河北南部重污染地区，更加需要施行错峰生产，实施经济和环境双重指标。

4）创新运输组织，优化铁路-公路-水运相结合的运输结构，加快推广应用电动车和新能源车

京津冀城市群进一步加密和优化区域铁路网建设，并以铁路作为主骨架重新设计这两个区域交通基础设施网络。依托机场、高铁站、港口、物流园区等建设大型客货运输综合枢纽，并通过轨道交通、高速公路实现便捷连接。持续实施机动车保有总量控制制度，并采取有效措施降低机动车年均行驶里程；利用补贴激励政策和摇号政策，引导居民购买小排量、经济节油型及新能源的机动车。打造“轨道交通为骨架、常规公交为网络、出租车为补充、慢行交通为延伸”的一体化都市公交体系，加快大城市地铁网络建设，优先保障公交路权。用3~5年时间，实现城市货运配送、枢纽场站内部转运等领域全面推广使用混合动力、液化天然气（liquefied natural gas，LNG）、纯电动等新能源或清洁能源货车。

7.4.2　广东省发展氢燃料电池汽车产业

1. 广东省氢燃料电池汽车产业总体情况

广东省氢燃料电池全产业链正在加快形成，创新能力显著提升。广东省政府从2015年开启了氢能和燃料电池汽车全产业链的布局，陆续引进包括广东国鸿氢能科技有限公司、广州鸿基创能科技（广州）有限公司、广东泰罗斯汽车动力系统有限公司、广东国鸿重塑能源科技有限公司、爱德曼氢能源装备有限公司、深圳市南科燃料电池有限公司、深圳市氢蓝时代动力科技有限公司等一批氢燃料电池领域重点企业，形成了氢燃料电池系统—电堆—膜电极及空气压缩机等日趋完善的产业链，产业研发能力得到了显著提升，创新产品开发不断取得突破。广东国鸿氢能科技有限公司引进了Ballard 9SSL的燃料电池电堆生产线技术，并完成了优化已投产，两条产线已经完成超过1 000套燃料电池电堆和燃料电池系统的生产。2018年广东国鸿氢能科技有限公司在国内市场占有率达到95%，近期开发成功的新一代石墨板电堆体积功率密度已达到3.0千瓦/升。广州鸿基创能科技（广州）有限公司成功开发出对标丰田Mirai和奔驰GLC的高性能膜电极，并实现小批量生产，产品成本降低约30%，膜电极生产线已基本建成。

氢燃料电池汽车产销取得突破。2018年广东省累计推广氢燃料电池汽车170辆，其中客车135辆、物流车35辆，集中在佛山（160辆）、云浮（10辆）两市，上牌的氢燃料电池车辆居于全国前列。佛山市飞驰汽车制造有限公司拥有国内最大的氢燃料电池客车生产基地，生产能力为5 000台/年。2019年6月，佛山市南海区举行

氢能公交、物流车投运仪式，这次投运仪式公布投运的氢能源车辆共有437辆，其中有426辆物流车和11辆公交车。

氢能源供应具有良好基础，加氢站加快布局。广东省具备大规模氢能源制备供应条件，一方面，化工副产氢较丰富，如位于珠三角核心区的东莞巨正源丙烷脱氢项目一期首套装置于2019年7月投产，可供应氢气5万吨/年左右，一期全部投产后将可以提供氢气8万吨/年。另一方面，广东省核电等新能源发展迅速，具备大规模谷电制氢基础。另外，核电对氢气检测方面的先进经验也可以保障氢燃料电池汽车推广安全。广东省还积极推动中国石油化工集团有限公司、中国石油天然气集团有限公司、中国海洋石油集团有限公司等能源公司建设氢油合建站，中国第一个氢油混合站——中国石化佛山樟坑油氢合建站于2019年7月正式建成，日加氢能力达到500千克，主要服务于周边使用氢燃料的公交及物流运输车队。自2017年9月广东省第一座商用运营的佛山瑞晖加氢站投入运营以来，广东省加氢站建设逐步加快，截至2019年8月，佛山、云浮、广州三市已建成加氢站7座，在建加氢站达11座[32]，计划2020年建成350座加氢站。

2. 广东省氢燃料电池汽车产业存在的主要问题

氢燃料电池核心部件仍然严重依赖进口。广东省尽管已在膜电极、质子交换膜、碳纸（气体扩散层）、催化剂、石墨双极板等方面取得重大突破，但除膜电极外，其余核心部件仍缺乏自主规模化生产能力，高度依赖进口。由于缺乏自主规模化生产能力和推广规模受限，氢燃料电池汽车成本居高不下。另外，广东省氢燃料电池乘用车开发起步较晚，尚没有开发出样品。

氢燃料电池汽车购置和使用成本高，推广面临多重压力。总体来看，氢燃料电池汽车购置成本在扣除国家补贴后，仍远高于纯电动汽车。广东省已基本取消省级新能源汽车购置补贴，改为重点支持粤东西北地市公交电动化。另外，受制于氢气生产成本和运输能力及方式，氢气使用成本仍较高。当前，氢燃料电池汽车推广重点在商用车，广东省全省公交电动化目标已基本实现，氢燃料电池汽车在公交领域的推广市场相当有限；在物流车领域，氢燃料电池汽车需要突破限行、加氢站配套不足、购置使用成本高等制约；另外，在其他氢燃料电池使用领域，包括分布式能源及船用、家庭用热电联供等方面仍未取得实质性突破。

加氢站技术相对成熟但建设滞后。在加氢站方面，我国的35兆帕加氢站技术已趋于成熟，已经开始主攻70兆帕加氢站技术。截至2019年3月，我国已投产加氢站共有25座，加氢站建设较为滞后，仅能满足极少数特定用户需求。制约加氢站建设的主要原因有两个方面：一是氢气作为危险化学品管理导致加氢站选址困难，我国在液氢民用领域方面缺乏经验，民用液氢的试验检测条件和检测标准方法上基本处于空白；二是加氢站建设审批缺乏规范，从规划、立项、审批、监管等方面均缺乏政策依据，导致部分加氢站建成后无法运营，如佛山市2018年集中开工了8座加氢站，截至目前仅有2座投用；三是加氢站关键设备依赖进口，建设成本较高。

3. 广东省氢燃料电池汽车产业发展建议

氢能燃料电池汽车是我国新能源汽车战略的重要组成部分，国家发布了一系列政策文件支持氢能燃料电池技术创新和产业化。当前，在全国范围内初步形成了京津冀、长三角、珠三角等各具特色的氢燃料电池汽车产业热点地区，积极布局氢能燃料电池汽车产业，一方面鼓励本地企业开展技术研发及产业化工作，另一方面围绕产业各环节积极吸引国内外优势资源落地发展。

为推动广东省氢燃料电池汽车产业的发展，针对目前所存在的问题，建议从以下几个方面着手。

大力推进氢燃料电池汽车技术创新和本地化生产。重点突破膜电极、质子交换膜、碳纸、双极板、催化剂等氢燃料电池核心组件，逐步实现氢燃料电池汽车核心组件自主规模化生产。

加大氢燃料电池汽车的推广应用。建议重点建设一批氢燃料电池汽车商业化运营示范区，推进氢燃料电池汽车在公交、叉车、物流、租赁等领域的应用。

重点推进加氢站基础设施建设。完善加氢站设计、建设及运营的合规性管理体制和建设标准，破解加氢站用地紧张难题，推进加油站与加氢站共建，鼓励现有加气站改造为加氢站。

7.5 我国绿色低碳产业发展存在的问题

7.5.1 能源新技术产业

1. 煤炭清洁高效利用和非常规油气规模化开发水平均不足

当前，燃煤发电效率仍有待提升，燃煤超低排放技术已经成熟应用，但是发电产生的 CO_2 利用问题还没有得到有效解决。

尽管取得了较快的发展速度及较为显著的成果，我国的页岩气产业发展仍面临着诸多挑战，目前只有五峰-龙马溪组一个层系在川渝地区实现商业开发，其他层系、其他地区尚未实现商业开发。当前面临的问题主要包括资源评价工作有待进一步深化、关键适应性技术自主创新能力有待加强、勘探开发成本较高制约了页岩气产业快速发展等。

2. 能源互联网与综合能源产业发展受限于技术、经济等诸多方面的因素

经过近十年的探索实践，能源互联网产业发展仍存在诸多阻碍。目前我国仍以试点示范项目建设为主，处于能源互联网新业态、新模式的探索阶段。能源互联网产业发展存在的主要问题：①市场政策和机制有待进一步健全。与产业发展相适应

的规范、标准亟待建立。我国在推进能源市场化改革中，主要力量集中在能源价格形成机制方面，尚未真正进入消除行业壁垒、促进市场化竞争的新阶段。不同种类的能源供给、运输、消费、储能技术等产供销一体化市场体系仍不完善。能源互联网主要为了以更高效率、更低成本解决能源生产和消费问题，市场准入门槛或准入阻力仍然存在，市场价格引导机制尚未形成，能源互联网的参与主体缺乏有效的商业模式。②基础设施建设仍需提升，产业生态尚未形成。在技术方面，能源互联网是能源流和信息流的高度融合，“网、源、荷、储”协同互动，各种能源集成互补的能源系统。现阶段，电力、石油、煤炭、天然气等多种能源互补，产供销协调生产开发利用的标准体系缺失，尚未建立现代能源体系，能源路由器等关键技术装备及支撑能源互联网海量信息流的大数据、云计算、AI 等信息通信技术尚未完全成熟。能源数字化程度有待加强，数据流、能量流和业务流尚未实现深度融合，能源互联网仍需加强基础建设。政府应该提供科学统筹、高效安全和流程简化的公共服务与公用事业数据分享体系，营造积极创新和创业的环境，持续降低建设、运营成本。③投融资渠道和商业模式亟须引向创新。能源互联网是资源和资金密集型投资项目，需通过互联网 + 普惠金融、供应链金融、共享经济等模式，解决创新企业融资困难问题，为能源互联网的创新孵化注入资金活力。

3. 我国核电产业仍然存在部分“卡脖子”问题，基础研究和尖端试验台架的不足制约了原始创新

CAP1400 主泵研制尚未最终完成；部分大型核电分析设计软件尚依赖国外，主要是缺乏关键试验验证手段和充沛的验证数据库；部分满足核级标准的仪控系统尚依赖国外，主要是基础研究和尖端试验台架，制约了原始创新。在工程领域，主要受制于我国工业基础，如工控芯片和尖端仪表。通过“大型先进压水堆及高温气冷堆核电站”专项的实施，显著缩小了与核电强国的差距，目前我国已经进入从核电大国向核电强国迈进的关键阶段。部分用户担心国内研制的产品在质量和成熟性等方面低于国外同类产品，重大专项研发形成的部分设备等成果难以得到工程应用，使研发成果失去了通过工程项目检验的机会，既不利于国产化或者自主化成果建立声誉，也不利于后续产品优化提升，同时影响了企业进行科研开发的热情和积极性。虽然我国的快堆工程进展迅速，取得了世界瞩目的成就，但我国在快堆基础技术方面与世界先进国家仍有一定的差距，主要集中在燃料和材料的研发、大型关键设备的可靠性与使用经验、核心设计软件的全面自主化等方面。而且这些核心技术是买不到的，必须经过数十年的研发和经验的积累。

4. 以风电和太阳能光伏为代表的可再生能源消纳是制约可再生能源大规模发展的瓶颈

2019 年 5 月，国家发改委和国家能源局发布了《国家发展改革委 国家能源局关于建立健全可再生能源电力消纳保障机制的通知》，决定对各省级行政区域设定可再

生能源电力消纳责任权重，建立健全可再生能源电力消纳保障机制。具体事项如下：对电力消费设定可再生能源电力消纳责任权重、按省级行政区域确定消纳责任权重、各省级能源主管部门牵头承担消纳责任权重落实责任、售电企业和电力用户协同承担消纳责任、电网企业承担经营区消纳责任权重实施的组织责任、做好消纳责任权重实施与电力交易衔接、消纳量核算方式、消纳量监测核算和交易、做好可再生能源电力消纳相关信息报送、省级能源主管部门负责对承担消纳责任的市场主体进行考核、国家按省级行政区域监测评价、超额完成消纳量不计入“十三五”能耗考核、加强消纳责任权重实施监管。

风力发电产业中地方保护情况突出，“资源换产业”现象普遍存在，不利于推动风电平价、竞价上网及产业的健康发展。成本电价过高是制约太阳能热发电产业发展的瓶颈，在成本约束下大幅度提高光电转换效率是关键技术问题。太阳能热发电产业发展的主要推动力是成本电价的下降，降低成本电价可以通过产能扩张的形式，增大产量，产品的单价下降，电站的一次投资下降，成本电价也随之下降，但是太阳能热发电产业的组成部分主要是传统制造业，通过扩大产能降低成本的能力有限。首批示范电站之外的电价政策仍未出台，缺乏金融政策支持，太阳能热发电未被列入可再生能源基金支持目录，在建和建成的太阳能热发电项目均未享受到财政激励政策，土地价格的计算方式缺失，缺乏政策激励。太阳能热发电是技术密集型产业，国家在基础科研方面投入不足，难以为产业发展提供科学技术支撑。

5. 生物质能产业的发展受限于原料供给、技术转化成本和相关政策

生物质发电是生物质能发展最为成熟的产业，生物质原料价格、收集和运输成本占据生物质发电成本的50%以上，现有电厂分布过密，加剧了原料资源竞争，造成原料收集半径增加和原料价格上涨，挤占盈利空间，不利于产业发展。生物质发电电价补贴不到位，企业运营处于亏损状态，濒临破产。生物质能供热发展还处在初期，市场培育不完善，产业体系不健全，不合理地参照燃煤的超低排放标准，使生物质热电排放“被”超标，政策支持不够。生物质先进交通燃料如纤维素燃料乙醇、热解油、合成气等的技术转化成本较高，在缺乏政策支撑的条件下，难以较快实现产业化发展。

6. 地热能产业存在资源勘查评价工作不够，资源开发技术落后，且管理水平低下等问题

全国大部分地区尚未系统地开展地热资源勘查评价工作，导致地热资源家底不清，资源开发利用水平低，浪费现象严重，且资源开发利用规模化、产业化水平不高，严重影响了地热资源勘查开发规划的制定、资源的利用及地热产业发展；高温钻井技术与世界先进水平存在差距，发电技术落后导致成本过高，干热岩勘查开发、防腐防垢等技术的落后问题亟须解决；缺少统一的地热资源信息系统，管理自动化和信息化程度低[33]。

7.5.2　节能环保产业

1. 节能环保产业的价格收费政策有待完善

2018年全国节能环保一般公共预算支出较2017年增加19.8%，节能环保产业整体营业收入有所增长，但重建设、轻运营的问题仍然没有得到根本解决。污泥处置费纳入污水处理费的政策落实不好、水价调整不到位，农村生活污水和垃圾治理价格与收费机制不健全，黑臭水体建设与运营模式及投资回报方式有待探索。部分环保项目实施机构不按时足额支付环保企业服务费，造成环保企业应收账款过多，现金收入少，严重影响环保企业的健康发展。2018年我国制定了促进绿色发展的价格政策，将逐步完善污水处理收费、固体废物处理收费、节约用水水价、节能环保电价等价格机制，同时，完善财政资金的使用方式，探索按效付费，由补建设向补运营转变。

2. 节能环保产业的经营成本费用有所增加

一是环保产业部分领域原材料成本增加。在供给侧结构性改革、取缔地条钢、去产能、去库存的影响下，我国钢材价格持续上涨，中国钢铁工业协会钢材综合价格指数由2016年初的56.4点上升至2018年2月9日的114.8点，共计上升58.4个点①。钢材价格的上涨，对除尘设备等用钢量大、建设周期较长的领域生产成本影响显著，加之人工成本增加、应收账款回收周期长等原因，企业的利润空间进一步缩小，一些项目面临亏损。二是营业税改增值税后，环保企业实际税负增加。《资源综合利用产品和劳务增值税优惠目录》（财税〔2015〕78号）对资源综合利用产品和劳务增值税优惠政策进行了调整，污水处理劳务增值税优惠由免征改为即征即退70%，且不能按时返还，影响企业的流动资金。此外，《资源综合利用产品和劳务增值税优惠目录》中“垃圾”仅指城市生活垃圾、农作物秸秆等，不包括部分危险废物（含医疗废弃物），使得危险废物处理企业无法享受到增值税税收优惠。同时，再生资源退税企业收购的废旧物资大部分都不能取得增值税进项票抵扣，导致正规的资源综合利用环保企业税负过高，成本增加。未来，应推进有利于生态环境保护的相关税收优惠政策，积极落实环境保护专用设备企业所得税优惠政策；尽快出台第三方治理企业的所得税优惠政策，降低所得税税率，可以参照高新技术企业的税收政策。

3. 节能环保产业的融资难融资贵问题凸显

2017年下半年以来，为了规范PPP市场、深化金融去杠杆，PPP领域经历多次政策调整，地方政府、社会资本、金融机构在防风险过程中遭遇监管压力。2017年底以来，新疆、湖南、湖北、江苏等许多地区叫停了大量PPP项目，截至2018年3月底，生态环保PPP项目出库938个，占所有出库PPP项目数的29%[34]。金融机构

① http://www.chinaisa.org.cn./.

普遍对 PPP 项目停贷，大幅压缩“非标”融资活动，一些银行信贷审批的周期明显变长，环保企业特别是民营环保企业融资的前置性条件变得更加苛刻，部分项目融资成本高达 11%，接近或超过环保行业正常利润水平。债市整体低迷，发债难度加大，东方园林发债失败体现出市场对 PPP 类企业现金流情况的集体担忧，许多大型民营环保企业的发债成本上升 3 个百分点以上。中小型环保企业无法融到资金，不少企业因而面临资金链断裂和违约、倒闭等严峻挑战。未来几年，财政、生态环境等部门应进一步规范生态环境领域 PPP 模式，加快出台《关于打好污染防治攻坚战推进生态环境领域政府和社会资本合作的实施意见》，采取多种方式支持对实现污染防治攻坚战目标支撑作用强、生态环境效益显著的 PPP 项目，并积极推动设立国家绿色发展基金，支持环保产业发展。

7.5.3 新能源汽车产业

1. 核心技术、关键材料和零部件国产化能力仍需进一步突破

我国新能源汽车产业技术基础薄弱、原始创新能力低、核心技术欠缺的问题仍然存在。正向设计高端纯电动乘用车全新平台的能力不足，在全固态动力电池、宽温区长寿命燃料电池系统、宽禁带半导体电力电子器件、高速大功率电动轮、大功率无线充电、高效低温增焓空调、智能驾驶系统及车联网系统等下一代新能源汽车关键技术方面与国外还存在一定差距。基础元器件严重依赖进口，如电机驱动系统中的大功率 IGBT 电力电子器件、高速大功率轴承、高性能硅钢片、传感器、薄膜电容；动力电池中的高端隔膜；智能网联控制系统中的控制芯片和操作系统、摄像头、毫米波雷达和激光雷达等信息感知传感器、电动转向系统、制动防抱死系统（antilock brake system，ABS）、电子稳定系统（electronic stability program，ESP）、空气悬架、电控制动等底盘电控系统。产业方面，整体还比较分散，产品技术水平参差不齐，缺少明星车型和国际高端品牌。这些技术短板严重影响我国新能源汽车产业安全，制约新能源汽车产业迈向高质量发展，亟待专项突破。

2. 基础配套设施尚不能完全支撑新能源汽车的大规模应用

充电设备质量参差不齐、充电设施利用率低、充电难问题依旧未得到根治。目前，不同品牌的充电设备品质参差不齐，造成充电设备故障率较高、安全得不到保障。且充电设施关键零部件质量和耐久性有待突破。目前我国车桩比为 3.5 : 1，随着新能源汽车数量的持续增长，充电基础设施结构性供给不足的问题日益凸显，整体规模仍显滞后。另外，充电设施的布局不够合理，公共充电桩的使用率还不到 15%，而由于我国城市停车位资源紧张、老旧小区改造困难等，难以保证居民私人充电桩 100% 的配套建设。可持续的商业发展模式还没有形成，存在运营企业盈利困难和消费者充电价格偏高的双向矛盾。如何规划布局、设计运营模式，保障充换电服务质量成为行业亟待研究解决的问题。

加氢站仍为制约氢燃料电池汽车推广应用的重要因素，目前产业链企业主要分布在燃料电池零部件及应用环节，氢能储运及加氢基础设施发展薄弱，成为“卡脖子”环节。国内加氢站建设成本较高，其中设备成本约占70%。加氢站除建设成本外，还面临着设备维护、运营、人工、税收等费用，如何降低加氢站建设成本成为亟待解决的问题[35]。

3. 后补贴时代，产业政策法规环境仍需完善

中央政府各部门之间，中央政府与地方政府之间，支持政策的衔接不够充分。后补贴时代，为避免新能源汽车市场出现断崖式下滑，促使新能源汽车发展顺利地由政策推动转为市场驱动，政府应发挥产业可持续发展的引导作用，完善产业政策法规环境，加强顶层设计，加强政策体系的系统性研究，提高政策可预期的稳定性，实现与原有政策的有效对接。

4. 外资企业进入、中美贸易摩擦，加剧中国新能源汽车市场竞争

随着我国新能源汽车补贴进一步退坡和外商投资政策开放，外资企业纷纷进入中国，通过上下游合资合作与本土化建厂，在华发展的主要策略分为短期合资合作和长期本地化建厂，逐步开始研发、投产中高端产品。然而，中国一些自主品牌进入美国等国际市场的战略步伐较为缓慢，面对外资企业进入、中美贸易摩擦，新能源汽车相关行业的竞争将会愈加激烈，产品竞争力不足的企业将被加速淘汰，必须提前着手应对。

7.6 促进绿色低碳产业发展的相关建议

7.6.1 能源新技术产业

（1）提升煤电技术装备水平，加大清洁高效煤电技术研发力度与应用示范。加强煤炭清洁高效利用技术创新，进一步提高常规煤电参数等级与灵活性，积极发展新型煤基发电技术，全面提升煤电能效水平；研发污染物一体化脱除等新型技术，不断提高污染控制效率、降低污染控制成本和能耗。提高电煤消费比重，实现煤价电价联动，促进煤电产业可持续发展。

（2）继续深入开展页岩气资源调查评价工作。持续加强我国多类型页岩气资源富集规律基础研究工作，查明资源总量、分布情况，优选页岩气有利目标区，为后续勘探开发工作提供资料基础。通过企业、高校、科研机构等不同主体有机整合，加强科技研发力量，针对高效、低成本钻井、压裂等技术及相关装备进行科技攻关，在提高采收率、降低综合成本方面提高技术和装备保障能力。密切跟踪北美页岩气

勘探开发进展，加强国家交流合作，及时引进最新技术及装备，加强技术消化吸收及自主创新。加大相关财税政策支持力度，促进页岩气产业快速发展。

（3）建立规范政府行为和市场行为的电力法制体系；加强简政放权后续监管，组织开展电力项目简政放权专项监管。通过开展能源互联网关键技术装备的研发和示范项目，建立能源产业发展新模式，激活能源供给端和消费端潜力，形成新型的能源生产消费体系和管控体制，以市场为导向，各方参与，打破地方和行业壁垒，优先制定和执行能源灵活价格政策、激励政策和改革措施。

（4）加强核燃料循环产业链研究开发和建设，目前最可能带来核电技术突破的是耐事故燃料（accident tolerant fuel，ATF）技术，目的在于提升固有安全性，用以降低堆芯（燃料）熔化的风险；缓解或消除锆水反应导致的氢爆风险；提高事故下裂变产物燃料组件内包容的能力。耐事故燃料的开发要有路线图，从易到难，逐步推进，目标是逐步应用于新建和现有核电站，整体提升安全水平，取得成效。加强乏燃料后处理和核废物的处理处置。为保证我国核电可持续发展，必须统筹考虑压水堆和快中子增殖堆核电站及乏燃料后处理工程的匹配发展，较早地部署快堆及后处理工程的科研和示范工程建设，实现裂变核能资源的高效利用。开发实现核废物的处理和处置，达到废物最小化的目标。加大核能制氢研究，以数字化、信息化、智能化实现核电站全寿命期运营目标和核能科技的迭代发展。加强自主研发，攻克“卡脖子”技术及产品，不断夯实学科基础、试验基础、材料基础、工业基础。实施核电重大专项战略接续，形成长效机制，持续支持核能关键技术创新发展。

（5）认真落实可再生能源发电全额保障性收购制度，明确各地区保障性风电、太阳能发电上网数量及优先上网政策，对风电投资监测红色预警区域暂停风电开发建设，积极采取有效措施解决存量风电消纳难题。创新分散式风电发展体制机制，完善分散式风电发展规划、管理规范和技术标准体系建设，简化分散式风电项目核准流程，放宽分散式风电项目用地限制，解决土地征用困难、用地审批流程烦琐等问题；创新分散式风电商业开发模式，鼓励各类企业、社会机构、农村集体经济组织和个人参与投资分散式风电项目，化解分散式项目融资难题，有效促进中东部和南方地区风能资源的开发利用。积极稳妥推进海上风电开发建设，完善海上风电产业政策和沿海各省（自治区、直辖市）海上风电发展规划，精简海上风电项目核准手续，加强海上风电技术标准体系和规程制定；加快超大型海上风电机组及其关键零部件研发攻关，提高海上风电设备可靠性；完善海上风电价格政策，建立市场竞价基础上固定补贴的价格机制，促进海上风电成本快速下降。完善政策激励和税收优惠是大力发展太阳能热发电产业和技术的保障，将太阳能热发电技术列入可再生能源基金优先补贴目录，明确首批示范项目之外的太阳能热发电电价，进一步落实第二批示范项目。

（6）生物质能产业的持续发展有赖于原料的合理供给、关键技术的突破和政策扶持。针对废弃物类生物质进行资源量评估，建立生物质资源库，归类生物质资源，标明生物质资源的物化特性，开展生物质资源转化技术评估，针对不同的生物质资源确立最适转化技术路线，在合理的收集半径内，建立相应规模的生物质能工厂，降低原料运输和储存成本，同时利用当地边际、荒废及污染土地种植能源作物，保障原料的多元化供应。生物质发电、供热方面的产业化程度相对较高，未来的发展可能集中在多种生物质原料混合及生物质原料与其他燃料混合的高效发电或供热机组研发、生物质热电联产、生物质高效供热锅炉等方面，加大力度研发生物质先进交通燃料产业化关键技术，降低技术转化成本，提高产品转化效率，形成生物质三组分高效联合炼制技术体系。制定生物质能产品限期财税补贴政策，激发企业自主或投资研发低成本生产技术的动力，促进产业持续健康发展；出台生物质能产品行业标准，完善产品市场准入机制；统筹规划布局生物质能产业，保证政策的持续性。

（7）地热产业的发展需要系统全面的理论认识、配套的相关技术和相对完善的市场培育体系，也需要政策支撑、有效的措施及配套的管理。设立“地热能资源勘查与技术攻关重大专项”，开展全国地热能资源调查评价和重点地热田勘查，摸清资源家底，为可持续开发利用提供资源保障。对地热能资源勘查开发的重大科学技术问题进行系统全面的研究，积极推进高温地热发电工程，利用中低温地热资源储量巨大的优势，加大中低温地热发电力度，并重点扶持干热岩发电，大力推广地热直接利用的集约化技术。健全地热资源开发利用管理法规体系，加快人才培养步伐，解决战略实施的动力补给。

7.6.2 节能环保产业

（1）以需求为导向，推进生态环境治理的关键技术创新，加快探索环保产业模式创新，引领环保产业新发展，加强环保产业发展机制创新，提升产业整体能力。依靠重大科研专项及科研单位、环保企业自主创新成果，推进一批新技术、新模式的示范推广，建立国家生态环境科技成果转化综合服务平台；加强创新平台建设，建设完善一批国家重点实验室、国家环境保护工程技术中心等，健全产学研协同创新机制，提升环保产业科技创新能力等。加快发展高水平的环境咨询服务，以环境调查、环境风险评价、污染源解析、环境规划、综合治理方案、工程设计等环境咨询服务为引领，从污染源的分析诊断、治污方案，为环境治理和质量改善提供系统整体解决方案等。融合污染源头治理、全过程控制、低碳、资源循环利用等新技术，全面推进绿色技术创新体系建设，增强绿色供给能力，推动清洁生产产业和清洁能源产业发展。聚焦关键技术创新，开展区域流域治理、多污染物协同控制、污染物回收及高值化利用、非常规污染物控制、土壤和地下水环境保护与修复等技术工艺和装备研发。积极发展超低排放、近零排放、概念水厂、无废城市等新理念下的新一代环保技术。加快物联网、互联网、大数据、云计算、先进制造、AI 等新技术与环保产业融合发展。

（2）优化市场环境，建立节能环保产业担保基金和保险制度，降低节能环保企业的融资成本。转移支付方面，加大对重点生态功能区的转移支付力度，促进构筑安全生态格局。加大均衡性转移支付力度，增加海拔等环境指标。实施重点生态功能区转移支付，给予专门补助。财政转移支付总体上会抑制地方政府的税收努力，尤其是专项转移支付增加会削弱地方税收征管的激励。这表明为推进地区间基本公共服务均等化、促进落后地区发展，不仅要营造一个严格遵从税法的社会环境，还需要进一步缩小专项转移支付的规模、提高以财力均等化为目标的一般性转移支付占比，进而构建一个地区间激励兼容的财政收入再分配制度，以矫正各地区之间在经济竞争中的起点不公问题，尽可能减少财力再分配对地方税收努力的消极影响。设立大气、水、土壤专项基金，解决群众最关心的突出环境问题。增加资金投入。发挥财税政策引导作用，促进绿色低碳循环发展。一方面，着力完善税收政策，注重发挥税收杠杆调节作用。在税收、信贷、财政补贴等方面给予环保产业政策优惠，实施企业所得税优惠，企业从事符合条件的环境保护项目、节能节水项目所得，给予“三免三减半”的优惠；对企业购置并实际使用规定范围内的环境保护、节能节水专用设备给予按投资额10%抵免企业所得税的优惠。另一方面，加强对环保产业财税政策执行落实情况的监督检查。根据3E原则——经济性、效率性、效益性，优化增值税引导机制，对资源综合利用产品和劳务给予“即征即退”一定比例增值税的优惠，取消“两高一资”产品出口退税，对可再生能源发电实行增值税优惠政策。

（3）理性推进“PPP”模式。在项目的建设和运营过程中，应逐步由“政府主导”转变为“政府引导”。财政部门在制定税收及补贴政策时，应充分了解项目情况及私人部门的资金技术能力，避免单方决策对努力水平及项目效用产生负面影响；项目主管部门在对项目进行监管过程中，无须对所有节点及工程进行监控，可与私人部门沟通协商，对项目重要节点或工程进行监督验收。建立和完善相关法律法规，鼓励私人资本进入。完善地区间公共服务，提高地区间协调效率。

7.6.3 新能源汽车产业

1. 深化实施技术创新工程，实现关键技术突破

新能源汽车已进入高质量发展的新阶段，应加速推进科技创新和产业创新。科技创新向平台化、开源化、场景化、融合化发展。通过技术创新和标准建设推进产品结构转型升级，集中优势资源突破核心基础零部件（元器件）、关键基础材料和行业共性技术，攻克基础元器件严重依赖进口的瓶颈，突破影响整车安全的技术，实现产品性能提升、成本下降，形成从关键零部件到整车的完整工业体系和创新体系，推动自主品牌与国际先进水平新能源汽车同台竞争。

2. 推动产业内生动力由政策推动转向市场驱动

新能源汽车产业后补贴时代，最为重要的是实现让市场需求成为其发展的主要驱动力。通过建立与碳交易市场的衔接机制，鼓励汽车制造商和消费者优先选择新能源汽车。推动分时租赁、专车服务、长短租服务、电动化城市配送、定制化线路运营等商业模式的发展，在应用场景与盈利模式上不断创新。新能源汽车大规模应用，带动形成一条覆盖广、纵深长的产业链，除了上游链条的零部件、基础原材料

等，下游产业链的充换电设施、电池回收等，还可带动汽车智能化、充换电站运营等多种增值服务的快速发展。从政府引导到相关企业布局都应适应产业升级，提升全产业链的竞争力和附加值。市场培育方面，开拓国内、国外两个市场，培育具有国际竞争力和影响力的知名自主品牌。

参考文献

[1] 张薇，王贵玲，刘峰，等．中国沉积盆地型地热资源特征 [J]. 中国地质，2019，46（2）：255-268.

[2] BP. BP 世界能源统计年鉴 2019[R]. 2019.

[3] U.S. Energy Information Administration（EIA）. EIA projects nearly 50% increase in world energy usage by 2050，led by growth in Asia[Z]. 2018.

[4] GWEC. Global wind report 2018[R]. 2019.

[5] REN21. Renewables 2019 global status report[R]. https://www.ren21.net/gsr-2019/.

[6] WindEurope. Wind energy in Europe in 2018 trends and statistics[R]. 2019.

[7] 乌吉尔．老牌风机制造商轰然倒塌　Senvion 正式提交破产申请 [EB/OL]. http://news.bjx.com.cn/html/20190410/973801.shtml，2019-04-10.

[8] 靳清．2018 年全球光伏装机 94.3GW！风电装机 49.1GW！国际能源署发布《可再生能源装机容量统计 2019》[EB/OL]. https://www.in-en.com/article/html/energy-2278779.shtml，2019-08-24.

[9] NREL. Best research-cell efficiency chart[EB/OL]. https://www.nrel.gov/pv/cell-efficiency.html，2019-08-24.

[10] 牛津光伏钙钛硅太阳能电池的效率达到了 28%[EB/OL]. http://www.china-nengyuan.com/news/133316.html，2018-12-24.

[11] IRENA. Solid Biomass Supply for Heat and Power：Technology Brief[M]. Abu Dhabi：International Renewable Energy Agency，2018.

[12] 肖成伟，汪继强．电动汽车动力电池产业的发展 [J]. 科技导报，2016，34（6）：74-83.

[13] 中国汽车技术研究中心有限公司，大连松下汽车能源有限公司．动力电池蓝皮书：中国新能源汽车动力电池产业发展报告（2018）[M]. 北京：社会科学文献出版社，2018.

[14] 中国电力企业联合会．中国电力行业年度发展报告 2019[R]. 2019.

[15] 中国可再生能源学会风能专业委员会，中国农业机械工业协会风力机械分会，国家可再生能源中心．2018 年中国风电吊装容量统计简报 [R]. 2019.

[16] 国家能源局．2018 年风电并网运行情况 [EB/OL]. http://www.nea.gov.cn/2019-01/28/c_137780779.htm，2019-01-28.

[17] 国家能源局．2018 年可再生能源并网运行情况介绍 [EB/OL]. http://www.nea.gov.cn/2019-01/28/c_137780519.htm，2019-01-28.

[18] Green M A，Hishikawa Y，Emery K，et al. Solar cell efficiency tables（Version 53）[J]. Progress in Photovoltaic Research and Application，2019，27：3-12.

[19] 中国产业发展促进会生物质能产业分会（生物质能产业促进会）. 中国生物质发电产业排名报告 2019[R]. 2019.

[20] 国家发改委，国家能源局 . 国家发改委、国家能源局关于印发促进生物质能供热发展指导意见的通知 [EB/OL]. http://zfxxgk.nea.gov.cn/auto87/201712/t20171228_3085.htm，2017-12-06.

[21] 国务院 . 国务院关于印发打赢蓝天保卫战三年行动计划的通知 [EB/OL]. http://www.gov.cn/zhengce/content/2018-07/03/content_5303158.htm, 2018-06-27.

[22] RFA. Annual fuel ethanol production[EB/OL]. https://ethanolrfa.org/statistics/annual-ethanol-production，2019.

[23] 国家能源局 .《关于扩大生物燃料乙醇生产和推广使用车用乙醇汽油的实施方案》印发 [EB/OL]. http://www.nea.gov.cn/2017-09/13/c_136606035.htm，2017-09-13.

[24] Ward M，Kim G. China biofuels annual 2018[R]. Global Agricultural Information Network，USDA Foreign Agricultural Service，2018.

[25] 仝晓波 . 京津冀加速共推生物柴油 [EB/OL]. http://www.china-nengyuan.com/news/132804.html，2018-12-12.

[26] 国家能源局 . 生物质能发展“十三五”规划 [Z]. 2016.

[27] 郑克棪：地热开发从跟跑到跃居世界榜首 [EB/OL]. http://news.bjx.com.cn/html/20181220/950611.shtml，2018-12-20.

[28] 世界上海拔最高地热发电机组通过 72 小时试运行 [EB/OL]. https://www.china5e.com/news/news-1042140-1.html，2018-10-18.

[29] 王少勇，范建勇 . 京津冀首个地热梯级利用科研基地初步建成 [EB/OL]. http://news.bjx.com.cn/html/20181010/932893.shtml，2018-10-10

[30] 中国电动汽车充电基础设施促进联盟 . 2018-2019 年度中国充电基础设施发展报告 [R]. 2019.

[31] 凌文，刘玮，李育磊，等 . 中国氢能基础设施产业发展战略研究 [J]. 中国工程科学，2019，21（3）: 76-83.

[32] 广东省发改委 . 广东省氢燃料电池汽车发展有关情况 [Z]. 2019.

[33] 多吉，王贵玲，郑克棪 . 中国地热资源开发利用战略研究 [M]. 北京：科学出版社，2017.

[34] 财政部政府和社会资本合作中心 . PPP 综合信息平台系统 [EB/OL]. http://www.cpppc.org:8086/pppcentral/map/toPPPMap.do，2019-06-30.

[35] 中国氢能产业联盟 . 中国氢能源及燃料电池产业白皮书（2019 版）[R]. 2019.

第 8 章

数字创意产业

孙守迁　汤永川　王振中　邓　磊　范雷东　黄江杰　王妙辉　徐国仙　闵　歆

【内容提要】当前，在全球范围内消费需求不断升级，AI、虚拟现实、云计算、物联网、区块链和5G等数字技术的快速发展正将数字创意产业推升至新的高度。世界发达国家和发展中国家都在加紧培育和支持数字创意产业发展，努力打造具有国际竞争力的数字创意产业，以创造新的经济增长点并输出文化影响力。本章首先以英国、美国、法国、德国、日本及韩国为例，阐述了国际上发达国家数字创意产业发展的最新动态及趋势。其次，从数字创意产业的基础支撑领域、核心开发领域及融合渗透领域，重点阐述了2018年以来，我国在创新设计、数字创意技术装备、文化创意、内容创作、版权利用等数字创意产业领域的发展状况和趋势，同时也介绍了数字创意产业向在线教育、旅游业、电子竞技、玩具业、时尚服饰业等周边产业的融合渗透情况。再次，从数字创意技术装备创新、数字内容创新和创新设计能力建设三个维度，提出了我国数字创意产业发展存在的问题和未来的重点发展方向。最后，结合我国数字创意产业面临的重大机遇，从国家战略高度提出了加强我国数字创意产业发展的若干对策措施及建议。

数字创意产业是在数字化和网络化环境中产生的新兴业态，它以科学技术与文化艺术为输入，以经济价值和文化影响为输出，是驾驭数字技术的创意内容业和创意制造业。在发展的过程中，逐渐形成以数字创意技术与创新设计为基础支撑，以文化创意、内容生产、版权利用为发展核心，通过融合渗透带动周边产业领域发展的新兴产业集群[1]。数字创意产业作为战略性新兴产业之一，可以有效地推动传统制造业、文化创意产业和设计服务业的不断融合、渗透和变革，代表着新一轮科技革命和产业变革的方向，也是赢得未来竞争新优势的关键领域[2]。当前，在全球范围内，消费需求不断升级，新型数字技术的快速发展正将数字创意产业推升至新的高度。新型数字创意装备开始不断涌现，推动着文化内容质量的提升和形式的变革；AI技术开始大规模赋能数字创意产业，日益提升数字创意产业的内容与实体生产能力；智能可穿戴设备、智能家居、虚拟现实等终端产品种类不断丰富，创造出全新的内容和交互体验方式；数字创意产业与周边产业融合渗透程度不断加强，新产品和新业态被不断缔造。面向未来，数字创意产业将以高度的想象力、强大的科技力和先进的制造力，创新转化"数据"为主的创意资源，并以高质量的人机协同方式，形成优质的文化内容供给和消费，不断丰富人类的体验维度和感知深度，推动着全球经济社会文化的不断繁荣发展。

8.1 全球数字创意产业发展动态及趋势

近年来，移动互联网与数字技术的快速发展驱动数字创意产业爆发式增长，AI、大数据、云计算、虚拟现实、超级感知等新一代科技革命不断将数字创意产业推升至全新的高度。世界发达国家和发展中国家都在加紧培育和支持数字创意产业发展，努力打造具有国际竞争力的数字创意产业，以创造新的经济增长点并输出文化影响力。

8.1.1 英国

在发展数字创意产业方面，英国以轻量的创意产业为主，凭借深厚的文化底蕴驱动产业发展，突出"大文化"综合管理理念，能较快适应创意与数字等要素的融合发展趋势[3]。

2017年，英国文化创意产业增加值达到1 015亿英镑，相较于2016年增加了7.1%，占英国总体经济增加值的5.5%。2010~2017年，英国创意产业的发展呈稳定增长态势，实现增长53.1%（图8.1）。创意产业是英国数字、文化、媒体和体育部（Department for Digital，Culture，Media & Sport，DCMS）增长率最快的产业门类，其发展速度是英国同期经济增长率的2倍。

在创意产业细分领域中，2017年，信息技术、软件和计算机服务产业实现增加值406亿英镑，增长率9.1%，在创意产业增加值中占比40%，成为创意产业发展的重要驱动力。电影、电视、视频、广播与摄影产业实现增加值167亿英镑，增长率8.9%，在创意产业增加值中占比16.5%。广告与市场产业在创意产业增加值中占比13.1%，增长率5.8%。其他产业门类如建筑，工艺，设计与时尚设计，出版，博物馆、画廊和图书馆，音乐、表演与视觉艺术等在创意产业增加值中占比30.4%。

图 8.1　2010~2017 年英国创意产业增加值情况

资料来源：根据英国 DCMS 数据整理

英国 DCMS 包括公民社会、创意产业、文化部门、数字部门、博彩业、体育业、电信业和旅游业等产业部门，这些部门在经济活动中会发生部分交叉融合。创意产业和数字部门增加值重合部分达到 522 亿英镑，在整个英国 DCMS 增加值中占比 19.5%，在整个英国产业中占比 2.8%，创意产业的发展与英国数字和科技产业的发展相辅相成。创意产业、数字部门和文化部门同样具有重叠的经济效应（包括广播、动画、视频和电视生产等），在整个英国 DCMS 增加值中占比 6.7%，在整个英国产业中占比 1.0%。除此之外，创意产业同旅游业、文化部门也会有较少的经济活动重叠（表 8.1）。

表 8.1　英国 DCMS 产业领域重合情况

领域 1	领域 2	领域 3	产业增加值重合 / 亿英镑	在 DCMS 中占比	在整个英国产业中占比
创意产业	数字部门	文化部门	179	6.7%	1.0%
创意产业	文化部门	—	101	3.8%	0.5%
创意产业	数字部门	—	522	19.5%	2.8%
数字产业	电信业	—	326	12.2%	1.8%
旅游业	文化部门	创意产业	3	0.1%	0.0%
旅游业	文化部门	—	3	0.1%	0.0%
旅游业	体育业	—	4	0.2%	0.0%
旅游业	博彩业	—	18	0.7%	0.1%

资料来源：根据 DCMS 数据整理

孵化创意产业集群是英国政府推动文化创意产业发展的重要手段。2018 年 11 月，英国政府宣布投入 8 000 万英镑，在英国布里斯托尔、利兹、伦敦、约克、加的夫、贝尔法斯特、邓迪和爱丁堡 8 座城市孵化 9 个新型创意产业集群及 1 个新的政策与证据中心，集群涵盖音乐、表演、动漫、游戏、软硬件开发、媒体、时尚等多个创意产业领域。英国新型创意产业集群建设将确保不同区域蓬勃发展，实现商业界、学术界与工业界联动发展，利用新的数字技术创造新的产品和服务，推动创意产业不断发展并创造更多就业机会。

伦敦、谢菲尔德等城市的文化创意产业集群已经形成成熟的发展模式。伦敦东部地区的电影产业集群是仅次于好莱坞的全球第二大电影产业集群，伦敦西部地区的音乐产业集群和艺术、设计产业集群也在世界范围内享有盛名。伦敦的创意产业集群中聚集了大量的电影特效公司、后期制作公司、音乐公司、设计公司等，形成了完整的影视传媒产业链。谢菲尔德是英国的第四大城市，曾被称为“钢铁之城”，钢铁业衰落之后，为刺激谢菲尔德城市经济复苏，当地政府大力发展创意产业。政府主动建设音乐产业相关的基础设施，提供音乐设备和排练场所，促进谢菲尔德形成了以音乐产业（包括音乐制作、音乐发行、音乐创作）为主的综合性艺术产业集群。爱丁堡是全球首个联合国教育、科学及文化组织（简称联合国教科文组织，United Nations Educational Scientific and Cultural Organization，UNESCO）创意城市文学之都和世界上最大的艺术节举办地，同时也是世界上最著名的游戏开发商、移动游戏公司、教育游戏和云游戏开发支持服务的所在地，以科技为中心的创意产业集群涵盖广告、建筑、艺术与设计、电脑和视频游戏等领域。其他各具特色的创意产业集群也日趋发展成熟。布里斯托尔创意产业集群主要关注影视及表演艺术领域新科技的引入；邓迪文化创意产业集群关注游戏领域新品开发、培训等，并加强该产业的多元化及文化元素的渗透；贝尔法斯特创意产业集群着力于开发动漫游戏产业的软硬件解决方案，推动北爱尔兰创意产业的发展；约克创意产业集群专注于沉浸式和交互式影视内容生产，带动约克郡和亨伯地区的影视产业发展。

8.1.2 美国

美国的版权产业，在市场机制主导下，由资本和技术双轮驱动创意产业发展，通过版权来连接整个数字创意产业，使数字内容与技术得到协同发展。不论是在内容环节还是在技术环节都有一大批企业占据着数字创意产业链的高地，内容创意环节有华特迪士尼、21 世纪福克斯（被华特迪士尼收购）、康卡斯特及时代华纳（被AT&T 收购）等世界 500 强企业，产业技术环节的谷歌、微软、苹果、高通等世界 500 强企业亦引领着全球数字技术的发展方向 [4]。

2018 年 12 月，美国国际知识产权联盟（International Intellectual Property Alliance，IIPA）发布了《美国经济中的版权产业：2018 年度报告》（*Copyright Industries in the U.S. Economy*：*The 2018 Report*），该报告以翔实的数据反映了美国版权产业发展的最新情况。该报告显示，美国全部版权产业为美国经济贡献了超过 2.2 万亿美元的增加值，是无可争议的美国经济支柱产业。其中，核心版权产业增加值高达 13 283 亿美元，部分版权产业增加值有 399 亿美元，交叉版权产业增加值为 4 278 亿美元，版权相关产业增加值有 4 514 亿美元（图 8.2）。

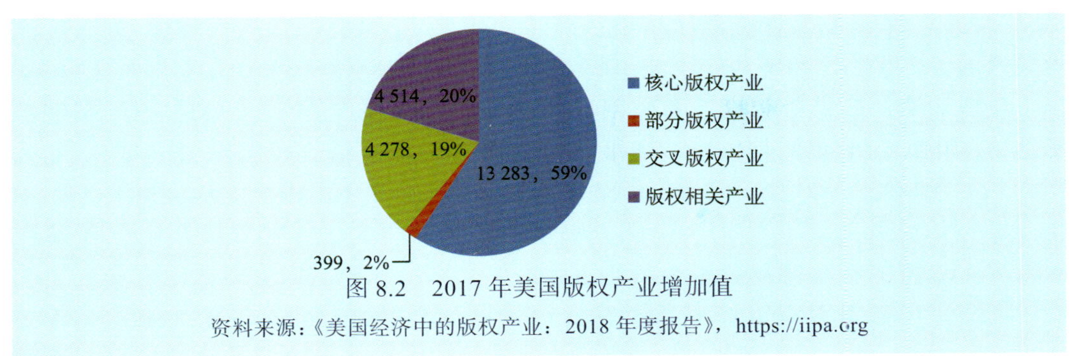

图 8.2 2017 年美国版权产业增加值

资料来源：《美国经济中的版权产业：2018 年度报告》，https://iipa.org

版权产业是美国 GDP 的重要贡献者。2014~2017 年，核心版权产业在美国 GDP 中的占比已从约 6.57% 增加到 6.85%。全部版权产业在 2017 年美国 GDP 中的份额达到 11.59%，美国版权产业复合年增长率大大超过了美国整体经济所实现的复合年增长率。2017 年，美国核心版权产业雇用了近 570 万名工人，而版权产业员工总数约有 1 160 万人。2017 年，向核心版权工作者支付的平均年度报酬超过了向所有美国工人支付的平均年度报酬 39%，并且支付给所有版权产业员工的平均报酬超过了美国平均报酬 22%。

美国版权产业海外市场销售规模继续扩大。以四个选定核心版权领域的国外销售和出口情况为例，包括录制音乐，电影、电视和录像，软件出版，非软件出版物（报纸、书籍和期刊）。2014 年四个选定核心版权产业的国外销售总额为 1 643.5 亿美元，2015 年为 1 769.7 亿美元，2016 年为 1 810.1 亿美元，2017 年为 1 912.2 亿美元（图 8.3）。版权产业的海外销售和出口规模甚至超过了其他主要工业部门的出口额，如电子设备、电器和零部件产业，农产品行业，化学品制造业，航空航天产品及零部件行业，以及制药和医药行业。

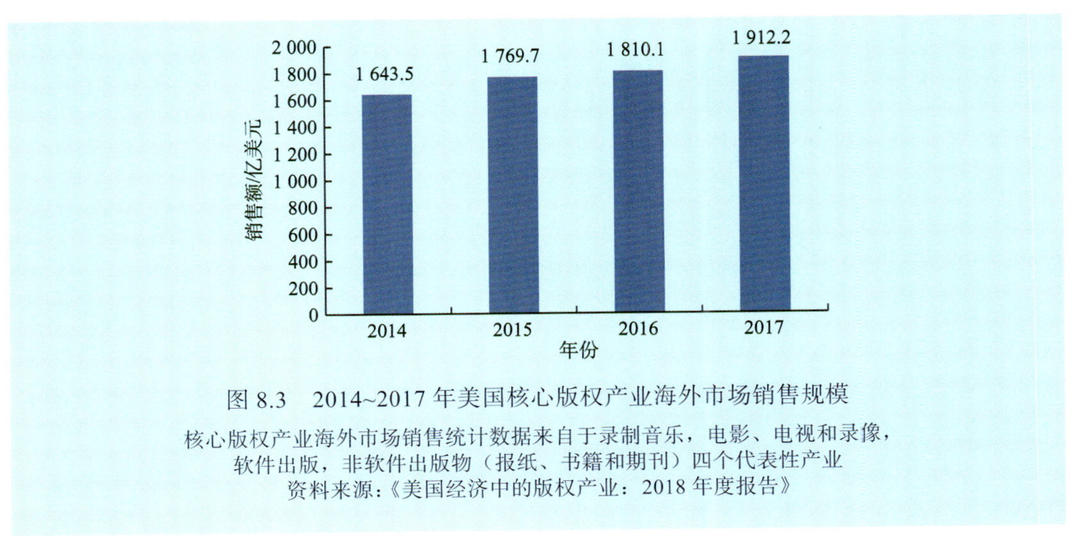

图 8.3 2014~2017 年美国核心版权产业海外市场销售规模

核心版权产业海外市场销售统计数据来自于录制音乐，电影、电视和录像，软件出版，非软件出版物（报纸、书籍和期刊）四个代表性产业

资料来源：《美国经济中的版权产业：2018 年度报告》

美国在 AI 技术、虚拟现实技术、电影制作技术、数字平台等方面一直处于世界领先地位。在 AI 技术方面，美国不仅在 AI 软件算法上领先世界，同时也在硬件上领先世界，包括英伟达发布的用于深度学习的 Tesla GPU 芯片和谷歌发布的用于 AI 计算的专用处理芯片 TPU 等。在虚拟现实技术方面，美国的 Magic Leap 公司发布的 Magic Leap One 和微软发布的 HoloLens 2 代表了世界上最先进的 MR 设备，其可以给用户提供舒适、身临其境的 MR 体验。在电影制作技术上，美国拥有世界上先进的特效制作技术。得益于此，好莱坞每年都在向世界输出大量优质电影。同时，Digital Domain、Industrial Light and Magic 等美国顶尖的特效公司正在将 AI 技术融入电影特效制作中，以降低特效制作的成本，同时还在研究如何利用虚拟现实技术给观众带来沉浸式的完美体验。在数字平台方面，美国很多行业都处于全球垄断地位，包括安卓系统的应用商店 Google Play、苹果系统的应用商店 Apple Store、世界上最大的在线视频平台 YouTube 等。

8.1.3 法国

数字创意产业在法国被称为文化创意产业，不同于美国版权产业的市场主导型模式，法国政府对文化创意产业涉入较深，采取“公共投入为主、国家扶持、多方合作”的政策，强调文化与国家形象相互结合，使得法国文化创意产业具有鲜明特色。

法国文化创意产业比较有代表性的有电影业、出版业、设计业、旅游业。在电影业方面，法国久负盛名，是世界第二大电影出口国、第三大电影生产国和动漫生产国，每年举办 26 个电影节，其中戛纳国际电影节最负盛名。在出版业方面，法国各类出版社 5 000 多家，其中阿歇特图书发行集团是法国最大的图书发行中心、世界第二大出版商，每年发行图书超过 1 亿册，占法国图书发行总量的 1/4。在设计业方面，包括产品设计、服装设计、时尚设计、企业形象设计、视觉传达设计等 19 个行业，其中产品设计占 60%，是设计业务的主要内容。法国绝大部分的设计公司位于巴黎，据法国工业设计促进署的统计，巴黎聚集了全国 55% 的设计公司，提供了全国 76% 的创意设计工作岗位。在旅游业方面，法国旅游资源丰富，拥有世界闻名的滑雪场地和欧洲最长的海岸，截至 2019 年 6 月有 45 个景点被列入联合国教科文组织世界遗产名录。法国是全球排名第一的旅游目的地，2017 年，法国接待全球 8 900 万名游客，成为世界上游客访问量最大的国家之一。

法国维旺迪集团是世界顶级的内容、媒体和通信集团，该公司在整个媒体价值链中经营业务，从人才发现到内容的创建、制作和分发，至今已有 166 年历史。旗下拥有哈瓦斯集团、环球音乐集团、Gameloft、Canal+ 集团、埃迪蒂出版集团等多家巨型跨国企业，业务范围涵盖音乐、电视、电影、出版、电信、互联网和电子游戏等行业，总市值超过 300 亿欧元，在全球范围内具有极强的影响力。其中，哈瓦斯集团是全球最大的通信集团之一，主要分为两个业务部门：哈瓦斯创意及哈瓦斯传媒。环球音乐集团主要从事唱片、音乐出版和销售，拥有 50 多个涵盖所有类型的唱片公司。Gameloft 是全球手机游戏的领导者，每天下载量达 250 万次。Canal+ 集团在法国及非洲、波兰、越南和缅甸从事付费电视业务，其子公司 Studiocanal 是欧洲领先的电影和电视剧制作、销售和分销公司。埃迪蒂出版集团是第二大法语出版集团，旗下有近 50 家著名的出版社，每年出版近 4 000 种新产品。

8.1.4 德国

德国把数字创意产业定义为“文化创意产业”。作为一个独立的经济部门，文化创意产业的重要作用已经得到了普遍认同。20 世纪 90 年代开始，德国联邦经济与技术部就把发展文化创意产业当作提升经济实力的重要抓手。目前德国文化创意产业在标准主义、秩序主义、厚实精神、完美主义、精确主义、专注精神六大国民文化引领下，形成了以建筑、艺术、设计、时尚四大领域为核心，涵盖建筑、设计、电影、图书、文化艺术、音乐、软件与电子游戏等 11 大细分领域的稳定产业结构（图 8.4）。德国文化创意产业一直是经济创新和经济增长的重要动力，整体发展势态良好。根据德国联邦经济事务和能源部发布的《2018 年文化创意产业监测报告》，2017 年德国共有 25.47 万个企业经营文化创意产业，从业人员超过 160 万人，增加值达到 1 024 亿欧元，相当于 GDP 的 3.1%，成为仅次于机械制造和汽车工业的第三大产业。

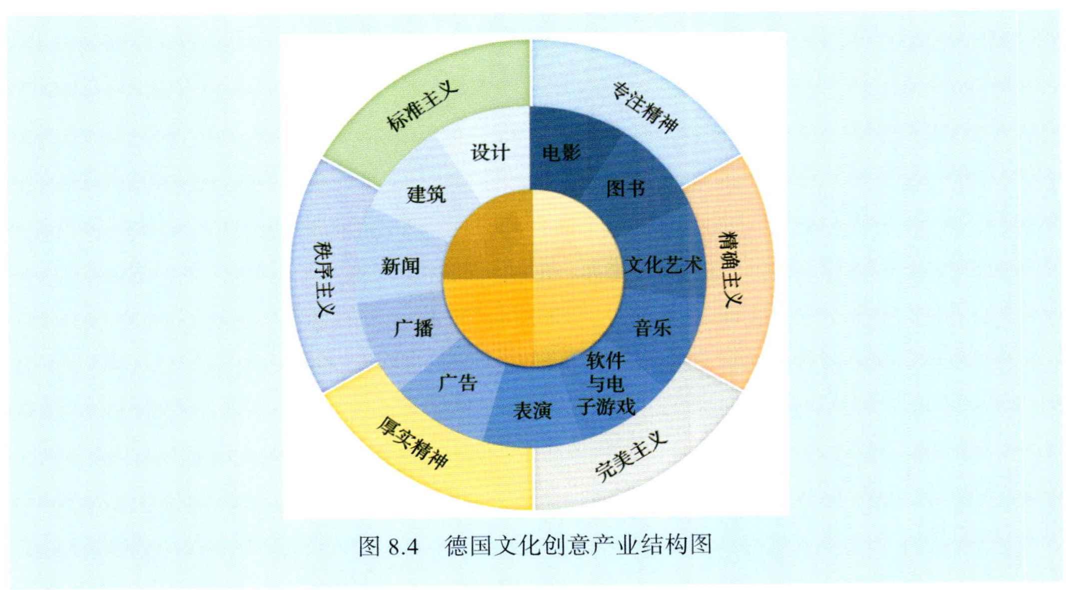

图 8.4 德国文化创意产业结构图

德国文化创意产业的迅猛发展，离不开政府推出的各项政策，其多层次、多元化、具有针对性的支持政策值得借鉴。2007 年 10 月，德国联邦政府公布“文化创意产业倡议”，提出增强公众对文化产业重要性的认识、挖掘文化产业增长和就业潜力、提高文化产业竞争力和国际影响力的三点倡议。由联邦经济与技术部（2013 年更名为联邦经济与能源部）、联邦文化与媒体事务专员共同牵头制定文化产业发展支持政策，外交部、司法部、财政部、劳动部和教研部共同参与，协调解决文化创意产业发展中所涉及的税收、知识产权、社会保障、对外文化交流、职业培训等问题。“文化创意产业倡议”成为德国文化产业支持政策的总纲领。此后，德国在此框架下制定了一系列具体的文化产业支持政策。

德国一直重视电影产业的发展，在支持电影产业发展方面，德国联邦电影基金发挥了重要作用。该基金建立于 2007 年，截至 2013 年底，基金总计发放 3.56 亿欧元电影支持资金，资助了 642 部德国影片的制作和放映。2015 年 12 月，德国发布了《德国电影基金指南》，详细规定了基金设立目的、资助对象、申请者条件、资助金额等内容。电影基金设立的主要目的包括促进德国电影基础设施的维护和建设、提高电影基础设施的使用率等。

为了引导电脑游戏产业的健康发展，德国政府采取了一些规范和促进电子游戏市场发展的措施。2007 年，德国联邦议会通过了题为“促进电脑游戏市场健康发展、提高游戏文化价值”的决议，呼吁联邦政府加强对游戏市场的引导，对那些文化价值高、教育意义强的电脑游戏开发公司和产品给予奖励，并设立相应奖项。按照上述标准，2009 年，德国首次颁发了“德国电脑游戏奖”这一专门针对电脑游戏的全国性奖项，以引导电脑游戏的开发和需求方向。

柏林具有深厚的文化积淀和浓郁的文化氛围，吸引着世界各地的文化创意人才。柏林电影节、柏林艺术周、柏林时尚周等活动的国际影响力越来越大，柏林成为当之无愧的欧洲文化创意产业之都，被冠以“创意磁铁”的美名。据统计，2000~2012 年，柏林的创意产业年产值从 168 亿欧元增长到 282 亿欧元，增长了约 68%，占据城市经济总产值的 16%，出版、游戏、电影、电视、设计等文化创意产业领域的公司数量增加了 70%。柏林城市发展与住房部于 2013 年公布《2030 年城市发展规划》，计划在 2030 年将柏林打造成在经济、科技、就业等方面都具有领先地位的城市，希望通过创意释放城市的潜能，使柏林在 2030 年成为世界创意中心[5]。

8.1.5 日本

日本是数字内容产业强国，具备成熟的产业链，超高清技术装备及数字动漫制作技术世界先进。数字内容产业的概念来源于内容产业，是随着数字技术的发展和内容产业结构的变化而衍生出的新的产业形态，其产业规模一直呈上升趋势。2017 年，日本内容产业的市场规模为 124 859 亿日元，其中数字内容产业的市场规模达到 86 844 亿日元，占比为 69.6%（图 8.5）。

日本超高清产业起步早，处于产业链的上游。2014 年，日本最大收费电视品牌 Sky PerfecTV 就推出了 4K 频道。2018 年底，日本又开通了 16 个 4K 和 1 个 8K 卫星广播频道，并计划在 2020 年东京奥运会和残奥会开展赛事 8K 直播。其中，在超高清设备方面，根据日本电子情报技术产业协会（Japan Electronics and Information Technology Industries Association，JEITA）数据，截至 2018 年 3 月，日本 4K 电视的出货量约为 408 万台，约占日本所有电视出货量的 35.3%，超高清电视（ultra high

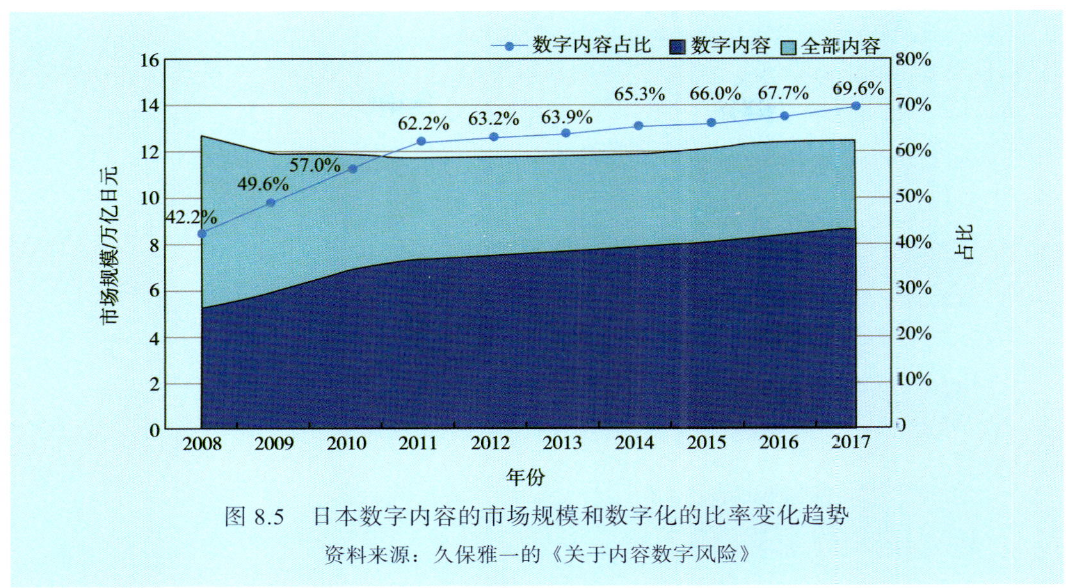

图 8.5 日本数字内容的市场规模和数字化的比率变化趋势

资料来源：久保雅一的《关于内容数字风险》

definition television，UHD）普及率较高。日本4K采编播设备在全球市场具有较高的占有率。TCL统计显示，2017年，全球家用4K摄录机市场规模约为50万台，主要供应商为索尼、松下、JVC、佳能等日本企业，其中索尼的全球市场占有率高达71%。另外，索尼还主导超高清节目制作转播车市场，索尼与夏普公司均已推出了8K摄像机。在内容领域，日本素有“动漫王国”之称，是世界上最大的动漫制作和输出国，其动漫产业已经成为日本第三大产业。目前全球播放的动漫作品中有六成以上出自日本，在欧洲这个比例更高，达到八成以上。动漫不仅仅是一种文化产业，也代表了一个国家的文化艺术形态和输出的能力。日本动漫产业发展基础好，已形成成熟的动漫制作模式。日本动漫产业已经实现了制作与传播技术的数字化，动画和漫画的制作已大量使用基于图形图像工作站的专用软件。同时，日本积极拥抱AI，发展更新动画制作软件，提升动画创作效率和水平，赋予动画作品更广阔的发展空间。

近年来，内容市场消费模式和分发渠道内容分发逐渐发生重大转变，呈现出多元化发展趋势，依靠数字化渠道分发的游戏业和网络广告业市场规模呈增长趋势。2017年，日本游戏业市场规模达到21 313亿日元，同比增长10.4%，网络广告业市场规模达到12 206亿日元，同比增长17.6%，而视频、出版业和音乐/音频业等传统产业同比都略有下降。面对内容产业改变所带来的挑战，日本内容产业为了在第四次产业革命中把握主动权，对整个内容产业链进行数字化升级改造，其中包括内容生产端、内容分发渠道和内容消费商业模式的创新和变革。内容分发渠道和内容消费商业方式的变革直接推动内容生产端的重大改变，具体表现在：对高质量内容制作的需求增加；生产内容格式的多样化；销售渠道最大化整体利润；商业中项目的扩展（图8.6）。

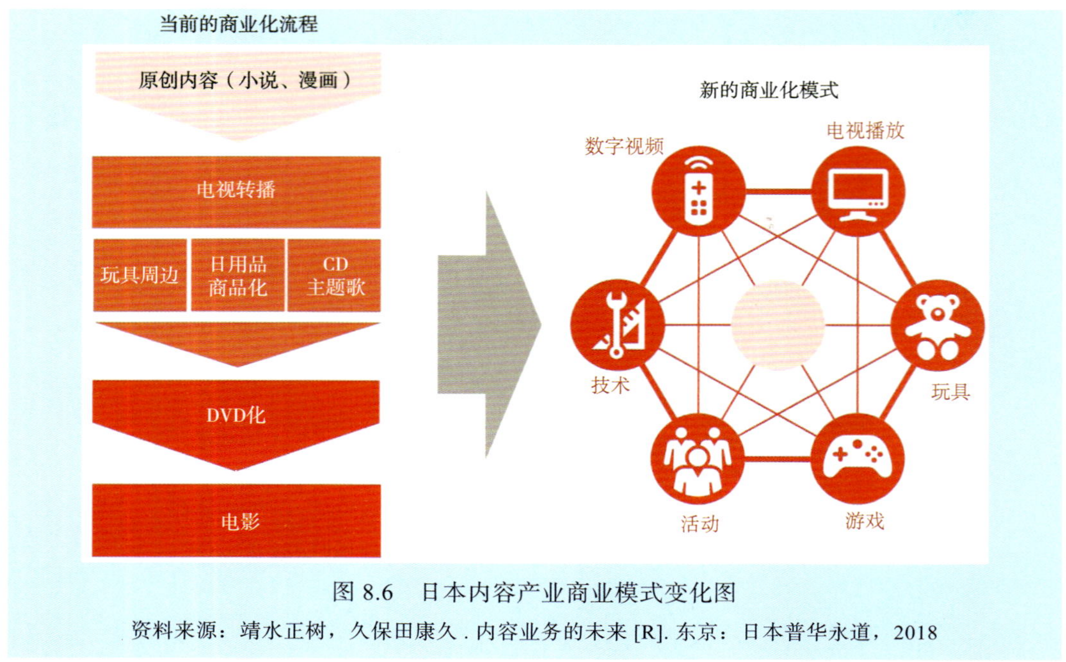

图 8.6 日本内容产业商业模式变化图

资料来源：靖水正树，久保田康久 . 内容业务的未来 [R]. 东京：日本普华永道，2018

在政府层面，2019 年，日本促进创造全球内容需求补贴项目已经为三个数字内容领域提供项目资助，分别为提高内容制作生产力系统、利用区块链技术对内容分发的系统及利用数字技术向世界传播的内容制作。在企业层面，日本内容生产端的企业也从战略规划、系统数据维护、具体举措三个方面提出整体数字化升级方案。其中方案重点是信息集中管理和数据分析。日本内容制作由多方利益相关者组成，涉及多方内容的权限管理系统还不成熟，加之内容分发渠道的多样化，因此很多情况下信息冗杂且不对称。信息集中管理可以形成标准化集中化的信息，同时数据分析利用大数据进行判断和预测分析以供生产者决策，最后逐步应用到具体方案中以提高业务价值（图 8.7）。

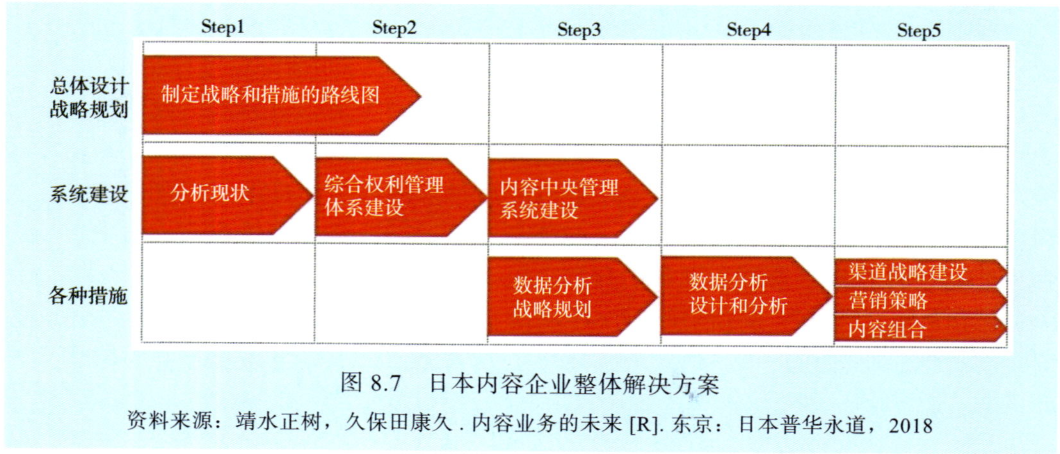

图 8.7 日本内容企业整体解决方案

资料来源：靖水正树，久保田康久 . 内容业务的未来 [R]. 东京：日本普华永道，2018

8.1.6　韩国

韩国以“文化立国”为国家发展战略，在文化创意相关产业，即电影、电视、游戏和音乐等方面取得了瞩目的发展。2018 年上半年，文化内容产业市场规模达到 55.289 亿韩元，同比增长 7.7%。其中出口量达到 34.492 亿韩元，同比增长 27%。在就业创造方面，2018 年上半年从事韩国文化内容产业的人数同比增长 1.1%，达到 638 412 人，增加约 7 000 人。韩国文化内容产业在经济增长、出口贡献、创造就业等方面对国民经济做出积极贡献。

在数字创意技术与装备方面，韩国的超高清技术与数字游戏技术处于世界领先地位。在超高清技术方面，韩国在超高清频道建设方面起步早，同时在超高清高端面板和终端方面优势明显。2012 年，韩国在全球首先进行了基于地面数字电视广播网络的超高清 TV 传输试验，并进行试验广播。2014 年 4 月，全球第一个 4K 超高清频道 UMAX 在韩国开播。2017 年 5 月，韩国开启无线电视台运行 UHD 服务，KBS、MBC、SBS 韩国三大电视台面向首尔、仁川等首都圈地区家庭传输超高清节目信号。韩国的面板企业 LG 和三星在大尺寸超高清面板方面具有技术优势和品牌优势。LG 生产的超高清有机电激光显示（organic electroluminesence display，OLED）电视在技术上和市场上均占据领先地位。2017 年 4 月，三星推出了 4K 高动态范围（high-dynamic range，HDR）MU 系列电视。2018 年 3 月，三星推出 4K 液晶电视，具备 1 000 尼特的峰值亮度，配合 HDR 技术，使高亮和阴影状态的显示细节更加明显。

在数字游戏技术方面，韩国拥有先进的游戏引擎技术，同时也积累了丰富的游戏人才。韩国早在 21 世纪初就开始大力发展本国游戏引擎产业，不仅企业投资，政府也参与研发。韩国文化观光部从 2001 年开始致力于开发游戏引擎，于 2002 年上半年开始免费普及。2003 年韩国情报通信部开发了“Dream 3D”引擎。韩国有着完善的游戏工业体系及很多经验丰富的游戏工程师。韩国电竞行业拥有大批收入丰厚的职业选手，他们的受欢迎程度丝毫不输给体育明星。电竞作为一种职业得到了韩国社会的普遍认可和尊重。在韩国，电竞俱乐部也十分发达，背后有大财团投资，如 STK、TK、三星等。

在数字技术快速发展的背景下，韩国已提出文化内容产业与新技术融合增长引擎生态系统建设方案。其主要包括五个优先技术领域：一是韩语语音识别技术，开发多语言自动翻译核心技术共享平台；二是建立有信任机制的智能存储发布平台，满足创作者和消费者的个性化需求；三是基于区块链培育内容分发平台，提供依据生产者能力和价值公平竞争的平台；四是建立技术融合内容引入技术的可用性评估标准流程；五是建立资源和技术开放平台，以支持个人创作者创作。新技术作为促进文化内容产业创新增长的重要手段，与内容融合发展成为韩国文化内容产业工业化生态系统的关键因素。在规划、生产、分配和消费整条内容产业链中，新技术将通过提高效率和生产力以提升创新的综合价值。新技术融合背后的核心驱动力是内容的质量和数量，AI、3D 打印、物联网、智能机器人、云平台、大数据、AR/VR、自然语言 8 个新技术要素，作为帮助创造大量优质内容的手段具有重要意义。

8.2 我国数字创意产业发展动态及趋势

为准确反映“十三五”国家战略性新兴产业发展规划情况，满足统计上测算战略性新兴产业发展规模、结构和速度的需要，2018 年 11 月，国家统计局制定《战略性新兴产业分类（2018）》。该分类显示，数字创意产业包括数字创意技术设备制造、数字文化创意活动、设计服务及数字创意与融合服务。其中，数字文化创意活动还细分为数字文化创意软件开发、数字文化创意内容制作服务、新型媒体服务、数字文化创意广播电视服务、其他数字文化创意活动（表 8.2）。这对于数字创意产业的发展具有重要的意义。

表 8.2 《战略性新兴产业分类（2018）》对数字创意产业的界定

数字创意产业	数字创意产业细分产业	对应国民经济行业名称
数字创意技术设备制造	数字创意技术设备制造	电影机械制造，广播电视节目制作及发射设备制造，广播电视接收设备制造，专业音响设备制造，应用电视设备及其他广播电视设备制造，电视机制造，音响设备制造，其他智能消费设备制造
数字文化创意活动	数字文化创意软件开发	应用软件开发
	数字文化创意内容制作服务	动漫、游戏数字内容服务，其他数字内容服务
	新型媒体服务	互联网其他信息服务，其他数字内容服务，数字出版
	数字文化创意广播电视服务	有线广播电视传输服务，无线广播电视传输服务
	其他数字文化创意活动	其他电信服务，互联网游戏服务，地理遥感信息服务，其他数字内容服务，其他技术推广服务，广播，电视，影视节目制作，广播电视集成播控，电影放映，录音制作，文艺创作与表演
设计服务	数字设计服务	工程设计活动，规划设计管理，工业设计服务，专业设计服务
数字创意与融合服务	数字创意与融合服务	互联网广告服务，其他广告服务，科技会展服务，旅游会展服务，体育会展服务，文化会展服务，旅行社及相关服务，电子出版物出版，图书馆，博物馆

资料来源：根据国家统计局《战略性新兴产业分类（2018）》整理

国家统计局数据显示，据对全国规模以上文化及相关产业 6.0 万家企业的调查，2018 年，全国规模以上文化及相关产业实现营业收入 89 257 亿元，比上年增长 8.2%。分区域看，东部地区规模以上文化及相关产业企业实现营业收入 68 688 亿元，占全国的 77.0%；中部、西部和东北地区分别为 12 008 亿元、7 618 亿元和 943 亿元，占全国比重分别为 13.4%、8.5% 和 1.1%。从增长率看，西部地区增长 12.2%，中部地区增长 9.7%，东部地区增长 7.7%，东北地区下降 1.3%（图 8.8）。

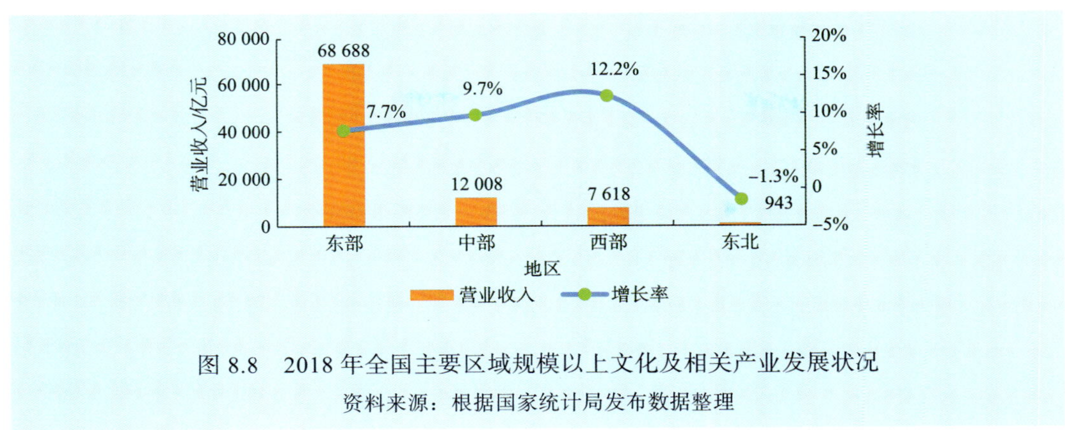

图 8.8　2018 年全国主要区域规模以上文化及相关产业发展状况

资料来源：根据国家统计局发布数据整理

分产业类型看，文化制造业营业收入 38 074 亿元，比上年增长 4.0%；文化批发和零售业 16 728 亿元，增长 4.5%；文化服务业 34 454 亿元，增长 15.4%。分行业类别看，文化及相关产业 9 个行业中，有 7 个行业的营业收入实现增长。其中，增速超过 10% 的行业有 3 个：新闻信息服务，营业收入 8 099 亿元，比上年增长 24.0%；创意设计服务，营业收入 11 069 亿元，增长 16.5%；文化传播渠道，营业收入 10 193 亿元，增长 12.0%。增速为负的行业有 2 个：文化娱乐休闲服务，营业收入 1 489 亿元，下降 1.9%；文化投资运营，营业收入 412 亿元，下降 0.2%（图 8.9）。

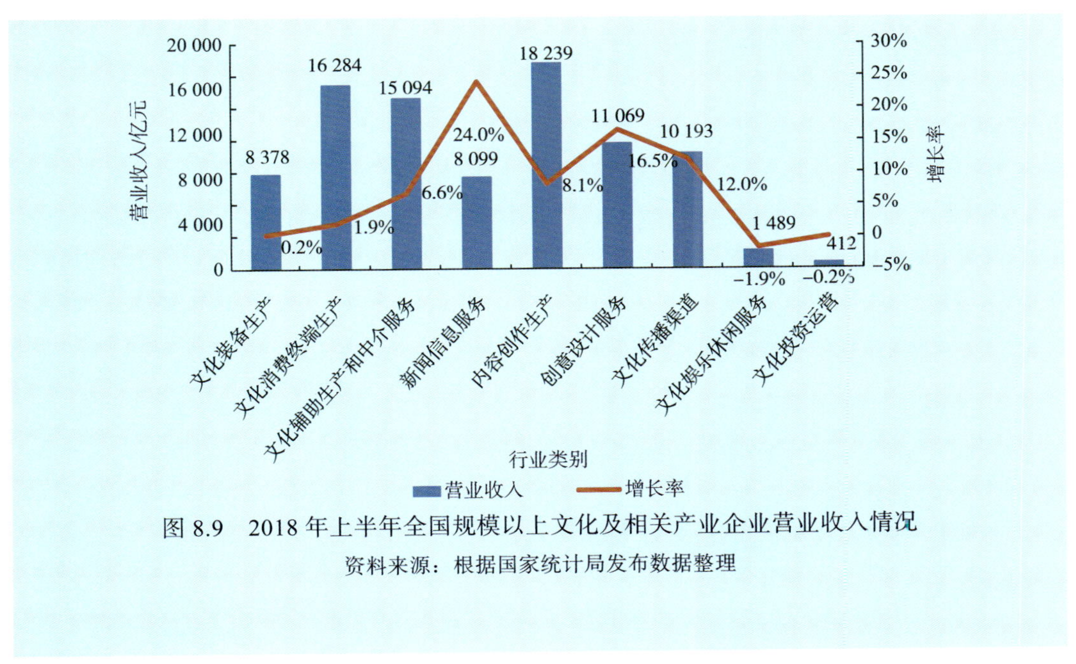

图 8.9　2018 年上半年全国规模以上文化及相关产业企业营业收入情况

资料来源：根据国家统计局发布数据整理

8.2.1 基础支撑领域

1. 创新设计

波士顿咨询公司（Boston Consulting Group，BCG）发布的《2019年全球最具创新力企业50强》榜单提出了评价企业数字化创新与设计能力的6大指数，包括大数据能力、新技术转化及引进速度、移动产品开发能力、数字化设计能力、平台技术和AI应用能力。将这些能力结合起来，有助于提高企业创新能力，使企业在市场竞争中脱颖而出。其中，谷歌、亚马逊、苹果、微软和三星5家数字技术原创企业领跑榜单前五名。值得关注的是，我国企业阿里巴巴连续2年、华为连续5年入榜，逐步发展成为全球创新设计引领者。

联合国教科文组织创意城市网络（UNESCO Creatve Cities Network，UCCN）创立于2004年，致力于促进将创意视为可持续发展战略因素的城市之间的合作。目前，该网络由180个城市参与构成，共同肩负着同一使命：使创意和文化产业成为地区发展战略的核心，并且积极开展国际合作。创意城市网络涉及7个创意领域：手工艺与民间艺术、媒体艺术、电影、设计、美食、文学和音乐。截至2018年底，中国已有12座城市先后入选创意城市网络（表8.3）。其中深圳、上海、北京和武汉入选“设计之都”；杭州、苏州和景德镇入选“手工艺与民间艺术之都”；成都、顺德和澳门入选“美食之都”；长沙入选“媒体艺术之都”；青岛入选“电影之都”。2008年深圳被授予“全球设计之都”的称号，是中国第一座获此殊荣的城市。深圳市作为高新技术综合性产业基地和知识产权发展重镇具有强大的创新能力，2018年，深圳文化创意产业增加值达2 621.77亿元，占全市生产总值的比重超过10%。上海2010年被授予“设计之都”，上海是最早出现创意产业机构的城市，如首批设计、电影和音乐工作室，2018年，文化创意产业增加值4 227.72亿元，同比增长8.9%。北京2012年被授予“设计之都”，科技资源丰富，文化底蕴深厚，2018年，北京市创意设计服务企业营业收入达2 771.1亿元，同比增长17.8%。武汉2017年被授予“设计之都”，其桥梁、高铁、水利、电力等工程设计领域居世界领先地位，预计到2021年，武汉设计产业营业收入将达到2 200亿元。

表8.3 入选创意城市网络的中国城市

类别	城市	入选年份
设计	深圳	2008
	上海	2010
	北京	2012
	武汉	2017

续表

类别	城市	入选年份
手工艺与民间艺术	杭州	2012
	苏州	2014
	景德镇	2014
美食	成都	2010
	顺德	2014
	澳门	2017
媒体艺术	长沙	2017
电影	青岛	2017

2.数字创意技术及装备

数字创意产业依托于三类技术，即使能技术、应用技术及终端设备技术的发展。使能技术指通用的基础性信息技术，包括 AI、大数据、云计算、未来网络技术等。这些技术是各行业进行数字化建设的前提条件，为数字创意行业自身应用的开展提供支撑。应用技术指各专业技术领域实现层面的技术，如综合广播宽带（integrated broadcast-broadband，IBB）技术、家庭娱乐产品软件、数字内容加工处理软件等。应用技术是提升内容质量和创新服务模式的核心工具，只有在应用技术层面形成突破，才能完成内容产品真正质的提升。终端设备是用户进行内容消费的承载对象，包括硬件及其装载的应用软件，如 4K 电视机（支持 HDR 功能）、沉浸式音频设备［支持三维声（3D Audio）］、VR /AR/MR 设备、3D 全息投影设备等。终端设备是改善用户体验的直接手段，终端设备的先进程度直接决定数字内容的呈现方法和观众的使用感受。

1）使能技术

（1）AI 技术。AI 是研究、开发用于模拟、延伸扩展人的智能的理论、方法、技术及应用系统的一门新的技术科学。它最重要的目的是了解人脑智能的实质，生产出一种新的能以与人类智能相似的方式做出反应的智能机器。AI 的主要发展阶段是运算智能、感知智能和认知智能，目前处于由感知智能向认知智能突破的阶段。近年来中国 AI 产业发展迅速，已引起全社会的广泛关注。北上广深作为我国 AI 最活跃的地区已经孕育出一批 AI 企业，包括以深圳市商汤科技有限公司、北京旷视科技有限公司、上海依图网络科技有限公司为代表的计算机视觉企业，以科大讯飞股份有限公司、云知声智能科技股份有限公司、苏州思必驰信息科技有限公司为代表的自然语言处理公司，以及以深圳市优必选科技股份有限公司、达闼科技（CloudMinds）、北京极智嘉科技有限公司（Geek+）为代表的机器人公司。2018 年，中国 AI 市场规模达到 339 亿元，并具有巨大的发展前景（图 8.10）。根据 2017 年 7 月国务院印发的《新一代人工智能发展规划》，到 2020 年我国的 AI 产业竞争力进入国际第一方阵，AI 核心产业规模超过 1 500 亿元，带动相关产业规模突破万亿元关口；到 2025 年，AI 产业进入全球价值链高端，AI 核心产业规模超过 4 000 亿元，带动相关产业规模突破 5 万亿元关口；到 2030 年，AI 产业竞争力达到国际领先水平，AI 核心产业规模超过万亿元大关，带动相关产业规模突破 10 万亿元。

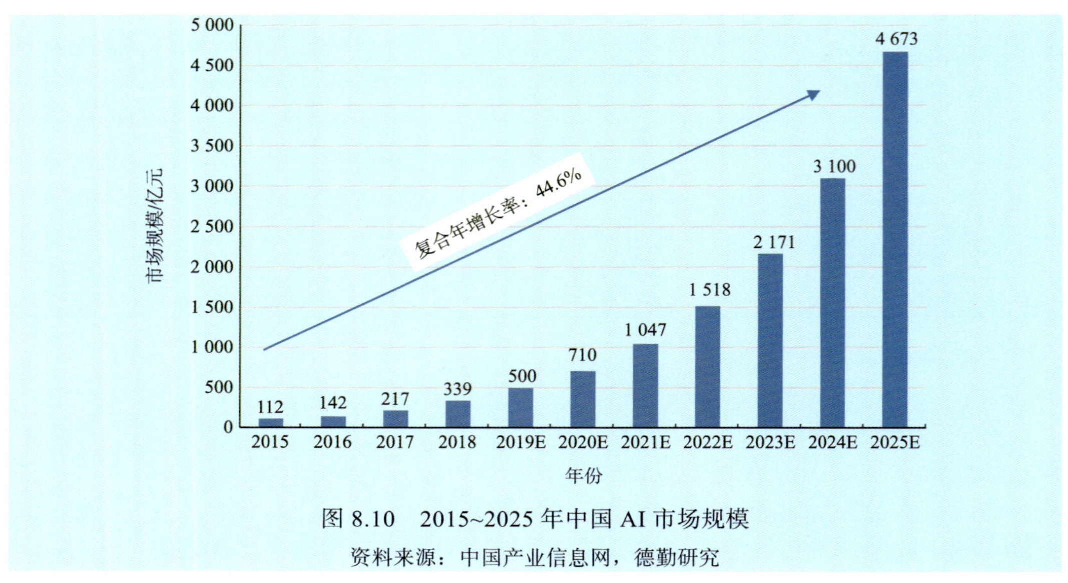

图 8.10　2015~2025 年中国 AI 市场规模

资料来源：中国产业信息网，德勤研究

（2）大数据技术。大数据技术是一种凭借强大的存储和运算能力，对大量数据进行计算分析，并迅速总结规律，从而为预测提供有力指导的技术。大数据有“4V”特征：volume（规模）、variety（类型）、velocity（速度）、value（价值）。大数据涉及的主要热门领域研究包括电子商务大数据、社交网络大数据、交通大数据和视频大数据等。我国大数据在行业解决方案、计算分析服务、存储服务等领域发挥着重大作用，同时在工业层面保持高速发展，并会渗透到大数据的各行各业。中国信息通信研究院对大数据相关企业的调研测算显示，2018 年我国大数据市场产值为 6 200 亿元，同比增长 31.91%（图 8.11）。

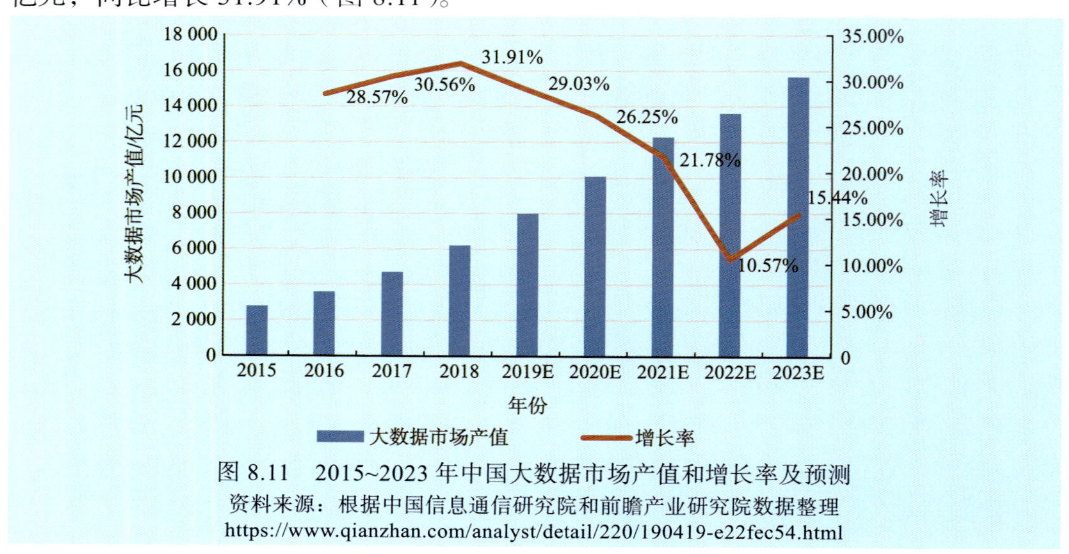

图 8.11　2015~2023 年中国大数据市场产值和增长率及预测

资料来源：根据中国信息通信研究院和前瞻产业研究院数据整理

https://www.qianzhan.com/analyst/detail/220/190419-e22fec54.html

（3）云计算技术。云计算是一种通过网络以按需、易扩展的方式获得所需的服务（硬件、平台、软件等）的计算模式。前瞻产业研究院发布的《2019-2024 年中国云计算产业发展前景与投资战略规划分析报告》统计数据显示，截至 2017 年中国云计算行业市场规模增长至 691.6 亿元，同比增长 34.32%，增速快于全球水平。预计 2019 年中国云计算行业市场规模将突破千亿元，2021 年中国云计算行业市场规模将增长至 1 858 亿元（图 8.12）。中国云计算行业发展较快，未来发展空间较大。

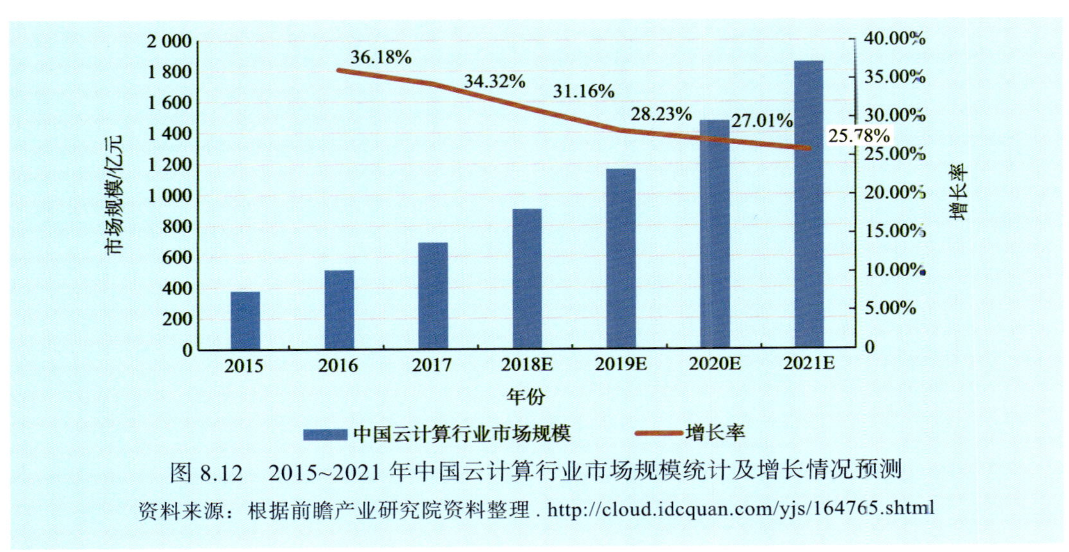

图 8.12　2015~2021 年中国云计算行业市场规模统计及增长情况预测

资料来源：根据前瞻产业研究院资料整理 . http://cloud.idcquan.com/yjs/164765.shtml

（4）未来网络技术。5G 技术是未来网络技术的代表，主要有三大未来网络应用场景：增强移动宽带（enhanced mobile broadband，EMBB），针对大流量移动宽带业务，如超高清视频业务；超高可靠超低时延通信（ultra reliable & low latency communications，URLLC），针对无人驾驶、远程医疗等业务；海量机器类通信（massive machine type communicatin，MMTC），针对大规模物联网业务。中国信息通信研究院《5G 经济社会影响白皮书》对 5G 的直接和间接经济产出的预测如图 8.13 所示。按照 2020 年 5G 正式商用算起，预计 5G 在 2020 年将带动约 4 840 亿元的直接经济产出，在 2025 年和 2030 年将分别增长到 3.3 万亿元和 6.3 万亿元，十年间的年均复合增长率约为 29%。而在间接产出方面，5G 将在 2020 年、2025 年和 2030 年分别带动 1.2 万亿元、6.3 万亿元和 10.6 万亿元的间接经济产出，年均复合增长率为 24%。预计在 2030 年，5G 带动的直接产出和间接产出将分别达到 6.3 万亿元和 10.6 万亿元。同时，为了更好地布局未来网络领域，我国开展了通信与信息领域唯一一项国家重大科技基础设施——“未来网络试验设施”（China Environment for Network Innovations，CENI）项目。这是全球首个基于全新架构构建的大规模、多尺度、跨学科试验环境。未来网络技术与实体经济的深度融合是社会经济发展的必然趋势，这将会极大地推动实体产业发展和城市发展。同时，未来网络技术的发展也会催发越来越多的数字创意产品的诞生。

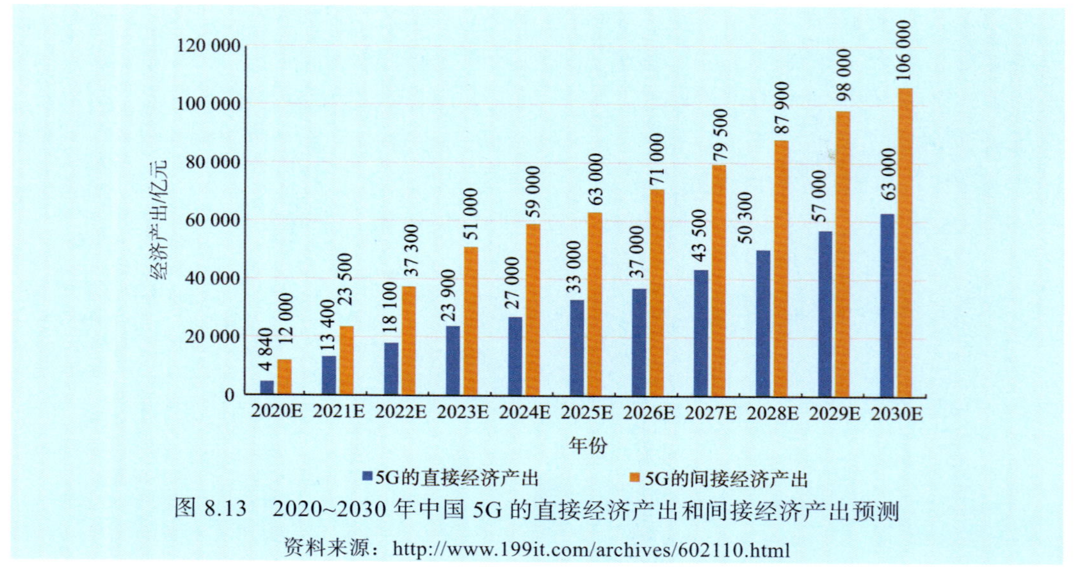

图 8.13　2020~2030 年中国 5G 的直接经济产出和间接经济产出预测

资料来源：http://www.199it.com/archives/602110.html

2）应用技术

（1）IBB 技术。IBB 技术可实现广播与宽带电信系统的并行操作，通过将经广播机构审查来源所提供的媒体内容、数据和应用组合起来，从而提供广播服务并带来交互的综合体验（图 8.14）。目前欧洲、日本、韩国、巴西、美国均已应用 IBB 技术。IBB 的典型应用分为业务相关类和独立类应用，提供了诸如红钮启动、图文信息、同步手语新闻、社交电视等不同类型的应用。在观众收看常规节目的同时，IBB 技术将与节目相关的伴随内容通过互联网推送至家庭网络终端，使得观众可通过电视或移动终端收看伴随内容。IBB 系统利用广播与宽带技术共同为电视节目服务，立足广播技术的基础，充分发挥互联网灵活高效、按需服务的优势。IBB 集成了最新的网页技术（如 HTML5），与传统的广播电视互动技术相比，不仅简化了终端接收处理互动信息的流程，还能极大地丰富内容展现的方式，为 4K/UHD 时代的用户提供更佳的使用体验。

（2）数字内容加工处理软件。数字内容的加工处理是将图片、文字、视频、音频等信息内容运用数字化技术进行加工处理并整合应用的服务。具体的技术问题包括两个层次。第一个层次是面向数字内容质量，包括图像视频增强技术等。现代 AI 技术也支撑了数字内容加工处理软件的发展，从而产生一系列优秀产品。例如，百度 AI 开发平台的“图像去雾”产品，它能对在雾天里拍摄而无法辨认的图像进行去雾，复原更加清晰的图像。第二个层次是面向图像视频的内容认知。例如，“图曰”APP 可以对图片内容进行初步的理解，并配上合适的文字解读或说明。因此，数字内容加工处理软件结合先进的 AI 算法或大数据技术，能极大地帮助用户进行信息的智能检索或检测，从而节省大量的人力物力，方便又高效。

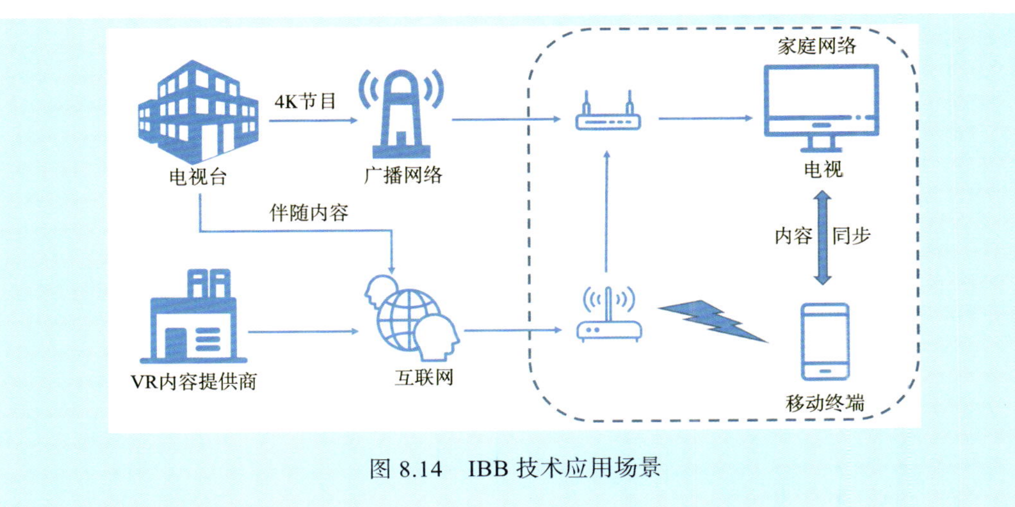

图 8.14 IBB 技术应用场景

3）终端设备技术

（1）超高清技术。视频是信息呈现和传播的主要载体。当前，视频技术正经历从高清到超高清的演进。超高清技术是近年来全球广播电视领域最为火热的话题之一，各个国家都在积极部署推进超高清技术。超高清技术决定图像的清晰度，从全高清到4K超高清、8K超高清，画面每帧分辨率从 1 920×1 080（约 207 万像素）提升到 3 840×2 160（约 829 万像素）、7 680×4 320（约 3 318 万像素）。高分辨率技术提供了更丰富的画面层次和更精致的画面细节，呈现出场景的立体感和空间感。例如，在分辨率 8K 的最佳观看距离，人眼的观看角度可以达到 96°，接近人眼的立体观看视野（人眼产生双目立体感的视场角约为 110°），可以忽略显示屏的边界，体验到亲临现场的观感。

超高清视频设备使用到的核心元器件主要包括感光器件、存储芯片、编解码芯片、图像芯片、处理器芯片和显示面板等。随着系统集成度不断提升，存储芯片、解码芯片和处理器芯片已经集成为 SoC（system on chip，系统级芯片）。超高清芯片产品目前国外占据主导地位，但是随着我国华为海思芯片在创维电视中的应用，超高清芯片受制于人的局面将被打破。显示面板则主要有液晶面板和 OLED 面板等。国内显示面板公司包括京东方科技集团股份有限公司和 TCL 集团股份有限公司。超高清视频终端呈现设备包括电视、机顶盒、个人计算机（personal computer，PC）、平板电脑、手机、VR/AR 等。目前我国 4K 超高清广色域智能电视、4K 智能交互会议平板、4K 智能拼接屏、4K 监视器、4K 超高清数字机顶盒、4K 虚拟现实一体机及 8K 电视等多种类超高清视频显示终端产品，主要性能指标已具备国际领先水平，未来我国 4K/8K 产品渗透率将不断提高。

政策方面，2019 年 3 月 1 日，工信部、国家广播电视总局、中央广播电视总台发布了《超高清视频产业发展行动计划（2019-2022 年）》，指出按照“4K 先行、兼顾 8K”的总体技术路线，大力推进超高清视频产业发展和相关领域的应用。

2022年，我国超高清视频产业总体规模超过4万亿元，4K产业生态体系基本完善，8K关键技术产品研发和产业化取得突破，形成一批具有国际竞争力的企业。超高清视频内容资源极大丰富，网络承载能力显著提高，制播、传输和监管系统建设协同推进，产业发展支撑体系基本健全，形成技术、产品、服务和应用协调发展的良好格局。广东省、上海市、重庆市等也先后发布了《广东省超高清视频产业发展行动计划（2019-2022年）》、《上海市超高清视频产业发展行动计划（2019-2022）》和《重庆市超高清视频产业发展行动计划（2019—2022年）》，积极推动超高清产业发展。

（2）三维声技术。音频技术经历了从单声道音频、双声道立体声音频、5.1环绕声、7.1环绕声，直至三维声的发展历程。三维声是具有三维空间感、方位感的声音，能使听众在听音过程中不仅可以定位到声源的位置和方向，也能听出声源的移动轨迹，能给观众带来身临其境的沉浸感。现有的三维声技术以国外为主，国外已有成熟的MPEG-H、Dolby三维声技术。我国的三维声技术仍处于研发阶段，三维声的编解码技术和三维声前后处理技术需要突破，三维声的制作技术标准、音频质量评审制度仍需完善。

（3）VR/AR/MR技术。虚拟现实通过利用电脑或其他智能计算设备来模拟产生一个三维空间的虚拟世界，给用户提供关于视觉、听觉、触觉等感官的模拟感受。具体来说，虚拟现实依据呈现方式的不同分为VR、AR和MR。VR技术的进步依赖于终端设备技术水平的提升，2019年2月，微软推出了HoloLens 2。HoloLens 2体积更小，拥有更大视野、更长电池续航，并搭载下一代Kinect传感器和定制AI芯片来改进性能。前方微型投影仪投射至光导透镜后进入人眼，在HoloLens 2中，微软将视场角扩大了1倍多，同时保持业内领先的视野内每角度47个像素的全息密度。在VR设备方面，我国的设备还不足以和国外的产品对抗，但也出现了上海乐相科技有限公司（大朋VR）、北京蚁视科技有限公司、小派科技（上海）有限责任公司等初具规模的企业。

VR/AR/MR产业链主要分为硬件和软件两部分，其中硬件主要包括芯片、传感器、显示器件等。在中国虚拟现实行业收入构成方面，数据显示，2017年中国虚拟现实硬件收入达到4.7亿元，软件收入为1.7亿元。随着中国消费者的内容消费习惯逐渐养成，虚拟现实软件收入将逐渐提升，2018年中国虚拟现实行业软件收入占比达到30%，硬件收入占比为70%；软件收入将有望在2019年超越硬件收入（图8.15）。同时，虚拟现实设备用户规模不断攀升。随着5G技术的商用进程加快及未来5G+VR的众多应用场景的出现，预计2025年虚拟现实的消费者规模将突破5 000万人。

（4）3D全息图像重建技术。全息术（holography），又称全息投影、全息3D，是一种通过集合被拍摄者反射的光波来重建物体的全部信息，使得平面物体内容得以3D立体显示，给人立体视觉享受，并可从不同角度来更直观地观察物体的技术。随着现代AI技术的发展与完善，一些采用全息技术的产品应用早已席卷全球。运

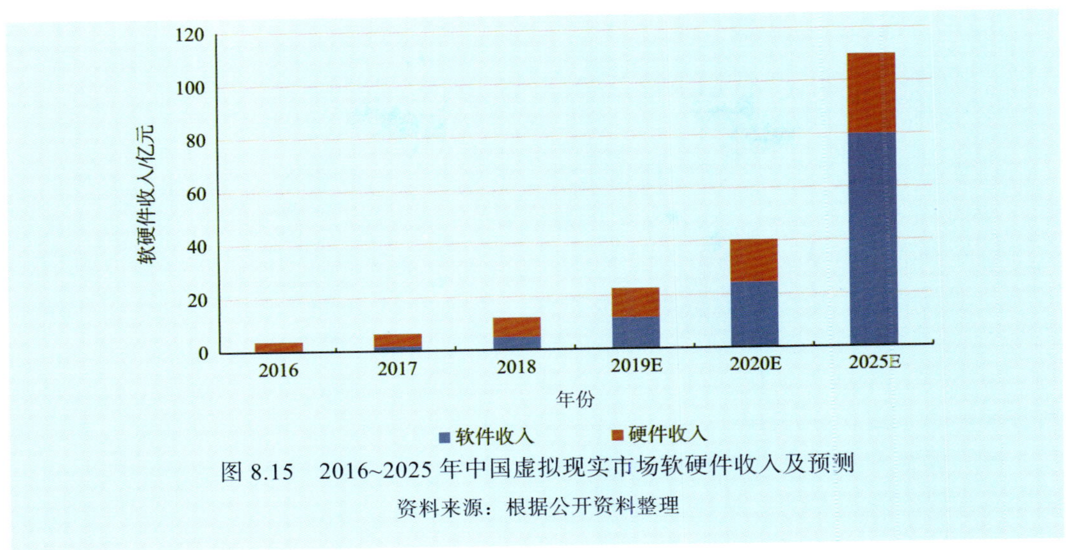

图 8.15 2016~2025 年中国虚拟现实市场软硬件收入及预测

资料来源：根据公开资料整理

用高科技的全息影像技术做出逼真的舞台立体投影效果并达到身临其境的立体效果，使得内容表现形式更加具体丰富和新颖。2016 年 9 月，在杭州举行的 G20 峰会晚会上，节目《最忆是杭州》使用了全息幻象投影技术，在水面上呈现出中国的山川美色，这一精彩的效果让无数人陶醉。2018 年中国最大全息公司之一北京微美云息软件有限公司，通过对全息技术的投入与研发，已获得 295 个相关专利和 76 项软件著作权及高达行业第一的 4 325 个全息内容储备。

中国全息投影行业市场规模逐年扩大，2016 年以来，每年以大于 10 亿元的增长速度扩大，随着全息技术的逐渐成熟与完善，应用行业逐步扩大，产品增多，预计以后市场行业规模也将持续扩大（图 8.16）。

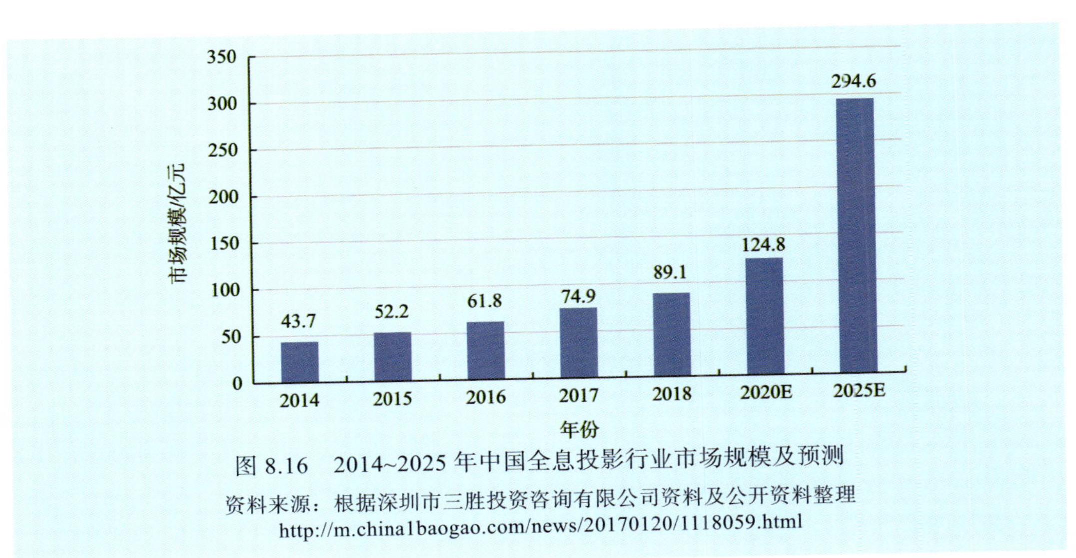

图 8.16 2014~2025 年中国全息投影行业市场规模及预测

资料来源：根据深圳市三胜投资咨询有限公司资料及公开资料整理

http://m.china1baogao.com/news/20170120/1118059.html

8.2.2 核心开发领域

1. 文化创意

改革开放 40 多年来，中国博物馆事业发生了历史性变革，呈现出良好发展态势，“博物馆热”成为中国社会文化的新时尚，“博物馆 +”跨界融合创新成为推进高质量发展的新引擎，博物馆为国家文明交流互鉴提供了新空间。2018 年全国博物馆举办展览 2.6 万个，教育活动近 26 万次，观众达 11.26 亿人次，分别比上年增长 30%、30% 和 16%，博物馆成为人民向往的美好生活的重要部分。

2018 年，全球博物馆通过不断创新带来全新体验，越发重视与名人、设计师及大 IP（intellectual property，知识产权）的合作来吸引新的人群，社交媒体元素的融入、快闪展览和沉浸式体验逐步崛起，基于科技、数字媒体及数据收集的定制和个性化体验成为发展趋势。总体来看，2018 年中国博物馆游客量表现突出。中国国家博物馆在全球前 20 博物馆排行榜上位列第二，年内游客量达 861 万人次。另有两座中国博物馆 2018 年首次进入前 20 榜单，且多个中国博物馆实现了两位数游客量增长（表 8.4）。中国的博物馆尝试利用明星效应来提升游客量，结合传统文物和当代名人的电视节目《国家宝藏》广受观众欢迎，参与的博物馆包括故宫博物院、上海博物馆、湖南省博物馆和南京博物院等，都收获了流量增长。值得关注的是，海外博物馆也正准备进入中国市场。2017 年 12 月对外开放的深圳海洋世界文化艺术中心被打造成一个多功能文化艺术中心，该项目由国有企业招商局集团和伦敦维多利亚与阿尔伯特博物馆合作。而蓬皮杜国家艺术和文化中心也将于 2019 年在上海建立分馆。

表 8.4　2018 年全球排名前 20 位的中国博物馆总游客量和增长率

排名	博物馆	所在城市	2018 年游客量 / 万人次	增长率	入场
2	中国国家博物馆	北京	861	6.8%	免费
13	中国科学技术馆	北京	440	10.5%	付费
15	浙江省博物馆	杭州	420	14.4%	免费
18	台北故宫博物院	台北	386	-13%	付费
20	南京博物院	南京	367	11.2%	免费

数据来源：根据《2018 全球主题公园和博物馆报告》整理

此外，在国家政策支持和社会民众鼓励下，我国博物馆文化创意产业呈现出蓬勃发展的良好势头。故宫博物院拥有古书画、古器物、宫廷文物、书籍档案等领域蔚成系列、总数 186 万余件的珍贵馆藏，在文化创意方面不断取得突破和佳绩。故宫博物院积极利用数字文物资源，不断推出多元化的文化创意设计。在文创产品方面，故宫博物院拥有 4 家文创网络经营主体：故宫博物院文化创意馆，售卖创意生活用品的故宫博物院文创旗舰店，主打年轻化的故宫淘宝店，以及更趋于大众化的故宫商城。4家经营主体面向社会不同人群，产品风格各有特色，实现差异化经营，共同塑造故宫文创的整体形象。故宫博物院文创旗舰店配合故宫博物院展览，做主题性的文化挖掘，研发了千里江山系列、清明上河图系列等产品；故宫淘宝产品萌趣而不失雅致，致力于以轻松时尚方式展现故宫文物、推广故宫文化，推出故宫娃娃、折扇团扇、文具用品等产品。在体验交互方面，故宫的端门数字博物馆，通过“数字宫廷原状”提供的沉浸式立体虚拟环境，使游客既能“参观”许多以前不能踏入的宫殿，也能利用虚拟现实技术试穿帝后服装，欣赏宝物。在内容方面，截至2018年，故宫先后上线了9款APP，涉及故宫资讯、游戏和导览等众多内容，将专家研究成果与观众感兴趣的题材密切结合起来，并且把专家研究成果“翻译”成观众特别是年轻观众乐于接受的形式，更加口语化，形象更亲和，不断拉近故宫博物院与广大观众的距离。故宫博物院正改变传统的传播方式，运用多种方式来传播优秀传统文化，让故宫文化遗产资源活起来。

2. 内容创作

1）网络文学

近几年，网络文学的行业规模不断增长，增速有所放缓。2018年中国网络文学市场规模总计达153.50亿元，同比增长20.30%，保持稳步增长状态（图8.17）。网络文学作为数字内容产业的IP源头之一，影响力与日俱增。整个行业的跨界融合趋势更加明显，投资收购影视、动漫等公司，与相关娱乐公司达成深度战略合作，从而推动自身业务优化升级，并不断提升创新性和生命力。业务收入层面，在线付费阅读收入稳步增长的同时，整个行业的版权运营收入在2018年得到了高速增长，且在整体营业收入结构中的比重显著提升。未来这将成为行业收入规模的主要增长动力，保障整个行业的持续健康发展。

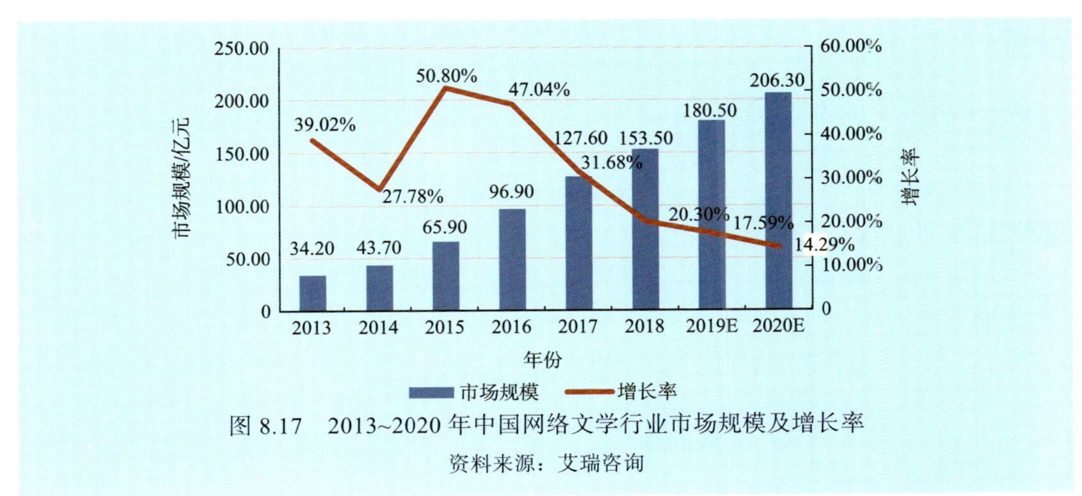

图8.17　2013~2020年中国网络文学行业市场规模及增长率

资料来源：艾瑞咨询

2）网络游戏

2018 年，中国游戏市场实际销售收入达 2 144.40 亿元，同比增长 5.3%（图 8.18），占全球游戏市场比例约为 23.6%。受用户需求改变、用户获取难度提升、新产品竞争力减弱等因素影响，中国游戏产业在整体收入上的增幅明显放缓。2018 年中国自主研发网络游戏市场实际销售收入达 1 643.9 亿元，同比增长 17.6%。游戏用户规模达 6.26 亿人，同比增长 7.3%。

图 8.18　2012~2018 年中国游戏市场实际销售收入及增长率

资料来源：中国音像与数字出版协会游戏出版工作委员会和北京伽马新媒文化传播有限公司（伽马数据）

受益于网络直播平台影响力的扩大，游戏直播作为传播游戏内容的新媒介，在游戏产业链中的地位不断提升。2018 年中国游戏直播市场用户规模达到 3.0 亿人，同比增长 38.5%；实际销售收入达到 74.4 亿元，同比增长 107.2%。移动电竞发展飞速，在国内已形成不小的规模。线下电竞泛娱乐场馆正在逐步形成，这将会串联起电竞从直播到赛事的每一个环节，且随着整体产业的不断发展，移动电竞的产品不断涌现。手游生命周期短的问题不仅能因为移动电竞得到有效缓解，更能进一步打通移动电竞整体产业链，促使整个移动游戏行业产生新的爆发点。

2018 年中国自主研发网络游戏海外市场实际销售收入达 95.9 亿美元，同比增长 15.8%，海外游戏市场已成为中国游戏企业重要的收入来源。在渠道上，中国游戏企业除了与脸书、谷歌商店等多个海外渠道建立了长期稳定的合作关系外，还背靠华为、小米等手机企业，在软件预装与应用商店内为产品的推广提供助力。同时，国内游戏企业还通过收购或自建平台的形式聚拢用户。例如，深圳市腾讯计算机系统有限公司、芜湖三七互娱网络科技集团股份有限公司、游族网络股份有限公司等游戏企业已全面展开了海外平台的布局，强化对于用户的深度运营，未来游戏产业走出去通道也将进一步拓宽。

3）网络动漫

近年来，我国文化产业内容消费市场迅速发展，动漫产业在文化产业中的占比稳步上升。在资本、新媒体和消费人群的多重驱动下，动漫产业产值持续快速增长。2017 年，中国动漫行业总产值达到 1 536 亿元，产值主要来自于动漫上游的内容市场和下游的衍生市场两大块。下游衍生市场是动漫产业产值的主要来源，在全球比较成熟的动漫市场中，衍生市场的产值相当于内容市场的 8~10 倍。2018 年，中国在线动漫内容市场规模达到 141.60 亿元（图 8.19）。随着我国近几年移动互联网规模和影响力的不断提升，在线动漫已经成为动漫产业的重要组成部分，并且在行业规模与影响力方面与日俱增。2018 年中国的泛二次元用户规模将近 3.5 亿人，在线动漫用户规模也达到两亿多人。庞大的用户规模为中国动漫产业的发展带来巨大的需求市场。

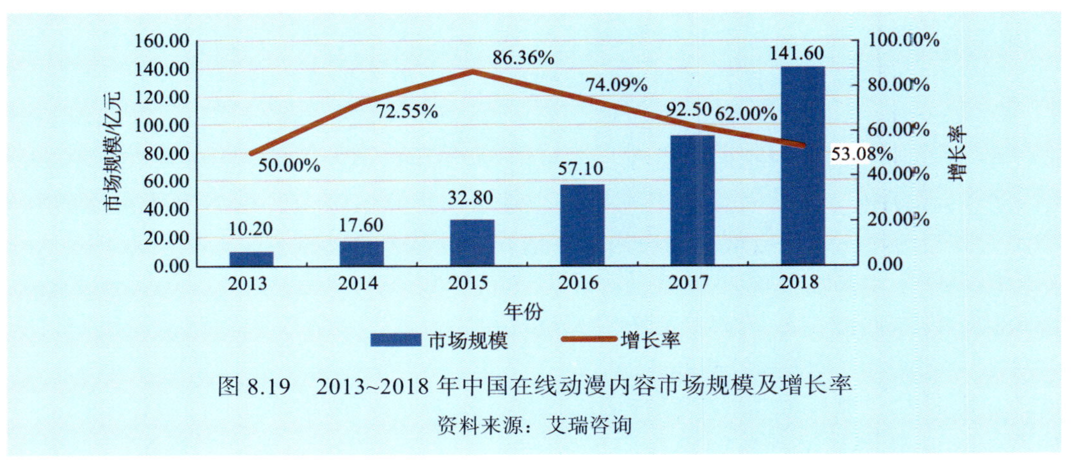

图 8.19　2013~2018 年中国在线动漫内容市场规模及增长率

资料来源：艾瑞咨询

IP 创造作为动漫产业链的源头，直接影响整个产业链其他环节的变现能力，而下游 IP 衍生开发环节的营利能力最大。所以，未来动漫产业布局的重点将覆盖整个产业链。

4）网络视频

2018 年，中国版权网络视频行业收入规模达到了 962.70 亿元，相较于 2014 年的 248.80 亿元，行业发展可圈可点。随着用户规模扩大，用户使用黏性增加，版权网络视频带来的商业资源不断升值，预计到 2019 年将成为千亿级市场（图 8.20）。

中国互联网络信息中心（China Internet Network Information Center，CNNIC）发布的第 44 次《中国互联网络发展状况统计报告》数据显示，截至 2019 年 6 月，我国网络视频用户规模达 7.59 亿个，较 2018 年底增长 3 391 万个，占网民整体的 88.8%。其中，长视频用户规模为 6.39 亿个，占网民整体的 74.7%；短视频用户规模为 6.48 亿个，占网民整体的 75.8%。各大视频平台进一步细分内容产品类型，并对其进行专业化生产和运营，行业的娱乐内容生态逐渐形成。在用户细分方面，各大视频平台不断

图 8.20　2014~2020 年中国网络视频版权收入规模及增长率

资料来源：艾瑞咨询

开拓新兴品类市场，更加注重内容的针对性和专业性。在网络视频内容领域，为迎合多样化的用户喜好，各大视频平台以电视剧、电影、综艺、动漫等核心品类为基础，不断向游戏、电竞、音乐等新兴品类拓展。此外，各大视频平台也在利用大数据、AI 等技术，快速识别用户需求，实现内容的精准推送；同时，各大平台深入分析用户内容消费、商品消费的相关数据，还原用户真实需求，助力生产优质内容。例如，优酷的鱼脑系统已被全面应用到网络剧、综艺节目的策划生产中。

作为近年来移动互联网领域兴起的重要内容形式，短视频实现了视听审美的有机结合，为人们的生活提供了全新的观察视角。近几年，短视频领域发展迅猛，在 2018 年行业规模增速甚至超过了 300%（图 8.21）。短视频平台具有的移动性、互动性、碎片化、制作简单、视觉冲击力强的产品特征，恰恰契合了自媒体时代下广大网民的互联网社交和内容消费需要。快手、抖音、火山小视频等短视频 APP 已经成为很多网民居家旅行必备的手机应用。短视频是专业生产内容（professional generated content，PGC）、用户生成内容（user generated content，UGC）的重要创作与分享平台。根据抖音的统计，2018 年抖音日活跃用户达到 2.5 亿人次，而极低的准入门槛，让每个抖音的用户都有可能成为创作者。

图 8.21　2017~2020 年中国短视频行业规模及增长率

资料来源：艾瑞咨询

短视频行业在相关部门的指导下，进一步走向规范化，同时加快与其他领域融合，探索新的商业模式。在电子商务领域，各大平台纷纷以独立的短视频频道或应用的方式，引入短视频内容，帮助用户快速了解商品；在旅游领域，短视频平台加强与各大景区或城市合作，对旅游资源进行包装和推广，联合景点、城市推出主题视频挑战活动，助力打造“网红景点”和“网红城市”。

5）数字音乐

2018 年中国数字音乐版权收入规模为 188.30 亿元，整体保持着较高的增长趋势（图 8.22）。从构成上来看，中国数字音乐平台的收入主要来源于用户付费、广告收入及版权运营收入三个方面。在正版化改革之前，平台营业收入主要依靠广告收入，但数字音乐平台本身广告变现能力较弱，仅限于开屏、横幅广告等形式，因此在政策推行正版化后，用户付费收入的占比保持持续增高，广告收入增长出现滞缓。2018 年版权运营收入带动了整体市场规模的再一次增长，由数字音乐平台向第三方机构转授音乐版权，活跃利用和开发音乐版权价值，使得其拓展出更多元化的商业模式。

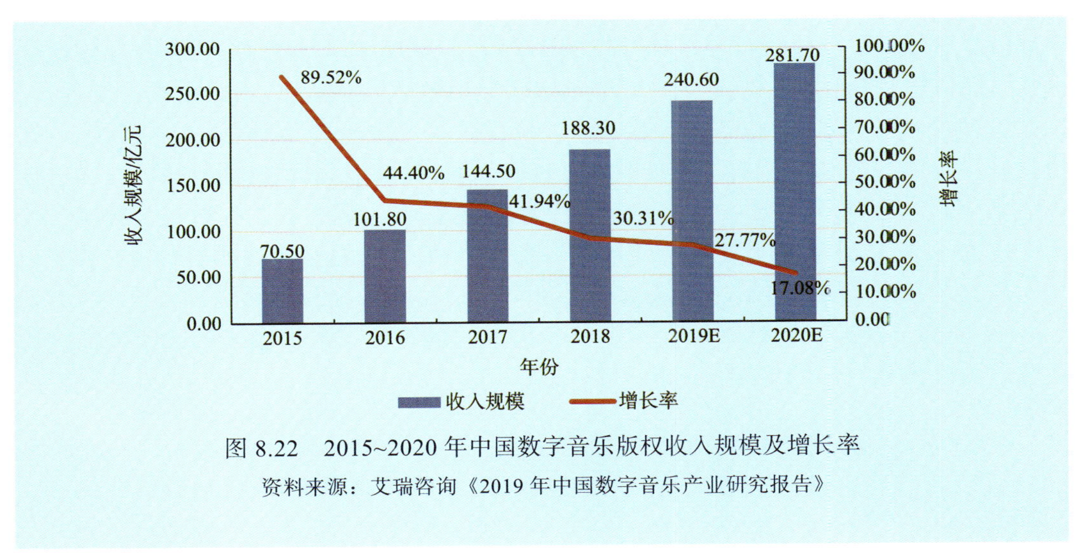

图 8.22　2015~2020 年中国数字音乐版权收入规模及增长率

资料来源：艾瑞咨询《2019 年中国数字音乐产业研究报告》

6）影视综艺

如果说短视频平台的火热表现出 UGC 的繁荣，影视综艺的发展则在很大程度上表明 PGC 的发展情况。总体来说，影视综艺行业表现出稳定增长态势，2018 年，我国影视综艺行业市场规模达到 2 467.90 亿元，增长率为 14.73%（图 8.23）。影视综艺三个领域都有成功出海的案例，表现出我国的文化实力和海外影响力正逐步增强。

图 8.23　2013~2020 年中国影视综艺行业市场规模及增长率

资料来源：艾瑞咨询

在电影方面，从进口电影票房与国产电影票房对比来看，两者都处于增长的态势。2018 年中国电影票房继续走高，继 2017 年的 559 亿元之后，2018 年终于突破了 600 亿元大关，总票房约 610 亿元（图 8.24）。总体看，国产影片票房占比达到 62%，进口影片占比为 38%。其中国产电影在 2017~2018 年表现出较大幅度的增长，这有可能归功于《战狼 2》《羞羞的铁拳》等优秀国产电影的票房贡献。从国产与进口电影份额占比来看，总体上国产电影份额呈增加趋势，基本摆脱了进口电影占据优势的窘境。此外，随着科技发展，我国影院设备硬件设施条件不断完善升级，目前大多数主流院线全面实现数字化放映，影院不断引进放映新技术，如 4K 数字放映、杜比全景声、3D、IMAX（image maximum，巨幕电影）及影院管理系统（theatre management system，TMS）等。影院设备水平的提高为观众提供了更加完善的观影环境，同时满足人们的多样化需求 [6]。

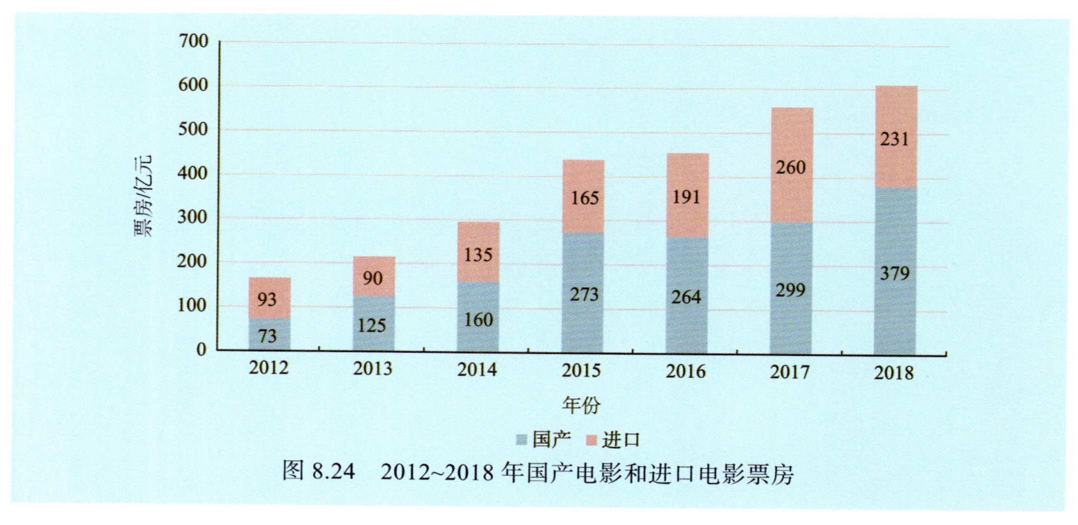

图 8.24　2012~2018 年国产电影和进口电影票房

3.版权利用

依托数字技术和政策的持续推进，传统出版产业数字化转型升级更加深化，推动了国内数字出版产业多领域继续保持稳健增长态势[7]。2018 年国内数字出版产业整体收入规模为 8 330.78 亿元，比上年增长 17.8%。其中，互联网期刊收入达 21.38 亿元，电子书达 56 亿元，数字报纸（不含手机报）达 8.3 亿元，博客类应用达 115.3 亿元，在线音乐达 103.5 亿元，网络动漫达 180.8 亿元，包括移动阅读、移动音乐、移动游戏等在内的移动出版达 2 007.4 亿元，网络游戏达 791.1 亿元，在线教育达 1 330 亿元，互联网广告达 3 717 亿元（图 8.25）。

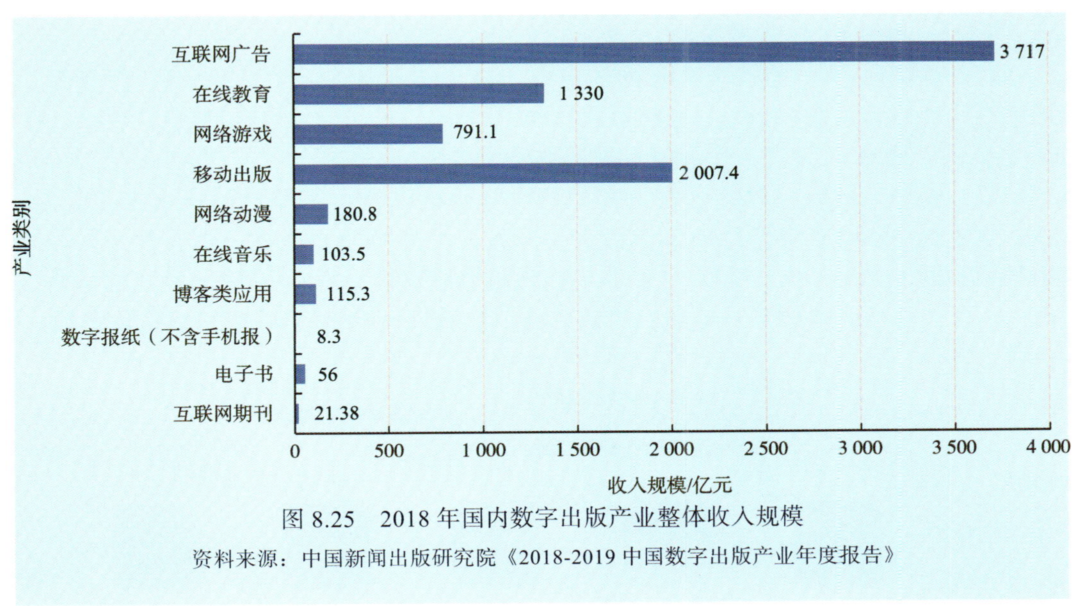

图 8.25　2018 年国内数字出版产业整体收入规模

资料来源：中国新闻出版研究院《2018-2019 中国数字出版产业年度报告》

我国数字出版产业产生了一些新的发展，网络文学良性生态逐步构建，知识付费分水岭逐步显现，短视频风口持续成为媒体布局重点。数字出版产业有以下新趋势：AI 技术应用场景日益深化，数字内容精品化趋势日益明显，5G 将为出版融合创新提供广阔空间；电子竞技将成为产业融合新节点。同时，短视频有望迎来新一轮的爆发式增长，并将与教育、新闻资讯、知识付费等多个领域实现更深度的融合。未来在 5G 环境下，挖掘新的需求点，开拓新的消费场景，探索新的内容呈现方式和变现方式，将成为数字内容创业者的发展重点。

8.2.3　融合渗透领域

数字创意产业是一种新型的业态，这种业态在数字技术的驱动下，将打破现有的产业边界，不断拓展产业链的长度和宽度，提升产业的服务能力和水平，实现与其他产业的多维互动和融合发展，为社会经济的发展提供新的增长点和新动能[8]。

1.在线教育

艾瑞咨询数据显示，2018 年中国在线教育市场规模达 2 517.6 亿元，同比增长 25.7%，预计未来 3~5 年市场规模增速保持在 16%~24%，增速持续降低但增长势头保持稳健。用户对在线教育的接受度不断提升、在线付费意识逐渐养成及线上学习体验和效果的提升是在线教育市场规模持续增长的主要原因。

自适应教育致力于通过计算机手段检测学生当前的学习水平和状态，并相应地调整后面的学习内容和路径，帮助学生提升学习效率。然而，学习是一个复杂且隐性的过程，简单的计算机编程很难实现好的效果，运用 AI 技术来实现的 AI 自适应教育应运而生。AI 自适应教育的本质与核心价值，即在于以数据和 AI 技术为驱动力，实现规模化的个性化教育。

自适应教育产品的全产业链包括内容研发、数据采集、产品研发、市场推广和用户五个部分（图 8.26）。从教育流程场景来说，又可分为内容开发、教学（学习）、练习、测评、管理五个场景，这些场景环节中都存在 AI 自适应学习可以应用的场景。其中，自适应内容开发是其他四个环节的基础，需要耗费巨大的工作量，目前国内少有公司专门以这项工作为主要业务，大多数公司往往只把它作为一项内部产品开发的前续工作。自适应管理是指通过分析教学、作业、测评环节的学生数据，对用户进行智能预警、提醒和跟踪，是其他四个环节成功应用后的附加产物。

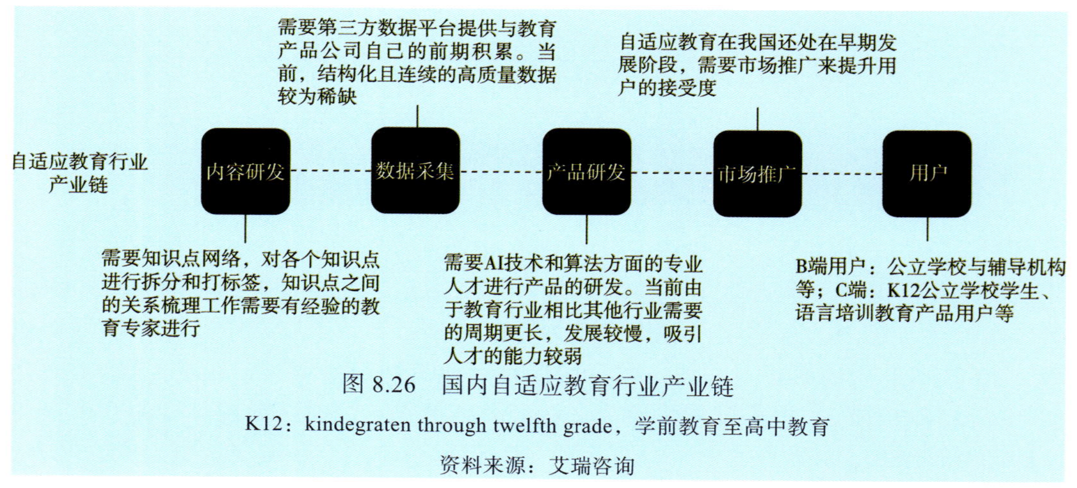

图 8.26 国内自适应教育行业产业链

K12：kindegraten through twelfth grade，学前教育至高中教育

资料来源：艾瑞咨询

AI 在教育领域的落地应用是大势所趋。从应用的物理场景来说，目前已有的智能产品包括拍照搜题、分层排课、口语测评、组卷阅卷、作文批改、作业布置等，这些工具应用均是基于 AI 技术的支持（图 8.27）。

在我国，截至 2018 年已经有超过 40 家企业宣布发力 AI 自适应业务。K12 辅导是中国教育培训行业中市场规模最大的一个子领域，吸引力大；而语言学习则因为学习内容轻量化的特点，在进行自适应设计方面有着天然的优势。“懂你英语”

技术	图像识别	语音交互	语音识别	自然语言处理	智能搜索	情绪识别	VR/AR	自适应
场景	拍照搜题 作文批改 组卷阅卷	陪伴机器人	口语测评	作文批改 组卷阅卷	分层排课	判断学习态度	虚拟场景展示	学习路径规划 推送学习内容 侦测能力缺陷 预测学习速度 作业布置

图 8.27　自适应教育的场景与技术

是“英语流利说”这一移动应用中的一个服务产品。在“懂你英语”课堂正式开始前，用户需要首先进行定级测试，定级后系统会推送符合用户水平的课程。课程的学习材料形式通常为音频辅以图片，中间穿插听写、排序、语音跟读等练习环节。在其他多数在线教育企业和教育科技企业都遵循着教育行业传统，“懂你英语”的标准版直接用机器替代了老师，这对教育行业来说是一次颇有意义的探索（图 8.28）。

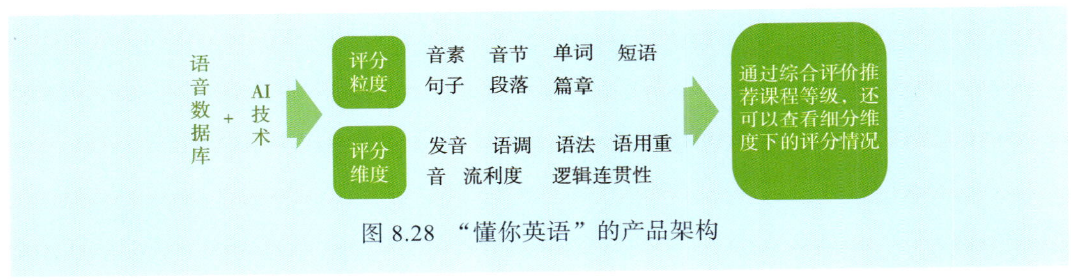

图 8.28　“懂你英语”的产品架构

“一起作业”以海量的学生作业作为数据基础，利用大数据进行分析，获得学生所掌握知识的薄弱点、遗漏处和强项等内容，进而能够推荐个性化的习题。“一起作业”的成功在于连接了老师、学生和家长三方主体，形成用户闭环，直面 K12 领域中产品使用者与付费者分离的痛点。老师可在“一起作业老师端”布置作业、查看学情分析，学生可在“一起作业学生端”完成作业或使用其他学习产品，家长则可在“家长通”中查看作业报告、进行家校沟通、为学生选购其他学习产品。

2. 旅游业

数字技术使得“互联网 + 旅游”的模式逐渐兴起，智慧旅游成为人们消费娱乐文化产品的重要方式。近年来随着国家通过一系列政策支持“互联网 + 旅游”创新发展，旅游方式和资源的数字化程度不断深化，智慧旅游总体呈现发展态势良好的前景[9]。以在线旅游（online travel agency，OTA）为例，2018 年，中国在线旅游市场交易规模达到 9 754 亿元，增长率为 9.3%（图 8.29），在线旅游市场进入中速增长期。其中，在线交通市场交易规模出现增速回落，机票市场波动、提直降代和监管加强对市场影响重大；在线住宿和度假市场占比均有提升，非标准住宿的迅速发展使其成为住宿市场重要新业态，度假产品的多品类拓展、多主题开发亦成为助推在线度假市场增长的重要因素。

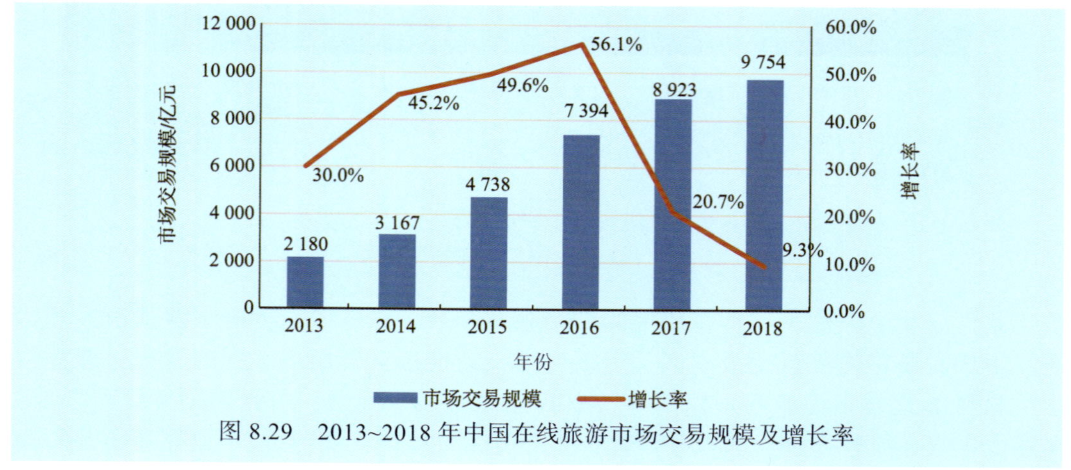

图 8.29 2013~2018 年中国在线旅游市场交易规模及增长率

景区门票在线销售方面，2013~2017 年中国高星景区在线门票市场规模不断扩大，2017 年国内高星景区在线门票交易额已经超过了 188 亿元（图 8.30）；门票销售的整体在线渗透率也在逐年增长，随着越来越多景区开放网络购票渠道，加强与在线旅游合作进行门票分销，未来在线景区门票市场规模将持续增加。

图 8.30 2013~2017 年中国高星景区在线门票市场交易规模及增长率

3.电子竞技

目前，电子竞技已成为体育产业领域重要的组成部分，被认为是体育产业未来发展的重要方向。因此，电竞也成为体育、游戏、直播互相融合的重要方向，可以说，电子竞技的发展在很大程度上促进了上述三个领域的发展。电子竞技行业发展迅速，其中 2018 年电子竞技的市场规模为 940.5 亿元，增长率达到 33.20%，表现出较好的发展态势（图 8.31）。

图 8.31　中国电子竞技行业市场规模及增长率

从产业图谱上看，电子竞技产业内容方面的输出主要以游戏企业为主，在传播方面，主要以各大直播平台为主。体育方面，主要表现在一些体育赛事与体育品牌达成长期的战略合作方面。例如，耐克与 LPL（League of Legends Pro League，英雄联盟职业联赛）达成了长期战略合作，其中耐克为运动员定制训练计划与服务，与赛事方合作打造高质量产品与技术支持方案、合作开发生活化产品并发挥数字体育优势，双方在内容生产方面展开合作。

4. 玩具业

2018 年，中国玩具市场规模达到 704.8 亿元，同比增长 9.1%（图 8.32）。前瞻产业研究院预计，2019 年中国玩具市场规模将突破 800 亿元，至 2022 年市场规模有望突破 1 100 亿元。2018 年中国玩具市场规模与玩具行业出口额增速都有较明显的回落，主要原因是受到中美贸易摩擦及美国玩具反斗城破产的影响。

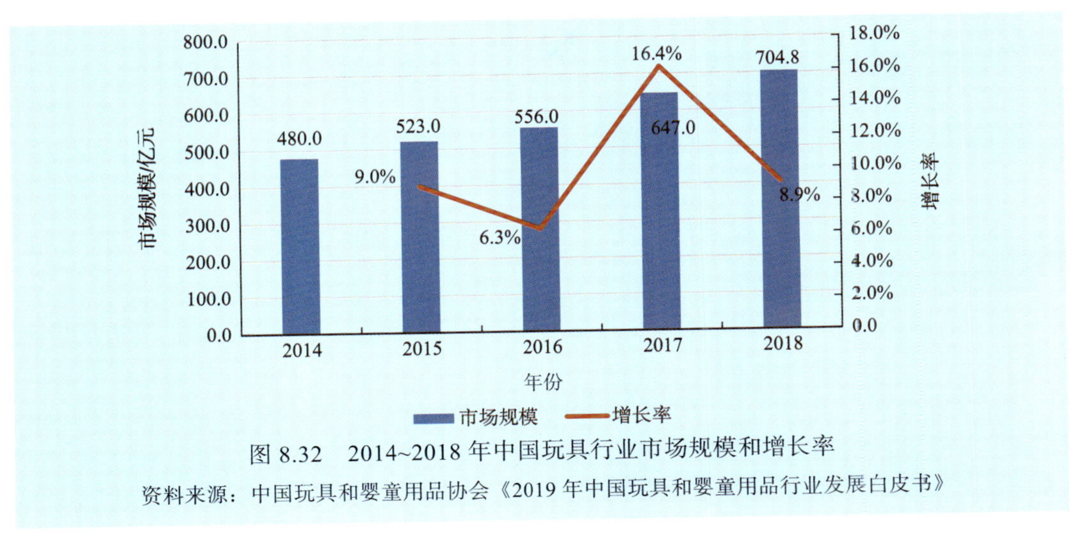

图 8.32　2014~2018 年中国玩具行业市场规模和增长率

资料来源：中国玩具和婴童用品协会《2019 年中国玩具和婴童用品行业发展白皮书》

我国是全球最大的玩具生产国和出口国，全球约 75% 的玩具在我国生产。2018 年，我国玩具行业实现对外出口 250.8 亿美元，较 2017 年增长 2.3%，主要出口市场是美国、英国、菲律宾等国。而我国居民玩具消费水平相对较低。根据欧睿国际（Euromonitor International）统计的资料，我国家庭平均玩具消费支出为 268.5 元，这一水平不仅与欧美发达国家动辄 1 000~2 000 元的消费水平对比悬殊，即便与巴西、俄罗斯等国也存在不小差距，我国玩具需求市场仍存在较大发展空间。

2017 年以来，美国及欧盟相继推出多项玩具业安全质量新标准，对玩具企业的生产提出更严格的要求，企业的生产面临挑战。在新安全政策的影响下，我国的玩具出口召回事件频现。2018 年 10 月，欧盟共召回 40 例玩具，其中 30 例产自我国，大部分违反了玩具安全指令、EN71 标准和 REACH 法规。长期来看，我国玩具制造企业应对管控加紧趋势的核心应该是升级技术、提高品控能力、生产高品质玩具，如此才能避免被动执行日趋严苛的安全标准的局面，降低检测成本和被召回的风险。

5. 时尚服饰业

2018 年，我国纺织品服装出口金额累计 2 767.3 亿美元，比 2017 年增长 3.52%。其中，2018 年纺织品出口 1 191.0 亿美元，比上年增长 8.1%；服装出口 1 576.3 亿美元，比上年增长 0.3%（表 8.5）。进口方面，2018 年我国纺织纱线、织物及制品累计全年进口 178.82 亿美元，全年累计增长 3.0%。上游产品出口增长和下游产品出口放缓均是我国服装制造业转移而周边低成本服装生产国由于产业链不完整对我国纱线和面料的需求增大的结果。2018 年，我国对越南和孟加拉国的纱线和面料出口分别猛增了 19.3% 和 21.5%。

表 8.5　2018 年我国纺织服装出口情况

类别	出口总额 / 亿美元	增长率
纺织品服装	2 767.3	3.52%
纺织品	1 191.0	8.1%
服装	1576.3	0.3%

2018 年，我国纺织服装对欧盟、美国和日本三大传统市场出口均保持增长，增幅分别为 1.5%、8% 和 2.7%。另外，对“一带一路”沿线国家和地区出口 2016~2018 年保持增长，2018 年增幅为 5.3%，对东盟出口增长 11.7%，在各主要市场中增长最快。为了减少中美贸易带来的诸多不确定风险，我国很多纺织服饰企业正逐渐将供应链转移到东南亚和非洲等地区。还有一些大型纺织服饰出口企业拥有相对完善的产业链条，积极响应“一带一路”倡议，与“一带一路”沿线国家和地区的政府、企业合作，已经在当地建设了自己的生产基地、产业园区，实现国际化生产分

工布局。

在消费升级的大背景下，我国服饰企业着重优化渠道，购物中心逐渐取代街边店。线下门店的功能角色也正在向体验平台发展，门店将通过独特的场景体验、有效的交互来塑造品牌形象，甚至开始出现线下体验、线上销售的逆向操作案例。例如，2018 年初 ZARA 开设首家线下体验线上购物的快闪店，2018 年 3 月优衣库推出“数字体验馆”。同时，电子商务渠道运营越来越成熟，为服饰企业增加线上销量。

时尚服饰业是融合渗透领域产业的典型代表。服饰业不但可以与动漫游戏业、影视传媒业、文化博物业等产业进行融合，将 IP 注入服饰中，增加服饰的生命力及影响力，而且越来越多的数字科技正在与服饰业融合并逐渐普及渗透到大众的生活中。模拟试衣、图像处理及 AR / VR 等多种互动式购物体验，提高了时尚服饰购买转化率，加码线上线下无缝融合战略。

中国时尚产业已经形成完整的产业链，中国已进入世界时尚产业发展的第二梯队。中国是国际服饰产业最大的生产国、消费国和出口国之一，是世界第二大珠宝首饰市场、第三大化妆品市场，还是全球鞋袜、伞等产品的最大供应国之一。时尚品牌生产从过去贴牌生产（own equipment manufacturing，OEM）已经转向原创设计制造（original design manufacture，ODM），发达区域正开始向自有品牌制造（own branding & manufacturing，OBM）升级，如服装服饰类产品，由我国自主设计、研发、生产的品牌已在国内市场居于主导地位；上海、福建、广东、江浙一带的服装业，不但 ODM 成为主体，而且品牌服装已经出口东南亚、俄罗斯、中东、澳大利亚甚至欧美等地；大众化妆品和影视娱乐消费品产业中，ODM 成为主流形式，部分时尚产品的 OBM 已经在国内占有一定的市场份额。目前，国际时尚话语权仍然掌握在欧美国家手中，中国时尚产业急需实现转型升级，首先要加强对专业化、国际化人才的培育，提高原创性设计能力，摆脱模仿为主、代工制造的被动局面；其次加大力度提高商品策划能力和品牌营销能力；最后需要创新应用数字技术，进行产业链整合，构建基于无缝供应链管理、时尚市场网络、柔性化技术应用、区域集合品牌等的时尚产业价值链新体系。

8.3 我国数字创意产业发展存在的问题

8.3.1 数字创意技术装备创新支撑不足

数字创意产业涉及众多新一代信息技术，是典型的高新技术产业。技术与装备创新是推动数字创意产业发展的重要基础力量。然而，目前我国在 AI 和大数据基础理论与核心芯片、超高清视频核心器件、VR 设备、内容平台等数字创意技术与装备领域的创新支撑不足，与美国、英国、日本、韩国等发达国家还有一定的差距。

在 AI 和大数据技术方面，我国在基础理论、核心算法、基础芯片的研发能力上较国际先进水平还有一定的差距。例如，我国大部分企业生产的 AI 和大数据产品主要依赖于英特尔、英伟达等国外企业生产制作的芯片，在中美贸易战的背景下，核心芯片缺失的问题将愈发严重。这些年来，在投资浪潮的助推下，我国 AI 和大数据领域独角兽企业数量飞速增加。但是我国不少企业追求短期的盈利，急于将开发产品变现，缺乏技术研究和创新思维，这导致目前国内 AI 和大数据产品同质化严重，产业的竞争力不强且应用大多集中在服务业、消费领域和互联网企业，部分领域过热扎堆。

在超高清视频领域，我国的核心器件的研发与创新能力有待提高。目前，超高清视频设备使用的核心器件，包括感光器件、存储芯片、编解码芯片、图像芯片、处理器芯片、显示面板、视频采集设备等，依然是国外产品占据主导地位，我国的核心研发能力与国外企业相比仍有不少差距。

在 VR 领域，Oculus、微软、三星、HTC 推出的 VR 终端设备是市场上主流的产品。我国在 VR 设备上虽然出现了大朋、北京蚁视科技有限公司、小派科技（上海）有限责任公司等初具规模的企业，但还不足以抗衡国外的产品，因此，还需要持续研发并改善产品。

在数字内容平台领域，我国目前仍存在较大不足。在数字创意产业智能硬件平台操作系统方面，苹果 iOS 系统和谷歌 Android 系统已经牢牢占据全球市场，应用平台也被苹果的 Apple Store 和谷歌的 Google Play 应用商店垄断。在超高清内容方面，国外有 Netflix、YouTube、亚马逊、索尼等平台和企业提供丰富的超高清内容，而我国超高清视频内容总体偏少，不能满足用户观看需求。在 VR 领域，内容短缺是制约其发展的一个重要因素。目前，国外有 Oculus Home、Steam VR、Next VR 及 PlayStation Store 等平台提供较为丰富的 VR 内容产品，而国内 VR 内容和平台则相对短缺。

8.3.2　数字内容创新整体质量不高

近年来，我国数字内容产业持续稳定发展，产业实力不断增强，社会影响力不断提高。不少企业加大研发投入，着力打造精品，努力实现网络技术和优质内容的有机统一，高质量发展方向逐渐明晰；业界更加重视社会效益，积极回应社会关切，加强内容自审把关，社会责任意识有所提升。与此同时，当前数字内容产业仍存在创新能力不够、内容质量不高、文化内涵不足、精品力作不多、社会责任感不强等突出问题，需要持续发力加以解决。

在数字内容创新方面，大数据技术、跨媒体技术、群体智能技术等新兴技术开始大规模赋能数字创意产业，日益提升数字创意产业的内容与实体生产能力。以多媒体内容为例，近年来随着 AI 技术的飞速发展，众多辅助多媒体内容生产的工具应运而生，电子商务领域 AI 技术与设计的结合愈加广泛，由辅助设计、平面设计生成到视频智能生成和多媒体内容智能生成。设计结合 AI 带来的价值在业务中得到了很好的验证，体现了AI技术在促进多媒体内容生产中起到的巨大作用，也预示了其广泛的应用前景。在国内，阿里巴巴“鹿班”和Alibaba Wood及腾讯的Dreamwriter等数字内容智能设计工具已经进行前期的研究探索和市场应用。在国外，Autodesk、Adobe和谷歌等设计软件及科技巨头在智能设计领域进行了大量的研发投入，在前沿智能设计技术、系统和平台方面占据明显优势，并形成了各具特色的智能设计平台。目前，我国急需加强数字文化内容领域设计创作的共性关键技术研究，推动数字内容智能设计技术的工程化和产业化。同时，需要加快发展建设跨部门、跨区域、跨行业的文化资源大数据平台和共享平台，开展文化资源分类与标识、数字化采集与管理、多媒体内容知识化加工处理，以促进数字内容智能设计的成果和产业转化。

8.3.3 创新设计能力仍需进一步提升

我国创新设计总体水平大而不强，跨学科协同和系统集成创新不够，无法有效支撑起数字创意产业的快速发展。发展数字创意产业需要数字创意技术装备和数字文化内容协同创新。对于众多的数字创意产业领域，需要融合各领域的知识与技术，创新性系统集成AI、大数据、云计算、数字感知交互、虚拟现实等前沿技术，以实现高层次的人机协同。以演艺装备行业为例，演艺装备行业是服务于文化产业的设备制造业，涉及舞台音响、灯光、机械、视频等众多舞台技术的系统集成，服务领域广泛，包括专业场馆、户外演出、影视、体育场馆、娱乐场所、展览展示、公共广播、音视频系统、建筑声学和景观照明等领域。随着虚拟现实、全息成像、感知交互、超高清、AI等数字创意技术的飞速发展，更高的分辨率、更多样的媒体形式和更具沉浸感的体验将进一步促进设备制造产业提质升级。同时，5G技术逐步商用，高效、快速的网络让演艺打破时间、空间的限制，可视化、交互性、沉浸式的各类数字创意产品、内容和服务将不断涌现，这些都对演艺装备行业的创新设计提出了更高的要求。虽然近年来我国演艺装备产业发展迅速，装备技术水平较快提升，应用领域不断拓展，但仍存在自主创新能力不强、系统集成能力不足、新技术应用广度深度有待提高等问题。因此，需要投入各方力量，进行协同创新，大力提升创新设计水平，从而服务于数字创意产业的高质量发展。

此外，数字创意产业具有跨领域和交叉性的特点，这一领域面临着较大的人才缺口，同时，在创新设计人才培养上面临新的挑战。因此，迫切需要高效及产业界在艺术、文化、科技、商业等方面加大人才培养力度，提高数字创意产业人才的综合能力。

8.4 我国数字创意产业发展重点方向研究

技术是数字创意产业发展的核心驱动力，以5G为代表的下一代通信、新一代AI、超级感知、虚拟现实、超高清等技术将对当前数字创意产业发展产生颠覆性的影响，成为数字文化创意技术装备创新提升、数字内容创新发展和创新设计发展的重要方向。

8.4.1 数字文化创意技术装备创新发展方向

数字文化创意技术装备是推动数字创意产业发展的重要驱动力，我国数字创意产业所依托的使能技术、应用技术及终端设备技术等不同技术领域发展情况有所差异，因此发展方向也有所不同。

在使能技术上，我国需重点研发 AI 和大数据基础理论与核心芯片，缩小与欧美发达国家之间的差距，为 AI 和大数据产业健康发展奠定良好基础。我国云计算产业链逐步成型，基础设施日益完善，包括分布式技术、虚拟化技术和并行编程技术等主要技术逐渐成熟，但是云计算的安全和风险问题仍然比较严重，这也是很多企业不使用云计算的主要原因。我国需在云计算安全技术领域投入研发力量，为云计算发展保驾护航。在未来网络技术方向上，我国需保持 5G 领域的技术领先优势，重点研究如何降低部署成本，持续投入并扩大部署规模。5G 的规模化部署将为数字创意产业众多新型应用场景和经济模式创造可能性。

在应用技术上，我国需重点发展 IBB 技术、家庭娱乐产品软件、数字内容加工处理软件、动漫游戏制作引擎软件和开发系统、文化资源数字化处理等。特别地，图像和视频是数字创意产业的主要传播载体，我国需重点研究基于 AI 的数字图像视频增强技术、数字图像视频标记技术、数字图像视频内容理解技术等，提高数字图像视频的处理效率和展示质量。应用技术是数字创意产业各专业领域提升内容质量和创新服务模式的核心工具，只有在应用技术层面形成突破，才能完成内容产品真正质的提升。

在终端设备技术上，我国是世界上最大超高清消费市场。因此，我国需在超高清视频领域的核心器件，包括感光器件、存储芯片、编解码芯片、图像芯片、处理器芯片、显示面板、视频采集设备等领域投入研发力量，力争实现自给自足，为我国超高清产业发展奠定基础，并避免出现“卡脖子”技术问题。在 VR 设备上，需要持续研发并改善现有产品，缩小与国际主流设备生产商之间的技术差距。同时，我国需研究如何提高超高清内容和 VR 内容的制作效率，努力增加超高清内容和 VR 内容的供应。

8.4.2 数字内容创新发展方向

当前，大数据技术、跨媒体技术、群体智能技术等新兴技术开始大规模赋能数字创意产业，日益提升数字创意产业的内容与实体生产能力。在 AI 芯片和服务器集群逐步完善、算力越发强大的基础上，元学习、强化学习、迁移学习、深度学习、博弈算法等技术在文本、音频和图像处理方面持续取得了巨大的进展。AI 逐步在内容生产领域应用，推动内容生产产业的变化，人工智能生成内容（intelligence generated content，IGC）已成为一种新的内容生成方式。通过该项技术可以向消费者提供个性化媒体内容，根据消费者偏好，自动向消费者推荐音乐、电影、新闻和游戏，提升用户体验。通过IGC技术还可以增强或编辑数字内容，实现在音乐、图像或视频等之间的跨媒体迁移，同时用于跨模态传输信息、语义及跨模态信息搜索。另外，IGC技术还有一些其他的重要应用，如通过自动信息提取和创建，帮助艺术家和设计者快速创建新内容，实现从2D草图自动创建3D对象。由此可见，AI与数字技术不仅仅是人类的设计创作辅助工具，也正在改变数字内容创新的范式。

8.4.3 创新设计发展方向

在数字经济时代，主要依靠知识、数据、人的创意设计大量绿色化、智能化、全球网络化的内容、产品和装备。创新设计需要整合智能、大数据、云计算、传感器等关键技术，附加产品设备感知功能和智能反馈，实现高层次的人机协同。例如，智能外骨骼机器人融合力学、传感器、AI和移动计算技术进行创新，辅助老年人出行、为他们提供保护，还能提高工业场景的安全性，辅助患者进行康复训练，帮助患有神经系统疾病或中风的患者正常行走。智能化义肢通过机器学习技术将大脑和义肢相连，自动将佩戴者的意图传递给义肢，使其智能化水平越来越高。未来的创新聚焦计算机人体骨骼肌仿真模型，以实现大脑和义肢的自然连接。视觉增强技术的创新设计已开始为视障人士服务，达闼科技（北京）有限公司的云端导盲头盔META通过云端智能控制终端DATA，实现头盔与云端平台之间的连接，利用计算机视觉、三维建模、实时导航和定位技术为视障人士提供人脸识别、物体识别、路径规划、避障等服务。另外，数字技术可以有效赋能商业模式创新，解决传统产业转型升级的问题[10]。以传统乐器为例，The ONE智能钢琴将用户体验与钢琴结合，把移动互联网技术应用于音乐教育领域，实现了钢琴跨平台与多种智能设备一体互动，当钢琴与APP连接后，即可实现教学、练习、游戏和分享。在丰富和满足专业音乐演奏之余，可以对音乐教育和娱乐功能进行无限的拓展。

华为5G白皮书罗列了未来5G技术带来的十个场景的变化，其中包括云VR/AR、车联网、智能制造、智慧能源、无线医疗、无线家庭娱乐、联网无人机、新社交网络形式、个人AI辅助和智慧城市。5G与大数据、云计算、AI等新技术的协同应用，推动数字内容生产、交互、分发等全链路智能化，为数字内容产业带来了新的创新方向。首先，5G技术支持的超高带宽使AR/VR设备能够以稳定高帧的效果为网络游戏、在线教学提供响应式、沉浸式的体验。这必然能够促进以VR/AR技术为载体的数字内容的进一步创新与普及。其次，5G技术同样能够支持8K超高清视频传输，为家庭娱乐场景提供更多更好的体验，同时也为实现大型体育、文化赛事的360度全景高清直播提供了可能（图8.33）。

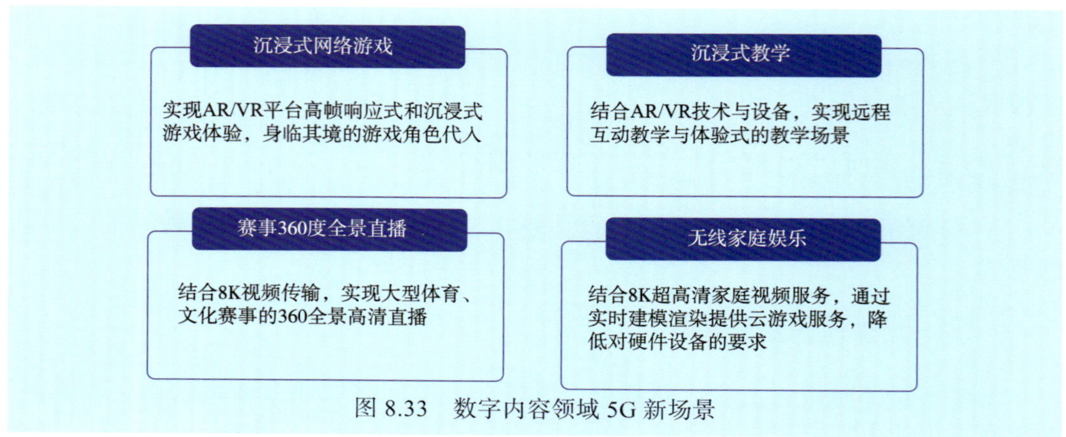

图 8.33　数字内容领域 5G 新场景

8.5　对策措施及建议

当前中国数字创意产业发展的速度、规模和重要性远超人们的预期，数字创意产业将成为影响中国经济发展的重要一极。同时，数字创意产业的发展正处于重大机遇期，中国文化走出去步伐加快，中国 AI 和 5G 开始崛起并影响全球格局。面向未来，应该进行战略谋划和预判，为未来数字创意产业发展抢占制高点积蓄能量。

8.5.1　设立数字创意技术与装备国家科技重大专项

建议设立数字创意技术与装备国家科技重大专项，在数字创意技术与装备领域，加快追赶国际技术和产业的步伐。通过持续创新，攻克一批关键技术、研发一批战略性核心装备与产品。通过重大专项的实施，我国在数字文化创意技术装备、数字内容创新和创新设计等领域形成具有国际竞争力的高新技术研发与创新体系，并在全球数字创意产业发展中发挥重要作用。我国数字技术创新与产业发展环境得到大幅优化，拥有一支国际化的、高层次的人才队伍，形成比较完善的自主创新体系，为我国成为世界科技强国、创意强国和文化强国做出重大贡献。

8.5.2　建设数字创意技术与装备国家工程研究中心

数字创意产业是高度交叉融合的一个产业，涉及 AI、大数据、云计算、虚拟现实、超级感知等众多领域，是典型的高新技术产业。当前，数字创意技术与装备领域存在自主创新能力不强、系统集成能力不足、新技术应用广度深度有待提高等问题。需要组织具有较强研究开发和综合实力的高校、科研机构和企业等建设数字创意技术与装备国家工程研究中心，在数字创意关键共性技术、装备和智能设计系统方面进行工程化研究和验证，形成有利于技术创新、成果转化的机制。通过搭建产业与科研之间的“桥梁”，促进数字创意相关产业技术进步和核心竞争能力的提高。

8.5.3 建设数字内容资源大数据平台

文化资源是提升数字创意产业国际竞争力的关键因素，而我国拥有丰富的世界文化遗产和资源。近年来，我国文化资源数字化已有长足进展。浙江省文化资源数据库就整合了西湖文化资源库、浙江民国图书网络版、浙江非物质文化遗产资源库、中国大运河全媒体文化资源库等六大文化资源库[11]。2019 年 7 月，故宫博物院“数字文物库”正式上线，故宫在公开馆藏 26 大类文物 186 万余件藏品基本信息的基础上，首批精选了 5 万件高清文物影像进行公开。目前还需要加快建设跨部门、跨区域、跨行业的数字内容资源大数据平台和共享平台，为数字创意产业影视、游戏、音乐、出版等产业领域内容创作提供图形图像、音视频、三维模型等数字资源。

8.5.4 提高数字创意产业人才培养质量

数字创意产业作为国家战略性新兴产业之一，已经成为实现产业转型升级和经济跨越式发展的重要抓手。近年来，国家出台有利政策，推动着数字创意产业快速发展，出现了巨大的人才缺口。提高数字创意产业人才培养质量，实施一流数字创意学院建设示范项目，在艺术、文化、科技、商业等方面培养综合能力。鼓励原创作品，培育原创人才，完善原创作品的鼓励机制，在数字内容作品创作初期，对创作人员给予一定的鼓励，提升优秀人才对创作作品的积极性。

8.5.5 打造具有国际影响力的数字创意之都

鼓励北京、上海、深圳、杭州等数字创意资源富集的城市建设综合性数字创意产业集聚区，推动数字创意与实体经济融合，打造具有国际影响力的数字创意之都。推动数字创意在会展、电子商务、医疗卫生、教育服务、旅游休闲等领域应用。加快体育竞赛表演产业转型升级和融合发展，打造一批高质量的国际旅游目的地。

8.5.6 建立有效的数字内容质量评估保障机制

数字内容产业是社会主义文化建设的重要方面，具有鲜明的意识形态属性和文化属性，在传承民族文化、传播主流价值、促进文化交流等方面发挥着重要作用。近年来，我国数字内容产业实力不断增强，但也存在文化内涵不足、内容质量不高的问题。为打造更多创意精彩、技术精湛、制作精良，融思想性、艺术性、娱乐性为一体的精品佳作，深入推进供给侧结构性改革，需要建立有效的数字内容质量评估保障机制。同时要加大对优秀产品的推介扶持，充分发挥引领示范作用，推动多出精品力作，更好满足广大群众精神文化需要。

8.5.7 成立“一带一路”数字内容联合创新中心

随着互联网和数字技术的普及，中国数字文化产业快速发展。2018 年，中国文化产品和服务进出口总额 1 370 亿美元，较上年增长 8.3%。其中，文化产品进出口总额 1 024 亿美元，较上年增长 5.4%；文化服务进出口总额 346 亿美元，较上年增长 17.8%。我国网络文学、动漫游戏、电视剧成为“一带一路”文化贸易新热门。“一带一路”倡议的提出为中国网络与数字文化出海拓展了新的领域，在实践中因地区文化差异形成了不同类型的全球化路径。建议发起成立双边或多边“一带一路”数字内容联合创新中心，针对文化创意、内容生产、版权保护等领域进行合作，推出更多具有文化内涵、富有影响力感染力的优秀产品，讲好中国故事、弘扬中国价值、体现中国精神，同时对沿线地区优秀文化精髓进行创造性转化。

审稿：潘云鹤　丁文华　吴志强　徐志磊

参考文献

[1] 中国工程科技发展战略研究院 . 中国战略性新兴产业发展报告 2019[M]. 北京 ：科学出版社，2018.

[2] 孙守迁，闵歆，汤永川 . 数字创意产业发展现状与前景 [J]. 包装工程，2019，40（12）：65-74.

[3] Flew T. From policy to curriculum ：drivers of the growth in creative industries courses in the UK and Australia[J]. Creative Industries Journal，2019，12（2）：167-184.

[4] 臧志彭 . 数字创意产业全球价值链 ：世界格局审视与中国重构策略 [J]. 中国科技论坛，2018，（7）：64-73，87.

[5] Lange B，Schüßler E. Unpacking the middleground of creative cities ：spatiotemporal dynamics in the configuration of the Berlin design field[J]. Regional Studies，2018，52（11）：1548-1558.

[6] 范周 . 2018 中国文化产业年度报告 [M]. 北京：知识产权出版社，2018.

[7] 蔡翔 . 传统出版融合发展：进程、规律、模式与路径 [J]. 出版科学，2019，27（2）：5-14.

[8] 陈刚，宋玉玉 . 数字创意产业发展研究 [J]. 贵州社会科学，2019，（2）：82-88.

[9] 蓝庆新，窦凯 . 中国数字文化产业国际竞争力影响因素研究 [J]. 广东社会科学，2019，（4）：12-22，254.

[10] Li F. The digital transformation of business models in the creative industries ：a holistic framework and emerging trends[R]. https://doi.org/10.1016/j.technovation.2017.12.004，2018.

[11] 范周 . 文化与科技 ：破壁创新，深度融合，激发产业新动能 [J]. 产业创新研究，2018，（12）：1-3，16.

政策篇

第 9 章

战略性新兴产业政策十年回顾分析（2010~2019）

许冠南　周　源　曹雪华

【内容提要】自 2010 年国务院发布《国务院关于加快培育和发展战略性新兴产业的决定》至今的十年中，我国战略性新兴产业取得了长足发展。本章收集梳理国务院及各部委 2010 年 1 月 1 日至 2019 年 7 月 30 日期间颁布的战略性新兴产业相关政策，分别从中央政策着力点以及各产业领域政策着力点等方面进行解析。通过分析发现，政策着力点在调整产业供给结构、改善产业发展环境和拓展产业市场需求三个方面动态调整，从而推动我国战略性新兴产业健康发展。

党中央和国务院高度重视战略性新兴产业在构建现代化产业体系中的重要作用，2010~2019 年，我国战略性新兴产业发展势头强劲、技术创新成果丰硕、产业发展质量明显提升。其中，我国政府出台的一系列培育发展战略性新兴产业的相关政策发挥了不可忽视的作用。本章通过国务院及各部委的官方网站、各战略性新兴产业技术协会网站以及国研网战略性新兴产业数据库等途径，采用网络数据采集、全文关键字检索等方法，收集梳理了近十年以来（自 2010 年 1 月 1 日至 2019 年 7 月 30 日）中央部委颁布的战略性新兴产业总体政策及各产业领域相关政策，共计 941 项，如图 9.1、图 9.2 所示。

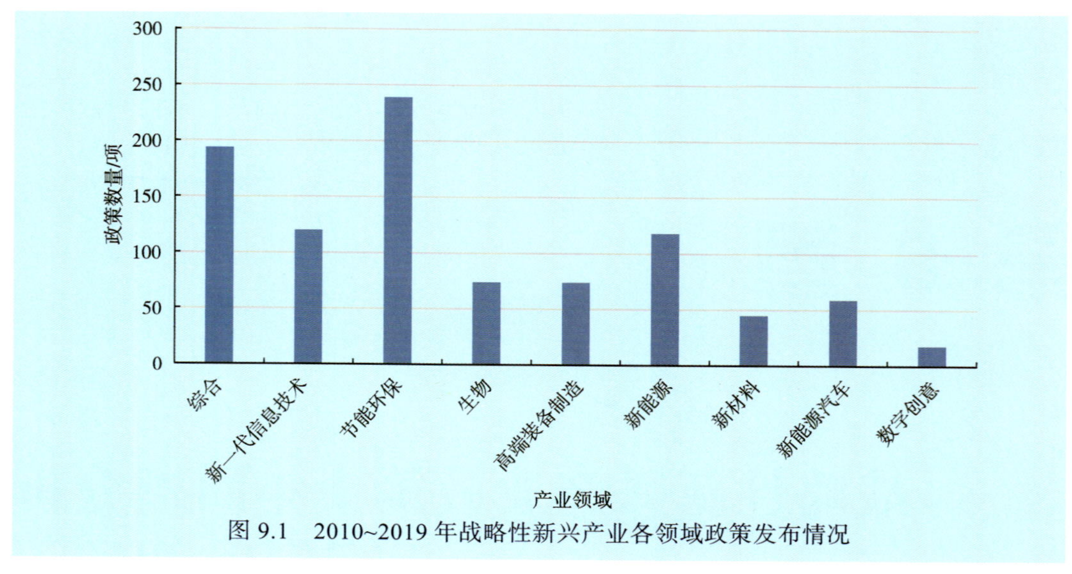

图 9.1　2010~2019 年战略性新兴产业各领域政策发布情况

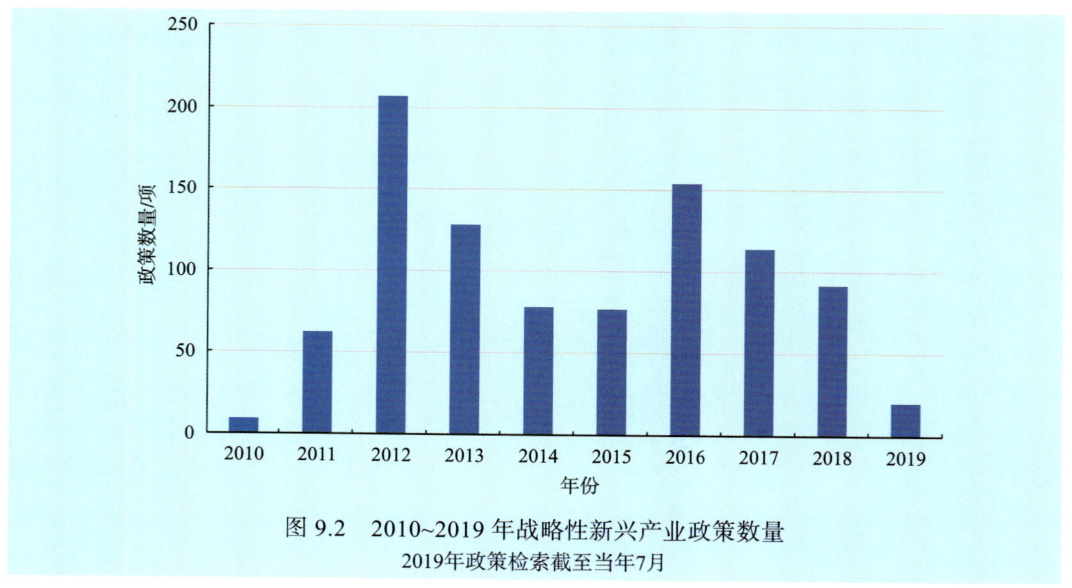

图 9.2　2010~2019 年战略性新兴产业政策数量

2019年政策检索截至当年7月

9.1　中央政策着力点分析

9.1.1　综合分析

根据政策着力点的不同，政策工具可以分为供给型、环境型和需求型三大类。其中，供给型政策工具表现为政策对科技活动的推动力，指政府通过人才培养、资

金支持、技术支持、公共服务等增强产业供给，推动科技创新和新产品开发；环境型政策工具则表现为政策对科技活动的影响力，指政府通过目标规划、金融支持、法规规范、产权保护、税收优惠等政策来影响科技发展的环境因素，从而间接影响并促进产业发展；需求型政策工具指的是通过政府采购、贸易政策、用户补贴、应用示范、价格指导等措施减少市场的不确定性，积极开拓并稳定新技术应用的市场，来拉动技术创新和新产品开发（表 9.1）。下面，本章将从供给型、环境型、需求型三方面对战略性新兴产业相关政策进行分类，进而解析 2010~2019 年我国的战略性新兴产业相关政策。

表 9.1　战略性新兴产业政策工具一览表

政策工具	措施
供给型政策工具	人才培养
	资金支持
	技术支持
	公共服务
环境型政策工具	目标规划
	金融支持
	法规规范
	产权保护
	税收优惠
需求型政策工具	政府采购
	贸易政策
	用户补贴
	应用示范
	价格指导

如图 9.3 所示，2010~2019 年我国战略性新兴产业政策工具分布中，环境型政策工具与供给型政策工具所占比例较高，分别为 52%、32%，需求型政策工具所占比例为 16%，说明中央政府的政策着力点主要在于改善产业环境和调整产业供给。如图 9.4 所示，从时间维度上看，环境型政策工具始终保持较高的占比和数量；需求型政策工具总体占比较少，在 2012 年的产业发展初期数量相对较多；供给型政策工具越来越受到重视，尤其在 2016 年数量最多。由此可见，政府所采用的政策工具组合随产业发展而动态调整，通过创新驱动、营造良好产业环境、扩大内需等各种方式来促进科技、经济发展。

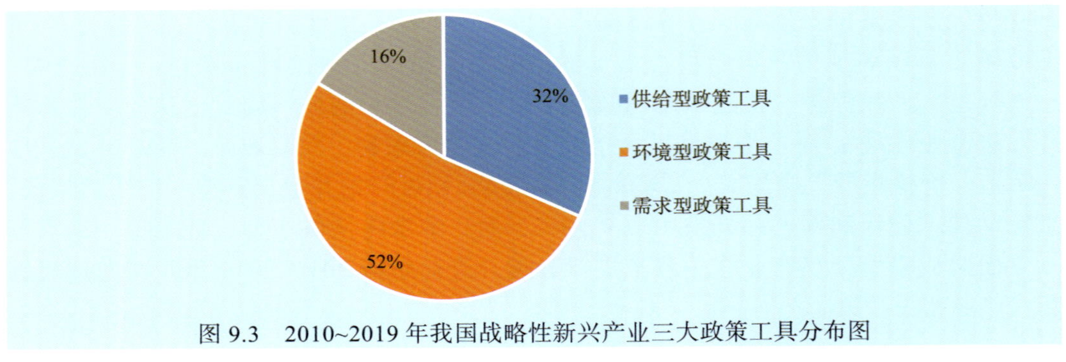

图 9.3　2010~2019 年我国战略性新兴产业三大政策工具分布图

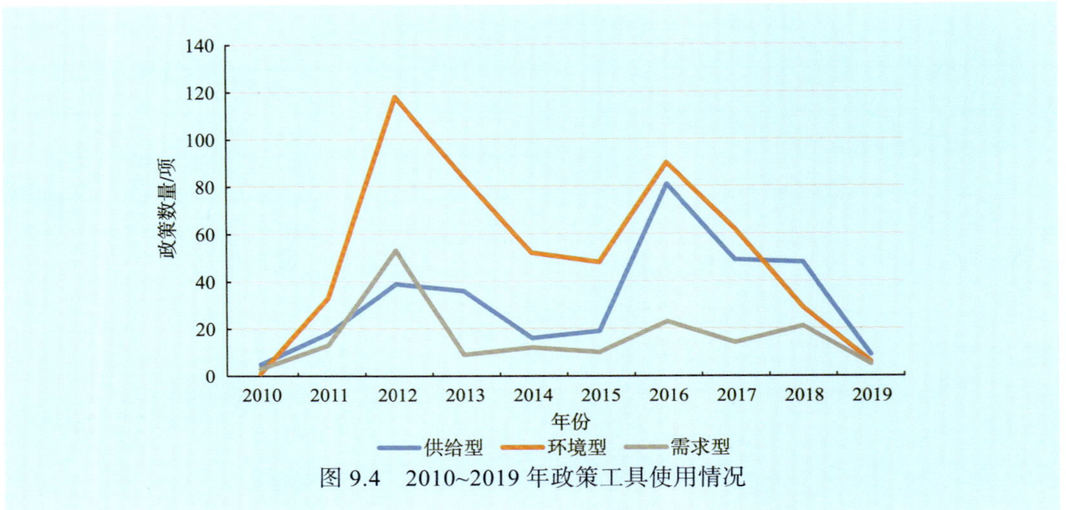

图 9.4　2010~2019 年政策工具使用情况

如图 9.5 所示，2010~2019 年，供给型政策工具中，公共服务和技术支持政策工具使用最多，反映了政府对战略性新兴产业技术进步和配套设施服务的关注；环境型政策工具中，目标规划和法律规范政策工具使用广泛，说明政府对战略规划与完善法治环境方面较为重视；需求型政策工具直接作用于市场端，其中应用示范政策工具使用较多。

9.1.2　主要供给型政策工具分析

供给型政策工具直接对战略性新兴产业的科技活动给予推动力，主要通过人才培养、资金支持、技术支持及公共服务等方面，改善技术创新相关要素的供给，从而促进产业创新发展。本节梳理分析了我国 2010~2019 年培育发展战略性新兴产业的主要供给型政策工具。其中，人才培养主要指政府有关职能部门根据产业发展的需求，建立长期的、战略性的人才发展规划，并积极完善各级教育体系及各种培训体系，开拓人才交流渠道，为技术创新活动提供不同层次的人力资源；资金支持指政府直接对企业的技术创新行为提供财力上的支援，如提供研发经费和基础设施建设经费等；技术支持主要指政府通过技术辅导与咨询来引导产业的技术创新并加强

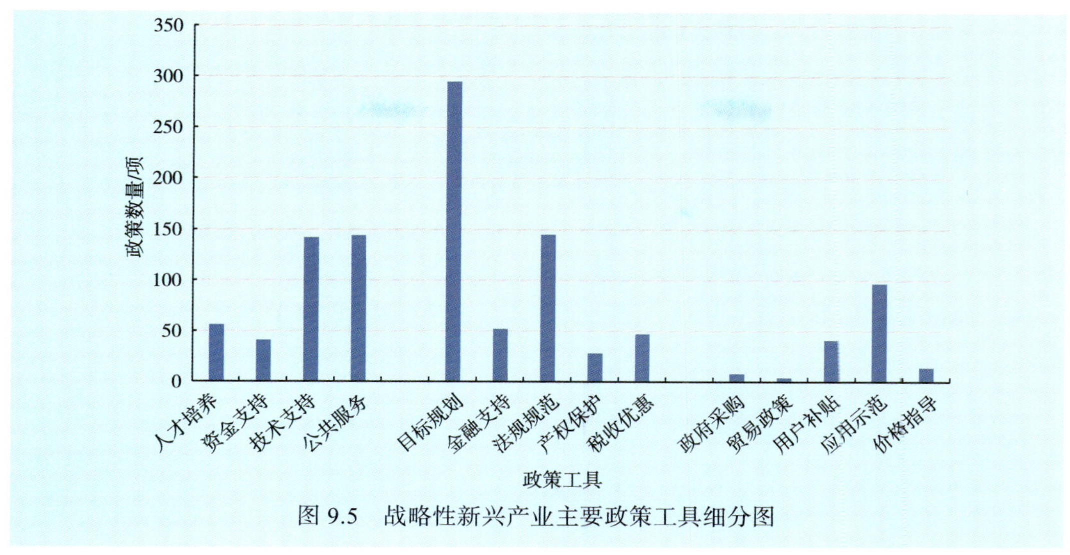

图 9.5　战略性新兴产业主要政策工具细分图

技术基础设施建设，如出资建立研发实验室、建立学习机制促进技术成果扩散、鼓励企业引进国外先进技术等；公共服务指政府为了保障技术创新的顺利进行，提供相应的信息、交通、通信、咨询等配套服务设施。如图 9.6 所示，2010~2019 年我国战略性新兴产业供给型政策工具中，公共服务和技术支持政策工具占比最高，均为 37%；其次为人才培养、资金支持政策工具，分别占 15%、11%。

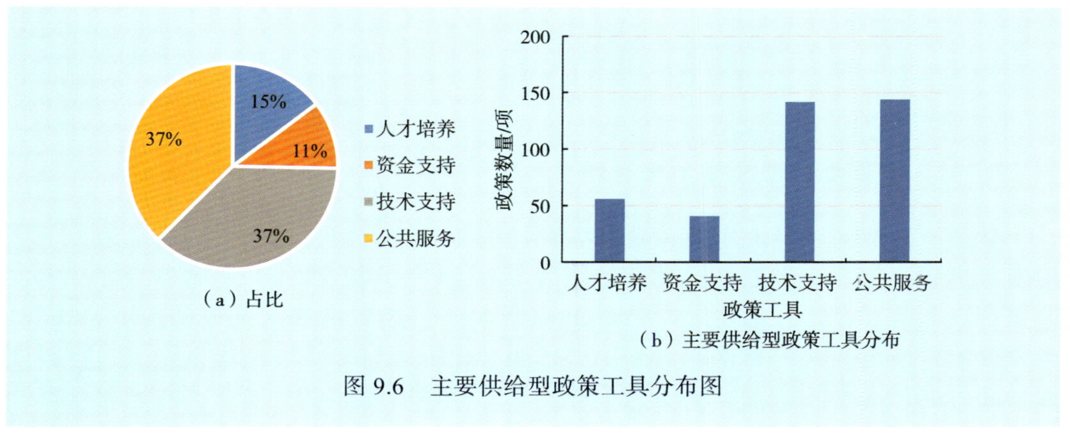

图 9.6　主要供给型政策工具分布图

9.1.3　主要环境型政策工具分析

环境型政策工具，主要通过目标规划、金融支持、法规规范、产权保护、税收优惠等方面，为技术创新等科技活动提供有利的政策环境，从而间接作用于产业发展。本节梳理分析了我国 2010~2019 年培育发展战略性新兴产业的主要环境型政策工具。其中，目标规划指政府通过制定战略性的发展目标和规划，对产业发展进行宏观性、方向性、指导性的统筹布局；金融支持主要指政府通过融资、补助、风险投资、特许、财物分配安排、设备提供和服务、贷款保证、出口信用贷款等政策鼓励企业的创新；法规规范指政府通过制定公平交易法、加强市场监管、反对垄断、制定环境和健康标准等措施规范市场秩序，为创新提供有利的环境；产权保护主要指政府通过颁布专利、著作权、软件著作权等方面的管理条例和细则，加强知识产权保护、提高企业开展技术创新的积极性；税收优惠主要指政府对于满足特定条件的企业和个人给予赋税上的减免，如投资抵减、加速折旧、免税和租税抵扣等。从图 9.7 可以看出，目标规划政策工具最多，占环境型政策工具的 52%；法规规范政策工具、金融支持政策工具、税收优惠政策工具、产权保护政策工具分别占 26%、9%、8%、5%。

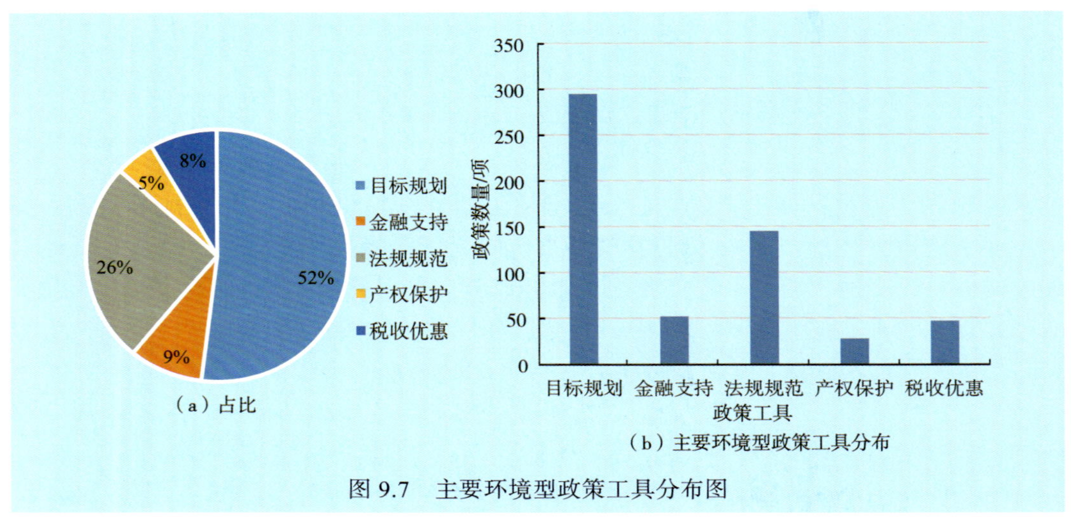

图 9.7　主要环境型政策工具分布图

9.1.4　主要需求型政策工具分析

需求型政策工具是政府通过政府采购、贸易政策、用户补贴、应用示范、价格指导等措施来引导市场需求，减少市场的不确定性，从而带动产业健康发展。本节梳理分析了我国 2010~2019 年战略性新兴产业的需求型政策工具使用情况。其中，政府采购指政府通过对特定产品的大宗采购，提供相对稳定的市场预期，降低市场的不确定性，激发企业创新的决心，包括中央或地方政府的采购、公共事业的采购等；贸易政策主要是指政府有关进出口的各项管理措施，如贸易协定、关税、货币调节等；用户补贴主要指政府通过对产品的需求端给予补贴，从而提升消费者购买能力和意愿，促进产品推广和市场拓展；应用示范指政府对特定技术、产品的项目，在现实环境中以全规模或接近全规模进行市场检测和展示，从而提升产品的社会可接受度，促进技术创新；价格指导指政府通过颁布某类产品的最高、最低限价或建议价格来对产品售价进行干预，引导市场需求。如图 9.8 所示，需求型政策工具分布中，应用示范政策工具占总数的 59%，是各产业使用最为广泛的需求型政策工具；

用户补贴、价格指导政策工具分别占总数的25%、9%，政府采购、贸易政策政策工具则相对较少。

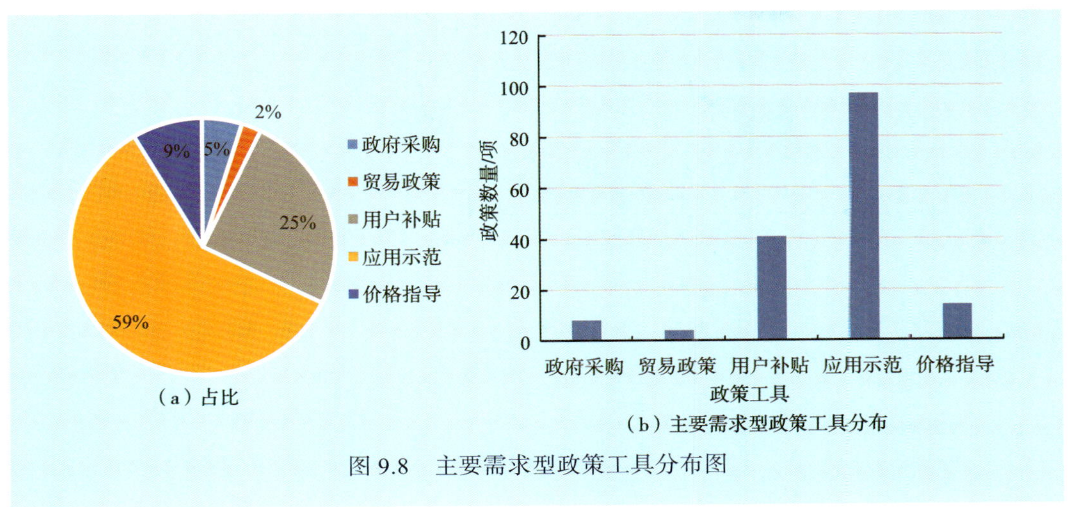

图9.8 主要需求型政策工具分布图

9.2 各产业领域政策着力点分析

由于不同产业领域的发展目标、发展路径、重点发展技术及市场导向性等各具特点，各产业领域政策的着力点也不尽相同。在《"十三五"国家战略性新兴产业发展规划》中，关于产业领域的分类较《"十二五"国家战略性新兴产业发展规划》略作调整，在原有的新一代信息技术产业、节能环保产业、生物产业、高端装备制造产业、新能源产业、新材料产业、新能源汽车产业的基础上，新增数字创意产业。为了便于进行对照分析，本章节将对八大战略性新兴产业的政策逐一进行分析。

9.2.1 综合分析

2010~2019年战略性新兴产业各产业领域政策着力点各有侧重，本节对八大战略性新兴产业分别进行分析，具体产业政策工具使用情况如表9.2、图9.9所示。

表9.2 2010~2019年战略性新兴产业三大类政策工具分布

领域	分类		
	供给型政策工具	环境型政策工具	需求型政策工具
新一代信息技术	44	76	14
节能环保	62	123	55

续表

领域	分类		
	供给型政策工具	环境型政策工具	需求型政策工具
生物	23	47	3
高端装备制造	19	41	14
新能源	33	60	26
新材料	7	34	4
新能源汽车	14	19	26
数字创意	3	11	4

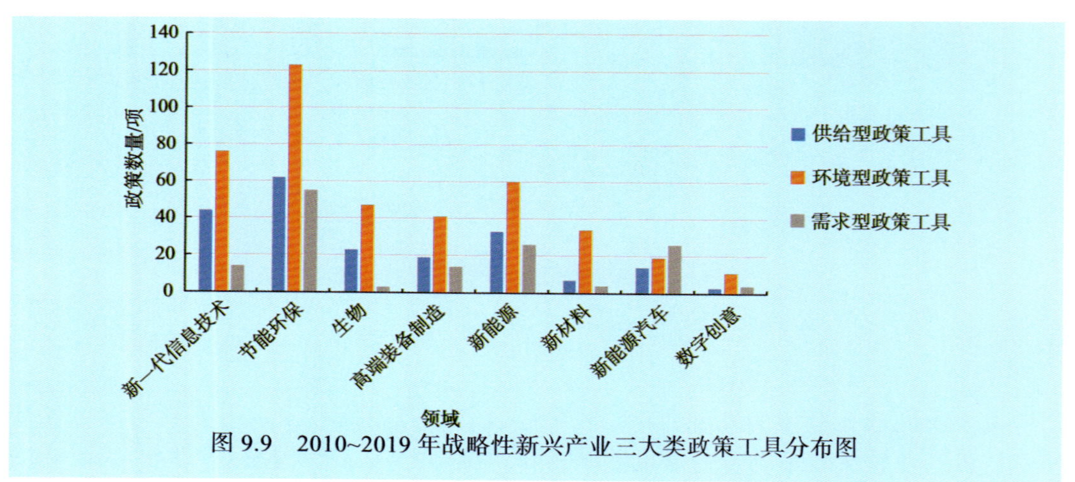

图 9.9　2010~2019 年战略性新兴产业三大类政策工具分布图

9.2.2　新一代信息技术产业

2010~2019 年，新一代信息技术产业得到了迅猛发展。工业和信息化部发布《物联网“十二五”发展规划》《电子信息制造业“十二五”发展规划》《集成电路产业“十二五”发展规划》《通信业“十二五”发展规划》《电子商务“十二五”发展规划》等信息技术类细分产业规划以及新型显示科技发展、导航位置与服务科技发展、国家宽带网络科技发展、中国云科技发展等专项规划，鼓励“物联网”“电子商务”的发展。

而后，国务院、国家发改委、工业和信息化部牵头制定《“互联网 +”人工智能三年行动实施方案》《信息化和工业化融合发展规划（2016-2020）》《大数据产业发展规划（2016-2020 年）》《信息通信行业发展规划（2016-2020 年）》《信息基础设施重大工程建设三年行动方案》《促进新一代人工智能产业发展三年行动计划（2018-2020 年）》《新一代人工智能发展规划》《工业互联网发展行动计划（2018-2020 年）》等细分产业规划。

如图 9.10 所示，2010~2019 年新一代信息技术产业相关政策以环境型政策工具为主，其次是供给型政策工具，需求型政策工具较少。具体来看，目标规划、公共服务、技术支持、应用示范是运用最为广泛的政策工具。

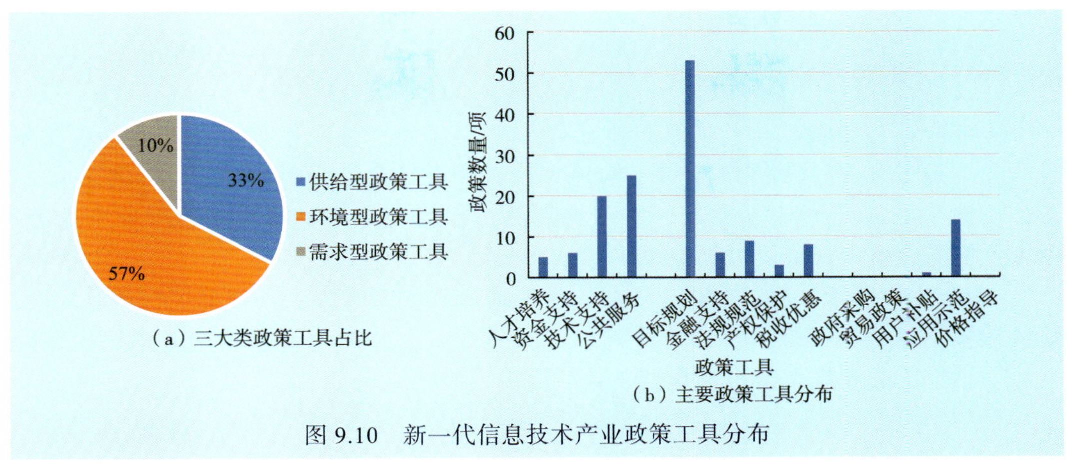

图 9.10　新一代信息技术产业政策工具分布

9.2.3　节能环保产业

加快发展节能环保产业是缓解资源环境瓶颈制约、实现可持续发展的重要途径。2010~2019 年，在战略性新兴产业中，节能环保产业应用的政策工具最多。2013 年，国务院印发《国务院关于加快发展节能环保产业的意见》，提出营造有利的市场和政策环境，包括健全法规标准、强化目标责任等。节能环保产业与其他战略性新兴产业相比，运用法规规范政策工具较多。此外，《中华人民共和国节约能源法》（2016 年 7 月修订）的颁布，顺应新时代节约能源的要求，客观上为节能环保产业的发展奠定了法律基础。《中华人民共和国环境保护法（修订草案）》《中华人民共和国环境保护税法（征求意见稿）》《中华人民共和国节约能源法（2016 年 7 月修订）》以及一系列技术指南、排放标准、准入条件的颁布，促进了节能环保产业的健康发展。

如图 9.11 所示，2010~2019 年节能环保产业相关政策中，环境型政策工具数量最多，其次是供给型政策工具、需求型政策工具。具体来看，目标规划、法规规范、技术支持、用户补贴和应用示范等政策工具应用较多。

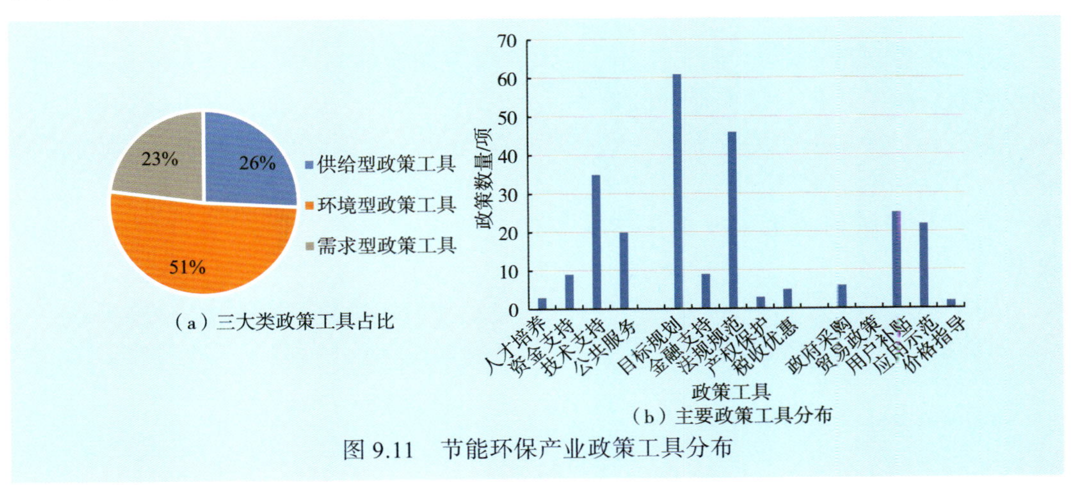

图 9.11　节能环保产业政策工具分布

9.2.4 生物产业

生物产业主要包括生物医药产业、生物医学工程产业、生物农业产业、生物制造产业。近十年来，中央政府对于构建生物医药新体系、提升生物医学工程发展水平、加速生物农业产业化发展、推动生物制造规模化应用、培育生物服务新业态、创新生物能源发展模式等方面有明确规划。

如图 9.12 所示，2010~2019 年我国主要通过环境型政策工具推动生物产业发展，其次是供给型政策工具，而需求型政策工具较少。具体来看，生物产业运用较多的政策工具包括法规规范、目标规划、公共服务、技术支持。

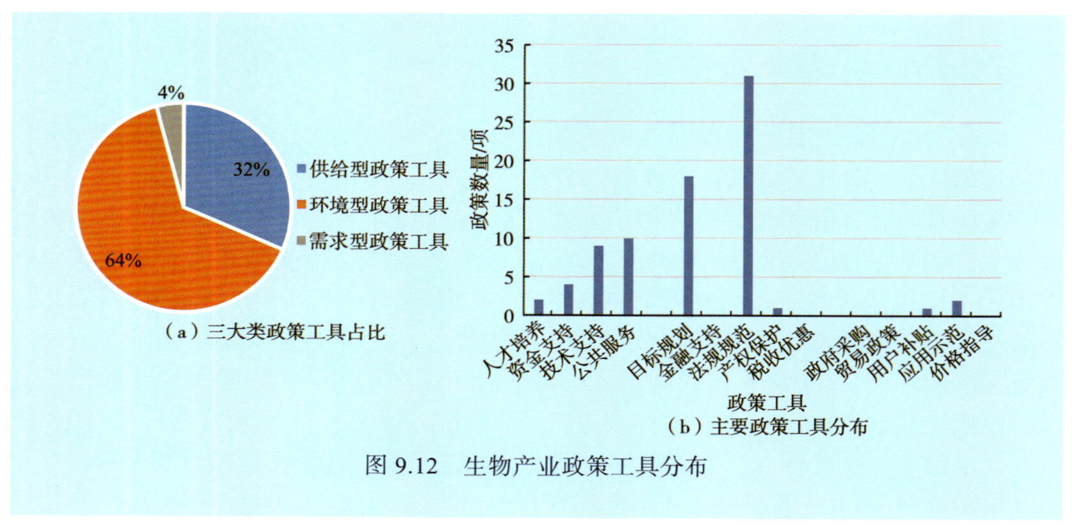

图 9.12 生物产业政策工具分布

9.2.5 高端装备制造产业

高端装备制造产业是生产制造高技术、高附加值的先进工业设施设备的行业。近十年来，高端装备制造产业的政策在“十二五”“十三五”期间有不同的聚焦点。在“十二五”规划纲要的指导下，科技部、工业和信息化部等部委制定了海洋工程装备、智能制造、高速列车、服务机器人、智能硬件产业等专项规划。“十三五”期间该产业领域的政策主要聚焦智能制造、制造业升级改造、“互联网 + 先进制造业”。

如图 9.13 所示，2010~2019 年高端装备制造产业应用最多的是环境型政策工具，其次是供给型、需求型政策工具。具体来看，目标规划和应用示范政策工具应用较多。

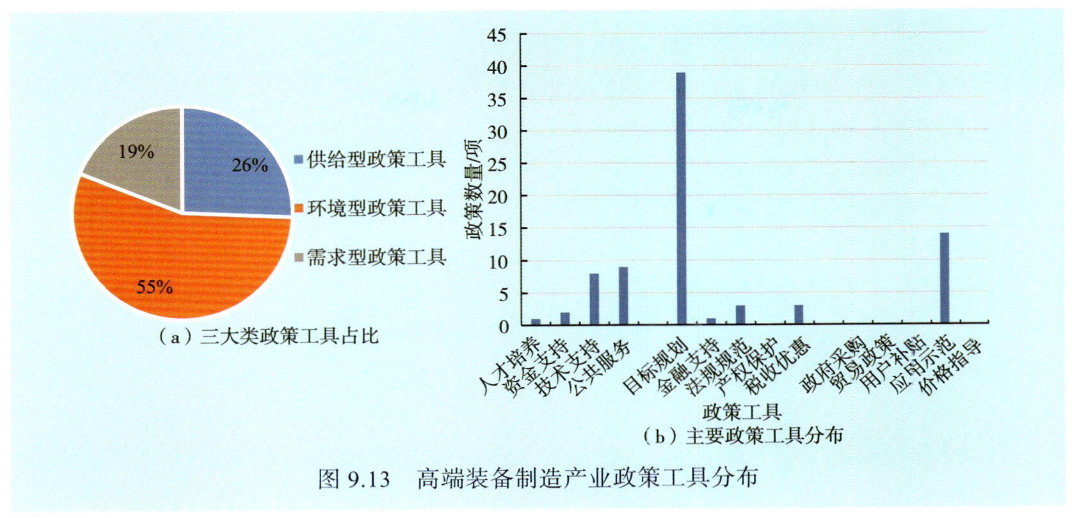

图 9.13　高端装备制造产业政策工具分布

9.2.6　新能源产业

新能源产业主要包括核电、风电、太阳能光伏、热利用、页岩气、生物质发电、地热和地温能、沼气、海洋能等产业。近十年来，根据《“十二五”国家战略性新兴产业发展规划》《“十三五”国家战略性新兴产业发展规划》关于新能源产业发展的定位，国家发改委和国家能源局等机构针对太阳能光伏、页岩气、风电、生物质能等细分行业陆续出台相应规划。新能源产业出台关于产业升级和技术推广的举措，积极推进示范项目建设，减轻企业负担、促进企业兼并重组，营造良好的市场环境。

如图 9.14 所示，2010~2019 年新能源产业应用最多的是环境型政策工具，其次是供给型政策工具和需求型政策工具。具体来看，应用最多的政策工具是目标规划，其次是公共服务、法规规范及应用示范。

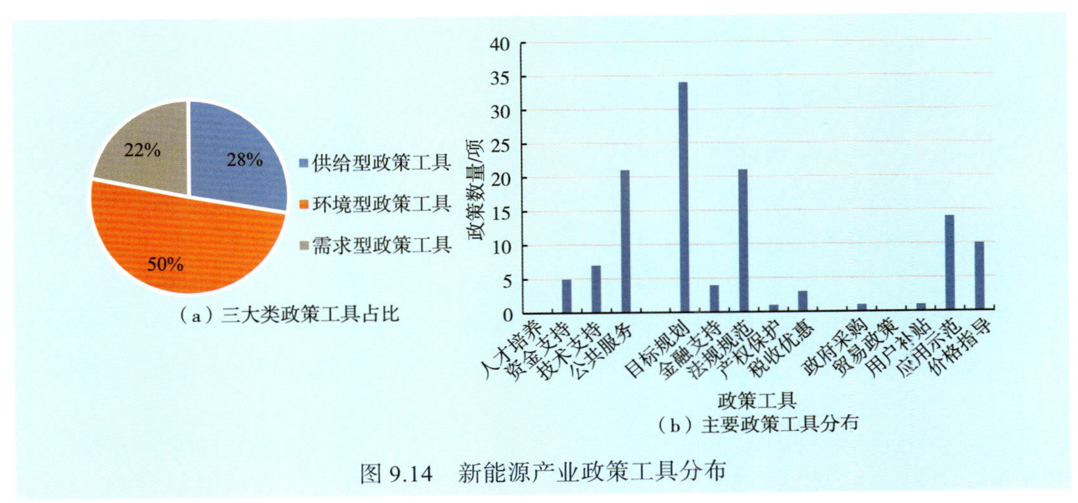

图 9.14　新能源产业政策工具分布

9.2.7 新材料产业

2010~2019 年是新材料产业转型升级的重要时期。2012 年，工业和信息化部会同国家发改委、科技部、财政部等有关部门和单位编制了《新材料产业“十二五”发展规划》。该规划提出，到 2020 年，建立起具备较强自主创新能力和可持续发展能力、产学研用紧密结合的新材料产业体系，新材料产业成为国民经济的先导产业，主要品种能够满足国民经济和国防建设的需要，部分新材料达到世界领先水平，材料工业升级换代取得显著成效，初步实现材料大国向材料强国的战略转变。《“十三五”国家战略性新兴产业发展规划》关于新材料产业的部署有了新的时代特征，提出以战略性新兴产业和重大工程建设需求为导向，优化新材料产业化及应用环境，加强新材料标准体系建设，提高新材料应用水平，推进新材料融入高端制造供应链。就新材料产业领域的政策而言，众多新材料产业细分行业的行业规范和准入条件陆续建立，并且对于符合条件的企业定期公示，整治违法违规行为。

如图 9.15 所示，2010~2019 年新材料产业相关政策以环境型政策工具为主，占比 76%。具体政策工具主要包括目标规划、法规规范、应用示范、公共服务。

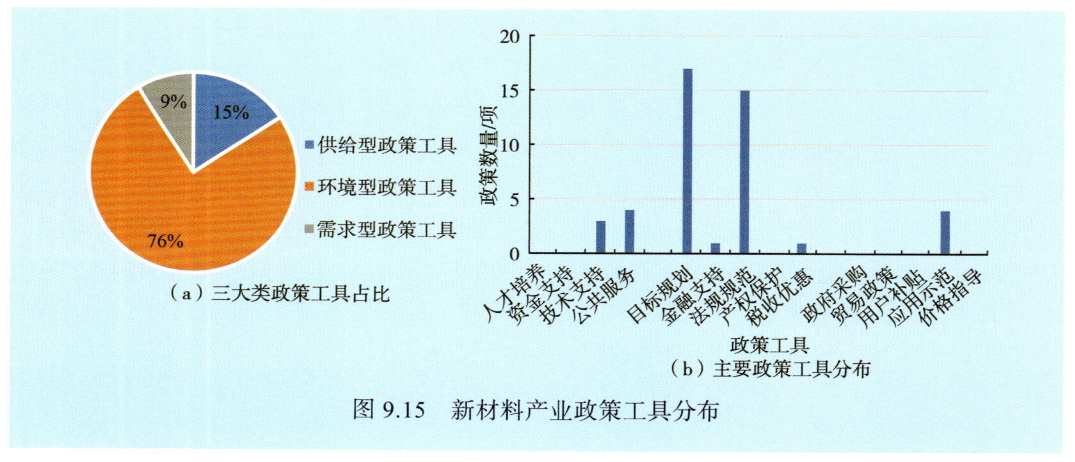

图 9.15 新材料产业政策工具分布

9.2.8 新能源汽车产业

过去十年间，新能源汽车产业已逐渐形成了种类、配套齐整的产业体系。《“十二五”国家战略性新兴产业发展规划》中明确提出，建立完整的新能源汽车政策框架体系，强化财税、技术、管理、金融政策的引导和支持力度，促进新能源汽车产业快速发展。《“十三五”国家战略性新兴产业发展规划》对新能源汽车产业的发展提出经济规模目标，推动新能源汽车、新能源和节能环保等绿色低碳产业成为支柱产业，到 2020 年，产值规模达到 10 万亿元以上。并且进一步提出了建设具有全球竞争力的动力电池产业链、加速构建规范便捷的基础设施体系。

如图 9.16 所示，2010~2019 年，与其他新兴产业不同，新能源汽车产业的需求型政策工具数量最多，其次是环境型政策工具和供给型政策工具。具体来看，采用较多的政策工具包括用户补贴、应用示范、公共服务、目标规划、法规规范等。进一步对比不同年度数据可以发现，随着市场环境和产业发展的变化，“十三五”期间用户补贴和应用示范政策工具的使用频率明显下降，公共服务、目标规划等政策工具的应用增多。

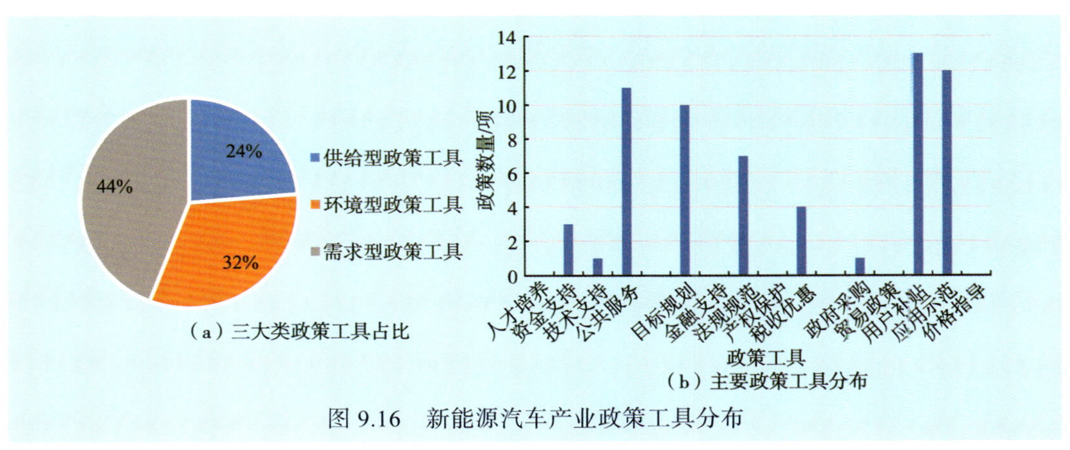

图 9.16 新能源汽车产业政策工具分布

9.2.9 数字创意产业

数字创意产业是现代信息技术与文化创意产业逐渐融合而产生的一种新经济形态，以现代数字技术为主要技术工具，强调依靠团队或个人通过技术、创意和产业化的方式进行数字内容开发、视觉设计、策划和创意服务等。《“十三五”国家战略性新兴产业发展规划》中首次把数字创意产业列为战略性新兴产业，提出以数字技术和先进理念推动文化创意与创新设计等产业加快发展，促进文化科技深度融合、相关产业相互渗透。

如图 9.17 所示，2010~2019 年数字创意产业相关政策以环境型政策工具为主，其次是需求型政策工具和供给型政策工具。具体来看，所应用的政策工具主要包括目标规划、应用示范、公共服务。

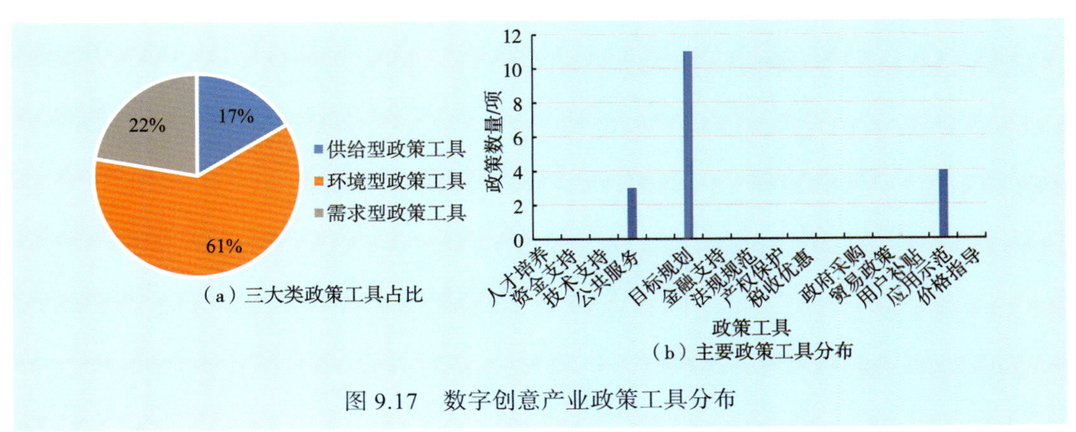

图 9.17 数字创意产业政策工具分布

9.3 小结

战略性新兴产业的发展关系新时代我国现代产业体系的构建，并且与推动区域协调发展、实施创新驱动发展战略、加快改善生态环境等国家规划密切相关。通过对2010~2019年战略性新兴产业政策工具的分析，可以看出我国政府非常注重营造良好的产业发展环境，让市场竞争充分发挥作用，优化产业供给结构，并在管理与公共服务方面进行探索，给予产业创新发展以更多空间。通过多个着力点共同发力，实施创新驱动发展战略，以重要领域和关键环节的突破带动全局协同发展，构建和完善我国战略性新兴产业创新生态系统。

审稿：薛　澜

本章附件

2010年1月1日至2019年7月30日战略性新兴产业主要相关政策

政策分布	政策名称	发文字号	成文时间
战略性新兴产业总体政策	国务院关于鼓励和引导民间投资健康发展的若干意见	国发〔2010〕13号	2010/5/7
	国务院关于加快培育和发展战略性新兴产业的决定	国发〔2010〕32号	2010/10/10
	国家知识产权局关于印发《知识产权人才“十二五”规划（2011—2015年）》的通知	国知发人字〔2010〕148号	2010/11/22
	关于完善中关村国家自主创新示范区高新技术企业认定管理试点工作的通知	国科发火〔2011〕90号	2011/3/2
	关于确定中国技术交易所有限公司等68家机构为第三批国家技术转移示范机构的通知	国科发火〔2011〕201号	2011/6/7
	财政部关于印发《基本建设贷款中央财政贴息资金管理办法》的通知	财建〔2011〕356号	2011/6/10
	科学技术部关于印发国家十二五科学和技术发展规划的通知	国科发计〔2011〕270号	2011/7/4
	国家发展改革委关于印发鼓励和引导民营企业发展战略性新兴产业的实施意见的通知	发改高技〔2011〕1592号	2011/7/23
	关于转发财政部基本建设贷款中央财政贴息资金管理办法的通知	国科办财〔2011〕48号	2011/7/25
	财政部 国家发展改革委关于印发《新兴产业创投计划参股创业投资基金管理暂行办法》的通知	财建〔2011〕668号	2011/8/17
	关于印发科技服务体系火炬创新工程实施方案试行并组织开展科技服务体系建设试点工作的通知	国科火字〔2011〕169号	2011/8/24
	关于进一步做好国家高新技术产业化基地工作的通知	国科高函〔2011〕197号	2011/8/29
	商务部 发展改革委 科技部 工业和信息化部 财政部 环境保护部 海关总署 税务总局 质检总局 知识产权局关于促进战略性新兴产业国际化发展的指导意见	商产发〔2011〕310号	2011/9/8

续表

政策分布	政策名称	发文字号	成文时间
战略性新兴产业总体政策	2012年国家知识产权战略实施推进计划		2011/11/14
	国务院办公厅关于加快发展高技术服务业的指导意见	国办发〔2011〕58号	2011/12/12
	关于印发国家基础研究发展“十二五”专项规划的通知	国科发计〔2012〕115号	2012/2/17
	专利工作“十二五”规划		2012/3/19
	财政部关于印发《国家级经济技术开发区 国家级边境经济合作区基础设施项目贷款中央财政贴息资金管理办法》的通知	财建〔2012〕94号	2012/3/19
	关于加强战略性新兴产业知识产权工作的若干意见	国办发〔2012〕28号	2012/4/28
	科技部关于印发纳米研究等6个国家重大科学研究计划“十二五”专项规划的通知	国科发基〔2012〕627号	2012/5/14
	关于推进海洋经济创新发展区域示范的通知	财建函〔2012〕12号	2012/6/1
	科技部关于发布国家重大科学研究计划2011年结题项目验收结果的通知	国科发基〔2012〕728号	2012/6/12
	科技部关于印发进一步鼓励和引导民间资本进入科技创新领域意见的通知	国科发财〔2012〕739号	2012/6/18
	国务院关于印发“十二五”国家战略性新兴产业发展规划的通知	国发〔2012〕28号	2012/7/9
	科技部办公厅关于调查了解创新型（试点）企业落实相关政策情况的通知	国科办政〔2012〕66号	2012/9/10
	国家级经济技术开发区和边境经济合作区“十二五”发展规划（2011-2015年）		2012/10
	国家发展改革委办公厅关于组织实施2012年高技术服务业研发及产业化专项的通知	发改办高技〔2012〕3387号	2012/11/29
	科技部关于印发国家科技企业孵化器“十二五”发展规划的通知	国科发高〔2012〕1222号	2012/12/29
	财政部 发展改革委关于印发《战略性新兴产业发展专项资金管理暂行办法》的通知	财建〔2012〕1111号	2012/12/31
	科技部办公厅关于组织推荐2013年度产业技术创新战略联盟试点的通知	国科办体〔2013〕5号	2013/1/15
	科技部关于印发国家高新技术产业开发区“十二五”发展规划纲要的通知	国科发高〔2013〕23号	2013/1/18
	国务院办公厅关于强化企业技术创新主体地位全面提升企业创新能力的意见	国办发〔2013〕8号	2013/1/28
	科技部关于印发《创新型产业集群试点认定管理办法》的通知	国科发火〔2013〕230号	2013/2/7
	《战略性新兴产业重点产品和服务指导目录》	中华人民共和国国家发展和改革委员会公告2013年第16号	2013/2/22
	科技部 国家发展改革委关于印发“十二五”国家重大创新基地建设规划的通知	国科发计〔2013〕381号	2013/3/1
	科技部关于印发国家高新技术产业开发区创新驱动战略提升行动实施方案的通知	国科发火〔2013〕388号	2013/3/12
	财政部关于印发《地方特色产业中小企业发展资金管理办法》的通知	财企〔2013〕67号	2013/4/27
	教育部办公厅 国务院国资委办公厅关于举办“战略性新兴产业面向应届高校毕业生网上招聘活动”的通知	教学厅函〔2013〕8号	2013/4/28

续表

政策分布	政策名称	发文字号	成文时间
战略性新兴产业总体政策	科技部关于发布2013年科技型中小企业技术创新基金项目指南的通知	国科发计〔2013〕458号	2013/5/6
	国家发展改革委贯彻落实主体功能区战略推进主体功能区建设若干政策的意见	发改规划〔2013〕1154号	2013/6/18
	国务院办公厅关于金融支持经济结构调整和转型升级的指导意见	国办发〔2013〕67号	2013/7/1
	国务院关于促进健康服务业发展的若干意见	国发〔2013〕40号	2013/9/28
	教育部办公厅 国务院国资委办公厅关于举办战略性新兴产业面向应届高校毕业生网上招聘活动的通知	教学厅函〔2014〕10号	2014/4/11
	国家发展改革委关于发布首批基础设施等领域鼓励社会投资项目的通知	发改基础〔2014〕981号	2014/5/18
	国务院办公厅关于印发能源发展战略行动计划（2014-2020年）的通知	国办发〔2014〕31号	2014/6/7
	财政部、科技部、国家知识产权局关于开展深化中央级事业单位科技成果使用、处置和收益管理改革试点的通知	财教〔2014〕233号	2014/9/26
	关于完善固定资产加速折旧企业所得税政策的通知	财税〔2014〕75号	2014/10/20
	国务院办公厅关于促进国家级经济技术开发区转型升级创新发展的若干意见	国办发〔2014〕54号	2014/10/30
	国家税务总局关于固定资产加速折旧税收政策有关问题的公告	国家税务总局公告〔2014〕64号	2014/11/14
	国务院关于创新重点领域投融资机制鼓励社会投资的指导意见	国发〔2014〕60号	2014/11/16
	财政部 国家税务总局关于调整消费税政策的通知	财税〔2014〕93号	2014/11/25
	国务院印发关于深化中央财政科技计划（专项、基金等）管理改革方案的通知	国发〔2014〕64号	2014/12/3
	国家发展改革委办公厅关于印发《战略性新兴产业专项债券发行指引》的通知	发改办财金〔2015〕756号	2015/3/31
	国家发展改革委关于实施新兴产业重大工程包的通知	发改高技〔2015〕1303号	2015/6/8
	国务院关于积极推进“互联网+”行动的指导意见	国发〔2015〕40号	2015/7/1
	国家发展改革委 国家能源局关于促进智能电网发展的指导意见	发改运行〔2015〕1518号	2015/7/6
	工业和信息化部关于进一步促进产业集群发展的指导意见	工信部企业〔2015〕236号	2015/7/10
	国家发展改革委关于实施增强制造业核心竞争力重大工程包的通知	发改产业〔2015〕1602号	2015/7/13
	国家发展改革委办公厅 财政部办公厅关于请做好战略性新兴产业区域集聚发展试点有关工作的通知	发改办高技〔2015〕2033号	2015/7/20
	关于印发国家民用空间基础设施中长期发展规划（2015-2025年）的通知	发改高技〔2015〕2429号	2015/10/26
	关于公布第七批“国家新型工业化产业示范基地”名单的通知	工信部规〔2016〕16号	2016/1/14
	关于组织申报2016年小微企业创业创新基地城市示范的通知	财办建〔2016〕17号	2016/2/6

续表

政策分布	政策名称	发文字号	成文时间
战略性新兴产业总体政策	国务院办公厅关于加快众创空间发展服务实体经济转型升级的指导意见	国办发〔2016〕7号	2016/2/14
	工业和信息化部办公厅关于做好2016年工业质量品牌建设工作的通知	工信厅科函〔2016〕104号	2016/2/17
	国务院关于印发实施《中华人民共和国促进科技成果转化法》若干规定的通知	国发〔2016〕16号	2016/2/26
	关于印发《国有科技型企业股权和分红激励暂行办法》的通知	财资〔2016〕4号	2016/2/26
	国务院关于深化泛珠三角区域合作的指导意见	国发〔2016〕18号	2016/3/3
	中华人民共和国国民经济和社会发展第十三个五年规划纲要		2016/3/17
	工业和信息化部办公厅关于开展《中国制造2025》重大项目库项目征集工作的通知	工信厅规函〔2016〕199号	2016/3/23
	关于推进东北地区民营经济发展改革的指导意见	发改振兴〔2016〕623号	2016/3/24
	国家发展改革委办公厅关于印发《国家企业技术中心认定评价工作指南（试行）》的通知	发改办高技〔2016〕937号	2016/4/11
	关于做好2016年减轻企业负担工作的通知	工信部运行函〔2016〕141号	2016/4/14
	国务院办公厅关于印发促进科技成果转移转化行动方案的通知	国办发〔2016〕28号	2016/4/21
	国家发展改革委办公厅关于征集在第八届中德经济技术合作论坛上签约项目及推进双方项目合作意见的通知	发改办高技〔2016〕1081号	2016/4/27
	国务院关于促进外贸回稳向好的若干意见	国发〔2016〕27号	2016/5/5
	工业和信息化部办公厅 财政部办公厅关于发布2016年工业强基工程实施方案指南的通知	工信厅联规〔2016〕83号	2016/5/12
	国务院关于深化制造业与互联网融合发展的指导意见	国发〔2016〕28号	2016/5/13
	中共中央 国务院印发《国家创新驱动发展战略纲要》的通知	中发〔2016〕4号	2016/5/19
	教育部办公厅、国务院国资委办公厅关于举办“战略性新兴产业面向应届高校毕业生网上招聘活动”的通知	教学厅函〔2016〕34号	2016/5/20
	工业和信息化部关于印发《国家小型微型企业创业创新示范基地建设管理办法》的通知	工信部企业〔2016〕194号	2016/6/2
	工业和信息化部办公厅 国防科工局综合司关于组织征集《军用技术转民用推广目录（2016年度）》技术和产品信息的通知	工信厅联军民函〔2016〕395号	2016/6/3
	关于加强网络安全学科建设和人才培养的意见	中网办发文〔2016〕4号	2016/6/6
	教育部关于印发《教育信息化“十三五”规划》的通知	教技〔2016〕2号	2016/6/7
	工业和信息化部关于支持2016年高校毕业生就业创业促进中小企业创新发展的通知	工信部企业函〔2016〕214号	2016/6/8
	国家发展改革委办公厅 财政部办公厅关于做好国家新兴产业创业投资引导基金参股基金推荐工作的通知	发改办高技〔2016〕1509号	2016/6/21
	国务院办公厅关于促进和规范健康医疗大数据应用发展的指导意见	国办发〔2016〕47号	2016/6/21
	工业和信息化部关于印发促进中小企业发展规划（2016-2020年）的通知	工信部规〔2016〕223号	2016/6/28

续表

政策分布	政策名称	发文字号	成文时间
战略性新兴产业总体政策	科技部办公厅关于印发《科技部 落实国家科技计划管理监督主体责任实施方案》的通知	国科办政〔2016〕49 号	2016/7/8
	农业部 科技部 财政部 教育部 人力资源和社会保障部关于扩大种业人才发展和科研成果权益改革试点的指导意见	农种发〔2016〕2 号	2016/7/8
	国家发展改革委印发《关于推动积极发挥新消费引领作用 加快培育形成新供给新动力重点任务落实的分工方案》的通知	发改规划〔2016〕1553 号	2016/7/13
	关于引导企业创新管理提质增效的指导意见	工信部联产业〔2016〕245 号	2016/7/26
	国务院关于印发《“十三五”国家科技创新规划》的通知	国发〔2016〕43 号	2016/7/28
	工业和信息化部关于印发《促进中小企业国际化发展五年行动计划（2016-2020 年）》的通知	工信部企业函〔2016〕314 号	2016/8/1
	关于印发《关于国有控股混合所有制企业开展员工持股试点的意见》的通知	国资发改革〔2016〕133 号	2016/8/2
	教育部 科技部关于加强高等学校科技成果转移转化工作的若干意见	教技〔2016〕3 号	2016/8/3
	中共教育部党组关于印发《高等学校深化落实中央八项规定精神的若干规定》的通知	教党〔2016〕39 号	2016/8/16
	教育部关于深化高校教师考核评价制度改革的指导意见	教师〔2016〕7 号	2016/8/25
	国务院关于印发《北京加强全国科技创新中心建设总体方案》的通知	国发〔2016〕52 号	2016/9/11
	关于支持老工业城市和资源型城市产业转型升级的实施意见	发改振兴规〔2016〕1966 号	2016/9/13
	国家发展改革委办公厅关于建立大众创业万众创新示范基地联系协调机制的通知	发改办高技〔2016〕2019 号	2016/9/13
	国务院关于积极稳妥降低企业杠杆率的意见	国发〔2016〕54 号	2016/9/22
	工业和信息化部办公厅、国防科工局综合司联合印发《关于加强国家军民融合公共服务平台运行工作的通知》	工信厅联军民函〔2016〕632 号	2016/9/27
	国家发展改革委关于加快美丽特色小（城）镇建设的指导意见	发改规划〔2016〕2125 号	2016/10/8
	国家发展改革委办公厅关于印发《大众创业万众创新示范基地双创工作经验汇编》的通知	发改办高技〔2016〕2143 号	2016/10/8
	教育部办公厅关于印发《促进高等学校科技成果转移转化行动计划》的通知	教技厅函〔2016〕115 号	2016/10/13
	关于做好中央科技型企业股权和分红激励工作的通知	国资发分配〔2016〕274 号	2016/10/31
	中共中央办公厅 国务院办公厅印发《关于实行以增加知识价值为导向分配政策的若干意见》		2016/11/7
	关于加强国际合作提高我国产业全球价值链地位的指导意见	商政发〔2016〕433 号	2016/11/11
	工业和信息化部关于公布产业技术基础公共服务平台名单（第一批）的通告	工信部科函〔2016〕470 号	2016/11/18
	国务院关于印发“十三五”国家战略性新兴产业发展规划的通知	国发〔2016〕67 号	2016/11/29

续表

政策分布	政策名称	发文字号	成文时间
战略性新兴产业总体政策	工业和信息化部关于促进文教体育用品行业升级发展的指导意见	工信部消费〔2016〕401号	2016/12/9
	科技部 财政部 发展改革委关于印发《科技评估工作规定（试行）》的通知	国科发政〔2016〕382号	2016/12/11
	国家税务总局关于进一步做好企业研究开发费用税前加计扣除政策贯彻落实工作的通知	税总函〔2016〕685号	2016/12/21
	国家知识产权局 工业和信息化部印发《关于全面组织实施中小企业知识产权战略推进工程的指导意见》的通知	国知发管字〔2016〕101号	2016/12/22
	教育部 人力资源社会保障部 工业和信息化部关于印发《制造业人才发展规划指南》的通知	教职成〔2016〕9号	2016/12/27
	财政部 海关总署 国家税务总局关于“十三五”期间支持科技创新进口税收政策的通知	财关税〔2016〕70号	2016/12/27
	国务院关于印发“十三五”国家知识产权保护和运用规划的通知	国发〔2016〕86号	2016/12/30
	国家发展改革委关于加强分类引导培育资源型城市转型发展新动能的指导意见	发改振兴〔2017〕52号	2017/1/6
	国务院关于印发“十三五”市场监管规划的通知	国发〔2017〕6号	2017/1/12
	中共中央办公厅 国务院办公厅印发《关于促进移动互联网健康有序发展的意见》		2017/1/15
	国务院办公厅关于促进开发区改革和创新发展的若干意见	国办发〔2017〕7号	2017/1/19
	战略性新兴产业重点产品和服务指导目录(2016版)	国家发展和改革委员会公告2017年第1号	2017/1/25
	国家发展改革委 财政部关于重新核发国家知识产权局行政事业性收费标准等有关问题的通知	发改价格〔2017〕270号	2017/2/9
	中国人民银行 工业和信息化部 银监会 证监会 保监会关于金融支持制造强国建设的指导意见	银发〔2017〕58号	2017/3/3
	人力资源社会保障部关于支持和鼓励事业单位专业技术人员创新创业的指导意见	人社部规〔2017〕4号	2017/3/10
	教育部办公厅 国资委办公厅关于举办战略性新兴产业面向应届高校毕业生网上招聘活动的通知(2017)	教学厅函〔2017〕17号	2017/3/27
	商务部 发展改革委 人民银行 海关总署 质检总局关于进一步推进开放型经济新体制综合试点试验的若干意见	商政发〔2017〕125号	2017/4/7
	工业和信息化部办公厅 国防科工局综合司关于组织征集《军用技术转民用推广目录（2017年度）》技术和产品信息的通知	工信厅联军民函〔2017〕217号	2017/4/13
	国务院关于做好当前和今后一段时期就业创业工作的意见	国发〔2017〕28号	2017/4/13
	科技部关于印发《“十三五”国家科技人才发展规划》的通知	国科发政〔2017〕86号	2017/4/13
	国家发展改革委办公厅关于在中美绿色合作伙伴计划框架下开展结对申请工作的通知	发改办国际〔2017〕670号	2017/4/14
	关于提高科技型中小企业研究开发费用税前加计扣除比例的通知	财税〔2017〕34号	2017/5/2
	国家税务总局关于2016年度企业研究开发费用税前加计扣除政策企业所得税纳税申报问题的公告	国家税务总局公告2017年第12号	2017/5/2
	七部门关于举办第二届中国军民两用技术创新应用大赛的通知	工信部联军民函〔2017〕209号	2017/5/15

续表

政策分布	政策名称	发文字号	成文时间
战略性新兴产业总体政策	关于公布 2016 年战略性新兴产业知识产权集群管理工作验收结果的通知	国知办函协字〔2017〕320 号	2017/5/19
	国家税务总局关于提高科技型中小企业研究开发费用税前加计扣除比例有关问题的公告	国家税务总局公告 2017 年第 18 号	2017/5/22
	科技部 发展改革委 财政部关于印发《国家科技重大专项（民口）管理规定》的通知	国科发专〔2017〕145 号	2017/6/1
	国务院办公厅关于建设第二批大众创业万众创新示范基地的实施意见	国办发〔2017〕54 号	2017/6/15
	国家发展改革委办公厅关于做好第二批大众创业万众创新示范基地建设工作的通知	发改办高技〔2017〕1111 号	2017/6/23
	工业和信息化部 国资委 国家标准委关于深入推进信息化和工业化融合管理体系的指导意见	工信部联信软〔2017〕155 号	2017/6/26
	工业和信息化部关于印发《应急产业培育与发展行动计划（2017—2019 年）》的通知	工信部运行〔2017〕153 号	2017/6/30
	科技部 财政部 国家税务总局关于进一步做好企业研发费用加计扣除政策落实工作的通知	国科发政〔2017〕211 号	2017/7/21
	国务院关于强化实施创新驱动发展战略进一步推进大众创业万众创新深入发展的意见	国发〔2017〕37 号	2017/7/21
	国家发展改革委办公厅关于组织开展 2017 年（第 24 批）国家企业技术中心认定及国家企业技术中心评价工作的通知	发改办高技〔2017〕1283 号	2017/7/24
	国家发展改革委办公厅关于请组织申报 2017 年国家地方联合工程研究中心方案的通知	发改办高技〔2017〕1284 号	2017/7/24
	工业和信息化部 财政部关于推动中小企业公共服务平台网络有效运营的指导意见	工信部联企业〔2017〕187 号	2017/7/26
	工业和信息化部 中国国际贸易促进委员会 关于开展支持中小企业参与“一带一路”建设专项行动的通知	工信部联企业〔2017〕191 号	2017/7/27
	教育部办公厅关于高校进一步落实以增加知识价值为导向分配政策有关事项的通知	教技厅函〔2017〕91 号	2017/8/4
	工业和信息化部办公厅关于组织实施 2017 年智能制造综合标准化与新模式应用项目的通知	工信厅装函〔2017〕468 号	2017/8/15
	关于印发《加快推进落实〈政务信息系统整合共享实施方案〉工作方案》的通知	发改高技〔2017〕1529 号	2017/8/18
	国家发展改革委关于进一步加强垄断行业价格监管的意见	发改价格规〔2017〕1554 号	2017/8/23
	国务院关于支持山西省进一步深化改革促进资源型经济转型发展的意见	国发〔2017〕42 号	2017/9/1
	中共中央 国务院关于开展质量提升行动的指导意见		2017/9/5
	工业和信息化部办公厅 国防科工局综合司关于印发《军用技术转民用推广目录（2017 年度）》的通知	工信厅联军民〔2017〕91 号	2017/9/11
	工业和信息化部办公厅关于做好新修订的《中华人民共和国中小企业促进法》宣传贯彻工作的通知	工信厅企业函〔2017〕530 号	2017/9/12
	国家税务总局 科技部关于加强企业研发费用税前加计扣除政策贯彻落实工作的通知	税总发〔2017〕106 号	2017/9/18
	国务院办公厅关于积极推进供应链创新与应用的指导意见	国办发〔2017〕84 号	2017/10/5
	工业和信息化部办公厅关于举办第十届 APEC 中小企业技术交流暨展览会的通知	工信厅企业函〔2017〕582 号	2017/10/18
	中华人民共和国标准化法		2017/11/4

续表

政策分布	政策名称	发文字号	成文时间
战略性新兴产业总体政策	关于研发费用税前加计扣除归集范围有关问题的公告	国家税务总局公告 2017 年第 40 号	2017/11/8
	国务院办公厅关于推动国防科技工业军民融合深度发展的意见	国办发〔2017〕91 号	2017/11/23
	工业和信息化部关于举办 2018 年“创客中国”创新创业大赛的通知	工信部企业函〔2017〕552 号	2017/12/4
	国务院办公厅关于深化产教融合的若干意见	国办发〔2017〕95 号	2017/12/5
	工业和信息化部关于印发《工业控制系统信息安全行动计划（2018-2020 年）》的通知	工信部信软〔2017〕316 号	2017/12/12
	教育部关于规范和加强直属高校国有资产管理的若干意见	教财〔2017〕9 号	2017/12/15
	关于 2016 年战略性新兴产业知识产权集群管理工作整改项目验收结果的通知	国知办函协字〔2017〕919 号	2017/12/21
	教育部办公厅关于进一步推动高校落实科技成果转化政策相关事项的通知	教技厅函〔2017〕139 号	2017/12/27
	国家发展改革委关于印发《国家产业创新中心建设工作指引（试行）》的通知	发改高技规〔2018〕68 号	2018/1/11
	教育部办公厅关于公布首批“新工科”研究与实践项目的通知	教高厅函〔2018〕17 号	2018/3/15
	工业和信息化部办公厅关于印发《2018 年工业通信业标准化工作要点》的通知	工信厅科函〔2018〕99 号	2018/3/16
	国务院办公厅关于印发《知识产权对外转让有关工作办法（试行）》的通知	国办发〔2018〕19 号	2018/3/18
	教育部关于印发《高等学校人工智能创新行动计划》的通知	教技〔2018〕3 号	2018/4/2
	科技部 国家发展改革委关于支持新一批城市开展创新型城市建设的函	国科函创〔2018〕59 号	2018/4/2
	工业和信息化部办公厅 国防科工局综合司关于组织征集《军用技术转民用推广目录（2018 年度）》技术和产品信息的通知	工信厅联军民函〔2018〕125 号	2018/4/9
	教育部关于印发《教育信息化 2.0 行动计划》的通知	教技〔2018〕6 号	2018/4/13
	科技部 国资委印发《关于进一步推进中央企业创新发展的意见》的通知	国科发资〔2018〕19 号	2018/4/19
	工业和信息化部办公厅 国防科工局综合司关于推荐《民参军技术与产品推荐目录（2018 年度）》信息的通知	工信厅联军民函〔2018〕165 号	2018/5/2
	关于 2018 年继续开展知识产权运营服务体系建设工作的通知	财办建〔2018〕96 号	2018/5/8
	教育部关于印发《高等学校科技成果转化和技术转移基地认定暂行办法》的通知	教技〔2018〕7 号	2018/5/22
	关于科技人员取得职务科技成果转化现金奖励有关个人所得税政策的通知	财税〔2018〕58 号	2018/5/29
	工业和信息化部办公厅关于开展 2018 年度中小企业公共服务体系重点服务活动的通知	工信厅企业函〔2018〕190 号	2018/5/30
	《试点创新企业境内发行股票或存托凭证并上市监管工作实施办法》	中国证券监督管理委员会公告〔2018〕13 号	2018/6/6
	国家发展改革委办公厅关于请协助做好国家创新创业政策信息服务网建设有关工作的通知	发改办高技〔2018〕652 号	2018/6/6

续表

政策分布	政策名称	发文字号	成文时间
战略性新兴产业总体政策	工业和信息化部 应急管理部 财政部 科技部关于加快安全产业发展的指导意见	工信部联安全〔2018〕111 号	2018/6/19
	关于企业委托境外研究开发费用税前加计扣除有关政策问题的通知	财税〔2018〕64 号	2018/6/25
	关于 2018 年退还部分行业增值税留抵税额有关税收政策的通知	财税〔2018〕70 号	2018/6/27
	国务院关于推动创新创业高质量发展打造“双创”升级版的意见	国发〔2018〕32 号	2018/9/18
	国务院办公厅关于对真抓实干成效明显地方进一步加大激励支持力度的通知	国办发〔2018〕117 号	2018/12/6
	国务院办公厅关于有效发挥政府性融资担保基金作用切实支持小微企业和“三农”发展的指导意见	国办发〔2019〕6 号	2019/1/22
	关于在上海证券交易所设立科创板并试点注册制的实施意见	中国证券监督管理委员会公告〔2019〕2 号	2019/1/28
	教育部关于印发《职业教育改革成效明显的省（区、市）激励措施实施办法》的通知	教职成函〔2019〕5 号	2019/3/20
	教育部办公厅关于做好职业教育专业教学资源库 2019 年度相关工作的通知	教职成厅函〔2019〕11 号	2019/4/26
	国务院关于推进国家级经济技术开发区创新提升打造改革开放新高地的意见	国发〔2019〕11 号	2019/5/18
新一代信息技术	国家发展改革委、工业和信息化部关于做好云计算服务创新发展试点示范工作的通知	发改高技〔2010〕2480 号	2010/10/18
	关于印发进一步鼓励软件产业和集成电路产业发展若干政策的通知	国发〔2011〕4 号	2011/1/28
	关于开展国家电子商务示范城市创建工作的指导意见	发改高技〔2011〕463 号	2011/3/7
	关于印发《物联网发展专项资金管理暂行办法》的通知	财企〔2011〕64 号	2011/4/6
	商务部公告 2011 年第 18 号 发布《第三方电子商务交易平台服务规范》	公告 2011 年第 18 号	2011/4/12
	工业和信息化部办公厅 财政部办公厅关于做好 2011 年物联网发展专项资金项目申报工作的通知	工信厅联科〔2011〕88 号	2011/5/6
	关于高新技术企业境外所得适用税率及税收抵免问题的通知	财税〔2011〕47 号	2011/5/31
	《当前优先发展的高技术产业化重点领域指南（2011 年度）》	中华人民共和国国家发展和改革委员会 中华人民共和国科学技术部 工业和信息化部 商务部 知识产权局 公告 2011 年第 10 号	2011/6/23
	关于退还集成电路企业采购设备增值税期末留抵税额的通知	财税〔2011〕107 号	2011/11/14
	《物联网“十二五”发展规划》发布		2011/11/28
	规范互联网信息服务市场秩序若干规定	中华人民共和国工业和信息化部令 第 20 号	2011/12/29
	国务院办公厅关于印发三网融合第二阶段试点地区（城市）名单的通知	国办函〔2011〕164 号	2011/12/30
	关于促进电子商务健康快速发展有关工作的通知	发改办高技〔2012〕226 号	2012/2/6
	国家发展改革委办公厅关于组织实施 2012 年下一代互联网技术研发、产业化和规模商用专项的通知	发改办高技〔2012〕291 号	2012/2/10

续表

政策分布	政策名称	发文字号	成文时间
新一代信息技术	《电子信息制造业“十二五”发展规划》印发		2012/2/24
	《集成电路产业“十二五”发展规划》印发		2012/2/24
	国家发展改革委办公厅 工业和信息化部办公厅关于开展“宽带中国战略”研究工作的通知	发改办高技〔2012〕624 号	2012/3/19
	关于印发下一代互联网“十二五”发展建设的意见的通知	发改办高技〔2012〕705 号	2012/3/27
	工业和信息化部发《电子商务“十二五”发展规划》		2012/3/27
	《软件和信息技术服务业“十二五”发展规划》印发		2012/4/6
	关于进一步扶持新型显示器件产业发展有关税收优惠政策的通知	财关税〔2012〕16 号	2012/4/9
	关于进一步鼓励软件产业和集成电路产业发展企业所得税政策的通知	财税〔2012〕27 号	2012/4/20
	关于组织“新一代宽带无线移动通信网”国家科技重大专项 2013 年度课题申报的通知		2012/4/26
	《通信业“十二五”发展规划》等三《规划》发布		2012/5/4
	关于印发《2012 年信息化和工业化深度融合专项资金项目指南》的通知	工信厅信〔2012〕100 号	2012/5/10
	关于深入开展 2012 年通信建设领域突出问题专项治理工作的通知	工信厅通函〔2012〕383 号	2012/5/18
	国家发展改革委办公厅关于请组织申报信息化领域创新能力建设专项的通知	发改办高技〔2012〕1806 号	2012/7/4
	关于印发《国家规划布局内重点软件企业和集成电路设计企业认定管理试行办法》的通知	发改高技〔2012〕2413 号	2012/8/9
	财政部、工业和信息化部关于印发《物联网发展专项资金管理暂行办法》的通知	财企〔2012〕225 号	2012/8/17
	科技部关于印发新型显示科技发展“十二五”专项规划的通知	国科发高〔2012〕896 号	2012/8/21
	科技部关于印发导航与位置服务科技发展“十二五”专项规划的通知	国科发高〔2012〕901 号	2012/8/22
	科技部关于印发国家宽带网络科技发展“十二五”专项规划的通知	国科发计〔2012〕906 号	2012/9/3
	科技部关于印发中国云科技发展“十二五”专项规划的通知	国科发计〔2012〕907 号	2012/9/3
	关于印发 2012 年度集成电路产业研究与开发专项资金申报指南的通知		2012/9/13
	工业和信息化部关于国际移动通信系统（IMT）频率规划事宜的通知	工信部无〔2012〕436 号	2012/9/20
	工业和信息化部关于发布 1800 和 1900 兆赫兹频段国际移动通信系统基站射频技术指标和台站设置要求的通知		2012/11/23
	关于印发《工业和通信业安全生产领域行业标准制定管理办法实施细则》的通知	工信安字〔2012〕113 号	2012/11/27
	关于发布 2012 年信息科学领域国家重点实验室评估报告的通知	国科发基〔2012〕1085 号	2012/11/29
	工业和信息化部发布 5150-5350 兆赫兹频段无线接入系统频率使用相关事宜的通知	工信部无函〔2012〕620 号	2012/12/31
	工业和信息化部 发展改革委 国土资源部 电监会 能源局关于数据中心建设布局的指导意见	工信部联通〔2013〕13 号	2013/1/9
	工业和信息化部 发展改革委 财政部 工商总局 质检总局 广电总局关于普及地面数字电视接收机的实施意见	工信部联电子〔2013〕14 号	2013/1/10

续表

政策分布	政策名称	发文字号	成文时间
新一代信息技术	国务院关于推进物联网有序健康发展的指导意见	国发〔2013〕7 号	2013/2/5
	关于实施宽带中国 2013 专项行动的意见	工信部联通〔2013〕109 号	2013/4/2
	关于进一步促进电子商务健康快速发展有关工作的通知	发改办高技〔2013〕894 号	2013/4/15
	国务院关于印发“宽带中国”战略及实施方案的通知	国发〔2013〕31 号	2013/8/1
	关于开展国家下一代互联网示范城市建设工作的通知	发改办高技〔2013〕1884 号	2013/8/2
	国务院关于促进信息消费扩大内需的若干意见	国发〔2013〕32 号	2013/8/8
	物联网发展专项行动计划		2013/9/5
	国家发展改革委办公厅关于组织实施 2013 年移动互联网及第四代移动通信（TD-LTE）产业化专项的通知	发改办高技〔2013〕2330 号	2013/9/22
	创建“宽带中国”示范城市（城市群）工作管理办法		2014/1/8
	中国金融稳定报告（2014）		2014/4/29
	关于印发《工业和信息化部 2014 年物联网工作要点》的通知	工信厅科〔2014〕87 号	2014/5/21
	关于印发《国家物联网发展及稀土产业补助资金管理办法》的通知	财企〔2014〕87 号	2014/5/30
	关于印发 2014-2016 年新型显示产业创新发展行动计划的通知	发改高技〔2014〕2299 号	2014/10/13
	工业和信息化部办公厅 国家发展和改革委员会办公厅关于全面推进 IPv6 在 LTE 网络中部署应用的实施意见		2014/10/15
	关于印发宽带中国工程实施方案的通知	发改高技〔2014〕3060 号	2014/12/31
	关于印发新型平板显示工程实施方案的通知	发改高技〔2014〕3056 号	2014/12/31
	关于印发云计算工程实施方案的通知	发改高技〔2014〕3054 号	2014/12/31
	关于印发高性能集成电路工程实施方案的通知	发改高技〔2014〕3058 号	2014/12/31
	国务院关于促进云计算创新发展培育信息产业新业态的意见	国发〔2015〕5 号	2015/1/6
	工业和信息化部办公厅关于开展 2015 年智能制造试点示范项目推荐的通知	工信厅装函〔2015〕204 号	2015/4/1
	国务院关于印发促进大数据发展行动纲要的通知	国发〔2015〕50 号	2015/8/31
	工业和信息化部办公厅关于印发《云计算综合标准化体系建设指南》的通知	工信厅信软〔2015〕132 号	2015/10/16
	移动智能终端应用软件（APP）预置和分发管理暂行规定（征求意见稿）		2015/11/18
	国家发展改革委办公厅 公安部办公厅关于请组织申报社会治安防控领域创新能力建设专项的通知	发改办高技〔2016〕380 号	2016/2/17

续表

政策分布	政策名称	发文字号	成文时间
新一代信息技术	国家发展改革委办公厅关于组织开展中国“互联网+”行动百佳实践案例征集活动的通知	发改办高技〔2016〕549号	2016/3/4
	关于加快棉花现代物流发展的指导意见	发改经贸〔2016〕567号	2016/3/17
	国务院办公厅关于加快推进广播电视村村通向户户通升级工作的通知	国办发〔2016〕20号	2016/4/5
	国家发展改革委办公厅关于组织申报2016年“互联网+”重大工程中央预算内投资项目的通知	发改办高技〔2016〕907号	2016/4/8
	关于软件和集成电路产业企业所得税优惠政策有关问题的通知	财税〔2016〕49号	2016/5/4
	关于做好落实软件和集成电路产业企业所得税优惠政策有关工作的通知	工信厅信软函〔2016〕315号	2016/5/11
	关于印发国家规划布局内重点软件和集成电路设计领域的通知	发改高技〔2016〕1056号	2016/5/16
	关于印发《“互联网+”人工智能三年行动实施方案》的通知	发改高技〔2016〕1078号	2016/5/18
	关于推动电子商务发展有关工作的通知	发改办高技〔2016〕1284号	2016/5/20
	移动互联网应用程序信息服务管理规定		2016/6/28
	中共中央办公厅 国务院办公厅关于印发《国家信息化发展战略纲要》的通知	中办发〔2016〕48号	2016/7/17
	关于加强国家网络安全标准化工作的若干意见	中网办发文〔2016〕5号	2016/8/12
	工业和信息化部印发《关于完善制造业创新体系，推进制造业创新中心建设的指导意见》	工信部科〔2016〕273号	2016/8/19
	国家发展改革委办公厅关于请组织申报大数据领域创新能力建设专项的通知	发改办高技〔2016〕1918号	2016/8/26
	国家发展改革委办公厅关于请组织申报“互联网+”领域创新能力建设专项的通知	发改办高技〔2016〕1919号	2016/8/26
	农业部关于印发《“十三五”全国农业农村信息化发展规划》的通知	农市发〔2016〕5号	2016/8/29
	工业和信息化部办公厅关于印发《互联网信息安全管理系统使用及运行维护管理办法（试行）》的通知	工信厅网安〔2016〕135号	2016/9/7
	两部委关于印发《智能硬件产业创新发展专项行动（2016-2018年）》的通知	工信部联电子〔2016〕302号	2016/9/19
	关于印发推进“互联网+政务服务”开展信息惠民试点实施方案重点任务分工的通知	发改办高技〔2016〕2145号	2016/10/8
	工业和信息化部关于印发《信息化和工业化融合发展规划（2016-2020年）》的通知	工信部规〔2016〕333号	2016/10/12
	农业部关于全面推进信息进村入户工程的实施意见	农市发〔2016〕7号	2016/11/10
	工业和信息化部 国家标准化管理委员会关于印发《智慧家庭综合标准化体系建设指南》的通知	工信部联科〔2016〕375号	2016/11/14

续表

政策分布	政策名称	发文字号	成文时间
新一代信息技术	关于组织开展新型智慧城市评价工作务实推动新型智慧城市健康快速发展的通知	发改办高技〔2016〕2476号	2016/11/22
	中共中央宣传部、财政部、国家新闻出版广电总局关于加快推进全国有线电视网络整合发展的意见	中宣发〔2016〕41号	2016/11/25
	国务院关于印发《"十三五"国家信息化规划》的通知	国发〔2016〕73号	2016/12/15
	国家发展改革委办公厅关于组织实施2017年新一代信息基础设施建设工程和"互联网+"重大工程的通知	发改办高技〔2016〕2710号	2016/12/16
	工业和信息化部关于印发《大数据产业发展规划（2016-2020年）》的通知	工信部规〔2016〕412号	2016/12/18
	工业和信息化部关于印发《信息通信行业发展规划（2016-2020年）》的通知	工信部规〔2016〕424号	2016/12/18
	国家发展改革委 工业和信息化部关于印发《信息基础设施重大工程建设三年行动方案》的通知	发改高技〔2016〕2763号	2016/12/27
	工业和信息化部关于进一步推进中小企业信息化的指导意见	工信部企业〔2016〕445号	2016/12/30
	中共中央办公厅、国务院办公厅印发《关于促进移动互联网健康有序发展的意见》		2017/1/15
	工业和信息化部关于清理规范互联网网络接入服务市场的通知	工信部信管函〔2017〕32号	2017/1/17
	工业和信息化部 民政部 国家卫生计生委关于印发《智慧健康养老产业发展行动计划（2017-2020年）》的通知	工信部联电子〔2017〕25号	2017/2/6
	工业和信息化部关于加强"十三五"信息通信业节能减排工作的指导意见	工信部节〔2017〕77号	2017/4/19
	工业和信息化部办公厅关于成立智能制造专家咨询委员会的通知	工信厅装函〔2017〕267号	2017/5/2
	工商总局等部门关于印发2017网络市场监管专项行动方案的通知	工商办字〔2017〕84号	2017/5/23
	工业和信息化部办公厅关于全面推进移动物联网（NB-IoT）建设发展的通知	工信厅通信函〔2017〕351号	2017/6/6
	国务院关于印发新一代人工智能发展规划的通知	国发〔2017〕35号	2017/7/8
	工业和信息化部办公厅关于印发《移动互联网综合标准化体系建设指南》的通知	工信厅科〔2017〕72号	2017/7/25
	工业和信息化部关于印发《促进新一代人工智能产业发展三年行动计划（2018-2020年）》的通知	工信部科〔2017〕315号	2017/12/13
	国家制造强国建设领导小组关于设立工业互联网专项工作组的通知	工信部信管〔2018〕41号	2018/2/14
	交通运输部办公厅 国家旅游局办公室关于加快推进交通旅游服务大数据应用试点工作的通知	交办规划函〔2018〕244号	2018/3/8
	关于印发《关于推动资本市场服务网络强国建设的指导意见》的通知	中网办发文〔2018〕3号	2018/3/30
	工业和信息化部办公厅关于开展2018年人工智能与实体经济深度融合创新项目申报工作的通知	工信厅科函〔2018〕118号	2018/4/2
	工业和信息化部办公厅关于组织申报2018年跨行业跨领域工业互联网平台的通知	工信厅信软函〔2018〕139号	2018/4/17
	工业和信息化部关于贯彻落实《推进互联网协议第六版（IPv6）规模部署行动计划》的通知	工信部通信〔2018〕77号	2018/4/25
	国务院办公厅印发《关于促进"互联网+医疗健康"发展的意见》	国办发〔2018〕26号	2018/4/25
	工业和信息化部 财政部 国防科工局 军委装备发展部 军委训练管理部 全国工商联 湖北省人民政府关于举办第三届中国军民两用技术创新应用大赛的通知	工信部联军民函〔2018〕145号	2018/4/26

续表

政策分布	政策名称	发文字号	成文时间
新一代信息技术	工业和信息化部关于印发《工业互联网 APP 培育工程实施方案（2018-2020 年）》的通知	工信部信软〔2018〕79 号	2018/4/27
	工业和信息化部办公厅关于深入推进互联网网络接入服务市场清理规范工作的通知	工信厅信管函〔2018〕161 号	2018/4/28
	工业和信息化部 国资委关于深入推进网络提速降费加快培育经济发展新动能 2018 专项行动的实施意见	工信部联通信〔2018〕87 号	2018/5/11
	关于印发《工业互联网发展行动计划（2018-2020 年）》和《工业互联网专项工作组 2018 年工作计划》的通知	工信部信管函〔2018〕188 号	2018/5/31
	中华人民共和国国家标准公告 2018 年第 13 号——关于批准发布《智慧城市 信息技术运营指南》等 23 项国家标准和 46 项国家标准外文版的公告	中华人民共和国国家标准公告 2018 年第 13 号	2018/10/10
	工业互联网专项工作组办公室关于印发《工业互联网专项工作组 2019 年工作计划》的通知	工信厅信管函〔2019〕140 号	2019/6/20
	国家标准化管理委员会关于推广国家技术标准创新基地（智能电网）建设经验做法的通知	国标委发函〔2019〕11 号	2019/6/23
节能环保	关于发布《国家鼓励发展的重大环保技术装备目录（2011 年版）》的通告	工信部联节〔2011〕54 号	2011/1/24
	关于印发淘汰落后产能工作考核实施方案的通知	工信部联产业〔2011〕46 号	2011/1/26
	关于调整公布第九期节能产品政府采购清单的通知	财库〔2011〕20 号	2011/1/30
	第五批“节能产品惠民工程”节能汽车推广目录		2011/2/21
	关于印发铜冶炼等 5 个行业清洁生产技术推行方案的通知	工信部节〔2011〕113 号	2011/3/10
	关于印发《夏热冬冷地区既有居住建筑节能改造补助资金管理暂行办法》的通知	财建〔2012〕148 号	2011/4/9
	关于同意开展第二批十城万盏半导体照明应用工程试点示范工作的函	国科函高〔2011〕69 号	2011/5/4
	国家发展改革委办公厅关于组织推荐重点节能技术的通知	发改办环资〔2011〕1093 号	2011/5/16
	关于开展钢铁 化工 有色 建材等重点用能行业节能标准培训工作的通知	工信部联节〔2011〕251 号	2011/5/24
	财政部 国家发展改革委关于印发《节能技术改造财政奖励资金管理办法》的通知	财建〔2011〕367 号	2011/6/21
	关于开展节能减排财政政策综合示范工作的通知	财建〔2011〕383 号	2011/6/22
	财政部 发展改革委关于调整公布第十期节能产品政府采购清单的通知	财库〔2011〕109 号	2011/7/29
	国务院关于印发“十二五”节能减排综合性工作方案的通知	国发〔2011〕26 号	2011/8/31
	关于开展 2011 年全国环境保护及相关产业基本情况调查的通知	环办函〔2011〕1310 号	2011/11/3
	财政部 国家税务总局关于调整完善资源综合利用产品及劳务增值税政策的通知	财税〔2011〕115 号	2011/11/21
	国家发展改革委关于印发“十二五”资源综合利用指导意见和大宗固体废物综合利用实施方案的通知	发改环资〔2011〕2919 号	2011/12/10
	《再制造产品目录（第二批）》公告	中华人民共和国工业和信息化部公告 2011 年第 45 号	2011/12/17

续表

政策分布	政策名称	发文字号	成文时间
节能环保	关于印发《环保装备“十二五”发展规划》的通知	工信部联规〔2011〕622号	2011/12/28
	国家重点节能技术推广目录（第四批）	中华人民共和国国家发展和改革委员会公告2011年第34号	2011/12/30
	《工业节能“十二五”规划》发布	工信部规〔2012〕3号	2012/1/4
	财政部 国家发展改革委关于调整公布第十一期节能产品政府采购清单的通知	财库〔2012〕9号	2012/1/20
	国家发展改革委 财政部关于推进园区循环化改造的意见	发改环资〔2012〕765号	2012/3/21
	关于印发绿色制造科技发展“十二五”专项规划的通知	国科发计〔2012〕231号	2012/4/1
	关于公布《“十二五”主要污染物总量减排目标责任书》要求2012年完成的重点减排项目的公告	环境保护部公告 公告2012年第27号	2012/4/12
	科技部、发展改革委、工业和信息化部、环境保护部、住房城乡建设部、商务部、中科院关于印发《废物资源化科技工程“十二五”专项规划》的通知	国科发计〔2012〕116号	2012/4/13
	关于做好2012年中欧中小企业节能减排科研合作资金项目申报工作的通知	国科办外〔2012〕29号	2012/4/17
	关于加快推动我国绿色建筑发展的实施意见	财建〔2012〕167号	2012/4/27
	关于印发《机电产品再制造技术及装备目录》的通知	工信部联节〔2012〕198号	2012/4/28
	关于印发《船舶油污损害赔偿基金征收使用管理办法》的通知	财综〔2012〕33号	2012/5/11
	“万家企业节能低碳行动”企业名单及节能量目标	中华人民共和国国家发展和改革委员会公告2012年第10号	2012/5/12
	关于印发《废弃电器电子产品处理基金征收使用管理办法》的通知	财综〔2012〕34号	2012/5/21
	国家发展改革委办公厅关于请组织申报资源节约和环境保护2013年中央预算内投资备选项目的通知	发改办环资〔2012〕1335号	2012/5/23
	科技部关于印发“十二五”绿色建筑科技发展专项规划的通知	国科发计〔2012〕692号	2012/5/24
	关于印发水利发展规划（2011-2015年）的通知	发改农经〔2012〕1618号	2012/6/6
	关于开展燃煤电厂综合升级改造工作的通知	发改厅〔2012〕1662号	2012/6/12
	节能产品惠民工程高效节能空气源热泵热水器推广目录	中华人民共和国国家发展和改革委员会 中华人民共和国财政部 中华人民共和国工业和信息化部公告2012年第17号	2012/6/15
	节能产品惠民工程高效太阳能热水器推广目录	中华人民共和国国家发展和改革委员会 中华人民共和国财政部 中华人民共和国工业和信息化部公告2012年第16号	2012/6/15
	节能产品惠民工程高效节能电动洗衣机推广目录	中华人民共和国国家发展和改革委员会 中华人民共和国财政部 中华人民共和国工业和信息化部公告2012年第15号	2012/6/15

续表

政策分布	政策名称	发文字号	成文时间
节能环保	节能产品惠民工程高效节能家用电冰箱推广目录	中华人民共和国国家发展和改革委员会 中华人民共和国财政部 中华人民共和国工业和信息化部公告 2012 年第 14 号	2012/6/15
	节能产品惠民工程高效节能家用燃气热水器推广目录	中华人民共和国国家发展和改革委员会 中华人民共和国财政部 中华人民共和国工业和信息化部公告 2012 年第 18 号	2012/6/15
	国务院关于印发“十二五”节能环保产业发展规划的通知	国发〔2012〕19 号	2012/6/16
	科技部、财政部关于 2012 年度中欧中小企业节能减排科研合作资金项目立项的通知	国科发外〔2012〕756 号	2012/6/21
	关于印发国家循环经济教育示范基地有关申报管理规定的通知	发改办环资〔2012〕1762 号	2012/6/27
	科技部关于印发半导体照明科技发展“十二五”专项规划的通知	国科发计〔2012〕772 号	2012/7/3
	关于发布《2012 年国家先进污染防治示范技术名录》和《2012 年国家鼓励发展的环境保护技术目录》的公告	环境保护部公告 公告 2012 年 第 39 号	2012/7/5
	科技部环境保护部关于印发蓝天科技工程“十二五”专项规划的通知	国科发计〔2012〕719 号	2012/7/10
	“节能产品惠民工程”节能汽车推广目录（第八批）	中华人民共和国国家发展和改革委员会 中华人民共和国工业和信息化部 中华人民共和国财政部公告 2012 年第 20 号	2012/7/10
	国家发展和改革委员会办公厅关于印发万家企业节能目标责任考核实施方案的通知	发改办环资〔2012〕1923 号	2012/7/11
	工业和信息化部 财政部 发展改革委 商务部关于印发《节能产品惠民工程推广信息监管实施方案》的通知	工信部联节〔2012〕335 号	2012/7/11
	工业和信息化部关于进一步加强工业节能工作的意见	工信部节〔2012〕339 号	2012/7/11
	国家发展改革委办公厅 财政部办公厅关于组织申报 2013 年节能技术改造财政奖励备选项目的通知	发改办环资〔2012〕1972 号	2012/7/17
	关于印发《循环经济发展专项资金管理暂行办法》的通知	财建〔2012〕616 号	2012/7/20
	关于发布地方环境质量标准和污染物排放标准备案信息（截至 2012 年 6 月 30 日）的公告	环保部公告 2012 年第 44 号	2012/7/20
	工业和信息化部发布《轮胎翻新行业准入条件》和《废轮胎综合利用行业准入条件》	中华人民共和国工业和信息化部公告 2012 年第 32 号	2012/7/31
	财政部 民航局关于印发《民航节能减排专项资金管理暂行办法》的通知	财建〔2012〕547 号	2012/8/5
	国家发展改革委办公厅关于进一步加强万家企业能源利用状况报告工作的通知	发改办环资〔2012〕2251 号	2012/8/14
	科技部 发展改革委关于印发海水淡化科技发展“十二五”专项规划的通知	国科发计〔2012〕900 号	2012/8/14
	节能产品惠民工程高效节能平板电视推广企业目录（第二批）	中华人民共和国国家发展和改革委员会 中华人民共和国财政部 中华人民共和国工业和信息化部公告 2012 年 第 28 号	2012/8/19
	财政部 住房城乡建设部关于完善可再生能源建筑应用政策及调整资金分配管理方式的通知	财建〔2012〕604 号	2012/8/21

续表

政策分布	政策名称	发文字号	成文时间
节能环保	关于做好 2011 年全国环境保护及相关产业基本情况调查工作的通知	环函〔2012〕212 号	2012/8/22
	《再生铅行业准入条件》发布	中华人民共和国工业和信息化部中华人民共和国环境保护部公告 2012 年第 38 号	2012/8/27
	《气象设施和气象探测环境保护条例》	中华人民共和国国务院令第 623 号	2012/8/29
	节能产品惠民工程高效太阳能热水器推广企业目录（第二批）	中华人民共和国国家发展和改革委员会 中华人民共和国财政部 中华人民共和国工业和信息化部公告 2012 年 第 29 号	2012/8/30
	国家能源局 财政部关于印发燃煤电厂综合升级改造机组性能测试有关规定的通知	国能电力〔2012〕280 号	2012/8/31
	工业和信息化部 水利部 全国节约用水办公室关于深入推进节水型企业建设工作的通知	工信部联节〔2012〕431 号	2012/9/12
	节能产品惠民工程高效节能家用燃气热水器推广企业目录（第二批）	中华人民共和国国家发展和改革委员会 中华人民共和国财政部 中华人民共和国工业和信息化部公告 2012 年 第 30 号	2012/9/12
	节能产品惠民工程高效节能电动洗衣机推广企业目录（第二批）	中华人民共和国国家发展和改革委员会 中华人民共和国财政部 中华人民共和国工业和信息化部公告 2012 年 第 32 号	2012/9/12
	节能产品惠民工程高效节能家用电冰箱推广企业目录（第二批）	中华人民共和国国家发展和改革委员会 中华人民共和国财政部 中华人民共和国工业和信息化部公告 2012 年 第 31 号	2012/9/12
	节能产品惠民工程高效节能空气源热泵热水器（机）推广企业目录（第二批）	中华人民共和国国家发展和改革委员会 中华人民共和国财政部 中华人民共和国工业和信息化部公告 2012 年 第 33 号	2012/9/12
	关于印发《节能产品惠民工程高效节能台式微型计算机推广实施细则》的通知	财建〔2012〕702 号	2012/9/24
	关于印发《节能产品惠民工程高效节能单元式空气调节机和冷水机组推广实施细则》的通知	财建〔2012〕782 号	2012/9/24
	国家发展改革委关于表彰全国循环经济工作先进单位的通报	发改环资〔2012〕3125 号	2012/10/9
	关于进一步明确废弃电器电子产品处理基金征收产品范围的通知	财综〔2012〕80 号	2012/10/15
	关于支持煤炭行业淘汰落后产能的通知	财建〔2012〕818 号	2012/10/22
	关于组织推荐 2013 年园区循环化改造示范点备选园区的通知	发改办环资〔2012〕3002 号	2012/10/29
	关于印发《重点区域大气污染防治“十二五”规划》的通知	环发〔2012〕130 号	2012/10/29
	关于组织申报金太阳和光电建筑应用示范项目的通知	财办建〔2012〕148 号	2012/11/7
	关于组织推荐第三批餐厨废弃物资源化利用和无害化处理试点备选城市的通知	发改办环资〔2012〕3149 号	2012/11/13
	国家发展改革委办公厅关于印发半导体照明应用节能评价技术要求（2012 年版）的通知	发改办环资〔2012〕3233 号	2012/11/19

续表

政策分布	政策名称	发文字号	成文时间
节能环保	关于印发《环保服务业试点工作方案》的通知	环办〔2012〕141 号	2012/11/20
	国家发展改革委 国家认监委关于加强万家企业能源管理体系建设工作的通知	发改环资〔2012〕3787 号	2012/11/28
	2012 年金太阳示范工程项目目录（第二批）		2012/12/6
	国家发展改革委关于印发海水淡化产业发展“十二五”规划的通知	发改环资〔2012〕3867 号	2012/12/9
	工业和信息化部关于荧光灯等 6 个行业清洁生产技术推行方案的通知	工信部节〔2012〕586 号	2012/12/13
	国家发展和改革委办公厅关于请推荐当前国家鼓励发展的环保设备（产品）的通知	发改办环资〔2012〕3480 号	2012/12/13
	国家重点节能技术推广目录（第五批）	中华人民共和国国家发展和改革委员会公告 2012 年 第 42 号	2012/12/13
	节能产品惠民工程高效节能房间空气调节器推广目录（第八批）	中华人民共和国国家发展和改革委员会 中华人民共和国财政部 中华人民共和国工业和信息化部公告 2012 年 第 47 号	2012/12/17
	节能产品惠民工程高效节能家用电冰箱推广目录（第三批）	中华人民共和国国家发展和改革委员会 中华人民共和国财政部 中华人民共和国工业和信息化部 2012 年 第 43 号	2012/12/17
	节能产品惠民工程高效节能空气源热泵热水器（机）推广目录（第三批）	中华人民共和国国家发展和改革委员会 中华人民共和国财政部 中华人民共和国工业和信息化部 2012 年 第 49 号	2012/12/17
	节能产品惠民工程高效节能家用燃气热水器推广目录（第三批）	中华人民共和国国家发展和改革委员会 中华人民共和国财政部 中华人民共和国工业和信息化部公告 2012 年 第 44 号	2012/12/17
	节能产品惠民工程高效节能电动洗衣机推广目录（第三批）	中华人民共和国国家发展和改革委员会 中华人民共和国财政部 中华人民共和国工业和信息化部 2012 年 第 46 号	2012/12/17
	节能产品惠民工程高效节能单元式空气调节机和冷水机组推广目录（第一批）	中华人民共和国国家发展和改革委员会 中华人民共和国财政部 中华人民共和国工业和信息化部 2012 年 第 45 号	2012/12/17
	节能产品惠民工程高效节能平板电视推广目录（第三批）	中华人民共和国国家发展和改革委员会 中华人民共和国财政部 中华人民共和国工业和信息化部 2012 年 第 48 号	2012/12/17
	节能产品惠民工程高效太阳能热水器推广目录（第三批）	中华人民共和国国家发展和改革委员会 中华人民共和国财政部 中华人民共和国工业和信息化部 2012 年 第 50 号	2012/12/17

续表

政策分布	政策名称	发文字号	成文时间
节能环保	关于公布可再生能源电价附加资金补助目录（第三批）的通知	财建〔2012〕1067 号	2013/12/20
	“节能产品政府采购清单”（第十三期）公示通知		2012/12/26
	关于印发《可再生能源电价附加有关会计处理规定》的通知	财会〔2012〕24 号	2012/12/27
	国家发展改革委关于扩大脱硝电价政策试点范围有关问题的通知	发改价格〔2012〕4095 号	2012/12/28
	关于发展环保服务业的指导意见	环发〔2013〕8 号	2013/1/17
	关于开展环境污染强制责任保险试点工作的指导意见	环发〔2013〕10 号	2013/1/21
	国务院关于印发循环经济发展战略及近期行动计划的通知	国发〔2013〕5 号	2013/1/23
	国务院办公厅关于印发近期土壤环境保护和综合治理工作安排的通知	国办发〔2013〕7 号	2013/1/23
	关于简化节能家电 高效电机补贴兑付信息管理及加强高效节能工业产品组织实施等工作的通知	财建〔2013〕8 号	2013/1/25
	关于印发再制造单位质量技术控制规范（试行）的通知	发改办环资〔2013〕191 号	2013/1/29
	关于印发半导体照明节能产业规划的通知	发改环资〔2013〕188 号	2013/1/30
	国务院办公厅关于加强内燃机工业节能减排的意见	国办发〔2013〕12 号	2013/2/6
	关于征求《环境空气细颗粒物污染防治技术政策（试行）》（征求意见稿）意见的函	环办函〔2013〕167 号	2013/2/6
	科技部关于印发“十二五”国家碳捕集利用与封存科技发展专项规划的通知	国科发社〔2013〕142 号	2013/2/16
	国家发展改革委 国家认监委关于印发《低碳产品认证管理暂行办法》的通知	发改气候〔2013〕279 号	2013/2/18
	《中国逐步降低荧光灯含汞量路线图》发布	中华人民共和国工业和信息化部 中华人民共和国科学技术部 中华人民共和国环境保护部公告 2013 年第 11 号	2013/2/18
	《工业固体废物综合利用先进适用技术目录（征求意见稿）》公示		2013/2/19
	《节能机电设备（产品）推荐目录（第四批）》发布	中华人民共和国工业和信息化部公告 2013 年第 12 号	2013/2/21
	国家发展改革委办公厅关于确定第二批再制造试点的通知	发改办环资〔2013〕506 号	2013/2/27
	工业和信息化部关于印发《2013 年工业节能与绿色发展专项行动实施方案》的通知	工信部节〔2013〕95 号	2013/3/21
	财政部 国家税务总局关于享受资源综合利用增值税优惠政策的纳税人执行污染物排放标准有关问题的通知	财税〔2013〕23 号	2013/4/1
	关于印发循环经济发展专项资金支持国家循环经济教育示范基地建设实施方案的通知	发改办环资〔2013〕816 号	2013/4/3
	国家发展改革委关于推动碳捕集、利用和封存试验示范的通知	发改气候〔2013〕849 号	2013/4/27
	国家发展改革委办公厅关于请组织开展推荐国家重点节能技术工作的通知	发改办环资〔2013〕1311 号	2013/5/31
	《清洁生产评价指标体系编制通则》（试行稿）	中华人民共和国国家发展和改革委员会 中华人民共和国环境保护部 中华人民共和国工业和信息化部 2013 年 第 33 号	2013/6/5

续表

政策分布	政策名称	发文字号	成文时间
节能环保	工业和信息化部 国家质量监督检验检疫总局关于组织实施电机能效提升计划（2013-2015年）的通知	工信部联节〔2013〕226号	2013/6/10
	最高人民法院 最高人民检察院关于办理环境污染刑事案件适用法律若干问题的解释	法释〔2013〕15号	2013/6/18
	关于加强污染源环境监管信息公开工作的通知	环发〔2013〕74号	2013/7/12
	国务院关于加快发展节能环保产业的意见	国发〔2013〕30号	2013/8/1
	有色金属6行业污染排放标准		2013/8/5
	关于发布《大气颗粒物来源解析技术指南（试行）》的通知	环发〔2013〕92号	2013/8/14
	国家发展改革委关于加大工作力度确保实现2013年节能减排目标任务的通知	发改环资〔2013〕1585号	2013/8/16
	国家发展改革委关于组织开展循环经济示范城市（县）创建工作的通知	发改环资〔2013〕1720号	2013/9/4
	国务院关于印发大气污染防治行动计划的通知	国发〔2013〕37号	2013/9/10
	国家发展改革委办公厅 财政部办公厅关于组织推荐节能产品惠民工程高效电机推广目录的通知	发改环资〔2013〕2329号	2013/9/12
	关于发布《环境空气细颗粒物污染综合防治技术政策》的公告	环境保护部公告2013年第59号	2013/9/13
	关于发布国家环保标准《轻型汽车污染物排放限值及测量方法（中国第五阶段）》的公告	环境保护部公告2013年第37号	2013/9/17
	关于发布国家环境保护标准《砖瓦工业大气污染物排放标准》的公告	环境保护部公告2013年第38号	2013/9/17
	城镇排水与污水处理条例（草案）		2013/9/18
	关于下达2013年交通运输节能减排专项资金的通知	财建〔2013〕688号	2013/9/27
	企业环境信用评价办法（试行）（征求意见稿）		2013/9/29
	关于加强环境保护与公安部门执法衔接配合工作的意见	环发〔2013〕126号	2013/11/4
	国家税务总局国家发展改革委关于落实节能服务企业合同能源管理项目企业所得税优惠政策有关征收管理问题的公告	国家税务总局国家发展改革委公告2013年第77号	2013/12/17
	关于印发《企业环境信用评价办法（试行）》的通知	环发〔2013〕1号	2013/12/18
	工业和信息化部关于石化和化学工业节能减排指导意见	工信部节〔2013〕514号	2013/12/23
	2012年全国海水利用报告		2013/12/23
	废弃电器电子产品处理目录调整重点（征求意见稿）		2013/12/25
	2014年国家重点监控企业名单		2013/12/26
	水泥工业大气污染物排放标准		2013/12/27
	水泥窑协同处置固体废物污染控制标准		2013/12/27
	水泥窑协同处置固体废物环境保护技术规范		2013/12/27
	铅、锌工业污染物排放标准		2013/12/27
	国家发展改革委办公厅关于印发《重点流域水污染防治项目管理暂行办法》的通知	发改办地区〔2014〕97号	2014/1/14
	国家发展改革委办公厅关于组织开展第二批资源综合利用“双百工程”建设的通知	发改办环资〔2014〕437号	2014/2/26
	中华人民共和国环境保护法（修订草案）		2014/4/24

续表

政策分布	政策名称	发文字号	成文时间
节能环保	国务院办公厅关于印发大气污染防治行动计划实施情况考核办法（试行）的通知	国办发〔2014〕21号	2014/4/30
	关于促进生产过程协同资源化处理城市及产业废弃物工作的意见	发改环资〔2014〕884号	2014/5/6
	国务院办公厅关于印发2014-2015年节能减排低碳发展行动方案的通知	国办发〔2014〕23号	2014/5/15
	国家发展改革委关于加强和改进发电运行调节管理的指导意见	发改运行〔2014〕985号	2014/5/18
	关于印发《京津冀及周边地区重点行业大气污染限期治理方案》的通知	环发〔2014〕112号	2014/7/25
	国务院办公厅关于进一步推进排污权有偿使用和交易试点工作的指导意见	国办发〔2014〕38号	2014/8/6
	《国家重点推广的低碳技术目录》	中华人民共和国国家发展和改革委员会公告2014年第13号	2014/8/25
	关于调整排污费征收标准等有关问题的通知	发改价格〔2014〕2008号	2014/9/1
	关于印发《煤电节能减排升级与改造行动计划（2014-2020年）》的通知	发改能源〔2014〕2093号	2014/9/12
	工业和信息化部关于做好“十三五”期间重点行业淘汰落后和过剩产能目标计划制订工作的通知	工信部产业〔2014〕419号	2014/9/30
	关于印发加强“车油路”统筹加快推进机动车污染综合防治方案的通知	发改环资〔2014〕2368号	2014/10/24
	关于发布2014年国家鼓励发展的环境保护技术目录（工业烟气治理领域）的公告	2014年第71号	2014/10/30
	企业事业单位环境信息公开办法	环境保护部令 第31号	2014/12/19
	国务院办公厅关于推行环境污染第三方治理的意见	国办发〔2014〕69号	2014/12/27
	关于印发《重要资源循环利用工程（技术推广及装备产业化）实施方案》的通知	发改环资〔2014〕3052号	2014/12/31
	国务院关于印发水污染防治行动计划的通知	国发〔2015〕17号	2015/4/2
	财政部 环境保护部关于推进水污染防治领域政府和社会资本合作的实施意见	财建〔2015〕90号	2015/4/9
	中共中央 国务院关于加快推进生态文明建设的意见	中发〔2015〕12号	2015/4/25
	财政部关于印发《节能减排补助资金管理暂行办法》的通知	财建〔2015〕161号	2015/5/12
	国务院法制办公室关于《中华人民共和国环境保护税法（征求意见稿）》公开征求意见的通知		2015/6/10
	关于印发《环保“领跑者”制度实施方案》的通知	财建〔2015〕501号	2015/6/25
	环境保护公众参与办法	环境保护部令第35号	2015/7/13
	关于印发《排污权出让收入管理暂行办法》的通知	财税〔2015〕61号	2015/7/23
	国务院办公厅关于印发生态环境监测网络建设方案的通知	国办发〔2015〕56号	2015/7/26
	中共中央办公厅、国务院办公厅印发《党政领导干部生态环境损害责任追究办法（试行）》		2015/8/9
	工业和信息化部办公厅 国家开发银行办公厅关于推荐2015-2016年工业节能与绿色发展重点项目的通知	工信厅联节函〔2015〕584号	2015/8/26

续表

政策分布	政策名称	发文字号	成文时间
节能环保	交通运输部关于印发船舶与港口污染防治专项行动实施方案（2015-2020 年）的通知	交水发〔2015〕133 号	2015/8/27
	中共中央 国务院印发《生态文明体制改革总体方案》		2015/9/21
	关于开展循环经济示范城市（县）建设的通知	发改环资〔2015〕2154 号	2015/9/22
	关于进一步加快推进农作物秸秆综合利用和禁烧工作的通知	发改环资〔2015〕2651 号	2015/11/16
	交通运输部关于印发珠三角、长三角、环渤海（京津冀）水域船舶排放控制区实施方案的通知	交海发〔2015〕177 号	2015/12/2
	中共中央办公厅 国务院办公厅印发《生态环境损害赔偿制度改革试点方案》		2015/12/3
	关于印发《环境监测数据弄虚作假行为判定及处理办法》的通知	环发〔2015〕175 号	2015/12/28
	国家发展改革委办公厅关于请组织申报环保领域创新能力建设专项的通知	发改办高技〔2016〕378 号	2016/2/6
	中华人民共和国国家发展和改革委员会中华人民共和国环境保护部 中华人民共和国工业和信息化部公告——清洁生产评价指标体系制（修）订计划（第二批）	2016 年第 8 号	2016/4/8
	住房城乡建设部办公厅关于印发《省级公共建筑能耗监测平台验收和运行管理暂行办法》的通知	建办科〔2016〕18 号	2016/4/11
	最高人民法院关于充分发挥审判职能作用为推进生态文明建设与绿色发展提供司法服务和保障的意见	法发〔2016〕12 号	2016/5/26
	新《中华人民共和国节约能源法》（2016 年 7 月修订）		2016/7/1
	工业和信息化部办公厅关于印发高效节能环保工业锅炉产业化实施方案的通知	工信厅节函〔2016〕492 号	2016/7/19
	工业和信息化部办公厅关于开展绿色制造体系建设的通知	工信厅节函〔2016〕586 号	2016/9/3
	关于印发《全国生态保护“十三五”规划纲要》的通知	环生态〔2016〕151 号	2016/10/27
	关于印发《国家环境保护“十三五”科技发展规划纲要》的通知	环科技〔2016〕160 号	2016/11/9
	国务院关于印发“十三五”生态环境保护规划的通知	国发〔2016〕65 号	2016/11/24
	关于垃圾填埋沼气发电列入《环境保护、节能节水项目企业所得税优惠目录（试行）》的通知	财税〔2016〕131 号	2016/12/1
	工业和信息化部 商务部关于加快我国包装产业转型发展的指导意见	工信部联消费〔2016〕397 号	2016/12/6
	住房城乡建设部关于发布行业标准《绿色建筑运行维护技术规范》的公告	中华人民共和国住房和城乡建设部公告第 1393 号	2016/12/15
	国家发展改革委 国家海洋局关于促进海洋经济发展示范区建设发展的指导意见	发改地区〔2016〕2702 号	2016/12/22
	交通运输部关于印发《推进交通运输生态文明建设实施方案》的通知	交规划发〔2017〕45 号	2017/4/1
	工业和信息化部办公厅 科技部办公厅关于组织修订国家鼓励发展的重大环保技术装备目录（2014 年版）的通知	工信厅联节函〔2017〕244 号	2017/4/20
	关于印发《循环发展引领行动》的通知	发改环资〔2017〕751 号	2017/4/21

续表

政策分布	政策名称	发文字号	成文时间
节能环保	关于修订《农业资源及生态保护补助资金管理办法》的通知		2017/4/28
	住房城乡建设部关于发布国家标准《钢铁工业资源综合利用设计规范》的公告	中华人民共和国住房和城乡建设部公告第1573号	2017/5/27
	国家税务总局关于成立节能减排工作领导小组的通知	税总函〔2017〕247号	2017/6/26
	住房城乡建设部关于发布国家标准《绿色生态城区评价标准》的公告	中华人民共和国住房和城乡建设部公告第1640号	2017/7/31
	交通运输部关于推进长江经济带绿色航运发展的指导意见	交水发〔2017〕114号	2017/8/10
	国务院关于支持山西省进一步深化改革促进资源型经济转型发展的意见	国发〔2017〕42号	2017/9/1
	关于印发节能节水和环境保护专用设备企业所得税优惠目录（2017年版）的通知	财税〔2017〕71号	2017/9/6
	工业和信息化部关于加快推进环保装备制造业发展的指导意见	工信部节〔2017〕250号	2017/10/17
	交通运输部关于全面深入推进绿色交通发展的意见	交政研发〔2017〕186号	2017/11/27
	最高人民法院关于全面加强长江流域生态文明建设与绿色发展司法保障的意见	法发〔2017〕30号	2017/12/1
	关于发布《机动车污染防治技术政策》的公告	公告2017年第69号	2017/12/11
	中华人民共和国工业和信息化部 中华人民共和国科学技术部公告——国家鼓励发展的重大环保技术装备目录（2017年版）	2017年第61号	2017/12/27
	关于发布《环境专题空间数据加工处理技术规范》等五项国家环境保护标准的公告	环境保护部公告2018年第2号	2018/1/2
	关于发布《国家先进污染防治技术目录（固体废物处理处置、环境噪声与振动控制领域）》2017年的公告	环境保护部公告2018年第5号	2018/1/3
	关于发布《制浆造纸工业污染防治可行技术指南》的公告	环境保护部公告2018年第4号	2018/1/4
	关于发布《船舶水污染防治技术政策》的公告	环境保护部公告2018年第8号	2018/1/11
	关于发布《饮料酒制造业污染防治技术政策》的公告	环境保护部公告2018年第7号	2018/1/11
	住房城乡建设部关于印发《民用建筑能源资源消耗统计报表制度》的通知	建科函〔2018〕36号	2018/3/9
	关于批准西安高新技术产业开发区等3家园区为国家生态工业示范园区的通知	环科技〔2018〕11号	2018/3/23
	商务部办公厅 中华全国供销合作总社办公厅关于深化战略合作 推进农村流通现代化的通知	商办建函〔2018〕107号	2018/3/23
	关于印发《清洁生产审核评估与验收指南》的通知	环办科技〔2018〕5号	2018/4/12
	关于推荐先进大气污染防治技术的通知	环办科技函〔2018〕117号	2018/4/13
	关于发布《建设项目竣工环境保护验收技术指南污染影响类》的公告	公告2018年第9号	2018/5/15
	最高人民法院关于深入学习贯彻习近平生态文明思想为新时代生态环境保护提供司法服务和保障的意见	法发〔2018〕7号	2018/5/30
	最高人民法院发布10起人民法院服务保障新时代生态文明建设典型案例		2018/6/4

续表

政策分布	政策名称	发文字号	成文时间
节能环保	农业农村部 财政部关于实施绿色循环优质高效特色农业促进项目的通知	农财发〔2018〕22 号	2018/6/13
	中共中央 国务院关于全面加强生态环境保护 坚决打好污染防治攻坚战的意见		2018/6/16
	国务院关于印发打赢蓝天保卫战三年行动计划的通知	国发〔2018〕22 号	2018/6/27
	工业和信息化部办公厅关于推荐第三批绿色制造名单的通知	工信厅节函〔2018〕257 号	2018/7/31
	国家发展改革委办公厅关于邀请参加第十二届中日节能环保综合论坛的通知	发改办环资〔2018〕1277 号	2018/10/17
	市场监管总局国家发展改革委生态环境部关于加强锅炉节能环保工作的通知	国市监特设〔2018〕227 号	2018/11/16
	国管局、国家发展改革委、财政部等关于印发《关于认真学习贯彻习近平生态文明思想 深入推进公共机构能源资源节约和生态环境保护工作的重点举措》的通知		2018/11/20
	国务院办公厅关于印发“无废城市”建设试点工作方案的通知	国办发〔2018〕128 号	2018/12/29
	工业和信息化部、国家机关事务管理局、国家能源局关于加强绿色数据中心建设的指导意见	工信部联节〔2019〕24 号	2019/1/21
	工业和信息化部办公厅关于推荐第四批绿色制造名单的通知	工信厅节函〔2019〕45 号	2019/3/6
	关于印发《“无废城市”建设试点实施方案编制指南》和《“无废城市”建设指标体系（试行）》的函	环办固体函〔2019〕467 号	2019/5/8
	关于印发《推动重点消费品更新升级 畅通资源循环利用实施方案（2019—2020 年）》的通知	发改产业〔2019〕967 号	2019/6/3
	关于印发《绿色高效制冷行动方案》的通知	发改环资〔2019〕1054 号	2019/6/13
生物	关于发布 2011 年度农业科技成果转化资金项目申报指南的通知	国科办农〔2011〕10 号	2011/2/16
	关于做好 2011 年财政支持现代农业生产发展工作的通知	财办农〔2011〕19 号	2011/2/25
	国务院关于加快推进现代农作物种业发展的意见	国发〔2011〕8 号	2011/4/10
	关于促进种业改革发展的指导意见	国发〔2011〕8 号	2011/4/10
	关于印发医学科技发展“十二五”规划的通知	国科发计〔2011〕552 号	2011/10/28
	关于印发“十二五”生物技术发展规划的通知	国科发社〔2011〕588 号	2011/11/14
	关于印发“十二五”现代生物制造科技发展专项规划的通知	国科发计〔2011〕587 号	2011/11/14
	医药工业“十二五”发展规划		2012/1/19
	关于组织实施生物育种能力建设与产业化专项的通知	发改办高技〔2012〕607 号	2012/3/16
	《抗菌药物临床应用管理办法》	中华人民共和国卫生部令第 84 号	2012/4/24
	科技部关于国家重大科学研究计划重大科学目标导向项目细胞多能性和人类重大疾病的猴模型研究立项的通知	国科发基〔2012〕526 号	2012/5/8
	国家税务总局关于药品经营企业销售生物制品有关增值税问题的公告	国家税务总局公告 2012 年第 20 号	2012/5/28

续表

政策分布	政策名称	发文字号	成文时间
生物	关于公开征求生物种业科技发展等 14 个“十二五”专项规划（征求意见稿）意见的通知		2012/6/6
	科技部关于开展国家临床医学研究中心申报工作的通知	国科发社〔2012〕785 号	2012/7/5
	国家食品药品监督管理局关于印发药品和医疗器械行政处罚裁量适用规则的通知	国食药监法〔2012〕306 号	2012/11/2
	国家食品药品监督管理局关于超声肿瘤治疗系统等 17 个产品分类界定的通知	国食药监械〔2012〕361 号	2012/12/10
	国家食品药品监督管理局办公室关于做好医疗器械经营监管工作的通知	食药监办械〔2012〕145 号	2012/12/10
	国家食品药品监督管理局办公室关于印发 YY 0505-2012 医疗器械行业标准实施工作方案的通知	食药监办械〔2012〕149 号	2012/12/19
	国务院办公厅关于印发全国现代农作物种业发展规划（2012-2020 年）的通知	国办发〔2012〕59 号	2012/12/26
	国务院关于印发生物产业发展规划的通知	国发〔2012〕65 号	2012/12/29
	国家食品药品监督管理局关于印发天然药物新药研究技术要求的通知	国食药监注〔2013〕17 号	2013/1/18
	国家食品药品监督管理局关于做好药品医疗器械保健食品广告监测工作的通知	国食药监稽〔2013〕27 号	2013/2/1
	国务院办公厅印发《关于巩固完善基本药物制度和基层运行新机制的意见》	国办发〔2013〕14 号	2013/2/10
	国家食品药品监督管理局办公室关于进一步做好医疗器械产品分类界定工作的通知	食药监办械〔2013〕36 号	2013/3/28
	国家食品药品监督管理总局关于出口欧盟原料药证明文件有关事项的通知	食药监〔2013〕10 号	2013/5/7
	国家食品药品监督管理总局关于印发体外诊断试剂（医疗器械）经营企业验收标准的通知	食药监〔2013〕18 号	2013/5/16
	国家卫生和计划生育委员会办公厅关于加强连续肾脏替代治疗技术临床应用管理工作的通知	卫办医政函〔2013〕405 号	2013/5/17
	国家食品药品监督管理总局器械注册司关于征求《豁免提交临床试验资料的第二类医疗器械目录（第二批）》（征求意见稿）意见的通知	食药监械管便函〔2013〕2 号	2013/5/22
	国家食品药品监督管理总局关于部分医疗器械变更审批和质量管理体系检查职责调整有关事宜的通知	食药监械管〔2013〕28 号	2013/6/21
	国家食品药品监督管理总局办公厅关于严格中药饮片炮制规范及中药配方颗粒试点研究管理等有关事宜的通知	食药监办药化管〔2013〕28 号	2013/6/26
	国家卫生计生委办公厅关于加强植入性医疗器械临床使用监管工作的通知	国卫办医函〔2013〕61 号	2013/7/15
	国家卫生计生委关于印发医疗机构临床检验项目目录（2013 年版）的通知	国卫医发〔2013〕9 号	2013/8/5
	国家食品药品监督管理总局关于医疗器械重新注册有关事项的通告	国家食品药品监督管理总局通告 2013 年第 9 号	2013/12/9
	关于征求《医疗器械生产质量管理规范检查评定标准》意见的函	食药监械监便函〔2013〕94 号	2013/12/11
	关于征求《医疗器械经营质量管理规范（征求意见稿）》意见的函	食药监械监便函〔2013〕96 号	2013/12/26
	国家食品药品监督管理总局关于无菌药品实施《药品生产质量管理规范（2010 年修订）》有关事宜的公告	国家食品药品监督管理总局公告 2013 年第 53 号	2013/12/31
	食品药品监管总局关于印发创新医疗器械特别审批程序（试行）的通知	食药监械管〔2014〕13 号	2014/2/7
	《医疗器械监督管理条例》	国务院令第 650 号	2014/3/7

续表

政策分布	政策名称	发文字号	成文时间
生物	关于进一步加强农业转基因生物安全监管工作的通知	农科教发〔2014〕2号	2014/5/27
	国家能源局关于印发《生物柴油产业发展政策》的通知	国能科技〔2014〕511号	2014/11/28
	关于印发生物育种工程实施方案的通知	发改高技〔2014〕3057号	2014/12/31
	关于印发生物基材料重大创新发展工程实施方案的通知	发改高技〔2014〕3055号	2014/12/31
	蛋白类等生物药物与疫苗重大创新发展工程实施方案	发改高技〔2014〕3061号	2014/12/31
	国家发展和改革委员会 财政部 工业和信息化部关于印发高性能医学诊疗设备重大创新发展工程实施方案的通知	发改高技〔2014〕3059号	2014/12/31
	农业部办公厅关于印发《农业部2015年农业转基因生物安全监管工作方案》的通知	农办科〔2015〕5号	2015/2/15
	食品药品监管总局关于进一步加强中药饮片生产经营监管的通知	食药监药化监〔2015〕31号	2015/3/25
	国务院办公厅关于转发工业和信息化部等部门中药材保护和发展规划（2015—2020年）的通知	国办发〔2015〕27号	2015/4/14
	关于印发抗菌药物临床应用指导原则（2015年版）的通知	国卫办医发〔2015〕43号	2015/7/24
	国务院关于改革药品医疗器械审评审批制度的意见	国发〔2015〕44号	2015/8/9
	食品药品监管总局办公厅关于启用医疗器械注册管理信息系统备案子系统的通知	食药监办械管函〔2015〕534号	2015/9/2
	食品药品监管总局关于印发医疗器械经营质量管理规范现场检查指导原则的通知	食药监械监〔2015〕239号	2015/10/15
	《医疗器械使用质量监督管理办法》	国家食品药品监督管理总局令第18号	2015/10/21
	国家食品药品监督管理总局关于境内医疗器械生产企业跨省新开办企业时办理产品注册及生产许可有关事宜的公告	2015年第203号	2015/10/21
	食品药品监管总局关于执行医疗器械和体外诊断试剂注册管理办法有关问题的通知	食药监械管〔2015〕247号	2015/11/4
	食品药品监管总局关于切实做好对违法生产销售银杏叶提取物及制剂行为查处工作的通知	食药监稽〔2015〕251号	2015/11/5
	国家食品药品监督管理总局关于发布药物临床试验数据现场核查要点的公告	食品药品监管总局2015年第228号	2015/11/10
	国家食品药品监督管理总局关于药品注册审评审批若干政策的公告	食品药品监管总局2015年第230号	2015/11/11
	国家食品药品监督管理总局关于征求《关于开展仿制药质量和疗效一致性评价的意见（征求意见稿）》意见的公告	食品药品监管总局2015年第231号	2015/11/18
	国家食品药品监督管理总局关于化学药生物等效性试验实行备案管理的公告	食品药品监管总局2015年第257号	2015/12/1
	发展改革委办公厅关于第一批基因检测技术应用示范中心建设方案的复函	发改办高技〔2016〕534号	2016/3/3
	关于印发国家循环经济试点示范典型经验的通知	发改环资〔2016〕965号	2016/5/4
	发展改革委办公厅关于新兴产业重大工程包中药标准化项目的复函	发改办高技〔2016〕1399号	2016/6/2
	关于印发《医药工业发展规划指南》的通知	工信部联规〔2016〕350号	2016/10/26
	国家发展改革委关于印发《“十三五”生物产业发展规划》的通知	发改高技〔2016〕2665号	2016/12/20
	中共中央 国务院关于深入推进农业供给侧结构性改革加快培育农业农村发展新动能的若干意见		2016/12/31

续表

政策分布	政策名称	发文字号	成文时间
生物	农业部关于印发《“十三五”渔业科技发展规划》的通知	农渔发〔2017〕3号	2017/1/19
	国务院办公厅关于加快推进农业供给侧结构性改革大力发展粮食产业经济的意见	国办发〔2017〕78号	2017/9/1
	农业部办公厅 中国农业发展银行办公室关于政策性金融支持农村创业创新的通知	农办加〔2017〕29号	2017/11/23
	关于组织实施生物医药合同研发和生产服务平台建设专项的通知	发改办高技〔2018〕633号	2018/5/31
	农业农村部关于实施农村一二三产业融合发展推进行动的通知	农加发〔2018〕5号	2018/6/6
	农业农村部办公厅关于开展农业重大技术协同推广计划试点的通知	农办科〔2018〕16号	2018/6/11
	农业农村部办公厅关于做好2018年新型职业农民培育工作的通知	农办科〔2018〕17号	2018/6/11
	教育部关于印发《高等学校乡村振兴科技创新行动计划（2018—2022年）》的通知	教技〔2018〕15号	2018/12/29
	农业农村部办公厅关于组织转基因生物新品种培育重大专项课题调增研究任务申报的通知	农办科〔2019〕27号	2019/7/2
高端装备制造	住房和城乡建设部公告第782号——关于发布行业产品标准《城市轨道交通车辆空调、采暖及通风装置技术条件》的公告	住房和城乡建设部公告第782号	2010/10/21
	装备制造人才队伍建设中长期规划（2010-2020年）		2011/5/23
	关于印发海洋工程装备产业创新发展战略（2011—2020）的通知	发改高技〔2011〕1675号	2011/8/5
	重大技术装备自主创新指导目录		2012/1/12
	关于印发《装备工业行业标准制定管理实施细则（2012年修订版）》的通知	工信厅装〔2012〕11号	2012/1/17
	关于调整重大技术装备进口税收政策有关目录的通知	财关税〔2012〕14号	2012/3/7
	关于印发数控一代机械产品创新应用示范工程十二五规划的通知	国科发高〔2012〕131号	2012/3/16
	海洋工程装备制造业中长期发展规划		2012/3/22
	关于印发智能制造科技发展“十二五”专项规划的通知	国科发计〔2012〕193号	2012/3/27
	关于印发高速列车科技发展“十二五”专项规划的通知	国科发计〔2012〕230号	2012/4/1
	关于印发服务机器人科技发展“十二五”专项规划的通知	国科发计〔2012〕194号	2012/4/1
	国家发展改革委 财政部 工业和信息化部办公厅关于组织实施2012年智能制造装备发展专项的通知	发改办高技〔2012〕905号	2012/4/16
	关于印发“十二五”制造业信息化科技工程规划的通知	国科发高〔2012〕312号	2012/4/28
	高端装备制造业“十二五”发展规划		2012/5/7

续表

政策分布	政策名称	发文字号	成文时间
高端装备制造	关于印发《“数控一代”装备创新工程行动计划》的通知	工信部联装〔2012〕251 号	2012/6/5
	国务院关于无锡国家传感网创新示范区发展规划纲要（2012—2020 年）的批复	国函〔2012〕96 号	2012/8/5
	《无锡国家传感网创新示范区发展规划纲要》发布		2012/8/20
	国务院关于印发全国海洋经济发展“十二五”规划的通知	国发〔2012〕50 号	2012/9/16
	关于印发《通用航空发展专项资金管理暂行办法》的通知	民航发〔2012〕111 号	2012/12/11
	工业和信息化部印发《民用航空工业中长期发展规划（2013-2020 年）》的通知		2012/12/26
	国务院办公厅关于印发促进民航业发展重点工作分工方案的通知	国办函〔2013〕4 号	2013/1/14
	工业和信息化部关于印发《卫星固定业务通信网内设置使用移动平台地球站管理暂行办法》的通知	工信部无〔2013〕29 号	2013/1/21
	工业和信息化部 科技部 财政部 国家标准化管理委员会关于印发《加快推进传感器及智能化仪器仪表产业发展行动计划》的通知		2013/2/28
	关于印发再制造产品“以旧换再”试点实施方案的通知	发改环资〔2013〕1303 号	2013/7/4
	国务院关于印发船舶工业加快结构调整促进转型升级实施方案（2013-2015 年）的通知	国发〔2013〕29 号	2013/7/31
	关于调整进口飞机有关增值税政策的通知	财关税〔2013〕53 号	2013/8/29
	国务院办公厅关于印发国家卫星导航产业中长期发展规划的通知	国办发〔2013〕97 号	2013/9/26
	印发《通用航空飞行任务审批与管理规定》的通知		2013/11/6
	关于印发海洋工程装备工程实施方案的通知	发改高技〔2014〕784 号	2014/4/24
	智能制造装备工程实施方案		2014/6/4
	国家集成电路产业发展推进纲要		2014/6/6
	关于印发重大环保装备与产品产业化工程实施方案的通知	发改环资〔2014〕2064 号	2014/9/9
	国家发展改革委工业和信息化部关于印发重大节能技术与装备产业化工程实施方案的通知	发改环资〔2014〕2423 号	2014/10/27
	国务院关于国家重大科研基础设施和大型科研仪器向社会开放的意见	国发〔2014〕70 号	2014/12/31
	关于开展首台（套）重大技术装备保险补偿机制试点工作的通知	财建〔2015〕19 号	2015/2/2
	国务院关于印发《中国制造 2025》的通知	国发〔2015〕28 号	2015/5/8
	工业和信息化部关于公布 2015 年智能制造试点示范项目名单的通告		2015/7/2
	国家标准委办公室工业和信息化部办公厅关于组织开展国家高端装备制造业标准化试点工作的通知	标委办工一联〔2015〕102 号	2015/7/9

续表

政策分布	政策名称	发文字号	成文时间
高端装备制造	关于调整重大技术装备进口税收政策有关目录及规定的通知	财关税〔2015〕51 号	2015/12/1
	关于印发《加强信息共享促进产融合作行动方案》的通知	工信部联财〔2016〕83 号	2016/3/2
	工业和信息化部 发展改革委 财政部关于印发《机器人产业发展规划（2016 — 2020 年）》的通知	工信部联规〔2016〕109 号	2016/3/21
	工业和信息化部关于印发《绿色制造 2016 专项行动实施方案》的通知	工信部节〔2016〕113 号	2016/3/24
	工业和信息化部关于开展两化深度融合创新推进 2016 专项行动的通知	工信部信软〔2016〕123 号	2016/3/30
	工业和信息化部关于开展智能制造试点示范 2016 专项行动的通知	工信部装〔2016〕125 号	2016/4/11
	工业和信息化部 发展改革委 科技部 财政部关于印发制造业创新中心等 5 大工程实施指南的通知		2016/4/12
	工业和信息化部办公厅 财政部办公厅关于发布 2016 年工业强基工程实施方案指南的通知	工信厅联规〔2016〕83 号	2016/5/12
	国家发展改革委 工业和信息化部发布关于实施制造业升级改造重大工程包的通知	发改产业〔2016〕1055 号	2016/5/13
	国家铁路局关于印发《国家铁路局课题研究计划管理办法》的通知	国铁科法〔2016〕25 号	2016/6/20
	质检总局 国家标准委 工业和信息化部 关于印发《装备制造业标准化和质量提升规划》的通知	国质检标联〔2016〕396 号	2016/8/1
	工业和信息化部 质检总局 国防科工局关于印发《促进装备制造业质量品牌提升专项行动指南》的通知	工信部联科〔2016〕268 号	2016/8/15
	工业和信息化部印发《关于完善制造业创新体系，推进制造业创新中心建设的指导意见》	工信部科〔2016〕273 号	2016/8/19
	工业和信息化部 国家发展和改革委员会关于印发《智能硬件产业创新发展专项行动（2016-2018 年）》的通知	工信部联电子〔2016〕302 号	2016/9/19
	国防科工局 发展改革委关于加快推进“一带一路”空间信息走廊建设与应用的指导意见	科工一司〔2016〕1199 号	2016/10/22
	《航空运动产业发展规划》		2016/11/25
	工业和信息化部 财政部关于印发《智能制造发展规划（2016-2020 年）》的通知	工信部联规〔2016〕349 号	2016/12/8
	工业和信息化部办公厅 发展改革委办公厅 国家认监委办公厅关于促进机器人产业健康发展的通知	工信厅联装〔2016〕169 号	2016/12/16
	工业和信息化部、发展改革委、财政部、人民银行、银监会、国防科工局关于印发《船舶工业深化结构调整加快转型升级行动计划（2016 — 2020 年）》的通知	工信部联装〔2016〕447 号	2016/12/30
	通用航空“十三五”发展规划		2017/2/17
	民航节能减排“十三五”规划		2017/2/28
	工业和信息化部办公厅关于开展 2017 年智能制造试点示范项目推荐的通知	工信厅装函〔2017〕215 号	2017/4/21
	两部门关于发布 2017 年工业转型升级（中国制造 2025）资金工作指南的通知	工信厅联规〔2017〕53 号	2017/5/24

续表

政策分布	政策名称	发文字号	成文时间
高端装备制造	工业和信息化部关于印发《高端智能再制造行动计划（2018-2020年）》的通知	工信部节〔2017〕265号	2017/10/31
	国务院关于深化“互联网+先进制造业”发展工业互联网的指导意见		2017/11/19
	国务院办公厅关于创建“中国制造2025”国家级示范区的通知	国办发〔2017〕90号	2017/11/20
	八部门关于印发《海洋工程装备制造业持续健康发展行动计划（2017-2020年）》的通知	工信部联装〔2017〕298号	2017/11/27
	工业和信息化部关于促进和规范民用无人机制造业发展的指导意见	工信部装〔2017〕310号	2017/12/6
	国家制造强国建设领导小组办公室关于印发《“中国制造2025”国家级示范区评估指南（暂行）》的通知	工信厅规〔2018〕14号	2018/1/24
	工业和信息化部办公厅关于印发《智能制造综合标准化与新模式应用项目管理工作细则》的通知	工信厅装〔2018〕21号	2018/3/19
	工业和信息化部办公厅 财政部办公厅关于发布2018年工业转型升级资金工作指南的通知	工信厅联规〔2018〕36号	2018/5/24
	住房城乡建设部办公厅关于印发《城市轨道交通工程BIM应用指南》的通知	建办质函〔2018〕274号	2018/5/30
	国务院办公厅关于进一步加强城市轨道交通规划建设管理的意见	国办发〔2018〕52号	2018/6/28
	国防科工局关于印发民用航天“十三五”技术预先研究第二批项目指南的通知	科工一司〔2018〕1029号	2018/7/17
	工业和信息化部 国家标准化管理委员会关于印发国家智能制造标准体系建设指南（2018年版）的通知	工信部联科〔2018〕154号	2018/8/14
	工业和信息化部关于公布2018年智能制造试点示范项目名单的通告	工信部装函〔2018〕343号	2018/9/27
新能源	国家电力监管委员会关于开展新能源发电并网接入情况调查工作的通知	办输电函〔2010〕258号	2010/7/26
	国家发展改革委关于做好2011年电力运行调节工作的通知	发改运行〔2011〕662号	2011/3/28
	关于做好2011年金太阳示范工作的通知	财建〔2011〕380号	2011/6/26
	国家发展改革委关于完善太阳能光伏发电上网电价政策的通知	发改价格〔2011〕1594号	2011/7/24
	关于加强太阳能光电建筑应用示范后续工作管理的通知	财建〔2011〕623号	2011/8/12
	国家能源局关于“十二五”第一批拟核准风电项目计划安排的通知	国能新能〔2011〕200号	2011/10/1
	关于印发《可再生能源发展基金征收使用管理暂行办法》的通知	财综〔2011〕115号	2011/11/29
	国家能源局关于印发风电功率预报与电网协调运行实施细则（试行）的通知	国能新能〔2012〕12号	2012/1/13
	《太阳能光伏产业“十二五”发展规划》印发		2012/2/23
	电监会发布《关于加强风电安全工作的意见》		2012/3/1
	关于印发页岩气发展规划（2011-2015年）的通知	发改能源〔2012〕612号	2012/3/13
	财政部国家发展改革委国家能源局关于印发《可再生能源电价附加补助资金管理暂行办法》的通知	财建〔2012〕102号	2012/3/14
	国家能源局关于印发“十二五”第二批风电项目核准计划的通知	国能新能〔2012〕82号	2012/3/19
	关于印发风力发电科技发展“十二五”专项规划的通知	国科发计〔2012〕197号	2012/3/27

续表

政策分布	政策名称	发文字号	成文时间
新能源	关于印发太阳能发电科技发展“十二五”专项规划的通知	国科发计〔2012〕198 号	2012/3/27
	国家发展改革委办公厅关于开展资源综合利用“双百工程”建设的通知	发改办环资〔2012〕726 号	2012/3/27
	关于印发智能电网重大科技产业化工程“十二五”专项规划的通知	国科发计〔2012〕232 号	2012/3/27
	关于印发洁净煤技术科技发展“十二五”专项规划的通知	国科发计〔2012〕196 号	2012/3/27
	国家能源局关于申报新能源示范城市和产业园区的通知	国能新能〔2012〕156 号	2012/5/25
	关于下达首批国家天然气分布式能源示范项目的通知	发改能源〔2012〕1571 号	2012/6/1
	加强电力监管支持民间资本投资电力的实施意见	电监政法〔2012〕36 号	2012/6/14
	国家核安全局关于进一步明确部分民用核安全设备类别许可范围的通知	国核安发〔2012〕106 号	2012/6/25
	可再生能源“十二五”规划方案	发改能源〔2012〕1207 号	2012/7/6
	国家能源局关于印发太阳能发电发展“十二五”规划的通知	国能新能〔2012〕194 号	2012/7/7
	国家能源局关于印发生物质能发展“十二五”规划的通知	国能新能〔2012〕216 号	2012/7/24
	关于申报 2013 年核与辐射安全监管项目的通知	环办函〔2012〕883 号	2012/7/25
	财政部住房城乡建设部关于完善可再生能源建筑应用政策及调整资金分配管理方式的通知	财建〔2012〕604 号	2012/8/21
	国家能源局关于申报分布式光伏发电规模化应用示范区的通知	国能新能〔2012〕298 号	2012/9/14
	关于公布可再生能源电价附加资金补助目录（第二批）的通知	财建〔2012〕808 号	2012/10/15
	国家发展改革委关于印发天然气发展“十二五”规划的通知	发改能源〔2012〕3383 号	2012/10/22
	国土资源部关于加强页岩气资源勘查开采和监督管理有关工作的通知	国土资发〔2012〕159 号	2012/10/26
	关于出台页岩气开发利用补贴政策的通知	财建〔2012〕847 号	2012/11/1
	国家发展改革委 国家电监会关于可再生能源电价补贴和配额交易方案（2010 年 10 月 -2011 年 4 月）的通知	发改价格〔2012〕3762 号	2012/11/26
	国家发展改革委国家认监委关于加强万家企业能源管理体系建设工作的通知	发改环资〔2012〕3787 号	2012/11/28
	工业和信息化部 环境保护部关于印发《铅蓄电池行业准入公告管理暂行办法》的通知	工信部联消费〔2012〕569 号	2012/11/29
	《特殊和稀缺煤类开发利用管理暂行规定》	中华人民共和国国家发展和改革委员会令第 16 号	2012/12/9
	关于印发《可再生能源电价附加有关会计处理规定》的通知	财会〔2012〕24 号	2012/12/27
	国家发展改革委关于贯彻落实国务院办公厅关于深化电煤市场化改革的指导意见做好产运需衔接工作的通知	发改运行〔2012〕4103 号	2012/12/31
	国务院关于印发能源发展“十二五”规划的通知	国发〔2013〕2 号	2013/1/1
	国家能源局关于做好 2013 年风电并网和消纳相关工作的通知	国能新能〔2013〕65 号	2013/2/16
	国家电网公司关于做好分布式电源并网服务工作的意见		2013/2/27
	国家能源局关于印发“十二五”第三批风电项目核准计划的通知	国能新能〔2013〕110 号	2013/3/11

续表

政策分布	政策名称	发文字号	成文时间
新能源	国家能源局综合司关于做好风电清洁供暖工作的通知	国能综新能〔2013〕63号	2013/3/15
	工业和信息化部关于促进太阳能热水器行业健康发展的指导意见	工信部消费〔2013〕170号	2013/5/10
	国家能源局关于加强风电产业监测和评价体系建设的通知	国能新能〔2013〕201号	2013/5/23
	国家林业局关于印发《全国林业生物质能源发展规划（2011—2020年）》的通知	林规发〔2013〕86号	2013/5/28
	国家发展改革委关于完善核电上网电价机制有关问题的通知	发改价格〔2013〕1130号	2013/6/15
	国家核应急预案		2013/6/30
	国务院关于促进光伏产业健康发展的若干意见	国发〔2013〕24号	2013/7/4
	国家发展改革委关于印发《分布式发电管理暂行办法》的通知	发改能源〔2013〕1381号	2013/7/18
	国家能源局综合司关于开展风电太阳能光伏发电消纳情况监管调研的通知	国能综监管〔2013〕251号	2013/7/22
	国家发展改革委关于发挥价格杠杆作用促进光伏产业健康发展的通知	发改价格〔2013〕1638号	2013/8/26
	《光伏制造行业规范条件》	中华人民共和国工业和信息化部公告2013年第47号	2013/9/16
	关于光伏发电增值税政策的通知	财税〔2013〕66号	2013/9/23
	服务核电企业科学发展协调工作机制实施方案		2013/10/11
	工业和信息化部关于印发《光伏制造行业规范公告管理暂行办法》的通知	工信部电子〔2013〕405号	2013/10/11
	页岩气产业政策	国家能源局公告2013年第5号	2013/10/22
	国家能源局关于分布式光伏发电项目管理暂行办法的通知	国能新能〔2013〕433号	2013/11/18
	关于对分布式光伏发电自发自用电量免征政府性基金有关问题的通知	财综〔2013〕103号	2013/11/19
	国家能源局综合司关于加强核电重大专项验收管理的补充通知	国能综核电〔2013〕610号	2013/11/19
	光伏发电运营监管暂行办法		2013/11/26
	大型先进压水堆及高温气冷堆核电站重大专项知识产权管理办法（试行）	国能综核电〔2013〕609号	2013/12/13
	海洋局关于印发《海洋可再生能源发展纲要（2013—2016年）》的通知	国海科学〔2013〕781号	2013/12/27
	国家能源局关于加强风电项目核准计划管理有关工作的通知	国能新能〔2014〕24号	2014/1/6
	国家能源局关于公布创建新能源示范城市（产业园区）名单（第一批）的通知	国能新能〔2014〕14号	2014/1/8
	国家能源局关于做好2014年风电并网消纳工作的通知	国能资质〔2014〕136号	2014/3/12
	国家能源局关于明确电力业务许可管理有关事项的通知	国能资质〔2014〕151号	2014/4/9
	国家税务总局关于国家电网公司购买分布式光伏发电项目电力产品发票开具等有关问题的公告	国家税务总局公告2014年第32号	2014/6/3
	国家能源局关于进一步落实分布式光伏发电有关政策的通知	国能新能〔2014〕406号	2014/9/2
	国家能源局关于规范风电设备市场秩序有关要求的通知	国能新能〔2014〕412号	2014/9/5

续表

政策分布	政策名称	发文字号	成文时间
新能源	国家能源局关于进一步加强光伏电站建设与运行管理工作的通知	国能新能〔2014〕445 号	2014/10/9
	国家能源局关于印发实施光伏扶贫工程工作方案的通知	国能新能〔2014〕420 号	2014/10/11
	工业和信息化部关于进一步优化光伏企业兼并重组市场环境的意见	工信部电子〔2014〕591 号	2014/12/30
	国家发展改革委 国家能源局关于改善电力运行调节促进清洁能源多发满发的指导意见	发改运行〔2015〕518 号	2015/3/20
	国家能源局关于做好 2015 年度风电并网消纳有关工作的通知	国能新能〔2015〕82 号	2015/3/23
	关于印发《可再生能源发展专项资金管理暂行办法》的通知	财建〔2015〕87 号	2015/4/2
	关于页岩气开发利用财政补贴政策的通知	财建〔2015〕112 号	2015/4/17
	国家能源局关于促进先进光伏技术产品应用和产业升级的意见	国能新能〔2015〕194 号	2015/6/1
	国家能源局综合司关于开展风电清洁供暖工作的通知	国能综新能〔2015〕306 号	2015/6/5
	国家能源局关于推进新能源微电网示范项目建设的指导意见	国能新能〔2015〕265 号	2015/7/13
	中华人民共和国国家发展和改革委员会中华人民共和国工业和信息化部 中华人民共和国环境保护部 中华人民共和国商务部 国家质量监督检验检疫总局公告——电动汽车动力蓄电池回收利用技术政策（2015 年版）	2016 年 第 2 号	2016/1/5
	国家能源局综合司关于征求完善太阳能发电规模管理和实行竞争方式配置项目指导意见的函	国能综新能〔2016〕14 号	2016/1/11
	国家能源局综合司关于做好光伏发电项目与国家可再生能源信息管理平台衔接有关工作的通知	国能综新能〔2016〕18 号	2016/1/11
	关于推进“互联网 +”智慧能源发展的指导意见	发改能源〔2016〕392 号	2016/2/24
	国家能源局关于建立可再生能源开发利用目标引导制度的指导意见	国能新能〔2016〕54 号	2016/2/29
	国家能源局关于印发可再生能源 发电利用统计报表制度的通知		2016/4/14
	关于推进电能替代的指导意见	发改能源〔2016〕1054 号	2016/5/16
	国家能源局关于印发《电力规划管理办法》的通知	国能电力〔2016〕139 号	2016/5/17
	国家能源局关于下达 2016 年光伏发电建设实施方案的通知	国能新能〔2016〕166 号	2016/6/3
	国家发展改革委 工业和信息化部 国家能源局关于印发《中国制造 2025—能源装备实施方案》的通知	发改能源〔2016〕1274 号	2016/6/12
	工业和信息化部关于印发《工业绿色发展规划（2016-2020 年）》的通知	工信部规〔2016〕225 号	2016/6/30
	国家能源局关于建设太阳能热发电示范项目的通知	国能新能〔2016〕223 号	2016/9/13
	国家能源局关于印发《太阳能发展“十三五”规划》的通知	国能新能〔2016〕354 号	2016/12/8
	工业和信息化部 商务部 科技部关于加快推进再生资源产业发展的指导意见	工信部联节〔2016〕440 号	2016/12/21
	国家能源局关于印发《能源技术创新“十三五”规划》的通知		2016/12/30
	十六部门关于利用综合标准依法依规推动落后产能退出的指导意见	工信部联产业〔2017〕30 号	2017/2/17
	国家发展改革委 国家能源局关于有序放开发用电计划的通知	发改运行〔2017〕294 号	2017/3/29

续表

政策分布	政策名称	发文字号	成文时间
新能源	工业和信息化部办公厅关于开展2017年度工业节能技术装备推荐及“能效之星”产品评价工作的通知	工信厅节函〔2017〕211号	2017/4/12
	工业和信息化部办公厅关于印发《太阳能光伏产业综合标准化技术体系》的通知	工信厅科〔2017〕45号	2017/4/25
	工业和信息化部关于印发《工业节能与绿色标准化行动计划（2017-2019年）》的通知	工信部节〔2017〕110号	2017/5/19
	国家能源局关于公布首批“互联网+”智慧能源（能源互联网）示范项目的通知	国能发科技〔2017〕20号	2017/6/28
	国家发展改革委、国家能源局关于印发《促进生物质能供热发展指导意见》的通知	发改能源〔2017〕2123号	2017/12/6
	财政部 税务总局 工业和信息化部 科技部 关于免征新能源汽车车辆购置税的公告	财政部公告2017年第172号	2017/12/26
	国家能源局关于2017年光伏发电领跑基地建设有关事项的通知		2017/12/29
	国家能源局关于减轻可再生能源领域 企业负担有关事项的通知	国能发新能〔2018〕34号	2018/4/2
	国家能源局关于印发《分散式风电项目开发建设暂行管理办法》的通知	国能发新能〔2018〕30号	2018/4/3
	国家能源局关于2018年度风电建设管理有关要求的通知	国能发新能〔2018〕47号	2018/5/18
	国家能源局关于推进太阳能热发电示范项目建设有关事项的通知	国能发新能〔2018〕46号	2018/5/18
	国家能源局关于印发《国家能源应用技术研究及工程示范项目管理暂行办法补充规定》的通知	国能发科技〔2018〕52号	2018/6/7
	国务院办公厅关于加强核电标准化工作的指导意见	国办发〔2018〕71号	2018/7/23
	国家能源局综合司关于开展“互联网+”智慧能源（能源互联网）示范项目验收工作的通知		2018/12/28
	国家发展改革委、国家能源局关于积极推进风电、光伏发电无补贴平价上网有关工作的通知	发改能源〔2019〕19号	2019/1/7
	国家林业和草原局关于规范风电场项目建设使用林地的通知	林资发〔2019〕17号	2019/2/26
	国家能源局关于完善风电供暖相关电力交易机制扩大风电供暖应用的通知	国能发新能〔2019〕35号	2019/4/4
	国家发展改革委办公厅、国家能源局综合司关于公布2019年第一批风电、光伏发电平价上网项目的通知	发改办能源〔2019〕594号	2019/5/20
	国家发展改革委关于完善风电上网电价政策的通知	发改价格〔2019〕882号	2019/5/21
	国家能源局关于2019年风电、光伏发电项目建设有关事项的通知	国能发新能〔2019〕49号	2019/5/28
新材料	国家高技术研究发展计划（863计划）新材料技术领域“先进激光材料及全固态激光技术”主题项目申请指南		2010/10/20
	氟化氢行业准入条件	工业和信息化部公告2011年第6号	2011/2/14
	镁行业准入条件	工业和信息化部公告2011年第7号	2011/3/7

续表

政策分布	政策名称	发文字号	成文时间
新材料	国家发展改革委关于印发“十二五”墙体材料革新指导意见的通知	发改环资〔2011〕2437号	2011/11/15
	关于印发《新材料产业“十二五”发展规划》的通知		2012/1/4
	关于印发粘胶纤维生产企业准入公告管理暂行办法的通知	工信部消费〔2012〕39号	2012/1/19
	半导体照明科技发展“十二五”专项规划	国科发计〔2012〕772号	2012/7/3
	工业和信息化部发布《稀土行业准入条件》	中华人民共和国工业和信息化部公告2012年第33号	2012/7/26
	科技部关于印发高品质特殊钢科技发展“十二五”专项规划的通知	国科发高〔2012〕849号	2012/8/6
	科技部关于印发高性能膜材料科技发展“十二五”专项规划的通知	国科发高〔2012〕895号	2012/8/21
	《玻璃纤维行业准入条件（2012年修订）》发布	中华人民共和国工业和信息化部公告2012年第46号	2012/9/27
	财政部工业和信息化部关于印发《稀土产业调整升级专项资金管理办法》的通知	财企〔2012〕375号	2012/11/9
	《石墨行业准入条件》	中华人民共和国工业和信息化部公告2012年第60号	2012/11/21
	符合《稀土行业准入条件》的企业名单（第一批）	中华人民共和国工业和信息化部公告2012年第59号	2012/11/21
	工业和信息化部关于印发《玻璃纤维行业准入公告管理暂行办法》的通知	工信部产业〔2012〕528号	2012/11/26
	符合《稀土行业准入条件》的企业名单（第二批）	中华人民共和国工业和信息化部公告2012年第61号	2012/12/11
	工业和信息化部发布合成氨行业准入条件	中华人民共和国工业和信息化部公告2012年第64号	2012/12/21
	符合《稀土行业准入条件》的企业名单（第三批）	中华人民共和国工业和信息化部公告2012年第65号	2012/12/26
	国土资源部办公厅关于下达2013年度钨矿锑矿稀土矿开采总量控制指标（第一批）的通知	国土资厅函〔2012〕1427号	2012/12/31
	工业和信息化部关于促进耐火材料产业健康可持续发展的若干意见	工信部原〔2013〕63号	2013/2/21
	科技部关于绿色建筑材料等16个国家重点实验室通过验收的通知	国科发基〔2013〕425号	2013/4/18
	工业和信息化部关于印发《新材料产业标准化工作三年行动计划》的通知	工信部原〔2013〕225号	2013/6/10
	加快推进碳纤维行业发展行动计划		2013/10/22
	财政部《2013年拟支持新材料研发及产业化项目公示》		2013/10/31
	工业和信息化部关于印发稀土行业清洁生产技术推行方案的通知	工信部节〔2014〕62号	2014/2/10
	国土资源部关于下达2014年度稀土矿钨矿开采总量控制指标的通知	国土资发〔2014〕65号	2014/6/5
	关于组织开展打击稀土违法违规行为专项行动的函	工信部联原函〔2014〕443号	2014/9/30

续表

政策分布	政策名称	发文字号	成文时间
新材料	关于印发关键材料升级换代工程实施方案的通知	发改高技〔2014〕2360号	2014/10/23
	工业和信息化部、发展改革委、财政部关于印发《国家增材制造产业发展推进计划（2015-2016年）》的通知	工信部联装〔2015〕53号	2015/2/11
	关于清理涉及稀土、钨、钼收费基金有关问题的通知	财税〔2015〕53号	2015/4/30
	关于实施稀土、钨、钼资源税从价计征改革的通知	财税〔2015〕52号	2015/4/30
	国土资源部关于下达2015年度稀土矿钨矿开采总量控制指标的通知	国土资函〔2015〕263号	2015/5/8
	关于加快石墨烯产业创新发展的若干意见	工信部联原〔2015〕435号	2015/11/20
	工业和信息化部关于印发《锂离子电池行业规范公告管理暂行办法》的通知	工信部电子〔2015〕452号	2015/12/9
	《铅蓄电池行业规范条件》（2015年本）		2015/12/10
	工业和信息化部 发展改革委 科技部 财政部关于印发《新材料产业发展指南》的通知	工信部联规〔2016〕454号	2016/12/30
	科技部关于印发《“十三五”材料领域科技创新专项规划》的通知	国科发高〔2017〕92号	2017/4/14
	工业和信息化部关于印发《重点新材料首批次应用示范指导目录（2017年版）》的通告	工信部原〔2017〕168号	2017/7/14
	工业和信息化部 财政部 保监会关于开展重点新材料首批次应用保险补偿机制试点工作的通知	工信部联原〔2017〕222号	2017/8/31
	十二部门关于印发《增材制造产业发展行动计划（2017-2020年）》的通知	工信部联装〔2017〕311号	2017/11/30
	工业和信息化部 财政部关于印发《国家新材料生产应用示范平台建设方案、国家新材料测试评价平台建设方案》的通知	工信部联原〔2017〕331号	2017/12/22
	质检总局 工业和信息化部 发展改革委 科技部 国防科工局 中国科学院 中国工程院 国家认监委 国家标准委关于印发《新材料标准领航行动计划 （2018-2020年）》的通知	国质检标联〔2018〕77号	2018/3/13
	工业和信息化部 财政部关于印发《国家新材料产业资源共享平台建设方案》的通知	工信部联原〔2018〕78号	2018/4/23
	工业和信息化部关于印发《重点新材料首批次应用示范指导目录（2018年版）》的通告	工信部原〔2018〕262号	2018/12/26
新能源汽车	财政部、科学技术部、工业和信息化部、国家发展和改革委员会关于开展私人购买新能源汽车补贴试点的通知	财建〔2010〕230号	2010/5/31
	关于扩大公共服务领域节能与新能源汽车示范推广有关工作的通知	财建〔2010〕227号	2010/5/31
	关于加强节能与新能源汽车示范推广安全管理工作的函	国科办函高〔2011〕322号	2011/8/18
	财政部 国家发展改革委 工业和信息化部关于调整节能汽车推广补贴政策的通知	财建〔2011〕754号	2011/9/7
	关于进一步做好节能与新能源汽车示范推广试点工作的通知	财办建〔2011〕149号	2011/10/14

续表

政策分布	政策名称	发文字号	成文时间
新能源汽车	关于节约能源 使用新能源车船车船税政策的通知	财税〔2012〕19号	2012/3/6
	关于节约能源 使用新能源车辆减免车船税的车型目录（第一批）的公告	财政部 国家税务总局 工业和信息化部公告 2012 年第 7 号	2012/3/6
	关于印发电动汽车科技发展“十二五”专项规划的通知	国科发计〔2012〕195号	2012/3/27
	财政部 国家税务总局 工业和信息化部关于节约能源 使用新能源车辆减免车船税的车型目录（第二批）的公告	财政部 国家税务总局 工业和信息化部公告 2012 年第 25 号	2012/5/28
	国务院关于印发节能与新能源汽车产业发展规划（2012—2020年）的通知	国发〔2012〕22号	2012/6/28
	关于扩大混合动力城市公交客车示范推广范围有关工作的通知	财建〔2012〕633号	2012/8/6
	商务部 工业和信息化部 公安部 交通运输部 工商总局 质检总局关于开展报废汽车专项整治工作的通知	商建发〔2012〕295号	2012/9/6
	关于组织开展新能源汽车产业技术创新工程的通知	财建〔2012〕80号	2012/9/20
	关于开展节能与新能源汽车示范推广试点总结验收工作的通知	财建便函〔2012〕105号	2012/11/30
	关于对 2012 年度新能源汽车产业技术创新工程拟支持项目名单进行公示的通知	财建便函〔2012〕103号	2012/11/30
	工业和信息化部办公厅关于印发《甲醇汽车试点技术数据采集管理办法》的通知		2013/1/25
	关于继续开展新能源汽车推广应用工作的通知	财建〔2013〕551号	2013/9/13
	关于进一步做好新能源汽车推广应用工作的通知	财建〔2014〕11号	2014/1/28
	国管局 财政部 科技部 工业和信息化部 发展改革委关于印发政府机关及公共机构购买新能源汽车实施方案的通知	国管节能〔2014〕293号	2014/6/11
	国务院办公厅关于加快新能源汽车推广应用的指导意见	国办发〔2014〕35号	2014/7/14
	关于免征新能源汽车车辆购置税的公告	公告 2014 年第 53 号	2014/8/1
	节能产品惠民工程节能环保汽车（1.6 升及以下乘用车）推广目录（第一批）	公告 2014 年第 15 号	2014/9/3
	关于印发《京津冀公交等公共服务领域新能源汽车推广工作方案》的通知		2014/9/24
	免征车辆购置税的新能源汽车车型目录（第二批）		2014/10/28
	关于新能源汽车充电设施建设奖励的通知	财建〔2014〕692号	2014/11/18
	国家重点研发计划新能源汽车重点专项实施方案（征求意见稿）		2015/2/16
	交通运输部关于加快推进新能源汽车在交通运输行业推广应用的实施意见	交运发〔2015〕34号	2015/3/13

续表

政策分布	政策名称	发文字号	成文时间
新能源汽车	关于《新建纯电动乘用车生产企业投资项目和生产准入管理规定》公开征求意见的公告		2015/3/13
	关于2016-2020年新能源汽车推广应用财政支持政策的通知	财建〔2015〕134号	2015/4/22
	财政部 国家税务总局 工业和信息化部关于节约能源 使用新能源车船车船税优惠政策的通知	财税〔2015〕51号	2015/5/7
	《免征车辆购置税的新能源汽车车型目录》（第四批）		2015/5/8
	关于完善城市公交车成品油价格补助政策　加快新能源汽车推广应用的通知	财建〔2015〕159号	2015/5/11
	工信部关于开展节能与新能源汽车推广应用安全隐患排查治理工作的通知	工信厅装函〔2015〕534号	2015/8/4
	国务院办公厅关于加快电动汽车充电基础设施建设的指导意见	国办发〔2015〕73号	2015/9/29
	关于印发《电动汽车充电基础设施发展指南（2015-2020年）》的通知	发改能源〔2015〕1454号	2015/10/9
	交通运输部 财政部 工业和信息化部关于印发《新能源公交车推广应用考核办法（试行）》的通知	交运发〔2015〕164号	2015/11/3
	关于“十三五”新能源汽车充电基础设施奖励政策及加强新能源汽车推广应用的通知	财建〔2016〕7号	2016/1/11
	四部门关于开展新能源汽车推广应用核查工作的通知	财办建〔2016〕6号	2016/1/20
	《新能源汽车废旧动力蓄电池综合利用行业规范条件》和《新能源汽车废旧动力蓄电池综合利用行业规范公告管理暂行办法》	中华人民共和国工业和信息化部公告 2016年第6号	2016/2/4
	工业和信息化部关于进一步做好新能源汽车推广应用安全监管工作的通知	工信部装〔2016〕377号	2016/11/11
	关于召开进一步做好新能源汽车推广应用安全监管工作宣贯会的通知	工装函〔2016〕519号	2016/11/21
	五部门关于对新能源汽车安全、机动车排放标准升级执行有关情况进行督促检查的通知	工信厅联装函〔2016〕782号	2016/12/2
	关于调整新能源汽车推广应用财政补贴政策的通知	财建〔2016〕958号	2016/12/29
	新能源汽车生产企业及产品准入管理规定	中华人民共和国工业和信息化部令第39号	2017/1/6
	四部委关于印发《促进汽车动力电池产业发展行动方案》的通知	工信部联装〔2017〕29号	2017/2/20
	工业和信息化部 国家发展改革委 科技部关于印发《汽车产业中长期发展规划》的通知	工信部联装〔2017〕53号	2017/4/6
	财政部 税务总局 工业和信息化部 科技部 关于免征新能源汽车车辆购置税的公告	财政部公告2017年第172号	2017/12/26
	工业和信息化部 科技部 环境保护部 交通运输部 商务部 质检总局 能源局关于印发《新能源汽车动力蓄电池回收利用管理暂行办法》的通知	工信部联节〔2018〕43号	2018/1/26
	四部委关于调整完善新能源汽车推广应用财政补贴政策的通知	财建〔2018〕18号	2018/2/12

续表

政策分布	政策名称	发文字号	成文时间
新能源汽车	工业和信息化部 科技部 环境保护部 交通运输部 商务部 质检总局 能源局关于组织开展新能源汽车动力蓄电池回收利用试点工作的通知	工信部联节函〔2018〕68 号	2018/2/22
	工业和信息化部、财政部、国家税务总局公告 2018 年第 17 号——关于《免征车辆购置税的新能源汽车车型目录》有关事项公告	工业和信息化部、财政部、国家税务总局公告 2018 年第 17 号	2018/3/30
	关于发布《免征车辆购置税的新能源汽车车型目录》（第十七批）的公告	工业和信息化部公告 2018 年第 20 号	2018/4/13
	中华人民共和国工业和信息化部　国家税务总局关于撤销《免征车辆购置税的新能源汽车车型目录》车型的公告	工业和信息化部公告 2018 年第 27 号	2018/5/21
	新能源汽车动力蓄电池回收利用溯源管理暂行规定		2018/7/2
	财政部　税务总局　工业和信息化部　交通运输部关于节能新能源车船享受车船税优惠政策的通知	财税〔2018〕74 号	2018/7/10
	工业和信息化部　科技部　生态环境部　交通运输部　商务部　市场监管总局　能源局关于做好新能源汽车动力蓄电池回收利用试点工作的通知	工信部联节〔2018〕134 号	2018/7/23
	关于印发《提升新能源汽车充电保障能力行动计划》的通知	发改能源〔2018〕1698 号	2018/11/9
	关于进一步完善新能源汽车推广应用财政补贴政策的通知	财建〔2019〕138 号	2019/3/26
	关于支持新能源公交车推广应用的通知	财建〔2019〕213 号	2019/5/8
数字创意	文化部办公厅关于做好 2016 年度中央财政文化产业发展专项资金重大项目申报工作的通知	办财务函〔2016〕162 号	2016/4/28
	国务院办公厅转发文化部等部门关于推动文化文物单位文化创意产品开发若干意见的通知	国办发〔2016〕36 号	2016/5/11
	工业和信息化部关于印发《纺织服装创意设计试点示范园区（平台）管理办法（试行）》的通知	工信部消费〔2016〕396 号	2016/12/6
	工业和信息化部关于促进文教体育用品行业升级发展的指导意见	工信部消费〔2016〕401 号	2016/12/9
	工业和信息化部关于促进文房四宝产业发展的指导意见	工信部消费〔2016〕433 号	2016/12/27
	两部委关于推进工业文化发展的指导意见	工信部联产业〔2016〕446 号	2016/12/30
	文化部“十三五”时期文化发展改革规划		2017/1/1
	文化部办公厅 国家文物局办公室关于开展《关于推动文化文物单位文化创意产品开发的若干意见》落实情况阶段性总结的通知	办产函〔2017〕10 号	2017/1/9
	文化部关于推动数字文化产业创新发展的指导意见	文产发〔2017〕8 号	2017/4/11
	文化部关于印发《文化部“十三五”时期文化产业发展规划》的通知		2017/4/12
	文化部关于印发《文化部“十三五”时期文化科技创新规划》的通知	文科技发〔2017〕9 号	2017/4/26
	文化部关于印发《文化部“十三五”时期公共数字文化建设规划》的通知	文公共发〔2017〕18 号	2017/7/7

续表

政策分布	政策名称	发文字号	成文时间
数字创意	工业和信息化部办公厅关于开展2017年纺织服装创意设计园区（平台）试点示范工作的通知	工信厅消费函〔2017〕496号	2017/8/22
	科技部 国家发展改革委 财政部关于印发《"十三五"国家科技创新基地与条件保障能力建设专项规划》的通知	国科发基〔2017〕322号	2017/10/24
	财政部 税务总局 关于延续动漫产业增值税政策的通知	财税〔2018〕38号	2018/4/19
	工业和信息化部办公厅关于开展2018年纺织服装创意设计试点园区（平台）创建工作的通知	工信厅消费函〔2018〕144号	2018/4/20
	国家互联网信息办公室发布《数字中国建设发展报告（2017年）》		2018/5/9
	工业和信息化部关于加快推进虚拟现实产业发展的指导意见	工信部电子〔2018〕276号	2018/12/21

第 10 章

推进我国智能制造的技术升级路线——并行推进、融合发展

周　源　臧冀原　苗仲桢　Tim Minshall

【内容提要】面对以智能制造为核心技术的新一轮工业革命，西方工业发达国家制造业企业按照“串联式”技术路径推动升级——从数字化制造到数字化网络化制造，再到新一代智能制造范式。中国作为后发国家，在以智能制造为主攻方向推动制造业从中低端向中高端迈进的战略背景下，其升级路径更加复杂。中国企业在技术基础上“多化并存”，广大企业特别是中小企业缺乏对智能制造的正确认识，导致部分智能制造项目无法达到预期效果。本章旨在探索我国企业的智能制造技术升级路线，通过多个案例研究，对中国5个制造业企业智能制造实施案例进行比较分析（数据来源包括半结构化访谈和档案数据），提出了基于3个基本范式的智能制造技术升级路线分析模型，总结出推进智能制造的技术升级路线——“并行推进、融合发展”。本章所阐释的技术升级路线有利于指导制造企业、决策者和投资者选择适合自己的智能制造推进路径，具有重要的现实意义。

10.1 引言

智能制造是一个广义的大概念，涉及制造业的数字化、网络化、智能化技术[1~4]。近年来，新一代信息技术（如工业互联网、AI、大数据）的兴起，为制造业技术向智能制造升级带来了重要机遇[3，5~13]。智能制造贯穿制造业设计、生产、服务全价值链的每一个环节，以及相应系统的优化与集成[14，15]。这种转变会引发制造业的新一轮工业革命，这将显著提高企业的产品质量、性能和服务水平，同时减少资源消耗[16~20]，推动制造业创新、协调、绿色、开放、共享发展。

智能制造是新一轮工业革命的核心技术，美国、德国、日本、中国等主要工业国家都把智能制造作为推动制造业转型升级的主攻方向。西方发达国家正积极参与新一轮的智能制造浪潮[21]，美国启动了“先进制造业伙伴关系”[22，23]，德国制定了《工业 4.0 战略倡议》[24]，英国提出了《国家工业 2050 战略》[25]。其他国家也推出了类似的计划，鼓励智能制造发展[26~28]。这些举措有时会给制造业企业带来困境——它们面临着制度上的同构压力。特别是，当龙头企业致力于推动最先进的智能制造，并在试点项目中取得成功时，龙头企业推进智能制造的技术、管理优势，使得后发企业难以跟上龙头企业的升级步伐[29~31]。同时，由于推进智能制造的成效具有高度不确定性，且投资大，广大制造业企业对推进智能制造采取了谨慎的态度[32~35]。在现实中，西方发达国家许多制造企业在过去几十年里采用了“串联式”的升级战略，顺序推进智能制造的 3 个基本范式——从数字制造到“互联网 +”制造，再到新一代智能制造。对于许多后来者来说，这种顺序路径已经成为常规或惯例，而且大多数人认为有必要串联地采用这些技术[36~39]。

然而，中国企业面临的情况却大不相同[40~43]。一方面，它们拥有不同的技术基础，从机械化电气化到先进的数字化网络化技术，因此可能不会遵循相同的升级途径[44~46]；另一方面，新一轮科技革命和产业变革与我国加快转变经济发展方式形成历史性交汇，新一代智能制造正在引领和推动新一轮工业革命，制造业发展理念、制造模式发生重大而深刻的变革，重塑制造业的技术体系、生产模式、发展要素及价值链，推动中国制造业获得竞争新优势，推动全球制造业发展步入新阶段，实现社会生产力的整体跃升，这为我国企业实现跨越式发展提供了巨大机遇[47~50]。

本章将通过多个案例研究[51~53]，讨论与西方发达国家采用的“串联式”智能制造技术升级路径相比，中国企业能否采用不同的方式推动智能制造发展[54，55]。本章的数据均来自中国工程院“面向 2035 推进制造强国建设战略研究”咨询项目，主要包括半结构化访谈和公开的档案数据，运用主题分析法[56]对访谈记录等文献进行分析，探索中国智能制造的升级路径。对比 5 家典型企业案例，我们发现中国制造企业在推进智能制造的过程中，根据自身能力和行业特点，充分考虑商业模式、制造基础、技术专用性、技术经济性、管理组织等多种因素，深度融合制造业技术和新一代信息技术，制定适合自己的智能制造升级路径。3 个基本范式在中国制造业企业转型中存在多条升级路径，并不都是“串联式”的[57~59]。中国作为后发国家，其企业推进智能制造的技术路径，对其他正在追赶的经济体具有重要借鉴意义。本章为关注发展中经济体转型升级的制造企业、决策者和投资者提供了推进智能制造的技术升级路线，在指导企业实践中取得了良好的效果，为智能制造技术升级理论做出贡献，为未来政策的制定提供理论依据，有力推动制造业企业转型升级[60，61]。

10.2 智能制造的 3 个基本范式

智能制造——制造业的数字化网络化智能化[1]，是先进制造技术和先进信息技术深度融合的产物[62]。

10.2.1 数字化网络化智能化技术是制造业的共性赋能技术

智能制造是一种通用的赋能技术，其数字化网络化智能化技术是贯穿制造业这一复杂系统的 3 个主要赋能技术[63]。数字化网络化智能化技术不同于制造业中的制造技术（本体技术），其通过和制造技术结合实现赋能，能够广泛应用于产品设计、生产、物流、服务等价值链的各环节，形成新技术、新模式和新生态，进而形成制造业的新技术范式[64]，显著提高产品质量和生产效率[65]。

智能制造对现有制造业的影响主要体现在 3 个方面。第一，数字化技术为产品添加了“大脑”[66，67]，通过对产品信息、工艺信息和资源信息进行数字化描述、集成、分析和决策，进而快速生产出满足用户要求的产品；第二，网络化技术允许设备和产品之间低成本且广泛的连接[68]；第三，智能化技术（AI 和大数据）使产品具有“感知和学习”的能力，从而引发产品功能和性能的根本性变化[64，69]。

基于这 3 个共性赋能技术，中国工程院将智能制造归纳总结提升为 3 个基本范式，包括数字化制造、“互联网 +”制造（或称数字化网络化制造）和新一代智能制造（图 10.1）[1~65]。数字化制造包含数字化技术，如数控技术（numerical control，NC）、企业资源规划（enterprise resource planning，ERP）、制造执行系统（manufacturing execution system，MES）、供应链管理（supply chain management，SCM）等，属于第三次工业革命范畴[66~70]。“互联网 +”制造在数字化制造基础上，推动制造技术和网络化技术融合，如电子商务、物联网、在线协作平台等[71，72]。新一代智能制造是制造技术和数字化网络化智能化技术的深度融合，产品、生产和服务等具备认知学习能力[73，74]，如处理复杂性、不确定性的系统模型，具备认知学习能力的预测性维护（predictive maintenance，PdM）、远程运维平台，和谐的人机协同制造，等等。这种制造形式代表了未来智能制造发展的前景[75]。

可以看到：第一次工业革命和第二次工业革命都是由动力革命而引起的工业革命；而第三次工业革命和第四次工业革命则是在数字化制造的基础上，由信息技术革命引起的工业革命。数字化网络化智能化技术如同蒸汽技术和电力技术一样是典型的共性赋能技术，可以普遍应用于广泛的产品、生产和服务创新，引起产品的更新换代，具有大规模推广的可能性，推动制造业的根本性变革。

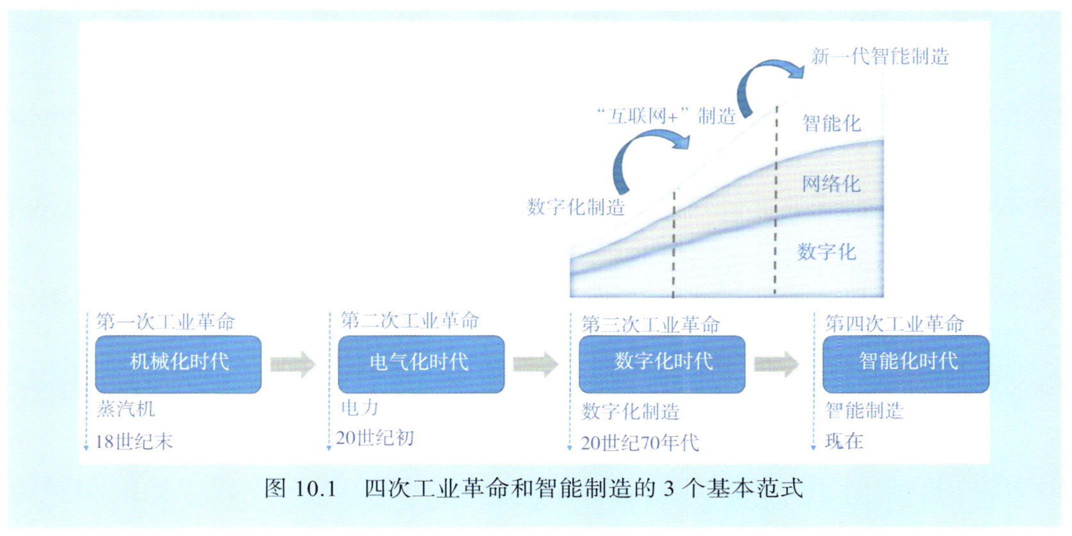

图 10.1　四次工业革命和智能制造的 3 个基本范式

10.2.2　3 个基本范式和 3 个共性赋能技术之间的关系

3 个基本范式各有自身阶段的特点和需要重点解决的问题，体现了基本范式间的阶段性。数字化制造通过计算、通信、控制（computing，communication，control，3C）和其他数字化技术[76, 77]，使制造方式从模拟模式转为数字模式，准确可靠地提高制造质量、效率；"互联网 +"制造实现了制造业产品、生产、服务各环节的低成本连通，实现了设备和设备、设备和系统，以致万物互联，催生了 PdM、个性化定制等新模式，德国工业 4.0、美国工业互联网主要描述的是这个阶段[59, 78, 79]；新一代智能制造在制造技术和大数据、云计算和 AI 等众多先进信息技术融合过程中，在感知、数据、计算、连接和物联网技术等很多方面相对于数字化制造和"互联网 +"制造都有突破性提高，但根本上新一代智能制造使得制造系统具备"认知学习"的能力，制造业的知识的产生和传承方式都将发生转变，这一革命性的特征在这一基本范式中最为突出[1, 64, 80, 81]。

同时，在技术上，数字化网络化智能化技术作为共性赋能技术，同时存在于 3 个基本范式中，体现着智能制造发展的融合性特征。例如，在数字化制造阶段，除了层出不穷的数字化技术，各种总线的连接、体现 AI 的专家系统，在不同的场合始终存在应用；在"互联网 +"制造阶段，由于网络便捷推动数据量几何级数增加和获取成本的降低，数字化技术的采集和交互更加普遍，初步的大数据分析等智能技术也在持续发展；而在未来的新一代智能制造阶段，作为一种新的制造范式，新一代智能制造具备"认知学习"和基于 AI 技术的优化决策能力，将数字化网络化智能化技术和制造技术集成，显著提高制造系统的建模能力，提高处理不确定性问题、复杂性问题的能力，显著提升企业的效率和效益。新一代智能制造范式中，数字化网络化智能化技术共同作用，缺一不可[82~84]（图 10.2）。

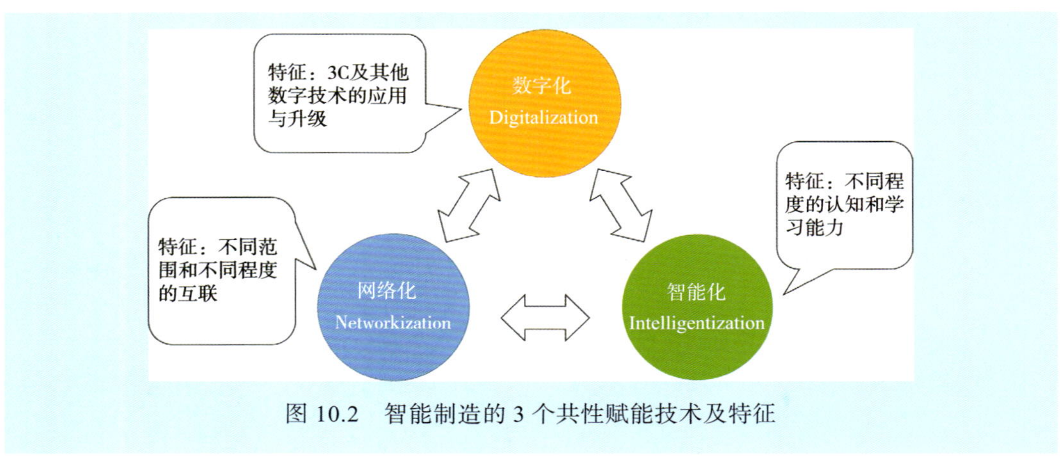

图 10.2　智能制造的 3 个共性赋能技术及特征

为分析企业推进智能制造的技术升级路线，我们在文献和专家讨论的基础上，总结了智能制造 3 个基本范式中数字化技术、网络化技术和智能化技术的特点，并对这 3 个共性赋能技术的不同水平进行简要的描述，如表 10.1 所示[1，4，6，38，45，62，64，67，68]，并给出了在接下来的案例分析中用于描述各种智能制造技术水平的相应代码。

表 10.1　智能制造中数字化网络化智能化技术的编码

智能制造的重要组成部分	编号	特征	来源
数字化 Digitalization	D0	没有数字化技术，或只有简单应用	[1]
	D1	制造装备、设计、工艺、生产控制、服务、管理方面至少开展一项数字化，如 PLC、DCS、SCADA、ERP、OA、MES、WMS、SCM、CRM、CAD/E/X、生产过程可视化等，但整体水平不处于当前全球行业数字化领先水平	[1,4,68]
	D2	数字化规划清晰，制造装备、设计、工艺、生产过程、服务、管理、数字孪生等方面数字化较完善，实现生产全部过程各环节的集成和优化，处于当前全球行业数字化领先水平。如各环节完备的数字化车间 / 工厂等	[1,4,65]

续表

智能制造的重要组成部分	编号	特征	来源
网络化 Networkization	N0	没有网络化技术，或只有简单应用	[1]
	N1	在产品、生产和服务至少一方面开展网络化技术应用。如产品实现网络连接，开展供应链、价值链集成，开展设计、制造的平台建设，开展企业间的协同，面向客户的个性化网络平台，等等。如工业互联网平台、远程运维平台、供应链管理系统等	[1,65,69]
	N2	在产品、生产和服务方面网络化技术应用较充分，有明确的数字化网络化。在产品方面，数字技术、网络技术得到普遍应用，产品实现网络连接（非必要）。在制造方面，实现横向集成、纵向集成和端到端集成，打通整个制造系统的数据流、信息流。企业能够通过设计和制造平台实现制造资源的全社会优化配置，开展与其他企业之间的业务流程协同、数据协同、模型协同，实现协同设计和协同制造。在服务方面，企业与用户通过网络平台实现连接和交互，掌握用户的个性化需求，将产业链延伸到为用户提供产品健康保障等服务，企业生产开始从以产品为中心向以用户为中心转型，企业形态也逐步从生产型企业向生产服务型企业转型	[1,7,65,69]
智能化 Intelligentization	I0	没有智能化技术，或只有简单应用	[1]
	I1	通过深度学习、增强学习、迁移学习、大数据、人机混合智能等一种或多种人工智能技术的应用，产品、制造和服务中的至少一项具有简单的‘认知学习”能力，能够具备优化和逻辑推理能力。如预测性维护平台等	[1,4,46]
	I2	制造系统具备了“认知学习”能力。通过深度学习、增强学习、迁移学习、大数据、人机混合智能等技术的应用，新一代智能制造中制造领域的知识产生、获取、应用和传承效率将发生革命性变化，显著提高创新与服务能力。如预测性维护平台、复杂情况下的自主生产等	[1,4,39,46,63]

注：DCS：distributed control system，集散控制系统；SCADA：supervisory control and data acquisition，数据采集与监视控制系统；OA：office automation，办公自动化；WMS：warehouse management system，仓储管理系统；CRM：customer relationship management，客户关系管理；CAD/E/X：computer aided design/engineering/all，计算机辅助设计 / 工程 / 其他计算机辅助技术

资料来源：Zhou Y，Zang J，Miao Z，et al. Upgrading pathways of intelligent manufacturing in China：transitioning across technological paradigms[J]. Engineering，2019，5（4）：691-701

10.2.3　西方工业发达国家的智能制造技术升级路径

20 世纪 50 年代数字化技术诞生，计算机、数控机床等典型数字化装备应用在制造业 [57，66]。21 世纪初，在数字化制造持续发展的基础上，随着新一代信息技术的应用，以互联网大规模普及应用为主要特征的数字化网络化制造范式兴起 [5，9，68]。在推进数字化网络化制造时，美国、德国等工业发达国家的数字化制造经过近半个世纪的充分发展，在已经基本完成了数字化技术和制造技术的融合的基础上，开展网络化技术升级 [2，13]。图 10.3 为西方工业发达国家智能制造的技术升级路径，其中“D”为数字化技术，“N”为网络化技术，“I”为智能化技术。在这一演进过程中，我们可以识别出代表这 3 种技术范式的 3 个主要阶段：在第一阶段，数字化制造范

式由智能制造的 3 个共性赋能技术组成，但数字化技术占主导地位；在第二阶段，智能制造的数字化网络化范式特点是数字化和网络化技术深度融合，数字化和网络化技术占据主导地位；在第三阶段，新一代智能制造范式的出现，融合了智能制造的 3 个共性赋能技术，智能化技术的作用显著增强，但这一范式仍处于萌芽状态，即使在西方工业发达国家，该范式的企业升级路径仍不清晰（图 10.3 虚线所示）。

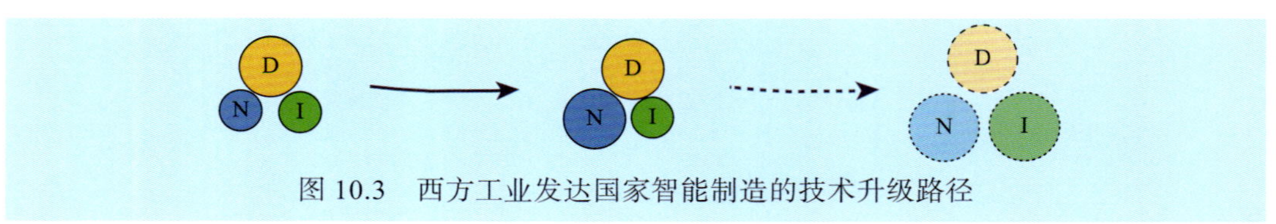

图 10.3　西方工业发达国家智能制造的技术升级路径

德国发布《工业 4.0 战略倡议》《制造业 2030 计划》[85] 引导企业转型升级，采用的智能制造的技术升级路线是“制造业 + 互联网”，本质上属于数字化网络化制造，充分应用德国强大的制造技术能力和制造业基础，在数字化制造的基础上增加了网络化技术。

美国提出工业互联网，则体现的是“互联网 + 制造业”的技术升级路线，本质上也属于数字化网络化制造。美国依托其强大的互联网技术水平和信息产业基础，实现以互联网技术为主，通过网络化平台等提升改进制造业模式。

中国企业面临的情况则大不相同，中国企业希望以智能制造为主攻方向，推动企业智能升级跨越发展，尽快实现对领先者的追赶。因此，中国企业采用何种技术升级路线推动智能制造的发展，就成为迫切需要深入研究的重要问题。

10.3　案例研究——中国智能制造升级路径

经过中华人民共和国 70 年特别是改革开放 40 多年的飞速发展，我国少数制造企业已经达到世界先进企业水平，同时，绝大多数企业还处于从第二次工业革命向数字化制造转型阶段，数字化制造水平差距很大。

智能制造的升级路径实际是 3 个基本范式的转变路径。数字化制造始于 20 世纪 50 年代，而新一代智能制造才刚刚起步，从数字化制造到新一代智能制造经历了长达几十年的技术演进，中国企业要在更短的周期内迎头赶上行业领先企业，在一些制造业领域逐渐从“跟跑”向“并跑”甚至“领跑”转变，必须尽快跨越这些范式。中国企业如果按照发达经济体企业已经采用的技术升级路线推动智能制造——像历史上一样一个技术范式完成，再推动下一个技术范式升级，就会错过和西方发达国家缩小差距的机会，无法实现跨越发展。

21 世纪以来，我国工业界紧紧抓住互联网发展的战略机遇，大力推进“互联网 +”制造，制造业、互联网龙头企业纷纷布局，将工业互联网、云计算等新技术应用于制造领域。部分企业快速把握住了“互联网+”制造这一技术变革的机遇，充分应用网络化技术赋能制造业，利用网络化技术和制造业的融合在企业的产品、生产、服务各环节解决了很多过去解决不了的质量、效率、响应和模式问题，显著提高了企业的制造水平，部分企业甚至从机械化水平（几乎无数字化）跨越到了先进制造企业的行列。需求是我国企业技术改造的原动力，中国企业在“互联网+”制造的实践中形成了推进智能制造的几种技术升级路线。

10.3.1 少数先进企业实现“串联式”升级过程

一批数字化制造基础较好的企业成功实现数字化网络化转型，成为“互联网+”制造的示范，三一重工股份有限公司（以下简称三一重工）就是其中之一。

案例1：三一重工创建于1994年，产品包括混凝土机械、挖掘机械、起重机械等工程机械，其泵车产量居世界首位。三一重工是我国工程机械领域最早进行数字化转型的企业，当前，其自主部署基于设备全球互联的物联网、大数据平台，为用户提供包括PdM、物联网金融等新业务，显著提高了三一重工产品的质量、效益，推动三一重工发展为位居世界前列的工程机械制造企业。

从建立伊始，三一重工就始终把数字化的建设作为公司行动战略和经营主线，坚持“总体规划、分步实施、重点突破、全面推进”的方针。1994~2004年，三一重工初步实现关键设计、管理业务数字化，将数据化管理逐步贯彻到公司的日常经营中。

有了较好的数字化基础，三一重工不再满足于单个模块、单个系统的建设，在数字化网络化提升过程中，坚持问题导向、价值导向，解决多个系统造成的数字孤岛问题，打通企业各项业务，并不断修正、完善。2004~2014年，三一重工在设计、管理上实现数据共享与业务协同，有效促进通用化与标准化；建成全球统一架构的运营管理系统，实现各项系统优化和效益指标，开始了车联网的应用，将数据化管理进一步向客户端延伸，建立起亚洲最大的数字化工厂，开启“制造物联”的全面应用探索，实现了生产人员的网络化。

2015年制造强国战略实施以来，智能制造作为主攻方向在企业获得了更多的重视。三一重工实现了价值网络的横向集成，在一个平台上管理集团国内、国际的业务单元、营销、后市场服务，通过营销、服务和客户平台的对接，建立市场洞察体系；实现了从客户订单到智能设备、工艺、制造过程的纵向打通。三一重工利用互联网的特性融合虚拟现实、仿真等技术，实现全球协同开发、验证，打通了设计、虚拟验证和生产。随着新一代AI技术的战略性突破，2018年，三一重工开始了智能化的探索，无人挖掘机、无人起重机等智能产品可以实现远程精准操控；基于车联网技术，通过自主研发的智能终端，实时进行远程监控与故障诊断，并利用大数据开展PdM和物联网金融服务，开启产品交付从以产品为中心向以客户为中心转变。

三一重工应用智能制造技术的时间表见表10.2。

表 10.2 三一重工应用智能制造技术的时间表

时间	智能制造技术发展过程	编码
1994~2004 年	CAD（D1）; SAP（D1）; 会计系统（D1）; 数据中心（D1）; OA（D1）; 全球视频会议系统（N1）	D1N1
2004~2014 年	三维设计（D1）; PDM（D1）; PLM（D1）; 全球 ERP（D1）, ECC（D2N1）; CRM（N1）; SCM（N1）; eHR（N1）; 财务分析系统（D2N1）; MES（D1）; 亚洲最大数字工厂（D2）;"互联网 +"制造（N2）; 电子商务（N1）	D2N1
2015 年	价值链横向整合（D2N2）; 市场分析系统（D2N2）; 生产流程纵向连接（D2N2）; 虚拟现实与仿真产品设计（D2N2）	D2N2
2018 年	无人设备（I1）; 远程运维平台（I1）; 物联网大数据金融（N2）	D2N2I1

注：SAP：system applications and products，系统、应用和产品，为 SAP 公司的产品；PDM：product data management，产品数据管理；PLM：product lifecycle management，产品生命周期管理；ECC：ERP central component，企业资源计划中心组件；eHR: e-human resource，电子化人力资源管理

资料来源：Zhou Y，Zang J，Miao Z，et al. Upgrading pathways of intelligent manufacturing in China：transitioning across technological paradigms[J]. Engineering，2019，5（4）：691-701

三一重工智能制造技术升级路径（P1）见图 10.4。

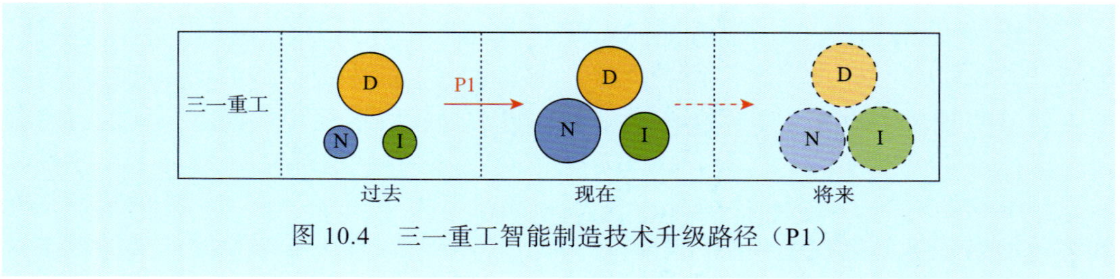

图 10.4 三一重工智能制造技术升级路径（P1）

10.3.2 我国大多数企业需要进行数字化补课

在这 3 种技术范式中，数字化技术是基础。然而，一些公司认识到这 3 种技术可以并行使用，而数字化技术不一定是使用另外两种技术的先决条件。尽管一些企业的数字化技术基础有限，但在特定的环境下，它们能够跨越式地进入智能制造范式。同时，广大企业在推进"互联网 +"制造过程中数字化制造的课必须要补。

案例 2：浙江春风动力股份有限公司（以下简称春风动力）始建于 1989 年，是以全地形车、摩托车大排量发动机研制和特种整车研制为核心技术的高端装备制造企业。目前已跻身国际一流竞争行列，特种车市场占有率连续 12 年稳居欧洲市场第一位，是特种车细分领域的世界隐形冠军企业。随着业务规模的不断扩大、品牌知名度的持续提升，消费者的需求对公司生产组织效率和品质控制能力提升提出迫切要求，春风动力从市场用户个性化、多样化、快速消费理念的迅速增强出发，主动推动公司向个性化定制、柔性化生产、网络化销售等先进生产方式和商业模式加快转型。

2012 年前，春风动力作为国家级高新技术企业仅有少量单系统数字化基础，初步应用了 ERP（D1）、OA（D1）和 PDM（D1），这也代表了大多数中国企业当时的

状况。

2012 年，春风动力为降低企业运作的各种成本，满足客户订单小批量、多品种，以及对交货期、价格、质量更高的要求，开始编制企业智能制造总体规划，在分析市场发展趋势和企业自身管理状况的基础上，研究确定建成“支持个性化定制的特种车辆智能制造模式”，并提出“基础建设—单项应用—系统集成—协同创新”的传统产业转型升级路径。2013 年，公司开展了组织架构调整、流程优化、硬件技术改造（D1）等系列基础建设工程。春风动力坚持“以高打低”，应用先进适用的网络化技术带动企业数字化的完善。2014 年，春风动力先后展开了物联网系统（D1N1）、SCM 系统（N1）、PLM 系统（D1N1）、ERP 系统（D1N1）等多项单个信息系统的开发、升级和应用。其中，物联网系统的运用将企业信息化延伸到生产车间，直达底层的生产设备；通过计划管理、设备监控、质量控制、节拍监控等模块功能，打通从销售计划、生产计划、车间任务到机台任务的分解，实现整个生产过程中各个车间的自动化生产管理。由于春风动力在总体规划阶段提前考虑了各个单项应用的标准、接口和数据格式，春风动力的系统集成得以快速实施。2015 年，春风动力建设统一集成的管理信息平台（D2N1），整合各系统数据接口（D2）、实现无缝对接，完成从客户端到供应端、从研发端到产品端的全信息链贯通。2016~2018 年，春风动力推动建成“支持个性化定制的特种车辆智能制造模式”（D2N1），实现 C2M（customer-to- manufactory，顾客对工厂）定制，并入选工信部智能制造试点示范项目。

2018 年至今，春风动力推动协同创新，将智能制造从工厂推向正在开展数据驱动的数字化设计平台（D2N2）、C2M 市场云平台（D2N2）、精密智能制造平台（D2N2）、物联网（D2N1）、大数据运营平台（D2N2）等工业云平台，打造新型信息经济环境下公司可持续发展新型核心竞争力。

从春风动力实施智能制造技术的时间表（表 10.3）可以看出，该公司在这 3 种技术范式下的升级并不是按顺序进行的（图 10.5）。

表 10.3 春风动力实施智能制造技术的时间表

时间	智能制造技术发展过程	编码
2008~2010 年	ERP（D1）；OA（D1）；PDM（D1）	D1
2013 年	数字化生产线（D1）；焊接机器人（D1）；自动化电泳（D1）	D1
2014 年	物联网系统；物流系统；条形码系统；SCM；PLM；ERP；eHR 系统	D1N1
2015~2018 年	管理系统高度集成；所有子系统互联；大规模定制	D2N1
2018~2019 年	（进行中）由数据驱动的设计平台（D2N2）；C2M（D2N2）；智能高精度生产平台（D2N2）；车联网（D2N1）；大数据运营平台（D2N2）	D2N2

资料来源：Zhou Y，Zang J，Miao Z，et al. Upgrading pathways of intelligent manufacturing in China：transitioning across technological paradigms[J]. Engineering，2019，5（4）：691-701

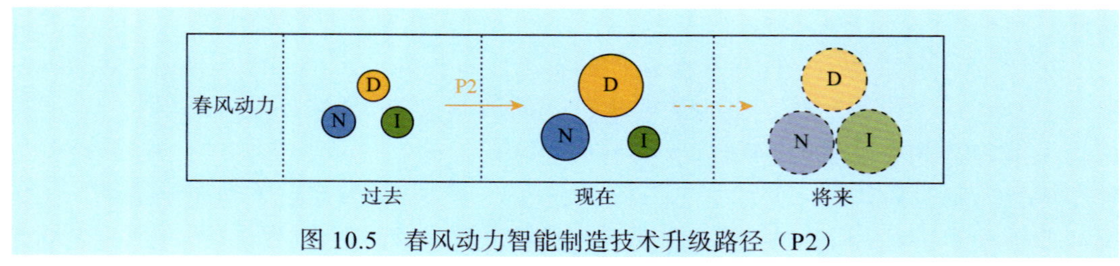

图 10.5　春风动力智能制造技术升级路径（P2）

案例 3：青岛红领集团有限公司（以下简称红领集团，2008 年后简称酷特智能）成立于 1995 年，曾经是一家非常传统的服装企业。经过近十几年的发展，该公司构建了较完善的服装行业“互联网 +”制造理论体系，搭建了大规模个性化定制平台，平台根据客户需要，采用“互联网 +”制造模式获取订单及相应产品参数，根据企业产品制造工艺需要，推动了设计、物流的数字化；该公司利用互联网技术实现消费者和工厂的“连接”，改变了传统消费品分层级营销的商业规则，真正建立起 C（customer）端和 M（manufactory）端直线交互的商业逻辑和商业模式，消除中间商的价格空间，使消费者得到最优性价比的产品和服务。

红领集团在推进智能制造过程中，充分考虑了技术经济性和技术先进性的平衡，这是智能制造走向成功的关键。2003 年，红领集团前瞻性地判断出消费需求由大规模同质化需求向个性化、小批量需求转变，开始进行战略调整，将个性化定制作为经营核心。为实现这一目标，提高服装制造效率，红领集团首先建设个性化定制工业流水线（自动化），打通个性化定制的基础设施建设，具备个性化定制的硬件条件。2004 年，企业在服装行业内较早地引入电子商务系统（N1），具备了网络化的基础条件。之后十几年，企业根据自身需求，分阶段、分模块开展了智能制造的建设和改造。2005~2010 年，企业建设工厂网络和各单模块的信息系统，实现了自主设计系统、数据库、订单管理系统（order management system，OMS）互联互通，推动了企业运营的数字化、标准化，开展流程优化，初步形成 C2M 定制平台模式。

为提高衣服质量和降低损耗，企业于 2010~2012 年开始进行装备数字化建设和裁剪、缝制数字化车间（D1）建设，打通个性化定制基础端前端的数字化建设；联合成功研发首台数控裁床，提升裁剪效率 300% 以上；联合开发集成协同系统（D1N1），各个数据系统集成应用，形成数据驱动的服装大规模个性化定制模式。有趣的是，根据技术经济性和行业特性，工人在缝纫等环节相对数字化装备柔性更大、成本更低，因此企业并没有替换制造环节的缝纫工人，而是以较高的工资稳定了生产队伍，对工人的组织架构进行了数字化重构。为了降低企业库存、物流、总销、分销等的所有不必要的成本，提升制造端的价值，2015 年，酷特智能配合数据驱动，开展车间装备改造（D1），与数据系统紧密交互；初步完成 C2M 生态建设（D1N2）。2017 年，企业推动智能物流、立体仓库建设（D1），精简 80% 以上物流人员，极大地降低了生产成本。2018 年，企业以数字工厂为基础，开展物联网建设（N2），搭建智能工厂，实现对整个生产过程的实时监控、数据的实时采集、生产指标的自动生成，提升生产过程的可控性。

从酷特智能实施智能制造技术的时间表（表 10.4）可以看出，该公司在这 3 种技术范式之间的升级是非线性的（图 10.6）。

表 10.4 酷特智能实施智能制造技术的时间表

时间	智能制造技术发展过程	编码
2003~2004 年	定制化产品；电子商务（N1）	D0N1
2005~2010 年	ERP；OA；MES；WMS（D1）；自动化设计（D1）	D1N1
2010~2012 年	数字化设备（D1）；数字化缝纫和剪裁（D1）；APS；SCM；MES；WMS；IMDS；OMS（D1N2）；依托以上各系统数据的大规模定制	D1N2
2015~2018 年	数字化设备（D1）；C2M 生态系统，BPM/ESP（N1）；智能物流；自动化仓储（D1）；基于数字化工厂的物联网（N2）；生产实时监控（D1）	D1N2

注：APS：advanced planning and scheduling，高级计划与排程；IMDS：international material data system，国际材料数据系统；BPM：business process management，业务流程管理

资料来源：Zhou Y，Zang J，Miao Z，et al. Upgrading pathways of intelligent manufacturing in China：transitioning across technological paradigms[J]. Engineering，2019，5（4）：691-701

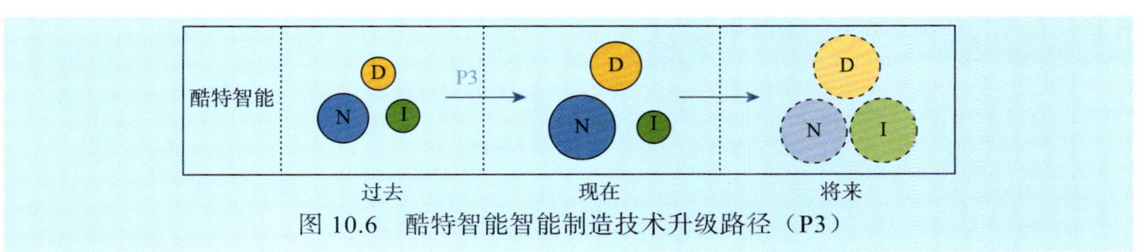

图 10.6 酷特智能智能制造技术升级路径（P3）

案例 4：新疆金风科技股份有限公司（以下简称金风科技）成立于 1998 年，多次入选“全球最具创新力企业 50 强”，成立至今实现全球风电装机容量超过 50 吉瓦，在 24 个国家稳定运行，已经成为世界领先的风电企业。金风科技作为中国最早从事风电机组研发与制造的企业之一，其发展历程可以看作中国风电事业发展的缩影。现在，金风科技已经成长为风电整体解决方案供应商，提供从风电装备到风电场设计、制造、建设、运维、金融全方位的服务，正在从制造型企业向制造服务型企业转型。

金风科技自建立伊始，就把数字化作为提高公司竞争力的重要工作，以创新引领发展。2001~2012 年，为提升效率，金风科技实施了 ERP（D1N1）、人力资源系统、PLM、CRM、各种办公辅助系统等，并多次迭代升级。截至 2012 年，金风科技数字化、网络化多策并举，开展了以研发为主线的研发协同平台（D1N1）、研发技术平台、PDM（D1）；以生产物流为主线的 ERP、供应链、电子商务的建设（D1N1）；以销售服务为主线的 CRM 的建设；以人为本的人力资源系统（eHR）的建设，有效地提升了流程的效率。它还建立了以知识管理为核心的知识管理信息系统，通过海量数据的挖掘、筛选，为公司决策层提供开展工作的依据。

2013 年，金风科技充分应用企业数字化技术基础，进行了“风光储”一体的“智能微网示范项目”（D2N1）。金风科技利用大数据、互联网、AI 技术和自身风电装备制造技术、多年的风场建设经验相结合，主动向下游靠拢，通过技术、管理创新，向生产性服务业寻求利润增长点。2016~2017 年，金风科技在产品、设计数字化的基础上，建立先进的数字化网络化平台（D2N2），包括自主研发的可定制化智能直驱风机、New Freemeso、GoldFarm、SOAM™、EFarm、能巢、Resmart 等系统和技术，为风电场的宏观选址、精细化测风、风资源评估、风电场规划与设计、建设管理、资产管理与优化、融入集中功率预测、智能故障诊断、健康状态预警、风机优化运行等提供一体化数字化网络化工具。

截至 2019 年，通过产品数字化和管理数字化协同发展（D2N2），金风科技构建了数字化风电场整体解决方案，并为 12 家发电企业、107 个场站、16 000 多台发电设备提供集控、功率预测、设备健康管理、风电场发电能力提升等服务，切实提升风电场运营效率达 10%~15%，提高风资源工作效率 50%~200%，最终提升收益率 1%~3%。

从金风科技实施智能制造技术的时间表（表 10.5）可以看出，金风科技在智能制造 3 个基本范式下的技术升级路径并不是连续的（图 10.7）。

表 10.5　金风科技实施智能制造技术的时间表

时间	智能制造技术发展过程	编码
2001~2009 年	OA（D1）；金风客户服务 MIS；ERP（D1N1）；财务系统；生产管理系统；物流系统	D1N0
2009~2012 年	协同研发平台（D1N1）；PDM（D1）；SCM（D1）；电子商务（D1N1）；CRM；eHR；MIS（D1）	D1N1
2013~2014 年	“风光储”一体的“智能微网示范项目”（D2N1）	D2N1
2015~2019 年	建立先进的数字化网络化平台（D2N2），包括自主研发的可定制化智能直驱风机、New Freemeso、GoldFarm、SOAM ™、EFarm、能巢、Resmart 等系统和技术，借助平台构建了金风数字化风电场整体解决方案，为风电场的宏观选址、精细化测风、风资源评估、风电场规划与设计、建设管理、资产管理与优化、融入集中功率预测、智能故障诊断、健康状态预警、风机优化运行等提供一体化互联网技术工具	D2N2

注：MIS：management information system，管理信息系统

资料来源：Zhou Y，Zang J，Miao Z，et al. Upgrading pathways of intelligent manufacturing in China：transitioning across technological paradigms[J]. Engineering，2019，5（4）：691-701

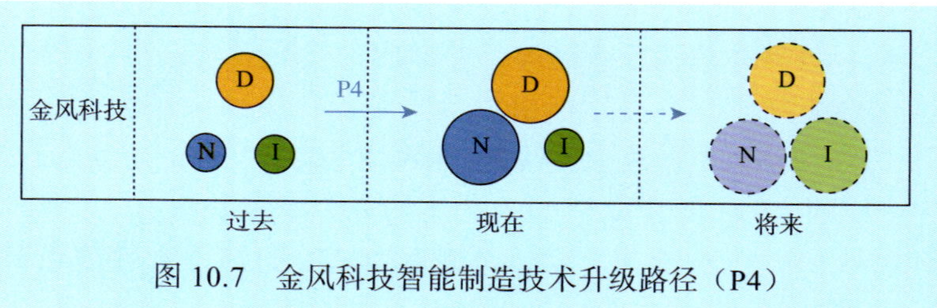

图 10.7　金风科技智能制造技术升级路径（P4）

10.3.3 因企制宜，系统集成商助推中小企业升级

智能制造推进过程中，由于资金和制造能力的限制，中小企业难以掌握共性赋能技术，完成企业在3个基本范式之间的转换。因此，由具备数字化网络化智能化共性赋能技术基础的第三方系统集成企业协同推进，将显著提高中小企业转型升级的成功概率。

案例5：浙江陀曼精密机械有限公司（以下简称陀曼科技）对新昌县一批轴承生产企业的改造，形成了很好的经验。陀曼科技成立于2006年，原本是浙江新昌县轴承行业的一个装备提供商。浙江新昌轴承行业轴承企业超过1 500家，具备典型的块状经济特性。近年来，随着行业竞争加剧和各类资源成本大幅上升，产业淘汰整合，到2016年，仍有轴承行业企业600家左右，企业整体质量水平虽有较大幅度提升，但仍然主要处于机械化、自动化阶段（D0N0）。

近些年，随着竞争加剧和各类要素成本的上升，大部分企业利润率仅为3%~5%，不少企业处在亏损边缘，迫切需要从“低成本竞争”向“高品质、高效率、低能耗”发展转型。陀曼科技抓住这个机会，从装备制造商转型成为系统集成商，为轴承行业提供数字化网络化解决方案，带动了当地轴承行业的整体升级（D1N1）。

2006年，陀曼科技（D0N0）成为浙江省第一批机器换人服务公司，主要制造从事轴承、齿轮、汽车零部件机械加工行业的自动化单机、自动生产线等，基于对当地轴承企业转型升级所面临的痛点和需求的深刻了解，陀曼科技作为装备制造商已服务超过1 200家企业。

2013年，陀曼科技看准了智能制造“提质、增效、降本”的技术特征，进行企业产品、生产、服务的智能制造规划。2014年，陀曼科技除提供轴承装备外，定位于提供信息化、自动化技改工程承包服务，在轴承行业提供类似于工程承包的“交钥匙”工程，至今已作为系统集成商服务超过160家企业，完成改造及设备上云（D1N1）数量达12 753台。为提高新昌县中小轴承企业转型升级的意愿，新昌县和陀曼科技共同设立引导基金，按不超过企业可升级设备台数的5%提供免费升级机会。小规模免费体验的方法打消了当地企业对智能升级效果的顾虑，破解了中小企业推行智能制造决策难的问题。

陀曼科技实施的数字化网络化改造是一个系统工程，一般中小企业不具备“方案制订、软硬件集成改造、操控培训及持续改善”等综合能力。陀曼科技作为总承包商，对中小轴承企业量身定制提供自主研发的系统解决方案，提供包括基于工业互联网平台的TM-e微型生产管理系统（D1）、TM-SPC数字测量及质量过程管理系统（D1）、TM-ACS机床自适应管理系统（D1）等；通过“智能数据采集终端（具备边缘计算和通信模组）+云平台+工业APP”的方式，向行业提供全面的面向设备改造、管理提升、员工培训、工期安排、提质增效节本等的整体解决方案，使得中小微轴承企业能够在原有设备上低成本地进行数字化改造，按照不同企业的需要提供从数字化设备单元/数字化生产线（D1），到生产或管理的其中某一环节的数字

化（D1/N1）（如质量管理数字化、管理数字化、设备维护数字化等），到车间或工厂数字化（D1N1）的各种解决方案。从初期55家改造企业（更多企业的统计数据没有完成）情况看，平均每家改造成本约为23万元，通过设备使用效率提升、节能降耗和人工成本节省等，大部分企业一年内就能回收成本。

2017年陀曼科技发展为轴承、紧固件、齿轮等行业的数字化技改工程总承包商与工业互联网平台（N2）。在浙江新昌轴承行业中小企业批量推广“数字化制造、平台化服务”基础上，实现向浙江慈溪、常山等轴承产业集聚区进行复制推广，实现跨区域发展。同时开始与海盐紧固件行业合作，实现跨行业的模式探索。

作为一个生产系统集成商，陀曼科技的案例展示了一个不同于之前研究的其他4个案例的智能制造升级路径——一个集成商促进中小企业跨越3种基础范式转型的路径。图10.8为陀曼科技助力中小微企业智能制造技术升级路径，其中陀曼科技为P5升级路径下的3个圆圈。

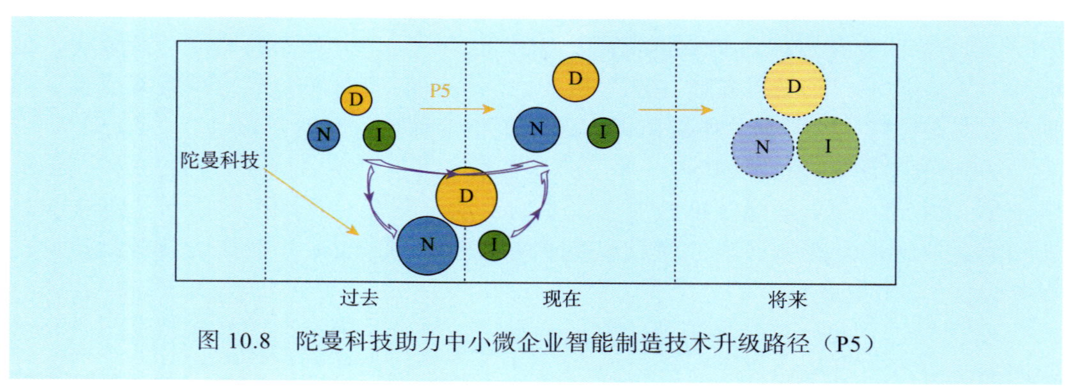

图10.8　陀曼科技助力中小微企业智能制造技术升级路径（P5）

10.4　多案例比较分析

通过对5种情况的比较（图10.9），我们发现企业在推动智能制造转型升级过程中，有多种不同的转型路径。三一重工开始应用网络化技术时，已经具备了良好的数字化技术基础，因此，它从数字化制造串行推进到数字化网络化制造。之后，三一重工又在数字化网络化制造的良好基础上，开始探索新一代智能制造，实现3种基本范式“串联式”发展。

然而，春风动力、酷特智能、金风科技和陀曼科技在网络化技术来临时，数字化技术上并不具有三一重工所具有的优势，处于没有（春风动力、陀曼科技），或仅有少量数字化（金风科技）、网络化（酷特智能）技术基础的水平。因此，这些企业同时开发了数字化和网络化技术，利用网络化技术推动企业的数字化发展。

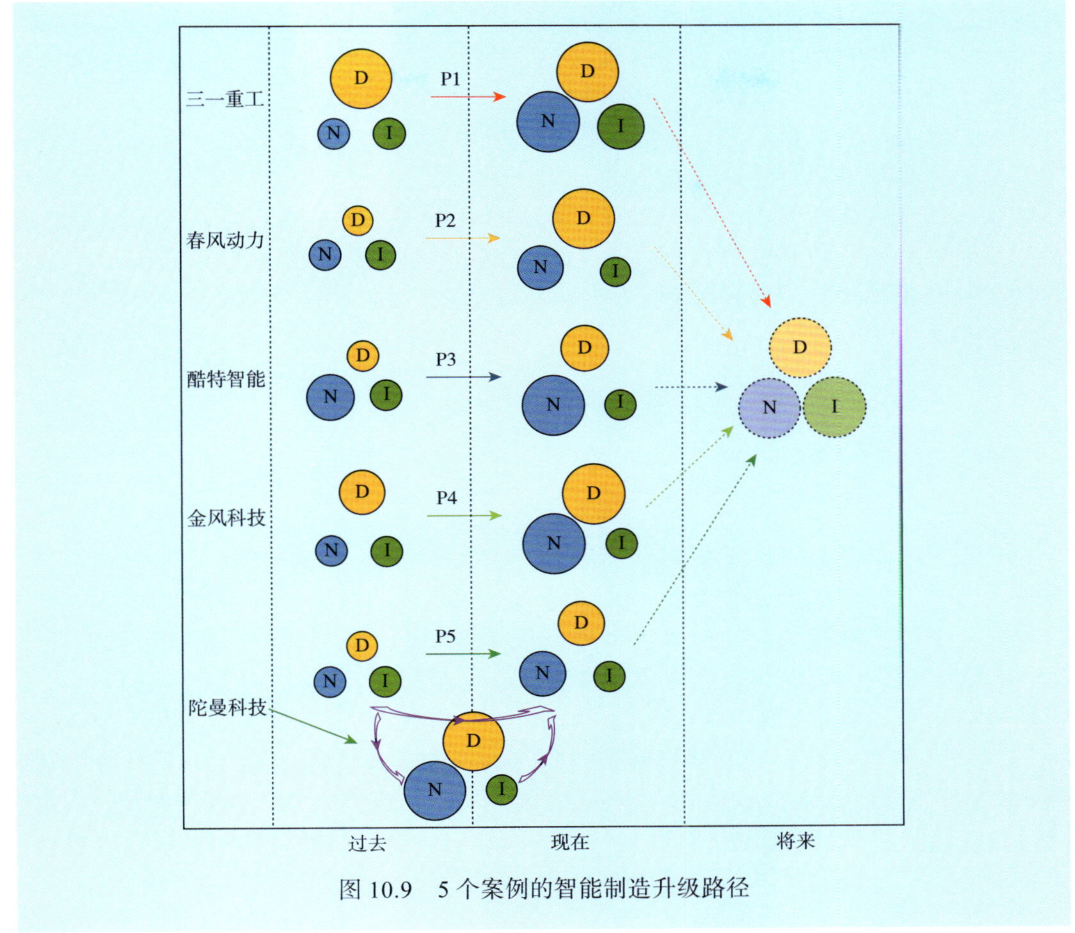

图 10.9　5 个案例的智能制造升级路径

春风动力采用“以高打低”的方式，用网络化技术应用驱动数字化技术水平提高，用客户个性化定制特种车、摩托车的数据，推动生产端、供应链的数字化升级。目前，该公司已进入智能制造范式的早期阶段。

酷特智能根据服装行业特点，以多品种、小批量的服装定制需求为驱动，关注网络化模式创新，在数字化技术应用方面，根据经济性原则充分发挥人在制造过程中的柔性，采用缝纫工人接受数字化信息、操作设备的方式，采用适度数字化，避免了技术冗余。

金风科技坚持“创新引领”，用先进适用的数字化网络化技术持续改进优化迭代企业的全过程，推动企业从生产型企业向生产服务型企业转型。随着网络化技术的应用，数字化技术基础同步成长，金风科技得以从数字化制造转向“互联网 +”制造。

陀曼科技的情况与其他四例有很大的不同。陀曼科技作为智能制造系统集成商，针对新昌县轴承行业，因企制宜，提供智能制造系统解决方案，推动中小企业迈向数字化网络化。其作用是帮助企业（主要是资源和能力有限的中小企业）采用适用的智能制造技术。中小型企业采用智能制造技术的方式在很大程度上取决于它们的战略和部门具体情况，具体路径既可以是“串联式”也可以是 3 种基本范式融合发展，陀曼科技起到的是助推器、加速器的作用。

综上所述，本章提出的 5 个案例描述了中国制造业中 5 条截然不同的智能制造升级路径。企业采用智能制造技术的方式在很大程度上取决于它们的战略和行业具体情况。基于这 5 个案例的研究结果，我们有理由提出，中国制造业的智能制造技术升级路径并不一定是按照西方工业发达国家“串联式”的技术升级路径。企业在数字化网络化技术和制造技术融合过程中应该采用“并行推进、融合发展”的技术升级路线。

10.5 讨论和结论

本章比较了中国企业智能制造升级的 5 个典型案例。在这些案例研究的基础上，总结了每个关键案例的升级路径，并通过多案例比较归纳出升级路径的模式。我们认为，在中国，制造企业的技术水平机械化、电气化、数字化、网络化、智能化并存。当前，新一代智能制造的发展刚刚起步，这给中国制造商制定升级路径带来了更多的复杂性。本章有以下主要发现。

（1）适合中国的发展路线：并行推进、融合发展。5 个企业在中国推进“互联网 +”制造背景下，推动公司数字化网络化技术的起点不同，但是在应用数字化网络化技术追求提质量、降成本、增效率的过程中，5 个企业都达到或接近了 D2N2 的水平，取得了良好的效果。当前技术迭代速度提升，大数据、云计算、物联网、AI 集群突破，对比 5 个企业智能制造技术升级路径发现，因循西方发达国家技术升级路径串行发展不现实。在新技术方面，特别是新技术应用方面，中国和世界主要国家处于同一起跑线，中国虽然是后发国家，但不能等数字化补课完成再推动其他技术应用（因为这样会造成新的落后），企业在推进智能制造时应采用务实的“并联式”升级。“并行推进、融合发展”是适合中国国情的智能制造技术升级路径。

（2）企业在推动智能制造发展过程中要做到因企制宜。企业是实施智能制造的主体，推进智能制造发展要考虑自身的资源与产业特性、战略定位，制定总体规划。5 个企业的一个共同点就是都制定了切实可行的总体规划。智能制造是个系统工程，企业按照制定的技术升级路径务实推进，分步实施，才有可能成功。因企制宜地推进智能制造还表现为，企业要重点突破，如酷特智能抓住 C2M 的个性化定制模式；春风动力早期建立设计、物流、管理等单个模块后，再整合集成。企业要抓住需要解决的问题，有重点地突破，最终带动企业的全面升级。总的来说，企业应坚持“总体规划、分步实施、重点突破、全面推进”十六字方针。同时，我国企业必须坚持“创新引领”，有条件的企业，如三一重工、金风科技等各行业的龙头企业，要积极拥抱互联网、大数据、AI 等最先进的技术，瞄准高端方向，加快研究、开发、推广、应用新一代智能制造技术，推进先进信息技术和制造技术的深度融合，走出一条推进智能制造的新路。

（3）数字化技术为智能制造的升级奠定了基础。企业推进智能制造，数字化制造是基础，贯穿企业转型升级的全过程，并在和网络化技术、智能化技术融合的过程中，不断提升。中国企业应该认识到数字化技术的重要性，尽管这些技术有时并不被认为是最先进的。在这5个案例中，尽管处于不同的阶段，但被研究企业在整个升级过程中都建立了特定的数字化技术基础，并将数字化技术与网络化、智能化技术相结合。否则，关键的技术障碍将会阻碍企业进入下一个升级阶段。从这个意义上说，中国企业可能不需要在最开始就建立完善的数字化技术基础，而是需要在升级的过程中在需要的时候做好数字化技术“补课”，这样才能最终实现智能制造的技术升级和跨域发展。

本章从两个方面对创新赶超和制造业升级两个领域做出理论贡献。首先，本章将赶超路径理论扩展到智能制造升级领域，涉及复杂的系统技术（包括3种基本范式）和大规模的技术采用，并通过5个关键的赶超案例研究，总结中国制造企业的智能制造升级路径。我们认为，中国的制造业企业可能不会遵循传统的循序渐进的升级路径，而是会采取更加多样化的路径，以非线性的方式跨越数字化制造、“互联网+”制造和新一代智能制造，并根据企业的具体情况进行整合。其次，我们认为有必要制定智能制造标准，特别是在升级路径不规范的情况下。智能制造是一个复杂的系统技术概念，由3种基本范式组成，如果没有统一的制造技术标准，企业在制定升级路径时可能会感到困惑。例如，我们对三一重工、金风科技和酷特智能的案例研究发现，各企业在部署ERP和PLM等单个的数字化模块时都走了弯路，其中一个重要原因就是，当需要应用新技术升级时，出现接口、格式等不兼容问题，形成信息孤岛。这些技术需要更多的资源和更长的时间，尤其是在早期阶段，当时这些公司几乎没有经验。这样，由于缺乏智能制造标准，这些公司不得不进行升级的试点和试错。当前，我国智能制造技术种类繁多，正在大量制造企业中扩散，制造标准的缺乏将可能严重影响到这些企业的升级效果，为资源和技术能力有限的中小企业制造巨大的技术壁垒。这是一个需要进一步注意的问题。

本章对智能制造升级的决策也有一定的借鉴意义。政策制定者习惯于自上而下地设计和实施产业政策；然而，我们认为自下而上的方法更适合于智能制造升级计划，因为自上而下的政策通常忽略了中国企业升级路径的异质性。因此，决策者在为处理与公共产品和外部性相关的一般问题（如通用技术、技术标准、校企合作等）提供援助时，应通过考虑企业自身的技术能力、资源基础和行业具体情况，让企业在制定自己的升级路径时具有更大的灵活性。从产业技术层面，对于政策的制定者来说，政府在制定鼓励智能制造、鼓励企业转型升级的产业政策时，要坚持实事求是，按照企业需求推进。充分利用我国大力推进“互联网+”制造的成功实践给我们提供的重要启示和宝贵经验，鼓励企业根据自身发展的实际需要，采取先进的数字化网络化技术解决传统制造问题，不断加入AI、大数据等新技术，提高企业数字化网络化制造水平，扎扎实实地完成数字化“补课”，同时，迈向更高的智能制造水平。

在新一代智能制造来临的今天，“并行推进、融合发展”的技术升级路线适应于全球制造业。在世界范围内的智能制造技术浪潮中，并行而非串联的制造技术升级战略可以推广到其他发展中经济体。传统的研究是在发达经济体的背景下讨论智能制造的升级，这些国家的企业花费了几十年的时间来升级他们的制造技术，大多采用了智能制造3个基本范式顺序发展的路径。当前，发展中国家和发达国家同时面临着智能化技术的冲击，这为发展中经济体提供了一个快速追赶甚至超越发达经济体的机会。当前，对于中国和世界来说，尽管起点不同，但不论是中国还是欧美工业强国的制造业都没有完成数字化网络化范式，随着新一代AI技术的突破和与制造业的融合，新一代智能制造范式已开始探索发展，中国和西方都面临新一代智能制造范式和数字化网络化范式并行的阶段，对于全球制造业而言，不论是数字化、网络化、智能化的何种新技术，作为共性赋能技术，把新技术应用到制造业中去，都将推动全球制造业的转型升级。

审稿：薛　澜

参考文献

[1] Zhou J，Li P G，Zhou Y H，et al. Toward new-generation intelligent manufacturing[J]. Engineering，2018，4（1）：11-20.

[2] Chen Y. Integrated and intelligent manufacturing：perspectives and enablers[J]. Engineering，2017，3（5）：588-595.

[3] Kusiak A. Smart manufacturing must embrace big data[J]. Nature，2017，544：23-25.

[4] National Manufacturing Strategy Advisory Committee，Center for Strategic Studies of CAE. Intelligent Manufacturing[M]. Beijing：Publishing House of Electronics Industry，2016.

[5] Tao F，Cheng J，Qi Q，et al. Digital twin-driven product design，manufacturing and service with big data[J]. International Journal of Advanced Manufacturing Technology，2018，94（9~12）：3563-3576.

[6] Tao F，Qi Q，Liu A，et al. Data-driven smart manufacturing[J]. Journal of Manufacturing Systems，2018，48：157-169.

[7] Zhuang Y T，Wu F，Chen C. Challenges and opportunities：from big data to knowledge in AI 2.0[J]. Frontiers of Information Technology and Electronic Engineering，2017，18（1）：3-14.

[8] Wu J. Age of Intelligence：Big Data and AI Redefine the Future[M]. Beijing：China CITIC Press，2017.

[9] Kuo Y H，Kusiak A. From data to big data in production research：the past and future trends[J]. International Journal of Production Research，2018，（11）：1-26.

[10] Lee J，Ardakani H D，Yang S，et al. Industrial big data analytics and cyber-physical systems for future maintenance & service innovation[J]. Procedia CIRP，2015，38：3-7.

[11] Pan Y. Heading toward artificial intelligence 2.0[J]. Engineering，2016，2（4）：409-413.

[12] Hu L B，Dong C X，Lin Z，et al. Preliminary study of modeling and simulation technology oriented to neo-type artificial intelligent systems[J]. Journal of System Simulation，2018，30（2）：349-362.

[13] Li B H，Hou B C，Yu W T，et al. Applications of artificial intelligence in intelligent manufacturing：a review[J]. Frontiers of Information Technology & Electronic Engineering，2017，18（1）：86-96.

[14] Xiong Y，Wu B，Ding H，New-generation manufacturing systems：theory and modeling[J]. China Mechanical Engineering，2000，（11）：49-52.

[15] Kusiak A. Fundamentals of smart manufacturing：a multi-thread perspective[J]. Annual Reviews in Control，2019，47：214-220.

[16] Bonvillian W B. Advanced manufacturing policies and paradigms for innovation[J]. Science，2013，342（6163）：1173-1175.

[17] Hu S J. Evolving paradigms of manufacturing：from mass production to mass customization and personalization[J]. Procedia CLRP，2013，7：3-8.

[18] Koren Y. The Global Manufacturing Revolution：Product-Process-Business Integration and Reconfigurable Systems[M]. Hoboken：John Willey & Sons，2010.

[19] Lu Y. Towards green and intelligent manufacturing：China's path of manufacturing development[J]. China Mechanical Engineering，2010，（21）：379-386，399.

[20] Roper S，Du J，Love J H. Modelling the innovation value chain[J]. Research Policy，2008，37（6~7）：961-977.

[21] Esmaeilian B，Behdad S，Wang B. The evolution and future of manufacturing：a review[J]. Journal of Manufacturing Systems，2016，39：79-100.

[22] Evans P C，Annunziata M. Industrial Internet：Pushing the Boundaries of Minds and Machines[M]. Boston：General Electric，2012.

[23] Executive Office of the President，National Science and Technology Council Committee on Technology，National Science and Technology Council. A National Strategic Plan for Advanced Manufacturing[R]. 2012.

[24] Kagermann H，Hellinger A，Wahlster W. Recommendations for implementing the strategic initiative INDUSTRIE 4.0[E]. Forschungsunion，2013.

[25] Eagle P. The Future of Manufacturing：A New Era of Opportunity and Challenge for the UK[M]. London：The Government Office for Science，2013.

[26] Asian Productivity Organization. Industry innovation 3.0[Z]，2014.

[27] Gov F. The New Face of Industry in France[Z]，2017.

[28] Taki H. Towards technological innovation of Society 5.0[J]. Journal of the Institute of Electrical Engineers of Japan，2017，137（5）：275.

[29] Kong D，Feng Q，Zhou Y，et al. Local implementation for green-manufacturing technology diffusion policy in China：from the user firms' perspectives[J]. Journal of Cleaner Production，2016，129：113-124.

[30] Kong D，Zhou Y，Liu Y，et al，Using the data mining method to assess the innovation gap：a case of industrial robotics in a catching-up country[J]. Technological Forecasting and Social Change，2017，119：80-97.

[31] Zhou Y，Dong F，Kong D，et al. Unfolding the convergence process of scientific knowledge for the early identification of emerging technologies[J]. Technological Forecasting and Social Change，2019，144：205-220.

[32] Yoshikawa H. Manufacturing and the 21st century—intelligent manufacturing systems and the renaissance of the manufacturing industry[J]. Technological Forecasting and Social Change，1995，49（2）：195-213.

[33] Li X，Zhou Y，Xue L，et al. Roadmapping for industrial emergence and innovation gaps to catch-up：a patent-based analysis of OLED industry in China[J]. International Journal of Technology Management，2016，72（1~3）：105-143.

[34] Sterman J D. System dynamics modeling：tools for learning in a complex world[J]. California Management Review，2001，43（4）：8-25.

[35] Nordensvard J，Zhou Y，Zhang X. Innovation core，innovation semi-periphery and technology transfer：the case of wind energy patents[J]. Energy Policy，2018，120：213-227.

[36] Wang Y，Urban F，Zhou Y，et al. Comparing the technology trajectories of solar PV and solar water heaters in China：using a patent Lens[J]. Sustainability，2018，10（11）：4166.

[37] Yang S Z，Ding H. Research on intelligent manufacturing technology and intelligent manufacturing systems[J]. China Mechanical Engineering，1992，3（2）：15-18.

[38] Wang B. The future of manufacturing：a new perspective[J]. Engineering，2018，4（5）：722-728.

[39] Li X，Zhou Y，Xue Y，et al. Integrating bibliometrics and roadmapping methods：a case of dye-sensitized solar cell technology-based industry in China[J]. Technological Forecasting and Social Change，2015，97：205-222.

[40] Xu X W，Newman S T. Making CNC machine tools more open，interoperable and intelligent—a review of the technologies[J]. Computers in Industry，2006，57（2）：141-152.

[41] Xu G，Wu Y，Minshall T，et al. Exploring innovation ecosystems across science，technology，and business：a case of 3D printing in China[J]. Technological Forecasting and Social Change，2018，136：208-221.

[42] Liu P，Zhou Y，Zhou D K，et al. Energy performance contract models for the diffusion of green-manufacturing technologies in China：a stakeholder analysis from SMEs' perspective[J]. Energy Policy，2017，106：59-67.

[43] Chen L Y，Zhou Y，Zhou D，et al. Clustering enterprises into eco-industrial parks：can interfirm alliances help small and medium-sized enterprises?[J]. Journal of Cleaner Production，2017，168：1070-1079.

[44] Zhou Y，Xu G N，Minshall T，et al. How do public demonstration projects promote green-manufacturing technologies? A case study from China[J]. Sustainable Development，2015，23（4）：217-231.

[45] Tan J，Liu D，Liu Z，et al. Research on key technology roadmap from digital manufacturing to intelligent manufacturing[J]. Engineering Sciences，2017，（19）：39-44.

[46] Chen L，Xu J，Zhou Y. Regulating the environmental behavior of manufacturing SMEs：interfirm alliance as a facilitator[J]. Journal of Cleaner Production，2017，165：393-404.

[47] Yao X F，Liu M，Zhang J M，et al. History and future of intelligent manufacturing from the perspective of AI[J]. Computer Integrated Manufacturing Systems，2019，（25）：19-34.

[48] Hu L B，Lin Z，Fei T，et al，Cloud manufacturing：a new service-oriented networked manufacturing model[J]. Computer Integrated Manufacturing Systems，2010，16（1）：1-7，16.

[49] Tao F，Zhang M，Nee A Y C. Digital Twin Driven Smart Manufacturing[M]. New York：Academic Press，2019.

[50] Jeschke S，Brecher C，Meisen T，et al. Industrial internet of things and cyber manufacturing systems[C]//Jeschke S，Brecher C，Song H，et al. Industrial Internet of Things. Berlin：Springer-Verlag，2017：3-19.

[51] Yin R K. Case Study Research：Design and Methods[M]. Newbury Park：Sage Publications，1989.

[52] Yin R K. Case Study Research：Design and Methods[M]. 4th ed. London：Sage Publications，2009.

[53] Eisenhardt K M. Building theories from case study research[J]. Academy of Management Review，1989，14（4）：532-550.

[54] Liang S，Liu X，Yue C，et al. Intelligent manufacturing systems：a review[J]. International Journal of Mechanical Engineering and Robotics Research，2018，7（3）：324-330.

[55] Zhou Y，Lin H，Ding W，et al. A novel method to identify emerging technologies using a semi-supervised topic clustering model：a case of 3D printing industry[J]. Scientometrics，2019，120（1）：167-185.

[56] Miles M B，Huberman A M，Saldana J. Qualitative Data Analysis：A Method Sourcebook[M]. 3rd ed. New York：Sage Publications，2014.

[57] Yan J. Digitalization and networked manufacturing[J]. Industrial Engineering and Management，2000，（1）：8-11.

[58] Yang S，Wu B，Hu C，et al. Networked manufacturing and enterprise integration[J]. China Mechanical Engineering，2000，（1）：45-48.

[59] Uhleman T H-J, Steinhilper R, Lehmann C. The digital twin：realizing the cyber-physical production system for industry 4.0[J]. Procedia CIRP, 2017, 61: 335-340.

[60] Zhou Y, Li X, Lema R, et al. Comparing the knowledge bases of wind turbine firms in Asia and Europe：patent trajectories, networks, and globalisation[J]. Science and Public Policy, 2016, 43（3）: 476-491.

[61] Zhou Y, Pan M, Urban F. Comparing the international knowledge flow of China's wind and solar photovoltaic（PV）industries：patent analysis and implications for sustainable development[J]. Sustainability, 2018, 10（6）: 1-34.

[62] Zhong R Y, Xu X, Klotz E, et al. Intelligent manufacturing in the context of industry 4.0：a review[J]. Engineering, 2017, 3（5）: 616-630.

[63] Li H X, Si H. Control for intelligent manufacturing：a multiscale challenge[J]. Engineering, 2017, 3（5）: 608-615.

[64] Zang J, Wang B, Meng L, et al. Brief analysis on three basic paradigms of intelligent manufacturing[J]. Strategic Study of Chinese Academy of Engineering, 2018, 20（4）: 13-18.

[65] Hu H, Zhao M, Ning Z, et al. Three-Bodies and the Intelligent Revolution[M]. Beijing: China Machine Press, 2016.

[66] Chryssolouris G, Mavrikios D, Papakostas N, et al. Digital manufacturing: history, perspectives, and outlook[J]. Proceedings of the Institution of Mechanical Engineers, 2009, 223（5）: 451-462.

[67] Chen D, Heyer S, Ibbotson S, et al. Direct digital manufacturing：definition, evolution, and sustainability implications[J]. Journal of Cleaner Production, 2015, 107: 615-625.

[68] Mittal S, Khan M A, Wuest T. Smart manufacturing：characteristics and technologies[C]// Harik R, Rivest L, Bernard A, et al. Product Lifecycle Management for Digital Transformation of Industries. Berlin: Springer-Verlag, 2018.

[69] Li J, Qiu B, Liu Z, et al. CPS：New-Generation AI[M]. Shanghai：Shanghai JiaoTong University Press, 2017.

[70] Zhou Y, Zhang H, Ding M. How public demonstration projects affect the emergence of new industries：an empirical study of electric vehicles in China[J]. Innovation Management Policy and Practice, 2015, 17（2）: 159-181.

[71] China Electronics Standardization Institute. Cyber-Physical Systems White Paper（2017）[M]. Beijing: China Electronics Standardization Institute, 2017.

[72] China Electronics Standardization Institute. White Paper on Standardization of Industrial Internet Platforms（2018）[M]. Beijing: China Electronics Standardization Institute, 2018.

[73] Hedberg T D Jr, Hartman N W, Rosche P, et al. Identified research directions for using manufacturing knowledge earlier in the product life cycle[J]. International Journal of Production Research, 2016, 55（3）: 819-827.

[74] Rosen R，von Wichert G，Lo G，et al. About the importance of autonomy and digital twins for the future of manufacturing[J]. IFAC Papersonline，2015，48（3）：567-572.

[75] Dong X，Mcintyre S H. The second machine age：work，progress，and prosperity in a time of brilliant technologies[J]. Psychiatry-Interpersonal and Biological Processes，2014，14（11）：380-383.

[76] Xun X. Machine tool 4.0 for the new era of manufacturing[J]. International Journal of Advanced Manufacturing Technology，2017，92（5~8）：1893-1900.

[77] Zhang L，Xue L，Zhou Y，How do low-carbon policies promote green diffusion among alliance-based firms in China? An evolutionary-game model of complex networks[J]. Journal of Cleaner Production，2019，210：518-529.

[78] Vogel-Heuser B，Wildermann S，Teich J. Towards the co-evolution of industrial products and its production systems by combining models from development and hardware/software deployment in cyber-physical systems[J]. Production Engineering，2017，11（6）：687-694.

[79] Pan M，Zhou Y，Zhou D K. Comparing the innovation strategies of Chinese and European wind turbine firms through a patent lens[J]. Environmental Innovation and Societal Transitions，2019，30：6-18.

[80] Busnaina A A，Mead J，Isaacs J，et al. Nanomanufacturing and sustainability：opportunities and challenges[C]//Diallo M S，Fromer N A，Jhon M S. Nanotechnology for Sustainable Development. Berlin：Springer-Verlag，2013：331-336.

[81] Wang B，Liu Y，Zhou Y，et al. Emerging nanogenerator technology in China：a review and forecast using integrating bibliometrics，patent analysis and technology roadmapping methods[J]. Nano Energy，2018，46：322-330.

[82] Liu Y，Zhou Y，Liu X，et al. Wasserstein GAN-based small-sample augmentation for new-generation artificial intelligence：a case study of cancer-staging data in biology[J]. Engineering，2019，5（1）：156-163.

[83] Fonseca F，Marcinkowski M，Davis C，Cyber-human systems of thought and understanding[J]. Journal of the Association for Information Science and Technology，2018，70（4）：402-411.

[84] Zhou Y，Pan M，Zhou D K，et al. Stakeholder risk and trust perceptions in the diffusion of green manufacturing technologies：evidence from China[J]. The Journal of Environment and Development，2017，27（1）：46-73.

[85] Federal Ministry for Economic Affairs and Energy. National Industrial Strategy 2030：strategic guidelines for a German and European industrial policy[EB/OL]. https://www.bmwi.de/Redaktion/EN/Publikationen/Industry/national-industry-strategy-2030.html，2019.

附录

战略性新兴产业知识分中心建设成就及未来发展重点

王礼恒　王崑声　马雪梅　曹　悦　卜朝燕

一、总体目标及定位

（一）建设背景

培育和发展战略性新兴产业，是促进经济发展方式转变、推动经济结构战略性调整、建设创新型国家的重大举措和重要实践，是引导中国未来经济社会发展的重要力量及产业升级的方向。战略性新兴产业自身覆盖范围广，行业分类复杂，细分产品繁多，行业信息更新频繁。但国内尚缺少全面、权威、及时、深入的战略性新兴产业专业信息平台。搭建权威、全面的战略性新兴产业专业知识服务平台对于战略性新兴产业相关咨询研究者、企业从业者、科研工作者、政策制定者等都具有学术引领、市场前瞻与政策导向的作用，对于战略性新兴产业的健康发展更是具有国家战略层面的指导作用。

基于这样的时代价值，构建国家级战略性新兴产业权威信息数据平台，在多维度的子数据库支撑下全面及时地跟进国内外战略性新兴产业的发展态势，从政策文本、产业数据、市场动态、技术发展、国内外专家研究等多角度汇总梳理战略性新兴产业各项信息，在国家权威信息平台层面支撑战略性新兴产业的开放性，以促进战略性新兴产业的发展。

2012 年 3 月，中国工程院启动了“中国工程科技知识中心”（以下简称知识中心）建设项目，该项目旨在集结国内研究机构、高等院校及相关企业，通过创新联盟与运维模式，联合产学研各方力量，共同构建工程科技领域大数据产业生态。知识中心是经国家批准建设的国家工程科技领域公益性、开放式的知识资源集成和服务平台建设项目，是国家信息化建设的重要组成部分。知识中心以满足国家经济科技发展需要为总体目标，努力建成资源最丰富、应用范围最广、实用性最强、影响力最大的国内领先、世界一流的工程科技知识整合体，为国家工程科技领域重大决策、重大工程科技活动、企业创新与人才培养提供信息支撑和知识服务。

（二）总体目标

战新分中心面向战略性新兴产业链上的相关工作人员，全面深入地跟进国内外战略性新兴产业的政策、技术、产品、企业及行业发展动态，让战略性新兴产业链上游科研院所与下游企业精准对接，推动和辅助产业转移转化。同时为战略性新兴产业培育与发展研究及决策咨询提供具有权威性、多元性、系统性、智能化的持续稳定的专业知识服务，促进战略性新兴产业创新驱动发展。

（1）服务战略性新兴产业咨询研究需要，促进国家战略性新兴产业培育与发展的科学决策。以服务中国工程院战略性新兴产业咨询研究为核心任务，为中国工程院院士、专家以及战略性新兴产业相关研究人员提供政策法规、产业统计数据、文献资源、动态信息及知识服务。

（2）支持战略性新兴产业管理部门决策支持需要，促进战略性新兴产业管理创新。为国家发改委等相关政府管理部门、重大区域发展战略管理部门，提供信息支持、方法工具支撑和专题研究服务。

（3）服务战略性新兴产业相关企业发展需要，推动大众创业、万众创新。为创新型中小企业提供前沿技术信息、国际动态、政策导向、专利分析、专家信息、行业发展趋势预测等相关信息和知识服务，提供产业技术成果转化信息和服务。

（三）总体定位

战新分中心是一个以大数据技术为支撑、产业研究为知识基础、产业竞争情报为研究手段的多维综合集成的复杂知识工程，基础模式为“产业研究 + 知识图谱”。

不够聚焦的品牌，就不具备传播特性。对战略性新兴产业的研究既要考虑产业的共性研究，又要兼顾战略性新兴产业这一特殊领域的行业特色研究。而行业特色即具有品牌化潜力的行业服务专题。

因此在战新分中心工作组的多轮思考和迭代下，目前战新分中心形成了以“产业研究 + 知识图谱 + 行业特色”为目标定位的知识服务体系，既夯实基础，又打造品牌。

二、建设成就

在集成航天战略院的研究基础与知识中心的建设思路之下，航天战略院建设完成了战新分中心。战新分中心根据战略性新兴产业新一代信息技术产业、高端装备制造产业、节能环保产业、新能源汽车产业等八大产业领域以及战略性新兴产业从政策、技术、产品、企业到行业全产业链两条主线，全面收集了战略性新兴产业细分领域下的政策、技术、文献、专利、产品、企业、智库、产业园区、行业报告及动态数据等，截至 2018 年底实现中外数据储备 129 万条以上。

特色资源建设方面，其中重点资源（如战新产业政策）数据收录国务院、国家发改委、工信部等发布的战新政策，政策分类包括技术创新、产业环境、机制体制等；战新产业专利数据依据战新产业重点产品和服务指导目录进行收录，全面支撑产业技术创新以及未来颠覆性技术预见；全球产品样本数据包含完整的产品样本资源，如企业信息、产品目录、产品信息、产品图片、产品技术文档、计算机辅助设计系统设计图、音 / 视频资料等；战新产业机构导航数据聚焦战略性新兴产业八大领域的全球领军企业、国内重点企业、主要研究机构及行业协会等。

服务系统技术支撑方面，集成了强大的智能检索系统，包括智能适配关键词检索、分类汇总、检索词联想、全站智能检索、推荐检索、关系网分析检索、分类导航检索，帮助用户快速精准地聚焦所需资源。

同时构建了逻辑清晰的知识服务产品体系。专题服务依据《战略性新兴产业重点产品和服务指导目录》，结合当前政策挑选热点，提供包括节能环保、新能源汽车、生物种业、医药制造等的专题服务。特色服务面向战略性新兴产业整体研究，从政策、技术、机构、产品、市场全产业链整合跟进战略性新兴产业发展动态，包含战略性新兴产业发展研究专题、战略性新兴产业宏观经济专题、全球产品样本专题、战略性新兴产业园区专题、智库声音专题。应用服务面向战略咨询研究人员，提供相关研究数据以及半自动化分析工具，为咨询过程中的定量分析提供模型支撑，包含政策仿真、专利分析、专家研讨、产业成熟度评价。会议服务实时发布创新与新兴产业发展国际会议（International Forum on Innovation and Emerging Industries Development，IEID）、战略性新兴产业培育与发展论坛（Forum on Cultivation and Development Strategic Emerging Industries，CDSEI）相关信息，跟踪各领域最新研究动态，为战略性新兴产业相关专家、学者、企业、技术人员提供技术交流平台的发现渠道。

（一）资源建设成果

战新分中心依据《中国工程科技知识中心元数据规范》，以数据集的思路建立战新分中心数据资源框架，截至 2018 年底汇总形成了 18 个数据集，其中已有元数据规范数据集 12 个，战略性新兴产业领域特色资源数据集 6 个，数据总量为 1 023 万条。具体建设情况见附表 1。

附表 1　截至 2018 年底资源建设情况

序号	数据库名称	资源类型	访问权限	更新频率	截至 2018 年底存量 / 条
1	战新会议库	会议	免费开放	季度更新	446
2	战新试验数据库	试验数据	免费开放	季度更新	24.620 2 万
3	战新技术库	技术	免费开放	季度更新	1 629
4	战新项目库	科研项目	免费开放	季度更新	291
5	战新产业园区库	产业园区	免费开放	季度更新	2 551
6	战新文献库	期刊论文 学位论文 会议论文	免费开放	季度更新	865.168 4 万
7	战新标准库	标准	免费开放	季度更新	27.477 6 万
8	战新报告库	行业报告 科技报告	授权访问	季度更新	6 909
9	战新视频库	视频	免费开放	季度更新	289
10	战新百科词条库	百科	免费开放	季度更新	5 001
11	战新政策库	产业政策	免费开放	季度更新	2 040
12	战新动态信息库	新闻资讯	免费开放	日更新	16.969 7 万
13	战新产品样本库	产品	免费开放	季度更新	133.716 7 万
14	战新专家库	专家学者	免费开放	季度更新	3.651 4 万
15	战新机构库	科技机构	免费开放	季度更新	1.049 2 万
16	战新统计数据库	统计数据	授权访问	季度更新	51 万
17	战新专利库	专利	免费开放	季度更新	266.317 8 万
18	战新图片库	图片	免费开放	不更新	2 000

1. 资源权威性

战新分中心数据资源权威性说明见附表 2。

附表 2 战新分中心数据资源权威性说明

序号	数据集	权威性说明
1	战新会议库	来源为战新产业研究领域各研究院所官方发布的会议信息，以及战新分中心协建单位如中国环境科学研究院、中国汽车研究院、中国农业科学院生物技术研究所等权威科研机构提供的数据
2	战新试验数据库	来源为战新分中心协建单位如中国环境科学研究院、中国汽车研究院、中国农业科学院生物技术研究所等权威科研机构提供的数据
3	战新技术库	来源为战新分中心协建单位如中国环境科学研究院、中国汽车研究院、中国农业科学院生物技术研究所等权威科研机构提供的数据
4	战新项目库	来源为战新分中心协建单位如中国环境科学研究院、中国汽车研究院、中国农业科学院生物技术研究所等权威科研机构提供的数据
5	战新产业园区库	来源为国家发改委、科技部、国土资源部、住房和城乡建设部、商务部、海关总署共同修订的《中国开发区审核公告目录》(2018 年版)
6	战新文献库	来源为中国知网、万方、维普、国家科技图书文献中心以及中国环境科学研究院、中国汽车研究院、中国农业科学院生物技术研究所、中国医学科学院医学信息研究所提供的自建文献资源
7	战新标准库	来源为各领域行业协会、国务院标准化行政主管部门、国务院有关行政主管部门、国家市场监督管理总局、国家标准化管理委员会官网
8	战新报告库	来源为各行业上市公司年报以及各领域协建单位等权威研究机构自己发布的行业研究报告
9	战新视频库	来源为各战新领域协建单位等权威研究机构提供的视频数据
10	战新百科词条库	来源为百度百科、维基百科、MBA 智库百科
11	战新政策库	来源为国家各部委官方网站
12	战新动态信息库	来源为战略性新兴产业相关科技网站、信息发布网站、行业动态网站、各大企业官网、各行业协会官网等
13	战新产品样本库	企业及产品信息来源为全球领军企业、国内重点企业、主要研究机构、行业协会等官方发布网站。专利及文献信息来源于国家知识产权局、中国知网、万方、维普、国家科技图书文献中心、智慧芽数据库等
14	战新专家库	来源为航天战略院专家库
15	战新机构库	来源为全球领军企业、国内重点企业、主要研究机构、行业协会等官方发布网站
16	战新统计数据库	来源为国家信息中心、国家统计局
17	战新专利库	来源于国家知识产权局、智慧芽数据库以及中国环境科学研究院、中国汽车研究院、中国农业科学院生物技术研究所、中国医学科学院医学信息研究所提供的自建专利资源
18	战新图片库	来源为各领域协建单位等权威研究机构提供的视频数据

2. 资源稀缺性

战新分中心数据资源稀缺性说明见附表 3。

附表 3　战新分中心数据资源稀缺性说明

序号	数据	稀缺性说明
1	战略性新兴产业发展研究	战略性新兴产业发展研究专题中的《中国战略性新兴产业发展报告》是中国工程院的咨询课题成果，从 2013 年至今每年出版一本
2	节能环保专题数据	环境污染排放、环境污染治理、环境产业历次统计、环保产业各类别详情情况、能源消耗等来自环保部的统计数据较为稀缺
3	新能源汽车专题数据	全球新能源汽车的销量、国内新能源汽车的销量、国内动力电池的出货量、国内主要企业新能源汽车的产销数据等较为稀缺
4	生物种业专题数据	当前我国各高校与科研院所拥有海量专利成果但缺乏系统的整合，而大量的产业化企业由于基础研发力量薄弱而缺少大量基因产权，检索农业生物技术相关成果将会耗费大量的时间。本数据库对该部分信息进行系统整合并关联分析，有助于理清当前我国作物生物种业发展现状，可为生物种业相关研发单位、高校及企业提供重要信息，对推动我国农业生物技术的产业化具有重要意义
5	战略性新兴产业宏观经济数据	收录了来自国家信息中心的战略性新兴产业相关 A 股上市公司数据、国民经济行业分类数据、重点行业市场数据等，同时人工将上市公司的业务板块及国民经济行业分类与战略性新兴产业领域进行了逐一映射
6	智库声音专题数据	智库声音专题收录了包含了中国、美国、加拿大等 78 个国家和地区的知名智库数据。同时收录了智库研究成果、智库动态、研究专家等。智库机构包括智库介绍、组织结构、联系方式等信息。动态资讯包括机构会议、培训、调研、接访等最新活动信息。智库专家包括专家介绍、职务职称、研究领域等信息。研究成果包括前沿报告、时事评论、重要书籍、期刊论文、自媒体文章、多媒体资讯等信息。并按照宾夕法尼亚大学发布的《2017 年全球智库报告》中的排名机制给出了智库的全球排名、区域排名、领域排名
7	战略性新兴产业园区专题数据	收录战略性新兴产业八大领域经济技术开发区、高新技术产业开发区、特色产业园区、出口加工区、保税区、边境经济合作区的入驻企业等信息及空间地理信息，人工收集补全多个重要字段及经纬度字段
8	产品样本专题数据	该专题数据包含完整的产品样本资源，如企业信息、产品目录、产品信息、产品图片、产品技术文档、计算机辅助设计系统设计图、音 / 视频资料等
9	战新机构数据	横向按照战新八大产业领域分类，纵向按照全球领军企业、国内重点企业、主要研究机构以及行业协会等分类人工收集机构信息
10	战新政策数据	横向按照战新八大产业领域分类，纵向按照技术创新、产业环境、机制体制和综合类的分类机制，人工收集国务院、国家发改委、工信部等权威网站发布的政策信息
11	战新动态数据	横向按照战新八大产业领域分类，纵向按“行业—技术—产品—企业”全链条收集八大领域产业动态，保证实时性与持续性

（二）服务绩效成果

战新分中心提供了包括为咨询课题提供数据支撑、面向院士的主动推送服务、支撑各类网站的建设、支撑高校科研课题、支撑编写本领域研究报告等 5 类、共计

13 项科技支撑工作。具体描述如附表 4 所示。

附表 4 战新分中心科技支撑服务情况

序号	支撑服务情况说明
	一、为咨询课题提供数据支撑
1	服务于《全球大企业科技创新能力建设》课题组，根据课题组需求提供数据资源
2	服务于《新兴产业发展研究（2035）–信息》课题组，根据课题组需求提供数据资源
3	服务于《新兴产业发展研究（2035）–生物》课题组，根据课题组需求提供数据资源
4	服务于《新兴产业发展研究（2035）–能源》课题组，根据课题组需求提供数据资源
5	服务于《新兴产业发展研究（2035）–新能源汽车》课题组，根据课题组需求提供数据资源
6	服务于《新兴产业发展研究（2035）–综合》课题组，根据课题组需求提供数据资源
	二、面向院士的主动推送服务
7	面向院士主动推送工作，为曾广商、范本尧两位院士提供服务
	三、支撑各类网站的建设
8	支撑服务于创新与新兴产业发展国际会议网站建设
9	支撑服务于战略性新兴产业培育与发展论坛网站建设
10	战新分中心动态监测数据支撑中国科学院雁栖湖企业创新平台资讯中心模块的建设工作
11	战新分中心智库数据支撑了总中心智库观点专题建设
	四、支撑高校科研课题
12	战新分中心数据资源支撑湖北武汉华中师范大学的王学东教授团队的“大数据环境下战略性新兴产业信息资源服务创新研究”项目
	五、支撑编写本领域研究报告
13	支撑完成了《中国战略性新兴产业发展报告 2019》综合篇第二章、第三章的编写

（三）宣传推广成果

战新分中心宣传推广情况主要包括运营、宣传、培训、交流 4 个方面、共计 20 项成果。详细说明见附表 5。

附表 5　战新分中心宣传推广情况

序号	成果		详细说明
1	运营	探索战新分中心运营体系	探索战新分中心运营体系构建思路，探索有效的运营模式。并邀请浪潮团队开展“知识服务系统技术与运营指导交流会”学习运营经验。形成了《战略性新兴产业知识中心运营建设方案》
2		建设后台运营监控功能	设后台运营监控功能。为运营人员提供数据分析工具，使其掌控数据情况、及时发现数据问题，也为后期平台建设提供决策支撑。目前后台运营监控模块已新建访问量统计功能、登录注册统计及流量监控功能
3		运营推广交流	邀请专门的运营推广公司交流经验，调研战新分中心需求，编写运营推广需求分析文档
4	宣传	微信公众号	借助战略性新兴产业公众号开展微信公众号内容运营，形成了《战新分中心微信公众号内容运营方案》，定期推送及发布战略性新兴产业相关最新政策、技术、产品、企业及行业动态
5		国际会议宣传	依托创新与新兴产业发展国际会议及战略性新兴产业培育与发展论坛，链接到战新分中心进行宣传
6		网页运营三要素编写	编写《战新系统首页运营三要素关键词及相关描述》加入首页开发中，让战新分中心在百度中更易于被搜索到
7		宣传稿件编写	编写战新分中心宣传稿件于上海市人民政府官网、中国工程院官网上发布
8		公开出版物宣传	支撑编写《2019 年战略性新兴产业发展报告》，于综合篇第三章中详细介绍战新分中心，借助公开出版物对战新分中心进行宣传
9	培训	第二十四届中国竞争情报年会	战新分中心于 2018 年 9 月 12 日赴宁夏银川参加了第二十四届中国竞争情报年会。学习竞争情报、战略研究、政策分析与研究、商业与市场分析、市场调研、数据监测与分析等竞争情报相关知识
10		第三届知识服务与情报工程学术交流会	战新分中心于 2018 年 10 月 11 日在北京参加了第三届知识服务与情报工程学术交流会。学习知识工程、知识管理、知识服务新技术、新方法
11		“知识图谱——概念与技术”培训会	战新分中心于 2018 年 11 月 2 日在北京参加了复旦大学肖仰华教授主持的“知识图谱——概念与技术”培训会。从知识图谱概述、知识图谱构建、知识图谱管理、知识图谱应用和实践几个方面深入学习知识图谱知识
12		大数据环境下产业竞争情报咨询技能培训班	战新分中心于 2018 年 11 月 14 日赴福建厦门参加了大数据环境下产业竞争情报咨询技能培训班。学习产业竞争情报理论方法、产业竞争情报产品与服务、产业市场情报的收集方法与分析技能等
13	交流	与各分中心交流建设经验	与地理信息分中心、营养健康分中心、能源分中心进行了分中心建设经验交流
14		创新与新兴产业发展国际会议 / 战略性新兴产业培育与发展论坛	参加创新与新兴产业发展国际会议、战略性新兴产业培育与发展论坛，向战略性新兴产业领域专家学习本领域专业知识，同时面向战略性新兴产业相关权威人士介绍战略性新兴产业，提升战略性新兴产业知名度
15		高校学术交流	赴湖北武汉华中师范大学，与王学东教授团队进行战略性新兴产业相关研究项目的学术交流，讨论进一步学术合作
16			邀请西北大学知识图谱实验室孙霞老师团队进行战新分中心知识图谱构架交流会
17			邀请复旦大学肖仰华教授就百科知识图谱构建进行交流
18		网络安全交流	赴中国电子科技集团公司第十五研究所进行信息安全交流，学习信息安全与安全评测知识
19		专题建设交流	与工业和信息化部电子科技情报研究所专家进行智库声音专题建设交流
20			与能源分中心进行产业园区专题建设交流

运营方面的工作包括探索战新分中心运营体系、建设后台运营监控功能、运营推广交流；宣传方面的工作包括微信公众号内容建设、国际会议宣传、网页运营三要素编写、宣传稿件编写、公开出版物宣传；参加的培训包括第二十四届中国竞争情报年会、第三届知识服务与情报工程学术交流会、“知识图谱——概念与技术”培训会、大数据环境下产业竞争情报咨询技能培训班；进行的交流包括与各分中心交流建设经验、参加创新与新兴产业发展国际会议和战略性新兴产业培育与发展论坛、与各高校进行学术交流、进行网络安全交流及专题建设交流。

（四）直接经济效益

战新分中心 2018 年首次以有偿服务的形式支撑了中国科学院雁栖湖企业创新平台资讯中心模块的建设工作，为战新分中心开辟了商业化运作的先河。

（五）直接社会效益

战新分中心作为执笔人，全面完成由中国工程院牵头、科学出版社出版的《中国战略性新兴产业发展报告 2019》彩皮书中综合篇第三章“战略性新兴产业知识服务”的撰稿工作，该书于 2018 年 11 月在战略性新兴产业培育与发展论坛上正式发布。

2018 年上海市人民政府、中国工程院官方发布了《战略性新兴产业专业知识服务系统宣传稿》，创新与新兴产业发展国际会议也对战新分中心进行了官方宣传。

战新分中心数据资源支撑湖北武汉华中师范大学的王学东教授团队的“大数据环境下战略性新兴产业信息资源服务创新研究”项目，后续计划与华中师范大学签订战略合作协议。

持续支撑创新与新兴产业发展国际会议、战略性新兴产业培育与发展论坛的信息化工作。全面统筹与直播公司、语音翻译平台、会议短信及服务器平台、会务公司、网络安全保障平台等的技术交流对接支撑服务。

（六）服务用户满意度

战新分中心战略性新兴产业动态情报产品有力地支撑了中国科学院雁栖湖企业创新平台资讯中心模块的建设工作，得到了该公司的满意和肯定，并达成了长期合作机制。

战新分中心持续为曾广商、范本尧两位院士提供服务，同时为中国工程院战略咨询课题提供数据服务。工作得到服务院士及课题组成员的肯定，并获得院士感谢信。

支撑创新与新兴产业发展国际会议及战略性新兴产业培育与发展论坛的信息化建设工作，多次受到中国工程院、国家开发银行领导的口头表扬及书面感谢。

2018 年 3 月 15 日下午，战新分中心向中国工程院陈左宁院士、王礼恒院士、宋德雄主任等领导汇报了战新分中心的建设情况，两位院士积极肯定了战新分中心的建设成果，并寄希望于战新分中心先试先行（战新分中心目前已作为总分一体化的试点单位中的试点），宋德雄主任对战新分中心这个年轻的队伍表示了感谢！

（七）2018年度建设成果

战新分中心 2018 年建设成果共计 19 项，根据内部平台建设效果和对外支撑服务效果主要分为两个部分。详情见附表 6。

附表 6　战新分中心 2018 年建设成果情况说明

内部平台建设成果	
1	于 2018 年年初向陈左宁与王礼恒院士汇报战新分中心上线后工作总结
2	战新分中心于 2018 年年中被选为总分一体化五试点单位中的试点，并向陈左宁院士及宋德雄司长进行了试点建设汇报
3	战略性新兴产业专业知识服务系统于 9 月 19 日创新与新兴产业发展国际会议召开之际完成了新版本上线
4	完成了《战新分中心特色资源元数据规范》
5	完成了战新动态数据自动爬取功能的开发，满足了战新动态资源的时效性与持续性
6	完成了战略性新兴产业领域叙词表的初步建设
对外支撑服务成果	
一、为咨询课题提供数据支撑	
7	服务于《全球大企业科技创新能力建设》课题组，根据课题组需求提供数据资源
8	服务于《新兴产业发展研究（2035）-信息》课题组，根据课题组需求提供数据资源
9	服务于《新兴产业发展研究（2035）-生物》课题组，根据课题组需求提供数据资源
10	服务于《新兴产业发展研究（2035）-能源》课题组，根据课题组需求提供数据资源
11	服务于《新兴产业发展研究（2035）-新能源汽车》课题组，根据课题组需求提供数据资源
12	服务于《新兴产业发展研究（2035）-综合》课题组，根据课题组需求提供数据资源
二、面向院士的主动推送服务	
13	面向院士主动推送工作，为曾广商、范本尧两位院士提供服务
三、支撑各类网站的建设	
14	支撑服务于创新与新兴产业发展国际会议网站建设
15	支撑服务于战略性新兴产业培育与发展论坛网站建设
16	战新分中心动态监测数据支撑中国科学院雁栖湖企业创新平台资讯中心模块的建设工作
17	战新分中心智库数据支撑了总中心智库观点专题建设
四、支撑高校科研课题	
18	战新分中心数据资源支撑湖北武汉华中师范大学的王学东教授团队的“大数据环境下战略性新兴产业信息资源服务创新研究”项目
五、支撑编写本领域研究报告	
19	支撑完成了《中国战略性新兴产业发展报告 2019》综合篇第二章、第三章的编写

内部平台建设成果6项，包括向陈左宁及王礼恒院士进行上线后汇报、成为总分一体化试点分中心中的试点、制定完成《战新分中心特色资源元数据规范》、建设互联网动态数据爬取体系实现了战新动态数据的自造血与自动分类、实现战新平台新版本的迭代、完成了战略性新兴产业领域叙词表的初步建设等6项。

对外支撑服务成果13项，包括为咨询课题提供数据支撑、面向院士的主动推送服务、支撑各类网站的建设、支撑高校科研课题、支撑编写本领域研究报告等5类、共计13项科技支撑工作。

三、“十四五”发展重点

立足于战新分中心为高端智库和普通大众提供专业性、权威性、全面性的智力支持的任务定位和最终建设成为国际先进、国内领先、具有广泛影响力的战略性新兴产业领域信息汇聚中心、数据挖掘中心和知识服务中心的建设目标，在未来五年间拟重点培养和发展以下几个方面的服务能力。

（一）构建深度与广度兼备的创新资源体系

对战略性新兴产业的研究既要考虑一般产业研究的共性，同时又要兼顾战略性新兴产业的特殊性。因此，对战略性新兴产业相关资源内容应围绕分领域与全产业两条主线，并涵盖期刊、图书、论文、专家、机构、政策、专利、标准、统计数据等多种资源类型。按照国家发改委2017年发布的《战略性新兴产业重点产品和服务指导目录》（2016年版）提出的五大领域和八大产业进行划分，聚焦新一代信息技术产业、高端装备制造产业、新材料产业、生物产业、节能环保产业、新能源产业、新能源汽车产业和数字创意领域。在未来五年的建设周期内，加强底层数据资源的开发和治理工作，实现数据可视化管理，构建全方位、高质量、矩阵式的资源体系框架是战新分中心建设发展的阶段性目标，同时加强数据来源和数据渠道的扩展，稳步提升数据量的迭代建设，重视活性数据引入，强调数据分享，让数据在流动中增值。

1. 多维度

精准识别产业特征，构建多维度、内容丰富的数据资源。资源体系每增加一个数据维度都会对数据的分析和判断产生颠覆性的影响，数据的来源越丰富、越全面，越能全面反映一个事物的全貌，从而有更高的应用价值。战新分中心的资源建设重点从八大产业领域出发，挖掘各产业亟须的数据资源维度，在进行产业共性资源建设的同时加强各产业特色性资源建设，提升数据内容的丰富性。

2. 数据活性

提高数据更新频率，构建活性强、新鲜度高的数据资源。数据的活性与客户的活跃程度密切相关并且相互影响，数据活性高可以吸引更多的用户访问，为用户提供实时价值较高的服务，同时高的用户访问又可增加平台的活跃数据。